經學研究叢書·經學史研究叢刊

宋元明清四書學編年

周春健 著

（中國）教育部人文社會科學研究項目基金資助
　　（項目批准號：09YJC720039）
（廣州）中山大學 211 工程「經典與解釋：中國古典文化的多重闡釋」
　　項目成果

代序
《四書》的結集與定名

　　所謂《四書》，指的是《論語》、《孟子》、《大學》、《中庸》四部儒學典籍。但倘進一步追究，「四書」之名又不確切，因為〈大學〉、〈中庸〉原本是《禮記》中的兩篇文章，不能稱為「著作」。其實，四部書在先秦時代就已經產生了（《禮記》雖在西漢成書，收錄的文章卻有好多成於先秦），但那時都是各自獨立流傳的，尚無「四書」之稱，《四書》的結集經歷了一個長期的過程。南宋朱熹在前人基礎上將四部書結集在一起，並加注釋，而成《四書章句集注》，才正式有了「四書」之名。

　　《論語》是一部語錄體著作，是孔子及其少數弟子的言行錄，大概成書於春秋末戰國初。《漢書・藝文志》稱：「《論語》者，孔子應答弟子、時人及弟子相與言而接聞於夫子之語也。當時弟子各有所記，夫子既卒，門人相與輯而論纂，故謂之《論語》。」《論語》一書，非成於一手，非成於一時，最後的編定者可能是曾子的學生，因為書中凡涉曾子處皆稱「子」，且載其言行在弟子中最多。《論語》流傳到漢代共有三種版本，即所謂「古論語」、「齊論語」、「魯論語」，其中「古論語」二十一篇，屬古文經學；「齊論語」二十二篇、「魯論語」十九篇，屬今文經學。三種版本均已亡佚，目前我們見到的本子是以「魯論語」為基礎，兼採「齊論語」而成的「張侯（安昌侯張禹）論」。從著述體式角度講，《論語》起初並不是「經」，而是作為對「經」進行進一步闡說的「傳」。戰國及漢初時，地位並不太高。漢文帝時，將《論語》、《孝經》、《爾雅》、《孟子》

立於學官，設「傳記博士」。漢武帝後，《論語》地位逐漸升高，從「傳」升格為「經」，列「七經」之一。唐初「九經」暫時未列，但唐文宗時的「十二經」直至宋代「十三經」皆置，而且其地位隨著《四書》的結集而達到極致，對後世產生了深遠影響。

《孟子》是一部有意創作的對話體著作，記述孟子與其弟子及同時代人（包括君王、大臣等）的論學、治國之語，是儒家學派的代表著作。關於作者，古今有三種說法：一為孟子自作，二為孟子弟子萬章、公孫丑等共同記述而成，三為孟子與弟子共作，《史記・孟子荀卿列傳》載：「（孟子說齊停止伐燕未果）退而與萬章之徒序《詩》、《書》，述仲尼之意，作《孟子》七篇。」「七篇」之外，原本還有〈外書〉四篇，即〈性善辯〉、〈文說〉、〈孝經〉、〈為政〉（一說，〈性善〉、〈辯文〉、〈說孝經〉、〈為政〉）。東漢趙岐撰《孟子章句》，以為四篇出於後世偽托，非孟子所作，遂不為其作注，學人因此不再關注，於是逐漸亡佚。《四書》當中，《孟子》的浮沉最大，經歷了由「子」到「經」的升格過程。戰國後期，形成勢力強大的孟子學派，但秦始皇焚書坑儒，燒孟派之書，殺孟派之儒，孟學遭受重創。漢初，由於統治者的需要，孟子及其書又受到重視，漢文帝時曾立「《孟子》博士」。但總起來說地位尚不足以與後世相比，比如《漢書・藝文志》列《論語》於「六藝類」（相當於後世的「經部」），而列《孟子》於「諸子略（相當於後世「子部」）。儒家類」，與《晏子》、《子思》、《賈誼》、《董仲舒》等並列，地位不及《論語》。這種情形一直延續到唐代，比如《隋書・經籍志》、《舊唐書・經籍志》、《新唐書・藝文志》等都把《孟子》列入「子部」，唐代「十二經」亦未列置《孟子》。這種情形到宋代發生了改變，其標誌就是經學史上的重大事件——《孟子》的「升經運動」。這一運動大的學術背景在於肇始於中唐的「儒學更新運動」，即儒學由訓詁之

學向義理之學的演變。就自身原因而論，儒學自漢代以來的訓詁之學已走向極端，變得繁瑣，死氣沉沉，需要更新；就外部原因而論，就是儒學受到了佛道的衝擊，使原有的獨尊地位受到極大挑戰。改變這種狀況的重大舉措之一，就是支撐儒學「經典」的重新選擇，從《五經》到《四書》的轉變正是這一背景下的必然結果，而《孟子》升格是其中的一個重要組成部分。經歷了韓愈、孫復、石介、二程、張載、王安石等人對《孟子》的推尊過程，宋徽宗宣和年間（1119～1125），《孟子》首次被刻成石經，列為「十三經」之一。而朱熹將《孟子》與《論語》、《大學》、《中庸》並列，結集而成《四書》，影響中國古代社會幾百年。至此，宣告了《孟子》由子到經「升格運動」的完成，以後的目錄學著作皆將其列置「經部」，孟子其人也於元明宗至順元年（1330）被加封為「亞聖」。

　　〈大學〉是《小戴禮記》的第四十二篇，是一篇論述儒家人生哲學的論文，講的是在「大學」階段如何學習修身、治國。朱熹之前，傳統認為，〈大學〉的作者是孔門弟子，朱熹則認為是曾子及其弟子共同完成的，其《大學章句》云：「經一章，蓋孔子之言，而曾子述之。其傳十章，則曾子之意而門人記之也。」唐代韓愈之前，〈大學〉只是作為《禮記》一篇，並沒有單獨受到太大的重視，也沒有單獨刊行的本子。韓愈作〈原道〉曾經引用〈大學〉一段，〈大學〉一篇逐漸受人重視。如宋仁宗天聖年間，曾將《禮記》中的〈大學〉、〈中庸〉、〈儒行〉等篇頒賜新登第的進士，當然還僅限於臨時抽出。較早將〈大學〉從《禮記》中單獨抽出並為之作注的，是北宋司馬光，曾撰《大學廣義》一卷。而真正從哲學高度認識到〈大學〉價值的，當數二程，如程顥曾言：「《大學》乃孔氏遺書，須從此學則不差。」程頤則云：「入德之門，無如《大學》。今之學者，賴有此一篇書存，其他莫如《論》、《孟》。」又云：「修身，當學《大學》之

序。《大學》，聖人之完書也。」不僅如此，二程還為《大學》改定次序，學術史上稱為「《大學》改本」。不過，二程仍將《大學》視為《禮記》的一個組成部分，尚未使之獨立於《禮記》體系之外。至朱熹，《大學》地位發生了根本變化，他分經傳，劃章次，補傳文，作章句，提升《大學》的哲學層次。〈大學〉以及〈中庸〉二篇，不僅單獨刊行了，而且獨立於《禮記》體系之外，而納入了《四書》體系。比如通行的《禮記》注本中，如元陳澔的《禮記集說》、明永樂年間的《禮記大全》、清孫希旦的《禮記集解》等，〈大學〉、〈中庸〉兩篇文字只留存目，具體內容提示參見朱熹的《四書章句集注》，這也正好體現了《四書集注》的重大影響。

〈中庸〉是《小戴禮記》第三十一篇，講的是儒家的處世哲學。所謂「中庸」，程頤釋曰：「不偏之謂中，不易之謂庸。中者，天下之正道；庸者，天下之定理。」朱熹釋曰：「中者，不偏不倚、無過不及之名。庸，平常也。」朱熹之先，人們即普遍認為《中庸》的作者是子思。與一般學者不同，朱熹還找到了子思所以作《中庸》的原因，〈中庸章句序〉稱：「《中庸》何為而作也？子思子憂道學之失其傳而作也。」《中庸》的單行要早於《大學》，《漢書·藝文志》著錄「《中庸說》二篇」，已佚。但有二說，一種說法認為並非對〈中庸〉一篇的解說，僅僅是闡說「中庸」這一哲學命題。《隋書·經籍志》載南朝宋戴 《禮記中庸傳》二卷、梁武帝蕭衍《中庸講疏》一卷及無名氏《私記制旨中庸義》五卷，由此推論，「至遲在南朝宋的時候，《中庸》就被人單獨從《禮記》中抽出而為之作注了。」（顧歆藝《四書章句集注研究》）但此後相當長的時間裏，《中庸》又不受重視，直到唐代李翱才重新認識到它的價值。《經義考》載有「李翱《中庸說》」，朱彝尊引宋儒黃震云：「《中庸》至唐李翱始為之說。」至宋代，有關《中庸》的著作多了起來，這與理學的興起直接相關。

許多理學家，如胡瑗、張載、二程、司馬光、游酢、楊時、張九成、呂大臨等，紛紛為之作注論說。當然，在這當中，對《中庸》格外重視和推崇的依然是二程。儘管未留下完整的《中庸》注本（《二程集》中的《中庸解》，實為呂大臨所作），但《二程集》中有許多推崇《中庸》的論述，並對後世產生了很大影響。朱熹重視《中庸》，則是繼承了北宋以來尤其是二程重視《中庸》的傳統，將其匯入《四書》，從而使《中庸》獲得了更加獨立的身分和更為崇高的地位。

從歷史的角度考察，古無「四書」之名，四部典籍在流傳過程中雖偶有「論孟」並稱或「學庸」並稱的情況，但與後來的「四書」差別很大，因此，《四書》有一個結集和定名的問題。通常認為，北宋的二程最先使四書並行，而朱熹撰《四書章句集注》，確立四書學，使《四書》的地位空前提高。比如《宋史·道學傳》載：「仁宗明道初年，程顥及弟頤寔生，及長，受業周氏，已乃擴大其所聞，表章《大學》、《中庸》二篇，與《語》、《孟》並行，於是上自帝王傳心之奧，下至初學入德之門，融會貫通，無復餘蘊。」然而這一說法並不可靠，據顧歆藝考證，儘管二程非常重視四書，也有「論孟」或「語孟」並稱的情形，但「遍查二程所存留的著作和語錄，並沒有發現他們將《語》、《孟》、《學》、《庸》四者並提的情況，更未見有『四書』的說法」。出現就種情況，可能源於朱熹在《書臨漳所刊四子後》中的一段話：「河南程夫子之教人，必先使之用力乎《大學》、《論語》、《中庸》、《孟子》之書，然後及乎《六經》。」但這段話只能表明朱熹肯定了二程對《四書》的推崇，卻不能得出二程將《四書》結集在了一起的結論。當然，二程在《四書》結集過程中的貢獻應當充分肯定，他們對《四書》的重視及相關論說，對朱熹產生了最為直接的影響。

朱熹是《四書》結集工作的最後完成者，《四書》的結集問題，

實際又是其「四書學」代表著作《四書章句集注》的成書過程問題。
茲大致按照時間順序對這一過程進行梳理：

　　朱熹早年曾沉浸於佛老之學，並與高僧道謙交往甚密，問學延平
李侗後才實現了由佛入儒的轉變，並一直堅定地走下去。大約在宋高
宗紹興末年，朱熹曾作《論語集解》、《孟子集解》、《大學集解》以
及關於《中庸》的「集說」，可謂之《四書》的「集解」階段。這
是朱熹全力研治《四書》的開始，但此時的「四書學」思想尚不完
備。孝宗隆興元年（1163），朱熹將《論語集解》刪改訂正為《論語
要義》一書，詳於義理；又在此基礎上刪錄而成《論語訓蒙口義》一
書，詳於訓詁，專供兒童學習使用。

　　孝宗乾道八年（1172），朱熹將修訂過的《孟子集解》和《論語
要義》合併為一書，稱為《論孟精義》。該書以二程論述《論語》、
《孟子》之說為主，兼採張載、范祖禹、呂希哲、呂大臨、謝良佐、
游酢、楊時、侯仲良、尹焞九家之說，匯於《論》、《孟》二書各條
之下。在該書序文中，朱熹表述了他對「道統」的基本見解，反映了
他以「四書」發明道統的思想。《論孟精義》是《論孟集注》的重要
原本，後來又曾改為《論孟要義》、《論孟集義》之名。雖是輯錄他
人言論之作，但朱熹本人對該書頗為看重，如《朱子語類》稱：「讀
《論語》須將《精義》看。」又稱：「《語孟集義》中所載諸先生語，
須是熟讀。一一記於心下，時時將來玩味，久久自然理會」。可見，
並不以有《四書集注》而廢此書。

　　乾道六年（1170），朱熹在《中庸》「集說」的基礎上修訂而成
《中庸集解》（又名《中庸詳說》）一書。在與石𡼛共訂的〈中庸集
解序〉中，朱熹以《四書》發明道統的觀念更系統，更嚴密。兩年
後（1172），朱熹在《中庸集解》的基礎上撰成了《中庸章句》的初
稿。把朱熹乾道九年（1173）所作〈中庸集解序〉與孝宗淳熙十六

年（1189）正式序定的〈中庸章句序〉加以比較，可以發現朱熹道統觀念的發展：「如果說朱熹在〈中庸集解序〉裏只是闡述了傳道的系統，尚未明言『道統』二字的話，那麼，在〈中庸章句序〉裏，朱熹不僅更明確論述了聖人之道相傳授受的內容，而且在形式上首次將『道』與『統』連用，正式提出了『道統』二字，把『道統』這一概念與『道統』所指的實際內涵結合起來。」（蔡方鹿《朱熹經學與中國經學》）乾道二年（1166），朱熹修改《大學集解》；乾道七年（1171），朱熹在《大學集解》的基礎上，去取諸說，撰成《大學章句》初稿。

至此，朱熹可以說已經做好了《四書章句集注》的充分的前期工作：其一，自身對《四書》的義理及道統諸問題進行了由淺入深的探索；其二，對前人尤其是北宋理學家的《四書》解說了如指掌。在經歷了與張栻、陸九淵等人關於「中和」之說、治學方法等的辯論（如鵝湖之會）之後，朱熹的四書學思想逐漸成熟，於是對以往的四書學著述進行修定，而成著名的《四書章句集注》。其具體過程是：孝宗淳熙二年（1175），朱熹於年底完成對《大學章句》、《中庸章句》的修訂，同時在《論孟精義》的基礎上完成《論語集注》，又於次年（1176）完成了《孟子集注》。淳熙四年（1177），朱熹序定《大學章句》和《中庸章句》，並撰成《大學或問》、《中庸或問》和《論孟集注或問》，由此基本確立並構築了一個以《四書章句集注》為代表的「四書學新經學體系」。但此時尚未將四書結集刻印。至淳熙九年（1182），朱熹在浙東提舉任上，首次將四書合為一集刻於婺州，經學史上的「四書」之名第一次出現了。今人束景南在《朱子大傳》中稱：「這個寶婺刻本，是朱熹首次把《大學章句》、《中庸章句》、《論語集注》與《孟子集注》集為一編合刻，經學史上與『五經』相對的『四書』之名第一次出現。」

《四書》合刻之後，朱熹又於淳熙十三年（1186）對《四書章句集注》作了修改，修改後的本子於同年分別刻印於廣西靜江和四川成都。淳熙十五年（1188），朱熹在以往修改的基礎上，對《四書章句集注》又作了一次重大修改，將自己的新思想吸納進去。次年（1189），正式序定了《大學章句》、《中庸章句》。光宗紹熙三年（1192），時任南康知縣的曾集將朱熹序定的《四書章句集注》刻印於南康，是為「南康本」。南康本是朱熹生前流傳最廣的本子，「慶元黨禁」中禁毀《四書章句集注》，正是這一版本。朱熹後來對南康本又作了修定，並於寧宗慶元五年（1199）刻版於建陽，這是《四書章句集注》的最後定本。

《四書》的結集與定名，在哲學史上具有重要意義。首先，朱熹傾畢生之力，研治《四書》，首次將原來單行的四部書結集為一個整體，並為《大學》、《中庸》作《章句》，為《論語》、《孟子》作《集注》，將四部書納入其嚴整龐大的理學體系中。同時，他為《四書》規定了先《大學》，次《論語》，次《孟子》，次《中庸》的先後次序；對《四書》作了「某要人先讀《大學》，以定其規模；次讀《論語》，以立其根本；次讀《孟子》，以觀其發越；次讀《中庸》，以求古人之微妙處」的綱目論定，這標誌著學術史上「四書學」的正式確立。其次，《四書》的結集有其深刻的歷史文化背景，這主要是指漢唐以來傳統儒學出現日趨繁瑣的弊端和儒學面臨佛道之學的強烈衝擊。朱熹在解釋《四書》的過程中，在二程等前代理學家解經的基礎上，合理吸收佛道心性之學在理論思辨方面的優長，用以解說《四書》。這一方面使傳統儒學因注入新的營養而獲得生機，另一方面也極好地回應了佛道之學的挑戰，使儒學重新成為社會的主流意識形態。同時，朱熹在解說《四書》過程中，採取了一種既注重文字訓詁，更重視義理闡發的模式，呈現出簡明、平易、洗煉的行文風格。

這既體現了宋代經學注重義理的時代特色，又不廢漢唐舊注。這在一定意義上超越了漢宋學的對立，開啟了中國經學發展的新方向。再次，《四書》的結集與定名，標誌著中國經學進入到了一個以《四書》為新的經典系統的新時代。一般而言，從支撐某一學術階段的經典文獻角度劃分，中國學術史可以分為先秦的「六藝時代」、漢唐的「五經時代」和宋代以來的「四書時代」三個歷史階段。朱熹結集《大學》、《中庸》、《論語》、《孟子》而為《四書》，撰著《四書章句集注》，集儒家心性學和以義理解經之大成，對中國社會產生了深遠影響。自此，支撐漢唐學術的「五經」逐漸退到歷史舞臺的幕後，取而代之的是程朱等人所結集的《四書》。比如元仁宗皇慶、延祐年間恢復科舉，科目規定士子首當其衝要考的就是《四書》，而且答題只能依據朱熹所撰《四書章句集注》。這一規定為明、清兩代所沿襲，影響中國社會近八百年。

　　綜言之，《四書》的結集與定名，既帶來了傳統學術的重要轉型，也給中國後期宗法社會生活造成了重要影響。

周春健謹誌

目次

代序／《四書》的結集與定名 1

卷首　宋代之前《四書》單書流傳編年 1

卷一　宋代四書學編年 15

卷二　金代四書學編年 121

卷三　元代四書學編年 131

卷四　明代四書學編年 217

卷五　清代四書學編年 269

主要參考文獻 339

後記 345

卷首

宋代之前《四書》單書流傳編年[1]

一　《論語》

周

○周，孔子門人輯孔子之言為《論語》二十一篇

　　按《史記・周本紀》不載。按《孔子世家》：「孔子名丘，字仲尼，其先宋人。父叔梁紇、母顏氏，以魯襄公二十二年庚戌之歲十一月庚子，生孔子於魯昌平鄉陬邑。弟子蓋三千焉，身通六藝者七十二人。」

　　按《漢書・藝文志》：「《論語》者，孔子應答弟子、時人及弟子相與言而接聞於夫子之語也。當時弟子各有所記，夫子既卒，門人相與輯而論纂，故謂之《論語》。」（按《論語》，《古》二十一篇，出孔子壁中；《齊》二十二篇；《魯》二十篇）

---

[1]　宋代之前《四書》單書流傳編年，乃錄自《古今圖書集成・理學彙編・經籍典》之各部「彙考一」之文字，只錄原文，不作考釋。

漢

○文帝□[2]年，置《論語》博士

按《史記》、《漢書·文帝本紀》皆不載。按趙岐《孟子題辭》：「孝文皇帝欲廣遊學之路，《論語》、《孝經》、《孟子》、《爾雅》皆置博士。後罷傳記博士，獨立五經而已。」

○武帝□年，得古文《論語》於孔子舊宅壁中

按《史記》、《漢書·武帝本紀》皆不載。按《漢書·藝文志》：「古文尚書者，出孔子壁中。武帝末，魯共王壞孔子宅，欲以廣其宮，而得《古文尚書》及《禮記》、《論語》、《孝經》凡數十篇，皆古字也。共王往入其宅，聞鼓琴瑟鐘磬之音。於是懼，乃止，不壞。」（《注》：「師古曰：《家語》云：『孔騰字子襄，畏秦法峻急，藏《尚書》、《孝經》、《論語》於夫子舊堂壁中。』而《漢記·尹敏傳》云孔鮒所藏。二說不同，未知孰是。」）

按〈魯恭王傳〉：「魯恭王餘，孝景前二年立為淮陽王。三年，徙王魯。王好治宮室，壞孔子舊宅，以廣其宮。聞鐘磬琴瑟之聲，遂不敢復壞。於其壁中，得古文經傳。」（按〈恭王傳〉壞宅是景帝時事，而《志》又作武帝時。未知孰是，並列備考）

按《晉書·衛恒傳》：「漢武時，壞孔子宅，得《古文尚書》、《春秋》、《論語》、《孝經》。時人不復知有古文，謂之科斗書。漢世秘藏，希得見之。」

---

2 《古今圖書集成》原文為空格，乃年份不可考之意，今以「□」替代。下同。

○昭帝始元五年六月，詔以《論語》末明，令舉賢良、文學、高第

按《漢書‧昭帝本紀》:「始元五年六月，詔曰:『朕以眇身獲保宗廟，戰戰栗栗，夙興夜寐，修古帝王之事，通《保傅傳》，《孝經》、《論語》、《尚書》，未云有明。其令三輔、太常舉賢良各二人，郡國文學高第各一人。』」

○宣帝地節三年，選疏廣授皇太子《論語》

按《漢書‧宣帝本紀》不載。按〈疏廣傳〉:「地節三年，選丙吉為太傅，廣為少傅。數月，吉遷御史大夫，廣徙為太傅，在位五歲。皇太子年十二，通《論語》、《孝經》。」

○元帝初元□年，詔令張禹授太子《論語》

按《漢書‧元帝本紀》不載。按〈張禹傳〉:「初元中，立皇太子，而博士鄭寬中以《尚書》授太子。薦言禹善《論語》，詔令禹授太子《論語》，由是遷光祿大夫。」

○成帝建始□年，鄭寬中、張禹朝夕入說《論語》於金華殿

按《漢書‧成帝本紀》不載。按《冊府元龜》:「成帝時，班伯少受《詩》於師丹。大將軍王鳳薦伯宜勸學，召見宴昵殿，容貌甚麗，誦說有法，拜為中常侍。帝方鄉學，鄭寬中、張禹朝夕入說《尚書》、《論語》於金華殿，詔伯受焉。既通大義，又講異同於許商，遷奉車都尉。數年，金華之業續出。」（按此條一作「成帝初」，故附建始內）

○平帝元始五年，徵天下以《論語》教授者，駕一封軺傳，遣詣京師

按《漢書‧平帝本紀》:「元始五年，春正月，徵天下通知逸

經、古記、天文、曆算、鐘律、小學、史篇、方術、本草，及以「五經」、《論語》、《孝經》、《爾雅》教授者，在所為駕一封軺傳，遣詣京師，至者數千人。」

後漢

○光武帝建武□年，以包咸入授皇太子《論語》

按《後漢書‧光武帝本紀》不載。按《儒林‧包咸傳》：「建武中，入授皇太子《論語》，又為其章句。拜諫議大夫。」

○和帝永元十四年，徐防請《論語》不宜射策

按《後漢書‧和帝本紀》不載。按《徐防傳》：「永元十四年，拜司空。防上疏曰：『臣以為博士及甲乙策試，宜從其家章句開，五十難以試之。解釋多者為上第，引文明者為高說。若不依先師，文有相伐，皆正以為非。五經各取上第六人，《論語》不宜射策。雖所失或久，差可矯革。』詔書下，公卿皆從防言。」

○靈帝熹平四年，刻石經《論語》，立於太學門外

按《後漢書‧靈帝本紀》：「熹平四年春三月，詔諸儒正五經文字，刻石立於太學門外。」

按《洛陽記》：「太學在洛城南開陽門外，講堂長十丈，廣一丈。堂有石經四部，本碑凡四十六枚。西行，《尚書》、《周易》、《公羊傳》十六碑存，十二碑毀；南行，《禮記》十五碑悉崩壞；東行，《論語》三碑，一碑毀。《禮記》碑上有諫議大夫馬日碑、議郎蔡邕名。」

魏

○少帝正始二年三月，帝講《論語》通，使太常釋奠，祀孔子

　　按《三國志・魏書・少帝本紀》不載。按《宋書・禮志》：「魏齊王正始二年，帝講《論語》通。使太常釋奠，以太牢祀孔子於辟雍，以顏淵配。」

晉

○武帝太康三年，皇太子講《論語》通，親釋奠，祀孔子

　　按《晉書・武帝本紀》不載。按《宋書・禮志》：「晉武帝太康三年，皇太子講《論語》通。太子親釋奠，以太牢祀孔子於辟雍，以顏淵配。」

○元帝太興三年，皇太子講《論語》通，親釋奠，祀孔子

　　按《晉書・元帝本紀》不載。按《宋書・禮志》：「晉元帝太興三年，皇太子講《論語》通。太子親釋奠，以太牢祀孔子，以顏淵配。」

○恭帝元熙二年，劉超授帝《論語》

　　按《晉書・恭帝本紀》不載。按〈劉超傳〉：「恭帝年八歲，雖幽厄之中，超猶授《孝經》、《論語》。」

宋

○明帝泰始□年，續注《論語》二卷

按《宋書‧明帝本紀》：「帝少好讀書，愛文義，續衛瓘所注《論語》二卷，行於世。」

陳

○世祖天嘉元年，令沈文阿於東宮講《論語》

按《陳書‧世祖本紀》不載。按《儒林‧沈文阿傳》：「世祖即位，遷通直散騎常侍兼國子博士領羽林監，仍令於東宮講《孝經》、《論語》。」

○宣帝太建五年，敕周弘正侍東宮講《論語》

按《陳書‧宣帝本紀》不載。按〈周弘正傳〉：「太建五年，授尚書右僕射，祭酒、中正如故。尋敕侍東宮，講《論語》、《孝經》。太子以弘正朝廷舊臣，德望素重，於是降情屈禮，橫經請益，有師資之益焉。」

○太建十一年春，皇太子幸太學，詔新安王於辟雍發《論語》題

按《陳書‧宣帝本紀》不載。按《文學‧徐伯陽傳》：「太建十一年春，皇太子幸太學，詔新安王於辟雍發《論語》題。仍命伯陽為《辟雍頌》，甚見嘉賞。」

唐

○高宗儀鳳三年，詔貢舉人《論語》任依常式

按《唐書・高宗本紀》不載。按《舊唐書・禮儀志》：「儀鳳三年五月，詔自今已後，《道德經》並為上經，貢舉人皆須兼通，其餘經及《論語》任依常式。」

○元宗開元六年，褚無量獻《論語》

按《唐書・元宗本紀》不載。按《儒學・褚無量傳》：「帝西還，皇太子及四王未就學，無量以《孝經》、《論語》五通獻帝。帝曰：『朕知之矣。』乃選郗常亨、郭謙光、潘元祚等為太子諸王侍讀。」

○肅宗寶應二年，楊綰上疏請以《論語》為兼經

按《唐書・肅宗本紀》不載。按〈選舉志〉：「寶應二年，禮部侍郎綰上疏，請所習經，取大義，聽通諸家之學。每問經十條，對策三道，皆通，為上第，吏部官之。經義通八，策通二，為中第，與出身。下第，罷歸。《論語》、《孝經》、《孟子》兼為一經。」

○代宗大歷八年，歸崇敬請博士兼通《論語》

按《唐書・代宗本紀》不載。按〈歸崇敬傳〉：「大歷八年，崇敬建議曰：近世明經不課其義，先取帖經，顓門廢業，傳授義絕，請以《禮記》、《左氏春秋》為大經，《周官》、《儀禮》、《毛詩》為中經，《尚書》、《周易》為小經，各置博士一員。《公羊》、《穀梁春秋》，共準一中經，通置博士一員。博士兼通《孝經》、《論語》，依章疏講解，德行純潔，文詞雅正，形容莊重，可為師表者，委四品以

上各舉所知。在外給傳七十者，安車蒲輪，敦遣國子、太學、四門、三館，各立五經博士，品秩生徒有差。禮部考試法，請罷帖經，於所習經問大義二十，而得十八。《論語》、《孝經》，十得八為通。」

○文宗太和七年，創立石經《論語》

按《唐書‧文宗本紀》不載。按《會要》：「太和七年十二月，敕於國子監講論堂兩廊創立石，九經並《孝經》、《論語》、《爾雅》共一百五十九卷，字樣四十卷。」

二 《大學》

周

○周，孔子作《大學》聖經一章，曾子作《大學》傳義十章

按《史記‧周本紀》、《孔子世家》皆不載。按朱子〈章句序〉：「周之衰，賢聖之君不作，學校之政不修，教化陵夷，風俗頹敗。時則有若孔子之聖，而不得君師之位，以行其政教。於是獨取先王之法，誦而傳之，以詔後世。若〈曲禮〉、〈少儀〉、〈內則〉、〈弟子職〉諸篇，固小學之支流餘裔。而此篇者，則因小學之成功，以著大學之明法，外有以極其規模之大，而內有以盡其節目之詳者也。（《大全》：新安陳氏曰：「規模之大，指三綱領；節目之詳，指八條目。孔子時方有《大學》一章之經。」）[3]三千之徒蓋莫不聞其說，而

---

[3] 本節所引《大全》兩段文字，《古今圖書集成》本作低二格處理，為避免割裂原文影響閱讀，作楷體加括號處理。下《書中庸後》一節與此同。

曾氏之傳獨得其宗，於是作為傳義，以發其意。(《大全》：黃氏洵饒曰：宗者，正也。傳義，謂十章之義。發其意，謂發經文之意也)」

按朱子〈記大學後〉：「右〈大學〉一篇，經二百有五字，傳十章。今見於戴氏《禮書》而簡編散脫，傳文頗失其次，子程子蓋嘗正之。熹不自揆，竊因其說，復定此本：蓋傳之一章釋明明德，二章釋新民，三章釋止於至善（以上並從程本而增《詩》云「瞻彼淇澳」以下），四章釋本末，五章釋致知（並今定），六章釋誠意（從程本），七章釋正心修身，八章釋修身齊家，九章釋齊家治國平天下（並從舊本）。序次有倫，義理通貫，似得其真。謹第錄如上，其先賢所正衍文誤字，皆存其本文而圍其上，旁注所改。又與今所疑者，並見於《釋音》云。新安朱熹謹記。」

三　《中庸》

周

○周，孔子孫子思作《中庸》四十九篇，今為三十三章

按《史記・周本紀》不載。按《孔叢子・居衛篇》：「子思年十六，適宋，宋大夫樂朔與之言學焉。朔曰：『《尚書》虞夏數四篇善也，下此以訖於秦費，效堯舜之言耳，殊不如也。』子思答曰：『事變有極，正自當爾。假令周公、堯、舜不更時異處，其書同矣。』樂朔曰：『凡《書》之作，欲以喻民也，簡易為上。而乃故作難知之辭，不亦繁乎？』子思曰：『《書》之意兼復深奧，訓詁成義，古人所以為典雅也。』曰：『昔魯委巷亦有似君之言者。』伋答之曰：『道

為知者傳，苟非其人，道不傳矣。今君何似之甚也！』樂朔不悅而
退，曰：『孺子辱吾。』其徒曰：『魯雖以宋為舊，然世有讎焉，請攻
之。』遂圍子思。宋君聞之，不待駕而救子思。子思既免，曰：『文
王困於羑里作《周易》，祖君屈於陳蔡作《春秋》，吾困於宋，可無
作乎？』於是撰《中庸》之書四十九篇。」〈公儀篇〉：「穆公謂子思
曰：『子之書所記夫子之言，或者以謂子之辭。』子思曰：『臣所記臣
祖之言，或親聞之者，有聞之於人者。雖非正其辭，然猶不失其意
焉。且君之所疑者何？』公曰：『於事無非。』子思曰：『無非所以得
臣祖之意也，就如君言以為臣之辭，臣之辭無非，則亦所宜貴矣。事
既不然，又何疑焉？』」

　　按朱子〈書中庸後〉：「右〈中庸〉一篇，三十三篇[4]。其首章，子
思推本先聖所傳之意以立意，蓋一篇之體要；而其下十章，則引先
聖之所嘗言者以明之也。（以情性言曰中和，以德行言曰中庸，其實
一也）至十二章，又子思之言。而其下八章，復以先聖之言明之也。
（十二章明道之體用，下章庸言庸行，夫婦所知所能也。君子之道，
鬼神之德，大舜、文、武、周公之事，孔子之言，則有聖人所不知不
能者矣。道之為用，其費如此。然其體之微妙，則非知道者孰能窺
之？此所以明費而隱之義也。第二十章據《家語》本，一時之言，今
諸家分為五六者，非是。然《家語》之文，語勢未終，疑亦脫「博學
之」以下，今通補為一章。）二十一章以下至於卒章，則又皆子思之
言，反復推說互相發明，以盡所傳之意者也。（二十一章承上章，總
言天道人道之別。二十二章言天道，二十三章言人道，二十四章又言
天道，二十五章又言人道，二十八、二十九章承上章「為下居上」而
言，亦人道。三十章復言天道，三十一、三十二章承上章「小德大

4　三十三篇，當作「三十三章」。

德」而言，亦天道。卒章反言下學之始，以示入德之方，而遂極言其所至具性命、道教、費隱、誠明之妙，以終一篇之意，自人而入於天也。）熹嘗伏讀其書，而妄以己意分其章句如此。竊惟是書，子程子以為孔門傳授心法，且謂使善讀者得之，終身用之有不能盡，是豈徒以章句求哉？然又聞之，學者之於經，未有不得於辭而能通其意者。是以敢私識之，以待誦習而玩心焉。新安朱熹謹書。」

梁

○武帝天監□年，造《中庸講疏》

按《梁書‧武帝本紀》：「帝少而篤學，洞達儒玄，雖萬機多務，猶卷不輟手，燃燭側光，常至戊夜。造《中庸講疏》，正先儒之迷，開古聖之旨。」

按《隋書‧經籍志》：「《中庸講疏》一卷，梁武帝撰。《私記制旨中庸義》五卷。」

○大同六年，城西開士林館，朱異、賀琛等述高祖《中庸義》

按《梁書‧武帝本紀》不載。按〈朱異傳〉：「大同六年，城西開士林館，以延學士。異與左丞賀琛遞日述高祖《禮記中庸義》。」

四 《孟子》

周

○周王之時，孟子著書七篇

　　按《史記‧孟子列傳》：「孟軻，鄒人也，受業子思之門人。道既通，遊事齊宣王。宣王不能用，適梁。梁惠王不果所言，則見以為迂遠而闊於事情。當是之時，秦用商君，富國強兵；楚、魏用吳起，戰勝弱敵；齊威王、宣王用孫子、田忌之徒，而諸侯東面朝齊。天下方務於合縱連橫，以攻伐為賢。而孟軻乃述唐虞三代之德，是以所如者不合，退而與萬章之徒序《詩》、《書》，述仲尼之意，作《孟子》七篇。」

漢

○文帝□年，始置《孟子》博士

　　按《史記》、《漢書‧文帝本紀》皆不載。按趙岐《題辭》：「孝文皇帝欲廣遊學之路，《論語》、《孝經》、《孟子》、《爾雅》皆置博士。後罷傳記博士，獨立五經而已。」

唐

○肅宗寶應二年，楊綰請以《孟子》為兼經

　　按《唐書‧肅宗本紀》不載。按〈選舉志〉：「寶應二年，禮部侍郎楊綰上疏，請所習經，取大義，聽通諸家之學。每問經十條、對策三道，皆通，為上第，吏部官之。經義通八、策通二為中第，與出身。下第，罷歸。《論語》、《孝經》、《孟子》兼為一經。」

○德宗建中元年，濠州刺史張鎰上《孟子音義》

　　按《唐書‧德宗本紀》不載。按《唐會要》：「建中元年十月，濠州刺史張鎰撰《孟子音義》三卷上之。」

○懿宗咸通□年，進士皮日休請以《孟子》為學科

　　按《唐書‧懿宗本紀》不載。按《北夢瑣言》：「咸通中，進士皮日休進書，請以《孟子》為學科。其略云：臣聞聖人之道不過乎經，經之降者不過乎史，史之降者不過乎子，不異道者《孟子》也。舍是而求者，必斥乎經史，為聖人之賊也。請廢《莊》、《列》之書，以《孟子》為主。有能通其義者，其科選同明經也。」

卷一

宋代四書學編年

太祖開寶五年　壬申（西元972年）

○判監陳鄂等校《論語》釋文上之

【出處】南宋王應麟《玉海》卷四十三〈開寶校釋文〉：「周顯德中
（二年二月），詔刻《序錄》、《易》、《書》、《周禮》、《儀禮》四經
釋文，皆田敏、尹拙、聶崇義校勘……開寶五年，判監陳鄂與姜融等
四人校《孝經》、《論語》、《爾雅》釋文上之。」

【考釋】「釋文」，指唐陸德明所撰《經典釋文》。全書計三十卷，首
為《序錄》一卷，次《周易》一卷、《古文尚書》二卷、《毛詩》三
卷、《周禮》二卷、《儀禮》一卷、《禮記》四卷、《春秋左氏》六
卷、《公羊》一卷、《穀梁》一卷、《孝經》一卷、《論語》一卷、
《老子》一卷、《莊子》三卷、《爾雅》二卷。

眞宗咸平三年　庚子（1000年）

○三月癸巳，詔邢昺等校定《論語義疏》

【出處】《宋史・邢昺傳》：「咸平初，改國子祭酒。二年，始置翰林
侍講學士，以昺為之。受詔與杜鎬、舒雅、孫奭、李慕清、崔偓佺
等校定《周禮》、《儀禮》、《公羊》、《穀梁春秋傳》、《孝經》、《論
語》、《爾雅》義疏。及成，並加階勳。」又，《玉海》卷四十一〈咸

平孝經論語正義〉:「至道二年,判監李至請命李沆、杜鎬等校定
《周禮》、《儀禮》、《穀梁傳疏》,及別纂《孝經》、《論語正義》,
從之。咸平三年三月癸巳,命祭酒邢昺代領其事,杜鎬、舒雅、李
維、孫奭、李慕清、王煥、崔偓佺、劉士元預其事。凡賈公彥《周
禮》、《儀禮疏》各五十卷、《公羊疏》三十卷、楊士勳《穀梁疏》十
二卷,皆校舊本而成之。《孝經》取元行沖《疏》、《論語》取梁皇侃
《疏》、《爾雅》取孫炎、高璉《疏》,約而修之,又二十三卷。」

【考釋】《古今圖書集成・經籍典・論語部彙考一》云:「按《傳》作
二年,《玉海》作三年,蓋是年昺為翰林侍講學士,而校書則在三年
也。」

眞宗咸平四年　辛丑(1001年)

○九月丁亥,邢昺等表上重校定《論語》

【出處】《玉海》卷四十三〈咸平校定七經疏義〉:「四年九月丁亥
(一作丁丑),翰林侍講學士邢昺等及直講崔偓佺表上,重校定《周
禮》、《儀禮》、《公》、《穀傳》、《孝經》、《論語》、《爾雅》七經疏
義,凡一百六十五卷(一本云一百六十三卷)。賜宴國子監,昺加一
階,餘遷秩。十月九日,命摹印頒行,於是九經疏義具矣。」又,同
書卷四十一〈咸平論語正義〉云:「《論語正義》十卷,翰林侍講學
士邢昺等撰,咸平中頒其書,於章句訓詁、名器事物之際詳矣。」

【考釋】《玉海》卷四十一〈咸平孝經論語正義〉:「四年九月丁亥以
獻,賜宴國子監,進秩有差。十月九日,命杭州刻板。」可與〈咸平
校定七經疏義〉之文互證。

眞宗景德四年　丁未（1007年）

○九月七日，邢昺陳《中庸》、九經大義，上嘉納之

【出處】《玉海》卷三十〈景德賜邢昺詩〉：「四年九月七日庚午，宴近臣於龍圖閣之崇和殿，餞侍講學士邢昺赴曹州。刑部尚書溫仲舒、宋白，侍郎郭贄預焉。昺視壁掛《尚書》、《禮記圖》，指《中庸》篇，凡為天下國家有九經事，因講大義，皆有倫理。在位聳聽，上嘉納之，群臣皆呼萬歲。即席賜詩二首，以寵其行。」

【考釋】《宋史·邢昺傳》：「（昺知曹州），入辭日，賜襲衣、金帶。是日，特開龍圖閣，召近臣宴崇和殿。上作五、七言詩二首賜之，預宴者皆賦。昺視壁間《尚書》、《禮記圖》，指〈中庸篇〉曰，凡為天下國家有九經。因陳其大義，上嘉納之。」〈邢昺傳〉與《玉海》所言年份一致，未明月份。

眞宗大中祥符五年　壬子（1012年）

○冬十月，真宗制《崇儒術》、《為君難為臣不易》二論，刻石國學

【出處】《宋史·真宗本紀三》：「冬十月……辛酉，作《崇儒術論》，刻石國學。」又，《宋史·陳彭年傳》：「嘗因奏對，真宗謂之曰：『儒術汙隆，其應寔大，國家崇替，何莫由斯？故秦衰則經籍道息，漢盛則學校興行。其後命歷迭改，而風教一揆。有唐文物最盛，朱梁而下，王風浸微。太祖、太宗丕變弊俗，崇尚斯文。朕獲紹先業，謹導聖訓，禮樂交舉，儒術化成，實二后垂裕之所致也。又君之難，由乎聽受；臣之不易，在乎忠直。其君以寬大接下，臣以誠明奉上，君臣之心皆歸於正。直道而行，至公相遇，此天下之達理，先王之成憲，猶指諸掌，孰謂難哉？』彭年曰：『陛下聖言精詣，足使天下知

訓，伏願躬演睿思，著之篇翰。」真宗為制《崇儒術》、《為君難為臣不易》二論示之。彭年復請示輔臣，刻石國子監。」

【考釋】陳彭年（西元961～1017年），字永年，撫州南城（今江西南城縣）人。其父陳省躬，曾任河南鹿邑令。彭年幼而好學，年十三著《皇綱論》萬餘言，為江左名輩所賞。南唐後主李煜聞之，召入宮，令子仲宣與之遊。曾預修大型類書《冊府元龜》，奉詔同編《景德朝陵地里》、《封禪》、《汾陰》三記，《閣門》、《客省》、《御史臺儀制》，又受詔編御集及宸章，集歷代婦人文集。所著有《文集》百卷、《唐紀》四十卷。

○十月，命孫奭等校《孟子》，成《音義》二卷

【出處】《玉海》卷四十三〈景德校諸子〉：「祥符四年三月，校《列子》。五年四月，上新印《列子》。十月，校《孟子》。孫奭等言《孟子》有張鎰、丁公著二家撰錄，今采眾家之長，為《音義》二卷。七年正月，上新印《孟子》及《音義》。」又，《宋會要輯稿・崇儒四》：「十月，詔國子監校勘《孟子》，直講馬龜符、馮元，說□吳易直同校勘，判國子監、龍圖閣待制吳奭，都虞員外郎王勉覆校，內侍劉崇超領其事。」

【考釋】孫奭（西元962～1033），字宗古，博州博平（今屬山東荏平）人。幼與諸生師里中王徹，徹死，有從奭問經者，奭為解析微指，人人驚服，於是門人數百皆從奭。九經及第，宋太宗時入國子監為直講。真宗時，為諸王侍讀，累官至龍圖閣待制。仁宗即位，以名儒被召為翰林侍講學士，判國子監，後遷兵部侍郎、龍圖閣學士、禮部尚書。晚年以太子少傅致仕，卒於家。曾掇「五經」切於治道者，為《經典徽言》五十卷。又撰《崇祀錄》、《樂記圖》、《五經節解》、《五服制度》。嘗奉詔與邢昺、杜鎬校定諸經正義，所撰《孟子

音義》後收入《十三經注疏》。

眞宗大中祥符七年　甲寅（1014年）

○正月庚子，國子監上新印《孟子音義》，賜輔臣各一部

【出處】《玉海》卷四十三〈景德校諸子〉：「（祥符）七年正月，上新印《孟子》及《音義》。」同書卷五十五〈祥符賜孟子〉：「七年正月庚子，國子監上新印《孟子》及《音義》，賜輔臣各一部。」

【考釋】（宋）李燾《續資治通鑑長編》卷八十二：「大中祥符七年春正月……庚子，賜輔臣新印《孟子》。」只言新印《孟子》，未言《音義》。

眞宗乾興元年　壬戌（1022年）

○十一月辛巳，命侍講孫奭、馮元講《論語》

【出處】《宋史‧仁宗本紀一》：「（乾興元年）十一月……辛巳，初御崇政殿西閣講筵，命侍講孫奭、馮元講《論語》。」

【考釋】（宋）李燾《續資治通鑑長編》卷九十九言事在「十一月辛巳」，同書卷一〇一則言在「十一月戊寅」。（清）徐乾學《資治通鑑後編》卷三十五亦言在「十一月辛巳」。

仁宗天聖四年　丙寅（1026年）

○閏五月，侍讀學士宋綬進《論語要言》

【出處】《玉海》卷四十一〈天聖孝經論語要言〉：「天聖四年閏五月，侍讀學士宋綬錄〈惟皇誠德賦〉、〈孝經論語要言〉、唐太宗《帝

範》二卷、開元中楊滔《聖典》三卷、楊相如《君臣政理論》三卷以進。時帝好儒學，太后命綬擇前代文字資孝養、補政治者，以備帝覽，故也。」

【考釋】（宋）呂中《宋大事記講義》卷八：「四年閏月，召輔臣侍經筵，崇政殿宋綬錄〈孝經論語要言〉及唐太宗〈帝範〉、〈明皇聖典〉、〈君臣政理論〉上之。」與《玉海》之說相合。宋綬（西元991～1040年），字公垂，趙州平棘人。幼聰警，額有奇骨，為外祖楊徽之所器愛。徽之無子，家藏書悉與綬。綬母亦知書，每躬自訓教，以故博通經史百家，文章為一時所尚。

仁宗天聖五年　丁卯（1027年）

○四月辛卯，賜進士王堯臣等御書《中庸篇》各一軸

【出處】《玉海》卷三十四〈天聖賜進士中庸〉：「天聖五年四月辛卯，賜進士王堯臣等聞喜宴於瓊林苑中，使賜御詩，又人賜御書《中庸篇》各一軸，自後遂以為常。初，上欲賜《中庸》，先命《中庸》錄本，既上，乃令宰臣張知白進讀，至『修身治人之道』，必使反復陳之，上候聽終篇始罷。是歲，進士三百七十七人。」

【考釋】王堯臣（1003～1058），字伯庸，應天府虞城（今河南虞城）人。舉進士第一，授將作監丞、通判湖州。召試，改秘書省著作郎、直集賢院。官至戶部侍郎，參知政事。堯臣以文學進，典內外制十餘年，為文文辭溫麗，編有《崇文總目》三十卷。

仁宗天聖八年　庚午（1030年）

○四月丙戌，賜進士王拱辰《大學篇》一軸

【出處】《玉海》卷三十四〈天聖賜進士大學篇〉：「天聖八年四月丙戌，賜進士王拱辰宴於瓊林苑，遣中使賜御詩及〈大學篇〉各一軸。自後，登第者必賜〈儒行〉或〈中庸〉、〈大學〉篇。」

【考釋】王拱辰（1012～1085），字君貺，開封咸平（今河南通許縣）人。原名拱壽，年十九舉進士第一，仁宗賜以今名。通判懷州，入直集賢院，歷鹽鐵判官、修起居注、知制誥。慶曆元年，為翰林學士。累拜御史中丞，官武汝軍節度使。忠誠正直，直言敢諫，卒諡懿恪。

仁宗景祐元年　甲戌（1034年）

○四月乙卯，賜新第張唐卿御詩及《中庸》

【出處】《玉海》卷三十四〈天聖賜進士大學篇〉：「景祐元年四月乙卯，賜新第張唐卿詩及《中庸》。」

【考釋】據《玉海》，所賜御詩有句云：「寒儒逢景運，報德合如何。」

仁宗寶元元年　戊寅（1038年）

○四月甲午，賜新第人《大學》

【出處】《玉海》卷三十四〈天聖賜進士大學篇〉：「寶元元年四月甲午，賜新第人聞喜宴於瓊林苑，賜御詩及《大學》。」

【考釋】新第人，未言其名。

仁宗康定元年　庚辰（1040年）

○范仲淹勸張載讀《中庸》

【出處】《宋史·張載傳》：「少喜談兵，至欲結客取洮西之地。年二十一，以書謁范仲淹，一見知其遠器，乃警之曰：『儒者自有名教可樂，何事於兵！』因勸讀《中庸》。載讀其書，猶以為未足，又訪諸釋老，累年究極其說，知無所得，反而求之六經。嘗坐虎皮講《易》京師，聽從者甚眾。一夕，二程至，與論《易》，次日語人曰：『比見二程，深明《易》道，吾所弗及，汝輩可師之。』撤坐輟講。與二程語道學之要，渙然自信曰：『吾道自足，何事旁求！』於是盡棄異學，淳如也。」

【考釋】據（宋）呂大臨〈橫渠先生行狀〉，神宗熙寧十年「冬，謁告西歸。十有二月乙亥，行次臨潼，卒於館舍，享年五十有八」。可知張載生於宋真宗天禧四年（庚申，1020），則年二十一當在康定元年（1040）。（宋）呂中《宋大事記講義》卷十四〈張橫渠之學〉稱：「熙寧十年十二月，張載卒。康定用兵時，年方二十，上書謁仲淹。仲淹曰：『儒者自有名教。』因勸讀《中庸》。」與〈行狀〉相隔一歲。又，（明）馮從吾《少墟集》卷十九〈關學編·橫渠張先生〉則稱：「少孤自立，無所不學，喜談兵，至欲結客取洮西之地。年十八，以書謁范文正公。公一見知其遠器，欲成就之，乃謂之曰：『儒者自有名教可樂，何事於兵？』因勸讀《中庸》。」與〈行狀〉相隔三歲。按，范氏勸張載讀《中庸》，於張氏影響頗大，《宋元學案》卷三〈高平學案序錄〉云：「晦翁推原學術，安定、泰山而外，高平范魏公（即范仲淹）其一也。高平一生粹然無疵，而導橫渠以入聖人之室，尤為有功。」正指此事。

仁宗皇祐元年　己丑（1049年）

○四月戊子，賜馮京《中庸》

【出處】《玉海》卷三十四〈天聖賜進士中庸〉：「皇祐元年四月戊子，賜馮京御詩及《中庸》。」

【考釋】馮京（1021～1094），字當世，鄂州江夏人（一說廣西宜山龍水人，一說廣西藤州鐔津人）。少雋邁不群，舉進士，自鄉舉、禮部以至廷試，皆第一。神宗時為翰林學士，改御史中丞。哲宗時改宣徽南院使，拜太子少師，致仕。贈司徒，諡曰文簡。

○九月辛卯，所鐫《石室十三經》工畢，《論語》張德釗書

【出處】《玉海》卷四十三〈宋朝石經〉：「《石室十三經》，孟蜀所鐫，故《周易》後書『廣政十四年歲次辛亥五月二十日』。唯《三傳》至皇祐初方畢，故《公羊傳》後書『大宋皇祐元年歲次己丑九月辛卯朔十五日乙巳工畢』。《論語》、《爾雅》，張德釗書。」

【考釋】（清）閻若璩《潛丘箚記》卷五〈刊正楊升庵石經考〉云：「孟蜀廣政十四年鐫《周易》，至宋仁宗皇祐元年《公羊傳》工畢，是為《石室十三經》。」所言即為此事。

仁宗至和元年　甲午（1054年）

○八月十六日，命宗室克繼寫《石經論語》，二年九月十五日工畢

【出處】《玉海》卷四十三〈至和石經〉：「元年八月十六日己酉，命皇侄右屯衛大將軍克繼書國子監石經以上。所寫《石經論語》，求書石國子監。帝欲旌勸宗室，特從其請。二年九月十五日功畢，上之，賜銀幣。」又，《宋史・魏悼王廷美傳》：「克繼，善楷書，尤工篆

隸，宗正薦之。仁宗親臨試，及令臨蔡邕古文法寫《論語》、《詩》、
《書》，復詔與朝士分隸《石經》。帝曰：『李陽冰，唐室之秀。今克
繼，朕之陽冰也。』訓子弟力學，一門登儒科者十有二人。嘗進所集
《廣韻字源》，帝稱善，藏之秘閣。」

【考釋】《宋史》未明言鐫寫時間，然由《玉海》所載可知，《古今圖
書集成・經籍典・論語部彙考一》亦繫於此。又，克繼，宋宗室，其
曾祖父為宋太祖之弟趙廷美，從征太原，進封秦王。其父為循國公趙
承慶，承慶官至和州團練使，卒贈武信軍節度使。

仁宗至和二年　乙未（1055年）

○三月五日，判國子監王洙以《石經論語》見書鐫未就，乞促近限畢工

【出處】《玉海》卷四十三〈嘉祐石經〉：「仁宗命國子監取《易》、
《詩》、《書》、《周禮》、《禮記》、《春秋》、《孝經》為篆隸二體，刻
石兩楹。至和二年三月五日，判國子監王洙言：『國子監刊立石經，
至今一十五年，止《孝經》刊畢，《尚書》、《論語》見書鐫未就，乞
促近限畢工，餘經權罷。』從之。」（清）顧炎武《石經考》所載同。

【考釋】王洙（西元997～1057年），字原叔，應天府宋城（今河南
商丘）人。少聰悟博學，記問過人。洙泛覽傳記，至圖緯、方技、陰
陽、五行、算數、音律、詁訓、篆隸之學，無所不通。及卒，賜諡曰
文。預修《集韻》、《祖宗故事》、《三朝經武聖略》、《鄉兵制度》，
著《易傳》十卷，雜文千有餘篇。

仁宗嘉祐二年　丁酉（1057年）

○冬十二月，下詔增設明經，兼以《論語》、《孝經》

【出處】《宋史‧選舉志一‧科目上》：「嘉祐二年，親試舉人，凡與殿試者悉免黜落……王洙侍邇英閣講《周禮》，至『三年大比，大考州里，以贊鄉大夫廢興』，上曰：『古者選士如此，今率四五歲一下詔，故士有抑而不得進者，孰若裁其數而屢舉也。』下有司議，咸請：『易以間歲之法，則無滯才之歎。薦舉數既減半，主司易以詳較，得士必精。且人少則有司易於檢察，偽濫自不能容，使寒苦藝學之人得進。』於是下詔：『間歲貢舉，進士、諸科悉解舊額之半。增設明經，試法：凡明兩經或三經、五經，各問大義十條，兩經通八，三經通六，五經通五為合格，兼以《論語》、《孝經》，策時務三條，出身與進士等。而罷說書舉。』」又，《宋史全文》卷九下：「丁酉嘉祐二年……冬十二月，王洙侍邇英閣講《周禮》，至『三年大比，大考州里，以贊鄉大夫廢興』。上曰：『古者選士如此，今率四五歲一下詔，故士有抑而不得進者。』戊申，詔：自今間歲貢舉，進士、諸科悉解舊額之半。進士增試時務策三條，諸科增試大義十條，又別置明經科。舊置說書舉，今罷之。」

【考釋】《宋史全文》未言「兼以《論語》、《孝經》」，然事當繫此。《玉海》卷一一六言事在「嘉祐中」。

神宗熙寧四年　辛亥（1071年）

○二月丁巳，更定科舉法，廢《春秋》、《儀禮》，以《論語》、《孟子》為兼經

【出處】（明）陳邦瞻《宋史紀事本末》卷三十八〈學校科舉之制〉：

「神宗熙寧四年二月丁巳，更令科舉法，從王安石議，罷詩賦及明經
諸科，專以經義、論、策試士。王安石又謂：『孔子作《春秋》，實
垂世立教之大典，當時游、夏不能贊一詞。自經秦火，煨燼無存。漢
求遺書，而一時儒者附會以邀厚賞。自今觀之，一如斷爛朝報，決非
仲尼之筆也。《儀禮》亦然。請自今經筵毋以進講，學校毋以設官，
貢舉毋以取士。』從之。時詔議貢舉，咸謂宜變法便，蘇軾獨上議
曰：『得人之道在於知人，知人之法在於責實。使君相有知人之明，
朝廷有責實之政，則胥吏皁隸未嘗無人，雖因今之法，臣以為有餘。
使君相不知人，朝廷不責實，則公卿侍從嘗患無人，況學校貢舉乎！
雖復古之制，臣以為不足。夫時有可否，物有興廢，使三代聖人復生
於今，其選舉亦必有道，何必由學乎？且慶曆固嘗立學矣，天下以太
平可待，至於今惟空名僅存。今陛下必欲求德行道藝之士，責九年大
成之業，則將變今之理，易今之俗。又當發民力以治宮室，斂民財以
養遊士，置學立師而又時簡不帥教者，屏之遠方，徒為紛紛，其與慶
曆之際何異！至於科舉，或曰鄉舉德行而略文章，或曰專取策論而罷
詩賦，或欲舉唐故事，采譽望而罷彌封，或曰變經生帖墨而考大義，
此數者皆非也。夫欲興德行，在於君人者修身以裕物，審好惡以表
俗，若欲設科立名以取之，則是教天下相率而為偽也。上以孝取人，
則勇者割股，怯者廬墓；上以廉取人，則敝車羸馬，惡衣菲食，凡可
以中上意者無所不至。自文章言之，則策論為有用，詩賦為無益；自
政事言之，則詩賦、論策均為無用。然自祖宗以來莫之廢者，以為設
法取士不過如此也。矧自唐至今，以詩賦為名臣者不可勝數，何負
於天下而必欲廢之？』帝喜曰：『吾固疑此，得軾議，釋然矣！』他
日，王安石言於帝曰：『今人材乏少，且其學術不一，異論紛然，不
能一道德故也。欲一道德則當修學校，欲修學校則貢舉法不可不變。
若謂進士科詩賦亦多得人，自緣仕進別無他路，其間不容無賢。若謂

科法已善，則未也。今以少壯之士，正當講求天下正理，乃閉門學作
詩賦，及其入官，世事皆所未習，此科法敗壞人材，致不如古。』既
而中書門下又言：『古之取士皆本學校，道德一於上，習俗成於下，
其人材皆足以有為於世。今欲追復古制則患於無漸，宜先除去聲病、
偶對之文，使學者得專意經術，以俟朝廷興建學校，然後講求三代所
以教育、選舉之法，施之天下，則庶幾可以復古矣。』於是改法，罷
詩賦、帖經、墨義，士各占治《易》、《詩》、《書》、《周禮》、《禮
記》一經，兼《論語》、《孟子》。每試四場，初本經，次兼經，大義
凡十道，次論一首，次策三道，禮部試即增二道。中書撰大義式頒
行，試義者須通經有文采，乃為中格，不但如明經、墨義，粗解章
句而已。其殿試則專以策。限千字以上。分五等：第一等二等賜進
士及第，第三等賜進士出身，第四等賜同進士出身，第五等賜同學
究出身。舊制：進士進謝恩銀百兩，至是亦罷之，仍賜錢三千為期
集費。」又，（日）今關壽麿《宋元明清儒學年表》：「王安石更科舉
法，專以經義論策，廢《春秋》、《儀禮》。」

【考釋】（宋）李燾《續資治通鑑長編》卷二二〇、（清）徐乾學《資
治通鑑後編》卷七九所言年月同。

神宗熙寧七年　甲寅（1074年）

○十二月，請立孟軻、揚雄像於廟廷，以為非是而止

【出處】《宋史・禮志八・吉禮八・文宣王廟》：「熙寧七年，判國子
監常秩等請立孟軻、揚雄像於廟廷，仍賜爵號，又請追尊孔子以帝
號。下兩制禮官詳定，以為非是而止。」

【考釋】關於奏請具體內容，（宋）趙汝愚《宋名臣奏議》卷九十一
〈上神宗乞罷追帝孔子〉後注云：「熙寧七年十二月，國子監常秩等

言：『切惟孔子之道，萬世帝王所宜師法。歷代之主，雖知慕其名而
不能行其道，雖嘗崇其號而不能盡其實。今陛下發明經術，陶成天下
之士，至於作新百度，又未嘗不推原其意，可謂能行孔子之道矣！然
其爵號猶襲唐制。臣等聞：皇以道，帝以德。若孔子，可謂道德之至
者也，宜因盛時追諡帝號，以盡聖人之實，以稱尊崇之意。其冕服祠
事，乞下有司詳定制度。』又言：『孔子之後，能明聖人之道者，莫
如孟軻、揚雄。而歷世以來，未嘗加以爵號，又不載之祀典。欲乞於
孔子廟庭建立像貌，加以爵號，歲時從祀，以稱陛下崇尚儒術之意。
詔兩制與國子監禮院官詳定，以聞於是。翰林學士元絳等言參詳：自
生民以來，莫盛孔子，雖當時無位，不得以有行，然其載之後世者，
上自天子，下逮黔首，莫不師用其道。則其德業盛大，不待論之而後
著也。中間有唐雖嘗加以王號，在於後世，尚為臣爵，誠不足以仰稱
先聖道德之實。欲乞依國子監所請，尊加帝號，委得允當。所有冕服
祠祭等，乞下有司別詳定制度。孟軻、揚雄出於孔子之後，能明其道
以闢邪說，其於後世，誠為有功，各乞封以公爵，余欲並依國子監所
請。孔子舊號有所未盡，乞別賜改諡。』清臣時判太常寺，上此奏。」

又，李清臣〈上神宗乞罷追帝孔子〉原文為：「臣伏准批送下判
國子監常秩、李定、黃履、呂升卿等劄子，奏為乞追諡孔子帝號，及
乞於孔子廟庭建立孟軻、揚雄像貌，加以爵號，歲時從祀等事送臣等
詳議者。臣聞堯舜用道以治天下，孔子明道以傳後世。堯、舜，君
也；孔子，臣也。同為聖人，道德同也。堯、舜，聖人也；孔子，亦
聖人也，而或為君師，位號不必同也。故道德存於人而所歸常同，位
號受於天而所遭常異，此事理之固然，而名分之所不能齊也。然則孔
子雖無位，豈害孔子之聖哉？故歷代尊之廟貌，薦奠服，被袞冕，弟
子侍配，自天子以下皆北面師事之。或封其子孫，世世不絕。今陛下
以不世出之聰明，有堯舜之位而用孔子之道德，以制作法度，養育天

下。其於二三聖人之業，可謂兼之矣。而左右之臣，推原道之所自，建畫大義，謂宜追諡孔子而帝之，意義甚美。然臣愚惓惓，竊有未同者。昔子路欲使門人為臣，孔子之所不與。今無位而帝之，慮非先聖之本意。且孔氏雖聖，異姓也。究考古今，自非推五嶽之天神，及追諡祖宗之同體，而以異姓為帝號，於故事亡有。若以之顯號發策，動觀聽於天下，臣誠以為未安也。陛下若深采儒老從官尊廣道德之意，折衷其論，發自聖斷，特詔有司升先聖釋奠為大祀，使列於郊廟日月天神之次，禮樂祠事皆增而大之，及封爵孟軻、揚雄，賜諡立像，侑坐配食，卓然異於武成之祀，亦足以示陛下興儒隆師、修德明道之大旨。臣愚職為禮官，獲奉明詔，使得預茲議，不敢回隱所見，以苟免違異之罪，惟聖神裁幸。」

神宗熙寧九年　丙辰（1076年）

○八月八日，詔令王雱所注《孟子》入進

【出處】《宋會要輯稿・崇儒五》：「八月八日，詔宰臣王安石，令具故男雱所注《孟子》入進。」

【考釋】王雱（1044～1076），字元澤，王安石之子，《宋史》本傳稱其：「為人慓悍陰刻，無所顧忌。性敏甚，未冠，已著書數萬言。」所著有《老子訓傳》、《佛書義釋》、《南華真經新傳》二十卷、《論語解》十卷、《孟子注》十四卷等。

神宗熙寧十年　丁巳（1077年）

○十二月乙亥，張載卒

【出處】（宋）呂大臨〈橫渠先生行狀〉：「先生諱載，字子厚，世大

梁人。曾祖某，生唐末，歷五代不仕，以子貴贈禮部侍郎。祖復，仕真宗朝，為給事中、集賢院學士，贈司空。父迪，仕仁宗朝，終於殿中丞、知涪州事，贈尚書都官郎中。涪州卒於西官，諸孤皆幼，不克歸，僑寓於鳳翔郿縣橫渠鎮之南大振谷口，因徙而家焉。先生嘉祐二年登進士第，始仕祁州司法參軍，遷丹州云巖縣令，又遷著作佐郎，簽書渭州軍事判官公事。熙寧二年冬被召入對，除崇文院校書。明年移疾。十年春，復召還館，同知太常禮院。是年冬，謁告西歸。十有二月乙亥，行次臨潼，卒於館舍，享年五十有八。」

【考釋】橫渠之學，以《中庸》為體，以孔孟為法，《宋史》本傳云：「敝衣蔬食，與諸生講學，每告以知禮成性、變化氣質之道，學必如聖人而後已。以為知人而不知天，求為賢人而不求為聖人，此秦、漢以來學者大蔽也。故其學尊禮貴德、樂天安命，以《易》為宗，以《中庸》為體，以孔孟為法，黜怪妄，辨鬼神。其家昏喪葬祭，率用先王之意，而傅以今禮。又論定井田、宅里、發斂、學校之法，皆欲條理成書，使可舉而措諸事業。」《宋元學案》卷十七〈橫渠學案序錄〉論其學云：「橫渠先生勇於造道，其門戶雖微有殊於伊洛，而大本則一也。其言天人之故，間有未當者，梨洲稍疏證焉，亦橫渠之忠臣哉！」黃百家案曰：「先生少喜談兵，本跅弛豪縱士也。初受裁於范文正，遂幡然知性命之求，又出入於佛、老者累年。繼切磋於二程子，得歸吾道之正。其精思力踐，毅然以聖人之詣為必可至，三代之治為必可復。嘗語云：『為天地立心，為生民立命，為往聖繼絕學，為萬世開太平。』自任之重如此。始不輕與人言學，大程曰：『道之不明久矣，人各善其所習，自謂至足。必欲如孔門不憤不啟，則師資勢隔，道幾息矣。隨其資而誘之，雖識有明暗，志有淺深，亦皆各有得焉。』先生用其言，所至搜訪入才，惟恐失其成就，故關中學者鬱興，得與洛學爭光。猗與盛哉！但先生覃測陰陽造化，

其極深至精處，固多先儒所未言，而其憑心臆度處，亦頗有後學所難安者。至於好古之切，謂《周禮》必可行於後世，此亦不能使人無疑。夫《周禮》之的為偽書，姑置無論。聖人之治，要不在制度之細。竊恐《周官》雖善，亦不過隨時立制，豈有不度世變之推移，可一一泥其成跡哉！況乎《周官》之繁瑣，黷擾異常。先生法三代，宜不在《周禮》，是又不可不知也。」

神宗熙寧□年

○始以《論語》置學官

【出處】朱熹《晦庵集》卷七十五〈論語要義目錄序〉：「至道、咸平間，又命翰林學士邢昺等取皇甫侃《疏》約而修之，以為《正義》，其於章句訓詁、名器事物之際詳矣。熙寧中，神祖垂意經術，始置學官，以幸學者。」

【考釋】據此只知在熙寧中，具體年份不可考。

神宗元豐六年　癸亥（1083 年）

○冬十月戊子，詔封孟軻為鄒國公

【出處】《宋史‧神宗本紀三》：「冬十月……戊子，封孟軻為鄒國公。」又，《宋史‧禮志八‧吉禮八‧文宣王廟》：「詔封孟軻鄒國公。晉州州學教授陸長愈請春秋釋奠，孟子宜與顏子並配。議者以謂凡配享、從祀，皆孔子同時之人，今以孟軻並配，非是。禮官言：『唐貞觀以漢伏勝高堂生、晉杜預范寧之徒與顏子俱配享，至今從祀，豈必同時。孟子於孔門當在顏子之列，至於荀況、揚雄、韓愈皆發明先聖之道，有益學者，久未配食，誠闕典也。請自今春秋釋奠，

以孟子配食，荀況、揚雄、韓愈並加封爵，以世次先後，從祀於左丘明二十一賢之間。自國子監及天下學廟，皆塑鄒國公像，冠服同兗國公。仍繪荀況等像於從祀：荀況，左丘明下。揚雄，劉向下。韓愈，范寧下。冠服各從封爵。」詔如禮部議，荀況封蘭陵伯，揚雄封成都伯，韓愈封昌黎伯，令學士院撰贊文。」

【考釋】（宋）李燾《續資治通鑑長編》卷三四〇、（清）秦蕙田《五禮通考》卷一一八、《宋史全文》卷十二下等，均言事在元豐六年冬十月。

神宗元豐八年　乙丑（1085年）

○三月辛酉，詔顏子、孟子配享孔子廟庭

【出處】《宋史·哲宗本紀一》：「（元豐八年）三月……辛酉，詔顏子、孟子配享孔子廟庭。」

【考釋】據《宋史》，是年三月「戊戌，神宗崩，太子即皇帝位」。

○六月十五日，程顥卒

【出處】（宋）朱熹《伊洛淵源錄》卷二〈明道先生行狀〉：「聖政方新，賢德登進，先生特為時望所屬，召為宗正寺丞。未行以疾終，元豐八年六月十五也，享年五十有四。士大夫識與不識，莫不哀傷，為朝廷生民恨惜。」又，《宋史·程顥傳》：「哲宗立，召為宗正丞，未行而卒，年五十四。」

【考釋】哲宗立，據《宋史·哲宗本紀一》，元豐八年三月「戊戌，神宗崩，太子即皇帝位」，早於程顥卒三月。程顥（1032～1085），字伯淳，世居中山，後徙為河南人。《宋元學案》卷十三立「明道學案」，述其學云：「先生資性過人，而充養有道，和粹之氣，盎於面

背。門人交友從之數十年，未嘗見其忿厲之容。遇事優為，雖當倉卒，不動聲色。自十五六時，與弟正叔聞汝南周茂叔論學，遂厭科舉之習，慨然有求道之志。泛濫於諸家，出入於老、釋者幾十年，返求諸六經，而後得之。秦漢而下，未有臻斯理也。文潞公采眾議而為之表其墓曰『明道先生』。嘉定十三年，賜諡曰純公。淳祐元年，封河南伯，從祀孔子廟庭。明嘉靖中，祀稱『先儒程子』。」又，其弟程頤將其譽為「孟子之後一人」，《宋史・程顥傳》載：「其弟頤序之曰：『周公沒，聖人之道不行；孟軻死，聖人之學不傳。道不行，百世無善治；學不傳，千載無真儒。無善治，士猶得以明夫善治之道，以淑諸人，以傳諸後；無真儒，則貿貿焉莫知所之，人欲肆而天理滅矣。先生生於千四百年之後，得不傳之學於遺經，以興起斯文為己任，辨異端，闢邪說，使聖人之道煥然復明於世，蓋自孟子之後，一人而已。然學者於道不知所向，則孰知斯人之為功；不知所至，則孰知斯名之稱情也哉？』」

○十二月壬戌，開經筵講《魯論》

【出處】《宋史・哲宗本紀一》：「（元豐八年）十二月壬戌……開經筵，講《魯論》，讀《三朝寶訓》。」

【考釋】漢代流行的《論語》版本，有今文和古文之分。今文有二家，魯人所傳者稱《魯論語》，齊人所傳者稱《齊論語》；古文有一家，據說為魯恭王劉餘壞孔子宅時在牆壁中所發現。後世流傳的版本，則非上述三家，乃是西漢末年安昌侯張禹融合《魯論》和《齊論》而成之《張侯論》。

哲宗元祐二年　丁卯（1087年）

○九月十五日，經筵講《論語》徹章

【出處】《宋史·禮志十六·嘉禮四·宴饗》：「元祐二年九月，經筵講《論語》徹章，賜宰臣、執政、經筵官宴於東宮，帝親書唐人詩分賜之。」

【考釋】據《玉海》卷四十一〈元祐尚書論語孝經要義三經要語〉：「元祐二年九月庚午，呂公著言：伏睹今月十五日，以經筵講《論語》畢，賜執政及講筵官御筵。」可知經筵講《論語》在九月十五日。

○九月庚午，呂公著、范祖禹等進《論語要語》

【出處】《玉海》卷四十一〈元祐尚書論語孝經要義三經要語〉：「元祐二年九月庚午，呂公著言：『伏睹今月十五日，以經筵講《論語》畢，賜執政及講筵官御筵。是日內，出御書唐賢律詩，分賜臣等各一篇。次日，臣於延和謝。今來《論語》終帙，進講《尚書》。二書皆聖人之格言，為君之要道。臣輒於《尚書》、《論語》及《孝經》中節取要語，凡一百段，惟取明白切於治道者，庶便省覽。』他日，太皇太后宣諭公著曰：『所進《尚書》、《論語》等要義百篇，皇帝每日書寫看覽，甚有益學問，與寫詩不同。』范祖禹言：『臣謹節《尚書》、《論語》、《孝經》要切之語、訓戒之言，得二百一十九事，以備聖箚所冀，手書之，目睹之，心存之，以助聖德之萬一，名曰《三經要語》。』」

【考釋】（宋）朱熹《宋名臣言行錄·後集》卷十三〈范祖禹〉：「元祐初……講讀《論語》畢，賜宴於東宮，賜御書唐人詩各一首。公表謝曰：『臣願陛下篤志學問亦如好書，益進道德皆如遊藝。』又賦詩以獻，退而節《尚書》、《論語》、《孝經》要切之語、訓戒之言，得

一百十九事，名曰《三經要語》進之。」所言即元祐二年事。

哲宗元祐四年　己巳（1089年）

○夏四月戊午，立經義、詩賦兩科，皆試《論語》義、《孟子》義

【出處】（明）陳邦瞻《宋史紀事本末》卷三十八〈科舉學校之制〉：
「四年（戊辰，1088）夏四月戊午，分經義、詩賦為兩科試士，罷明
法科。尚書省請復詩賦，與經義兼行，解經通用先儒傳注及己說。又
言：『舊明法最為下科，今中者即除司法，敘名反在及第進士上，非
是。』乃詔立經義、詩賦兩科，罷試律義。凡詩賦進士，於《易》、
《書》、《詩》、《周禮》、《禮記》、《春秋左傳》內，聽習一經。初試
本經義一道，《論》、《孟》義各一道，次試賦及律詩各一首，次試論
一首，末試子史、時務策二道，凡四場。其經義進士，須習兩經，以
《詩》、《禮記》、《周禮》、《春秋》為大經，《書》、《易》、《公羊》、
《穀梁》、《儀禮》為中經，願習二大經者聽，不得偏占兩中經。初試
本經義三道，《論語》義一道，《孟子》義一道，次試論、策，亦四
場。兩科通定高下，而取解額中分之，各占其半。專經者以經義定取
舍，兼詩賦者以詩賦為去留，其名次高下，則於策、論參之。自復詩
賦，士多鄉習，而專經者十無二三矣。初，司馬光言：『取士之道，
當先德行，後文學。就文學言之，經學又當先於詞章。神宗專用經
義、論、取士，此乃復先王令典，百王不易之法。但王安石不當以
一家私學欲蓋先儒，令天下師生講解。至於律令，皆當官所須，使為
士者果能知道義，自與法律冥合，何必置明法一科，習為刻薄，非所
以長育人材、敦厚風俗也。』至是，遂罷明法科。」《宋史·選舉志
一·科目上》所載略異。
【考釋】《宋史紀事本末》所謂「四年（戊辰，1088）」，誤，「戊辰」

為元祐三年紀年。

哲宗元祐□年

○范祖禹進《論語說》，祖禹等進《孟子》經筵講義

【出處】《玉海》卷四十一《論語說》：「范祖禹（醇夫）《論語說》，元祐中所進，數引劉敞、程頤之說。」又，《玉海》卷四十一〈元祐五臣解孟子〉：「晁氏《志》十四卷，范祖禹、孔武仲、吳安詩、豐稷、呂希哲，元祐中同在經筵，所進講義貫穿史傳，辭旨精贍。」

【考釋】范祖禹（1041～1098），字淳甫，一字夢得，成都華陽人。進士甲科，曾從司馬光編修《資治通鑑》，在洛十五年，不事進取。書成，光薦為秘書省正字。時王安石當國，尤愛重之。哲宗立，擢右正言。祖禹平居恂恂，口不言人過，至遇事，則別白是非，不少借隱。守經據正，獻納尤多，經筵進講，開列古義，參之時事，言簡而當，無一長語，義理明白，粲然成文。蘇軾稱為講官第一。

哲宗紹聖二年　乙亥（1095年）

○三月九日，國子司業龔原請以王雱《論語孟子義》刊板傳學者

【出處】《宋會要輯稿·崇儒五》：「三月九日，龔原言，贈太傅王安石在先朝嘗進其子雱所撰《論語孟子義》，取所進本雕印頒行。詔令國子監錄本進納。」又《宋史·龔原傳》：「為司業時，請以安石所撰《字說》、《洪範傳》及子雱《論語孟子義》刊板傳學者。故一時學校舉子之文，靡然從之，其敝自原始。」

【考釋】《古今圖書集成·經籍典·論語部彙考一》將其繫於紹聖元年（甲戌，1094年）。據〈龔原傳〉，龔原召拜國子司業在「紹聖初」。

徽宗宣和□年

○趙孝孫勸李衡讀《論語》

【出處】《宋史·李衡傳》：「衡自宣和間入辟雍，同舍有趙孝孫者，洛人也，其父實師程頤，家學有源，勸衡讀《論語》曰：『學非記誦辭章之謂，所以學聖賢也，不可有絲毫偽實處，方可以言學。』衡心佩其訓，雖博通群書而以《論語》為根本。臨沒，沐浴冠櫛，翛然而逝。周必大聞之曰：『世謂潛心釋氏，乃能達死生，衡非逃儒入釋者，而臨終超然如此，殆幾孔門所謂聞道者歟！』」

【考釋】徽宗宣和年號共七年，元年己亥，一一一九年；七年乙巳，一一二五年。勸讀事具體時間無考，當在宣和間入辟雍後。

徽宗大觀元年　丁亥（1107年）

○九月庚午，程頤卒

【出處】《二程遺書》附錄〈伊川先生年譜〉：「先生名頤，字正叔，明道先生之弟也。幼有高識，非禮不動。年十四五，與明道同受學於舂陵周茂叔先生……大觀元年九月庚午，卒於家，年七十有五。」

【考釋】朱熹《伊洛淵源錄》卷四所載〈伊川先生年譜〉作「大觀二年九月庚午」，誤。程頤與其兄程顥並稱「二程」，為宋代理學「洛學」之代表人物，於《四書》之學有「表章」之功。《宋史》本傳云：「頤於書無所不讀，其學本於誠，以《大學》、《語》、《孟》、《中庸》為標指，而達於六經。動止語默，一以聖人為師，其不至乎聖人不止也。張載稱其兄弟從十四五時，便脫然欲學聖人，故卒得孔、孟不傳之學，以為諸儒倡。其言之旨，若布帛菽粟然，知德者尤尊崇之。」朱熹學宗二程，撰《四書章句集注》，於程氏兄弟《四書》

之學極為推崇，認為二人真正承續了孟子以來的「千載不傳之緒」，且能斥佛老二家「似是之非」，於儒家道統之傳，功勞甚大！詳見於〈大學章句序〉、〈中庸章句序〉，而〈讀論語孟子法〉，則全錄程子之語九則。

〈大學章句序〉云：「《大學》之書，古之大學所以教人之法也。蓋自天降生民，則既莫不與之以仁義禮智之性矣。然其氣質之稟或不能齊，是以不能皆有以知其性之所有而全之也。一有聰明睿智能盡其性者出於其間，則天必命之以為億兆之君師，使之治而教之，以復其性。此伏羲、神農、黃帝、堯、舜，所以繼天立極，而司徒之職、典樂之官所由設也。三代之隆，其法寖備，然後王宮、國都以及閭巷，莫不有學。人生八歲，則自王公以下，至於庶人之子弟，皆入小學，而教之以灑掃、應對、進退之節，禮樂、射御、書數之文；及其十有五年，則自天子之元子、眾子，以至公、卿、大夫、元士之適子，與凡民之俊秀，皆入大學，而教之以窮理、正心、修己、治人之道。此又學校之教、大小之節所以分也。夫以學校之設，其廣如此，教之之術，其次第節目之詳又如此。而其所以為教，則又皆本之人君躬行心得之餘，不待求之民生日用彝倫之外，是以當世之人無不學。其學焉者，無不有以知其性分之所固有，職分之所當為，而各俛焉以盡其力。此古昔盛時所以治隆於上，俗美於下，而非後世之所能及也！及周之衰，賢聖之君不作，學校之政不修，教化陵夷，風俗頹敗，時則有若孔子之聖，而不得君師之位以行其政教，於是獨取先王之法，誦而傳之以詔後世。若〈曲禮〉、〈少儀〉、〈內則〉、〈弟子職〉諸篇，固小學之支流餘裔，而此篇者，則因小學之成功，以著大學之明法，外有以極其規模之大，而內有以盡其節目之詳者也。三千之徒，蓋莫不聞其說，而曾氏之傳獨得其宗，於是作為傳義，以發其意。及孟子沒而其傳泯焉，則其書雖存，而知者鮮矣！自是以來，俗儒記誦詞章

之習，其功倍於小學而無用；異端虛無寂滅之教，其高過於大學而無實。其他權謀術數，一切以就功名之說，與夫百家眾技之流，所以惑世誣民、充塞仁義者，又紛然雜出乎其間。使其君子不幸而不得聞大道之要，其小人不幸而不得蒙至治之澤，晦盲否塞，反覆沈痼，以及五季之衰，而壞亂極矣！天運循環，無往不復。宋德隆盛，治教休明。於是河南程氏兩夫子出，而有以接乎孟氏之傳。實始尊信此篇而表章之，既又為之次其簡編，發其歸趣，然後古者大學教人之法、聖經賢傳之指，粲然復明於世。雖以熹之不敏，亦幸私淑而與有聞焉。顧其為書猶頗放失，是以忘其固陋，采而輯之，間亦竊附己意，補其闕略，以俟後之君子。極知僭逾，無所逃罪，然於國家化民成俗之意、學者修己治人之方，則未必無小補云。淳熙己酉二月甲子，新安朱熹序。」

〈中庸章句序〉云：「《中庸》何為而作也？子思子憂道學之失其傳而作也。蓋自上古聖神繼天立極，而道統之傳有自來矣。其見於經，則『允執厥中』者，堯之所以授舜也；『人心惟危，道心惟微，惟精惟一，允執厥中』者，舜之所以授禹也。堯之一言，至矣，盡矣！而舜復益之以三言者，則所以明夫堯之一言，必如是而後可庶幾也。蓋嘗論之：心之虛靈知覺，一而已矣，而以為有人心、道心之異者，則以其或生於形氣之私，或原於性命之正，而所以為知覺者不同，是以或危殆而不安，或微妙而難見耳。然人莫不有是形，故雖上智不能無人心；亦莫不有是性，故雖下愚不能無道心。二者雜於方寸之間，而不知所以治之，則危者愈危，微者愈微，而天理之公卒無以勝夫人欲之私矣。精則察夫二者之間而不雜也，一則守其本心之正而不離也。從事於斯，無少間斷，必使道心常為一身之主，而人心每聽命焉，則危者安、微者著，而動靜云為自無過不及之差矣。夫堯、舜、禹，天下之大聖也。以天下相傳，天下之大事也。以天下之

大聖，行天下之大事，而其授受之際，丁寧告戒，不過如此。則天下
之理，豈有以加於此哉？自是以來，聖聖相承：若成湯、文、武之為
君，皋陶、伊、傅、周、召之為臣，既皆以此而接夫道統之傳。若吾
夫子，則雖不得其位，而所以繼往聖、開來學，其功反有賢於堯舜
者。然當是時，見而知之者，惟顏氏、曾氏之傳得其宗。及曾氏之再
傳，而復得夫子之孫子思，則去聖遠而異端起矣。子思懼夫愈久而愈
失其真也，於是推本堯舜以來相傳之意，質以平日所聞父師之言，更
互演繹，作為此書，以詔後之學者。蓋其憂之也深，故其言之也切；
其慮之也遠，故其說之也詳。其曰『天命率性』，則道心之謂也；
其曰『擇善固執』，則精一之謂也；其曰『君子時中』，則執中之謂
也。世之相後，千有餘年，而其言之不異，如合符節。歷選前聖之
書，所以提挈綱維、開示蘊奧，未有若是之明且盡者也。自是而又再
傳以得孟氏，為能推明是書，以承先聖之統，及其沒而遂失其傳焉。
則吾道之所寄不越乎言語文字之間，而異端之說日新月盛，以至於老
佛之徒出，則彌近理而大亂真矣。然而尚幸此書之不泯，故程夫子兄
弟者出，得有所考，以續夫千載不傳之緒；得有所據，以斥夫二家似
是之非。蓋子思之功於是為大，而微程夫子，則亦莫能因其語而得其
心也。惜乎！其所以為說者不傳，而凡石氏之所輯錄，僅出於其門人
之所記，是以大義雖明，而微言未析。至其門人所自為說，則雖頗詳
盡而多所發明，然倍其師說而淫於老佛者，亦有之矣。熹自早歲即嘗
受讀而竊疑之，沈潛反復，蓋亦有年，一旦恍然似有以得其要領者，
然後乃敢會眾說而折其中，既為定著〈章句〉一篇，以俟後之君子。
而一二同志復取石氏書，刪其繁亂，名以《輯略》，且記所嘗論辯取
舍之意，別為〈或問〉，以附其後。然後此書之旨，支分節解、脈絡
貫通、詳略相因、巨細畢舉，而凡諸說之同異得失，亦得以曲暢旁
通，而各極其趣。雖於道統之傳不敢妄議，然初學之士，或有取焉，

則亦庶乎行遠升高之一助云爾。淳熙己酉春三月戊申，新安朱熹序。」

　　〈讀論語孟子法〉云：「1.程子曰：『學者當以《論語》、《孟子》為本。《論語》、《孟子》既治，則《六經》可不治而明矣。讀書者當觀聖人所以作經之意，與聖人所以用心，聖人之所以至於聖人，而吾之所以未至者，所以未得者。句句而求之，晝誦而味之，中夜而思之，平其心，易其氣，闕其疑，則聖人之意可見矣。』2.程子曰：『凡看文字，須先曉其文義，然後可以求其意，未有不曉文義而見意者也。』3.程子曰：『學者須將《論語》中諸弟子問處便作自己問，聖人答處便作今日耳聞，自然有得。雖孔孟復生，不過以此教人。若能於《語》、《孟》中深求玩味，將來涵養成甚生氣質！』4.程子曰：『凡看《語》、《孟》，且須熟讀玩味。須將聖人言語切己，不可只作一場話說。人只看得二書切己，終身盡多也。』5.程子曰：『《論》、《孟》只剩讀著，便自意足，學者須是玩味。若以語言解著，意便不足。』6.或問：『且將《論》、《孟》緊要處看，如何？』程子曰：『固是好，但終是不浹洽耳。』7.程子曰：『孔子言語句句是自然，孟子言語句句是事實。』8.程子曰：『學者先讀《論語》、《孟子》，如尺度權衡相似，以此去量度事物，自然見得長短輕重。』9.程子曰：『讀《論語》、《孟子》而不知道，所謂『雖多，亦奚以為』。」

徽宗大觀三年　己丑（1109年）

○二月十六日，戴安仁乞立勸沮之法，三等學生能誦《孝經》、《論語》、《孟子》

【出處】《宋會要輯稿・崇儒二》：「二月……十六日，提舉黔南路學事戴安仁言：『所管多是新創州郡，內縣、城、寨新民教授繫經略司舉辟，今來既有提舉學事，其新民教授欲乞一就提舉學事司奏辟命官

或貢士、攝官有學行人充。新民學生就學，其間亦有秀異，今欲乞
立勸沮之法，分為上、中、下三等。上等為能誦《孝經》、《論語》、
《孟子》，及一經略通義理者，特與推恩；中等為能誦《孝經》、《論
語》、《孟子》者，與賜帛及給冠帶；下等為能誦《孝經》或《孟子》
者，給與紙筆硯墨之費。』從之。」

【考釋】戴安仁，生平不詳。（明）張鳴鳳《桂故》卷四載：「戴安仁
質夫，亦衢人，提舉學事。」《浙江通志》卷一二四〈選舉二·元豐
八年乙丑焦蹈榜〉「戴安仁」下注云：「西安人。」二處所謂「戴安
仁」，或即〈崇儒二〉中所指。按古西安縣，在今浙江衢州境內。

欽宗靖康□年

○胡舜陟奏請東宮官先讀《論語》次讀《孟子》

【出處】《宋史·胡舜陟傳》：「欽宗即位……遷侍御史。奏：『向者
晁說之乞皇太子講《孝經》，讀《論語》，間日讀《爾雅》而廢《孟
子》。夫孔子之後深知聖人之道者，孟子而已。願詔東宮官遵舊制，
先讀《論語》，次讀《孟子》。』……高宗即位，舜陟論宰相李綱之
罪，帝不聽。」

【考釋】由《宋史》本傳可知，舜陟奏請事當在欽宗靖康中。靖康共
二年，元年丙午，一一二六年；二年丁未，一一二七年。

高宗建炎二年　戊申（1128年）

○九月，上寫《論語》、《孟子》於絹屏

【出處】《玉海》卷三十四〈建炎書坐右屏〉：「建炎二年九月十七日
戊戌，上書《資治通鑑》第四冊，賜黃潛善。己亥，宰臣謝，上曰：

『近將《語》、《孟》治道處，手寫入於絹屏。』又曰：『《語》、《孟》誦習之熟，真有可喜。』（《聖政》云：「《孟子》論治道處。」）二十二日癸卯，內出親書坐右素屏〈旅獒〉一篇，〈大有〉、〈大畜〉二卦與《孟子》之言七，凡十扇，遣中使宣示宰執。」

【考釋】據《玉海》卷九十一〈建炎御書旅獒易卦孟子屏〉，可知所書內容及所取之義：「……又曰：『朕每日溫習《孟子》五卷，愛其簡明知要，故樂書之。』汪伯彥曰：『陛下留神此書，取其宜於今者力行之，天下甚幸！』二十二日癸卯，宣示親書素屏。二十三日甲辰，潛善致詞曰：『臣等昨晚蒙遣中使宣示御書座右素屏，〈旅獒〉一篇、〈大有〉、〈大畜〉二卦與《孟子》七篇，凡十扇。於《書》取謹德昭度之規，於《易》記有賢畜德之義，蓋曰正心誠意以齊家治國者在德，立政造事以致君澤民者在賢，所摭孟軻當年之格言，皆切本朝今日之急務。屏幛之內，聖賢滿前，因知心術之接在茲，非以字畫之好為貴。』上曰：『《孟子》自幼所習，至今成誦在口，不覺寫出。如〈旅獒〉，因葉夢得進讀《資治通鑒》及之。又欲寫〈無逸篇〉，但其字多，屏狹不能容。見別營度，遊意翰墨，朕意殊不倦。』汪彥伯曰：『陛下書聖賢垂範之言，置諸座右以自警，此進德修業之效。』又曰：『孟子言左右皆曰賢，又左右皆曰可殺一章。詳詠斯言，欲謹守之，夙夜不忘。神交尚友，如與孟子端拜而議。』」又參《宋會要輯稿·崇儒六》。

高宗建炎四年　庚戌（1130年）

○九月十五日，朱熹生

【出處】（宋）黃榦《勉齋集》卷三十六〈朱先生行狀〉：「先生姓朱氏，諱熹，字仲晦。甫，朱氏為婺源著姓，以儒名家，世有偉人。更

部公甫冠擢進士第，入館為尚書郎兼史事，以不附和議去國。文章行義，為學者師，號韋齋先生，有文集行於世。吏部公因仕入閩，至先生始寓建之崇安五夫里，今居建陽之考亭。先生以建炎四年九月十五日午時，生南劍尤溪之寓舍。幼穎悟，莊重能言。」

【考釋】（清）王懋竑《朱熹年譜》卷一：「高宗建炎四年庚戌（1130）秋九月甲寅，先生生。」束景南《朱熹年譜長編》卷上：「九月十五日午時，朱熹生於南劍尤溪鄭氏寓舍。」

高宗紹興元年　辛亥（1131年）

○秋七月丁亥，詔贈程頤直龍圖閣

【出處】（明）陳邦瞻《宋史紀事本末》卷八十〈道學崇黜〉：「高宗紹興元年秋七月丁亥，詔贈程頤直龍圖閣。制詞略曰：『周衰，聖人之道不得其傳。世之學者，其欲聞仁義道德之說，孰從而求之？亦孰從而聽之？爾頤潛心大業，高明自得之學，可信不疑。而浮偽之徒，自學問文采不足表見於世，乃竊借名以自售，外示恬默，中實奔競。使天下之士聞其風而疾之，是重不幸焉。朕所以振耀襃顯之者，以明上之所與在此而不在彼也。』」

【考釋】（日）今關壽麿《宋元明清儒學年表》於是年云：「贈程頤以直龍圖閣，制詞極其尊崇。」

高宗紹興四年　甲寅（1134年）

○朱熹始讀《四書》

【出處】《朱子語類》卷一〇四〈自論為學工夫〉：「某自丱角讀《四書》，甚辛苦。諸公今讀時文，較易做工夫了（敬仲）。」又同卷：

「某向卅角讀《論》、《孟》，自後欲一本文字高似《論》、《孟》者，竟無之（友仁）。」

【考釋】卅角，指頭髮束成兩角形，舊時多為兒童或少年人的髮式，用以指代人的童年或少年時期。束景南《朱熹年譜長編》卷上繫於建炎四年（朱熹時年五歲），並考證云：「《李延平集》卷一有〈達朱韋齋暨吳少琳書〉云：『侗再拜上問韋齋監稅朱友，向來所委求大字《語》、《孟》，聞吳少琳在嚴州印歸，遂以應命。別寄人求之，諒不易得也。』以監稅稱之，則書當作在是年。朱松求大字本《語》、《孟》，疑即為朱熹入小學所用。」

高宗紹興五年　乙卯（1135年）

○八月十九日，錢觀復等乞宮學且講《論》、《孟》

【出處】《宋會要輯稿·崇儒一》：「八月十九日，諸王宮大小學教授錢觀復等言：『……宗學法合輪講書。今來宮學大學生人數至少，年格雖及，而經書全未通誦，尚須點授。若遽以大經義講說，則義雖開曉，恐成躐等。欲乞且講《論》、《孟》，可使易曉，候至稍通經旨，仍舊大小經輪講，庶以漸進，不為文具。其小學生日逐點授，或作詩對，所有大學生年雖應格，學未成就，亦乞且依小學例點授功課。其有學業稍通，自依大學法。』並從之。」

【考釋】（明）王鏊《姑蘇志》卷五十載：「錢觀復，字知原，於吳越為疏屬。由太學登進士乙科，常熟土著及第，自觀復始教授瑞安。……官至朝散郎贈金紫光祿大夫，有《文集》十五卷、《論語解》二十卷。」

○十月，賜新進士汪應辰等御書《中庸》

【出處】《玉海》卷五十五〈紹興賜進士中庸篇〉：「（紹興）五年策士，首得汪應辰。九月十九日，言者請依雍熙故事，賜新進士〈儒行篇〉，以勵士檢。有旨添賜〈中庸〉，送秘府校勘正字，張嵲校〈中庸〉、高閌校〈儒行篇〉。二十二日，閌奏：『〈儒行〉雖間與聖人之意合，而其詞誇大，類戰國縱橫之學，蓋漢儒雜記，決非聖人格言，望止賜。〈中庸〉庶幾，學者知聖學淵源。』奏，可。御書〈中庸〉，以十月四日賜之。（《會要》：「九月，賜御書石刻〈中庸〉篇。」）

【考釋】《玉海》卷三十四〈紹興書中庸篇〉云：「（紹興）五年……九月己丑，賜新及第汪應辰以下御書石刻〈中庸篇〉。廷試畢賜御書，自此始。」則以為賜〈中庸〉在九月，又注云：「一云，十月四日賜之。」

高宗紹興六年　丙辰（1136年）

○十二月己未，陳公輔乞禁程氏學，詔士大夫之學宜以孔孟為師

【出處】（宋）李心傳《建炎以來繫年要錄》卷一○七：「紹興六年十有二月……己未……左司諫陳公輔言：『朝廷所尚，士大夫因之；士大夫所尚，風俗因之。此不可不慎也。國家嘉祐以前，朝廷尚大公之道，不營私意，不植私黨，故士大夫以氣節相高，以議論相可否，未嘗互為朋比，遂至於雷同苟合也。當是時，是非明，毀譽公，善惡自分，賢否自彰，天下風俗，豈有黨同之弊哉？自熙、豐以後，王安石之學著為定論，自成一家，使人同己。蔡京因之，挾紹述之說，於是士大夫靡靡黨同，而風俗壞矣。仰惟陛下天資聰明，聖學高妙，將以痛革積弊，變天下黨同之俗，甚盛舉也。然在朝廷之臣，不能上體聖明，又復輒以私意取程頤之說，謂之伊川學，相率而從之。是以趨時

競進、飾詐沽名之徒，翕然胥效，倡為大言，謂堯、舜、文、武之道傳之仲尼，仲尼傳之孟軻，軻傳頤，頤死無傳焉。狂言怪語，淫說鄙喻，曰此伊川之文也；幅巾大袖，高視闊步，曰此伊川之行也。能師伊川之文，行伊川之行，則為賢士大夫舍此皆非也。臣謂使頤尚在，能了國家事乎？取頤之學，令學者師焉，非獨營私植黨，復有黨同之弊。如蔡京之紹述，且將見淺俗僻陋之習，終至惑亂天下後世矣。且聖人之道，凡所以垂訓萬世，無非中庸，非有甚高難行之說，非有離世異俗之行，在學者允蹈之而已。伏望聖慈，特加睿斷，察群臣中有為此學，相師成風，鼓扇士類者，皆屏絕之。然後明詔天下，以聖人之道著在方冊，炳如日星，學者但能參考眾說，研窮至理，各以己之所長而折中焉，惟不背聖人之意，則道術自明，性理自得。故以此修身，以此事君，以此治天下國家，無乎不可矣，毋執一說，遂成雷同。使天下知朝廷所尚如此，士大夫所尚亦如此，風俗自此皆知復祖宗之時。此今日之務，若緩而急者。」輔臣進呈，張濬批旨曰：『士大夫之學，宜以孔孟為師，庶幾言行相稱，可濟時用。覽臣寮所奏，深用憮然，可布告中外，使知朕意。』」

【考釋】禁學之本末，（明）陳邦瞻《宋史紀事本末》卷八十〈道學崇黜〉載之簡明：「六年十二月，左司諫陳公輔請禁程氏學，從之。先是，崇寧以來，禁錮元祐學術。帝渡江，復尊尚程頤之學。至是，公輔上疏言：『今世取程頤之說，謂之伊川之學。相率從之，倡為大言，謂堯、舜、文、武之道傳之仲尼，仲尼傳之孟軻，孟軻傳之頤，頤死遂無傳焉。狂言怪語，淫說鄙論，曰此伊川之文也；幅巾大袖，高視闊步，曰此伊川之行也。師伊川之文，行伊川之行，則為賢士大夫，舍此者非也。誠恐士習從此大壞，乞禁止之。』遂詔：『士大夫之學，一以孔孟為師，庶幾言行相稱，可濟時用。臣僚所奏，可布中外，使知朕意。』時方召尹焞，焞，頤門人也。公輔之意，蓋有所指

云。」又，（宋）李心傳《道命錄》卷三：「自崇寧後，伊川之學為世大禁者二十有五年，靖康初乃罷之。至是僅十年而復禁。」

高宗紹興七年　丁巳（1137年）

○五月，胡安國上疏駁陳公輔請禁程頤之學

【出處】（明）陳邦瞻《宋史紀事本末》卷八十〈道學崇黜〉：「七年五月，張濬薦胡安國，帝召之。安國聞陳公輔請禁程頤之學，乃上疏曰：『孔、孟之道不傳久矣，自頤兄弟始發明之，然後知其可學而至。今使學者師孔、孟而禁從頤學，是入室而不由戶也。夫頤於《易》，因理以明象而知體用之一原；於《春秋》，見於行事而知聖人之大用；諸經、《語》、《孟》皆發其微旨而知其入德之方，則狂言怪語豈其文哉！孝弟顯於家，忠誠動於鄉，非其道義一介不以取予，則高視闊步豈其行哉！自嘉祐以來，西都有邵雍、程顥及其弟頤，關中有張載，皆以道德名世，著書立言，公卿大夫所欽慕而師尊之。及王安石、蔡京等曲加排抑，故其道不行。願下禮官，討論故事，加之封爵，載在祀典。仍詔館閣，裒其遺書，羽翼「六經」，使邪說者不得作，而道術定矣。』疏入，公輔與中丞周秘、侍御史石公揆交章論安國學術頗僻，安國遂辭召命。」

【考釋】據（清）徐乾學《資治通鑑後編》卷一一二，知事在五月「甲戌」。事又見《宋史·胡安國傳》。

○閏十月，詔給尹焞筆劄解《論語》以進

【出處】尹焞《和靖集》卷八〈年譜〉：「閏十月……初八日，奉聖旨，尹焞除秘書郎兼崇政殿說書。先生又辭。十一日，奉聖旨，不允。令先次朝見，赴講筵供職。十二日，先生始入見，力辭於上。

前，上曰：『朕渴卿久矣，知卿從程頤學，俟卿以講學，不敢以有他。』先生遜謝，辭不獲命，遂供職講筵，承續講《衛靈公》之末章。稱旨，遂給筆箚解《論語》以進。」

【考釋】《和靖集》卷三〈題論語解後〉稱：「焞紹興七年十一月，被召到闕，賜對押，赴經筵，承續講說《論語·衛靈公》之末一章。次日，有旨給筆箚解《論語》以進。念以說書為職，不敢以固陋辭，方以病困殆，蒙賜寬假，病安日解進。」言事在紹興七年十一月，與〈年譜〉所載略有出入。

高宗紹興八年　戊午（1138年）

○四月二十日，尹焞進所解《論語》，賜六品服

【出處】《和靖集》卷八〈年譜〉：「二月……二十七日，除秘書少監，仍兼崇政殿說書，先生又凡五辭。三月，病少瘉，力疾赴講筵。先生每當赴講之日，前一夕必沐浴更衣，以所講書置案上，朝服再拜，齋於燕室。學者問之，先生曰：『必欲以所言感悟君父，安得不敬人君？其尊如天，必須盡己之誠意。吾言得入則天下蒙其利，不能入則反之，又安得不敬？』十三日，詔促解《論語》。四月九日，乞免史館，並修日曆，職事從之。十四日，再乞歸田里。十七日，又於經筵留身求去。且曰：『士大夫不理會進退，安用所學？』上曰：『待與卿在內宮觀。』先生力辭。翌日，上以諭參知政事劉公大中曰：『尹焞學問淵源，足為後學矜式。班列中得老成，人為之領袖，亦足以見朝廷氣象。』十八日，除直徽猷閣，主管萬壽觀，依舊兼崇政殿說書。凡三辭，不允。又乞致仕，又不允。二十日，進呈所解《論語》。五月四日，詔賜緋衣銀魚。」又，《玉海》卷四十一〈紹興論語解義〉：「（紹興）八年四月戊寅，詔尹焞解《論語》。書成，賜

六品服。」

【考釋】進《論語解》之事，尹焞本人亦曾言，《和靖集》卷五〈師說上〉云：「先生曰：『某在經筵進《論語解》，別無可取，只一篇〈序〉卻是某意。曰學貴力行，不貴空言，若欲意義新奇，文辭華贍，則非臣所知。此是某意。』」又，同書卷六〈師說中〉：「先生既進《論語解》，一日，德壽忽謂趙丞相曰：『朕看尹某日間所行，全是一部《論語》。』趙曰：『陛下可謂知人矣。』」

○五月，詔尹焞解《孟子》，賜四品之服

【出處】《和靖集》卷八〈年譜〉：「四月二十日，進呈所解《論語》。五月四日，詔賜緋衣銀魚。復被旨解《孟子》，上曰：『楊時物故，胡安國、朱震又亡，同學之人，今無存者，朕甚痛惜之。』趙鼎曰：『尹焞學問淵源，可以繼震。』上曰：『震亦薦焞。』」

【考釋】解《孟子》之事，《和靖集》卷六〈師說中〉云：「呂紫微書問：『伊川退朝，納其告敕曰：臣本布衣，誤蒙聖聽，置之講列，無補於世。今既歸田里，亦願只乞布衣為榮。今先生亦合乞布衣而歸，受四品服致仕，與伊川異何也？』先生謂時敏曰：『居仁責我則是，但某荷聖恩，四章不允，復賜象簡、筆墨、茶各一百，端硯、金絲匣、金鼎硯滴各一，令講《孟子》以進。書成日，賜四品之服，當隨此上納。』」

高宗紹興十年　庚申（1140年）

○五月十六日，御書《中庸》賜秦檜

【出處】《玉海》卷三十四〈紹興書中庸篇〉：「紹興十年五月十六日，御書〈中庸〉賜秦檜。」《宋會要輯稿‧崇儒六》所載略同。

【考釋】秦檜（1090～1155），字會之，江寧府（今江蘇南京）人。宋徽宗政和五年（1115年）登第，補密州（今山東諸城）教授，曾任太學學正。北宋末年任御史中丞，與徽宗、欽宗一起被金人俘獲。南歸後，任禮部尚書，兩任宰相，前後執政十九年。

高宗紹興十二年　壬戌（1142年）

○十二月庚辰，上親寫《孟子》等

【出處】《玉海》卷三十四〈紹興淳熙御書明堂〉：「紹興十二年十二月庚辰，上曰：『朕一無所好，惟閱書作字，自然無倦。』《尚書》、《史記》、《孟子》俱寫畢，《尚書》寫兩過，《左傳》亦節一本。」

【考釋】（宋）李心傳《建炎以來繫年要錄》卷一四七：「十有二月……庚辰……上覽除目曰：『朕一無所好，惟閱書作字，自然無倦。』《尚書》、《史記》、《孟子》俱寫畢，《尚書》寫兩過，《左傳》亦節一本。」與《玉海》所說同。

高宗紹興十三年　癸亥（1143年）

○正月二十四日，以王賓《論語口義》送史館

【出處】《玉海》：「紹興十三年正月二十四日，王普進父賓講《論語口義》送史館。」（清）朱彝尊《經義考》卷二一六亦錄《玉海》之語。

【考釋】《論語口義》，今已佚。

○二月，高閌言取士當先經術，請以本經、《語》、《孟》義各一道為首

【出處】《宋史·選舉志二·科目下》：「十三年，國子司業高閌言：

『取士當先經術，請參合三場，以本經、《語》、《孟》義各一道為首，詩賦各一首次之，子史論一道、時務策一道又次之，庶幾如古試法。又《春秋》義當於正經出題。』並從之。」

【考釋】《建炎以來繫年要錄》卷一四八言事在十三年二月「己卯」，《宋史全文》卷二十一中言事在二月「乙卯」。《宋會要輯稿・崇儒一》所載略異：「同日（指二月二十二日），國子司業高閌言：『今參合條具太學課試及科場事件如後：第一場，元豐法（紹興、元祐、大觀同），本經義三道，《論語》、《孟子》義各一道。今太學之法，正以經義為主，欲依舊。第二場，元祐法，賦一首，今欲以詩賦。第三場，紹聖法，論一首，策一道，今欲以子、史論一首，並時務策一道，為三場，如公試法。』詔從之。」

○十一月丁卯，詔以所寫《論語》、《孟子》刊石國子監，仍頒賜諸路州學

【出處】《建炎以來繫年要錄》卷一五○：「十有一月……丁卯……上所寫「六經」與《論語》、《孟子》之書皆畢，檜因請刊石於國子監，仍頒墨本，賜諸路州學。詔可。」

【考釋】《宋會要輯稿・崇儒一》以為事在「十一月戊午」。秦檜奏請文字，據《繫年要錄》，略云：「天降下民，作之君，作之師。自古在上，則君師之任歸於一致，堯舜之世比屋可封，此其效也。陛下天錫勇智，撥亂世反之正，又於投戈之際，親御翰墨，書六經以及《論語》、《孟子》。朝賢從事，為諸儒倡堯舜君師之任，乃幸獲親見之。夫以乾坤之清寧，世道之興起，一人專任其責，所為經綸於心，表儀以身者，勤亦至矣！所望於丕應者，豈淺哉？《詩》不云乎：『思皇多士，生此王國。王國克生，維周之禎。』臣願與學者勉之。」

○頒御書《中庸》等於天下州學

【出處】《玉海》卷三十四〈紹興書羊祜傳真草孝經〉:「紹興……十三年,頒御書《孝經》、《周官》、《中庸》、《羊祜傳》於天下州學。」

【考釋】《古今圖書集成・經籍典・中庸部彙考一》言事在「十三年二月」,未知所據。

高宗紹興十五年　乙丑（1145年）

○是年前,陳淵論程頤與王安石學術同異

【出處】《宋史・陳淵傳》:「淵面對,因論程頤、王安石學術同異,上曰:『楊時之學能宗孔、孟,其《三經義辨》甚當理。』淵曰:『楊時始宗安石,後得程顥師之,乃悟其非。』上曰:『以《三經義解》觀之,具見安石穿鑿。』淵曰:『穿鑿之過尚小,至於道之大原,安石無一不差。推行其學,遂為大害。』上曰:『差者何謂?』淵曰:『聖學所傳止有《論》、《孟》、《中庸》,《論語》主仁,《中庸》主誠,《孟子》主性,安石皆暗其原。仁道至大,《論語》隨問隨答,惟樊遲問,始對曰:「愛人。」愛特仁之一端,而安石遂以愛為仁。其言《中庸》,則謂中庸所以接人,高明所以處己。《孟子》七篇,專發明性善,而安石取揚雄善惡混之言,至於無善無惡,又溺於佛,其失性遠矣。』」

【考釋】陳淵,字知默,南劍沙縣人。生年不詳,卒於紹興十五年。從學「二程」,又師楊時,學者稱默堂先生。據《宋史》本傳,淵「(紹興)九年,除監察御史,尋遷右正言。入對……」。推知淵此處論學,或在紹興九年之後、十五年之前。

高宗紹興十六年　丙寅（1146 年）

○五月，上書《論語》、《孟子》，刊石立於太學

【出處】《玉海》卷三十四〈紹興御書石經〉：「十六年五月，……上又書《論語》、《孟子》，皆刊石，立於太學首善閣及大成殿後三禮堂之廊廡。」同書卷四十三〈紹興御書石經〉所載略異。（清）顧炎武《石經考》亦云係十六年五月事。

【考釋】《古今圖書集成・經籍典・論語部彙考一》言：「一云，十四年刊。」

○朱熹苦讀《中庸》、《大學》

【出處】《朱子語類》卷十六：「徐仁父問：『湯之〈盤銘〉曰：「日日新。」繼以「作新民」。日新是明德事，而今屬之「作新民」之上。意者，申言新民必本於在我之自新也？』曰：『然。莊子言：「語道而非其序，則非道矣。」橫渠云：「如《中庸》文字，直須句句理會過，使其言互相發。」今讀《大學》亦然。某年十七八時，讀《中庸》、《大學》，每早起，須誦十遍。今《大學》可且熟讀（賀孫）。』」

【考釋】朱熹生於建炎四年（1130），則其十七歲則在紹興十六年。

高宗紹興二十一年　辛未（1151 年）

○五月，賜趙達等御書《大學》

【出處】《玉海》卷三十四〈紹興書大學〉：「二十一年（辛未）五月，賜趙達等《大學》。」

【考釋】據《玉海》，賜趙達《大學》，乃「就聞喜宴日賜之舉」。

高宗紹興二十四年　甲戌（1154年）

○五月，朱熹親為縣學諸生講《論語》二十篇，作〈論語課會說〉

【出處】《晦庵集》卷七十四〈論語課會說〉：「古之學者，潛心乎六藝之文，退而考諸日用，有疑焉則問，問之弗得，弗措也。古之所謂傳道授業解惑者，如此而已。後世設師弟子員，立學校以群之，師之所講，有不待弟子之問；而弟子之聽於師，又非其心之所疑焉。泛然相與，以具一時之文耳。學問之道，豈止於此哉？自秦漢以迄今，蓋千有餘年，所謂師弟子者，皆不過如此。此聖人之緒言餘旨所以不白於後世，而後世之風流習尚所以不及於古人也。然則學者欲求古人之所至，其可以不務古人之所為乎？今將以《論語》之書與諸君相從學，而惟今之所講者不足事也，是以不敢不以區區薄陋所聞告諸君。諸君第因先儒之說，以逆聖人之所志，孜孜焉，早夜以精思，退而考諸日用，必將有以自得之，而以幸教熹也。其有不合，熹請得為為諸君言之，諸君其無勢利之急，而盡心於此。一有得焉，守之以善其身，不為有餘；推之以及一鄉一國而至於天下，不為不足。熹不肖，不敢以是欺諸君也。」

【考釋】據《晦庵集》卷八十五〈講座銘〉：「紹興二十三年，新安朱熹仲晦來為吏於同安，而兼領其學事。越明年五月，新作講座，以臨諸生。顧其所以作之意，不可以不銘。」可知紹興二十四年五月，朱熹曾臨同安縣學講學。束景南《朱熹年譜長編》卷上考證云：「《朱文公文集》卷七十四〈策問〉第二十三道云：『頃與二三子從事於《論語》之書凡二十篇之說者，二三子盡觀之矣。雖未能究其義如其文，然不可謂未嘗用意於此也。』此即〈論語課會說〉所謂『今將以《論語》之書與諸君相從學』，知此〈論語課會說〉乃朱熹設講座為諸生開講《論語》之首講。由此亦可見朱熹所謂『增修講問之

法』者，即師弟子間講經論道、相互問答之法也。學生與師說有不合，亦可登座為諸生言之，相互討論，課上課後，皆可講問討論。今《朱文公文集》卷三十九有〈答戴邁〉、〈答林巒〉書一、〈答呂佖〉、〈答楊宋卿〉等，皆朱熹在同安與縣學諸生講論問答之箚也……朱熹講《論語》，諸生記之四大編，其作《論語集解》，蓋濫觴於此矣。」（頁183～184）

○十二月丙戌，命毀程瑀《論語講解》

【出處】《宋史·高宗本紀八》：「十二月丙戌，以故龍圖閣學士程瑀有《論語講解》，秦檜疑其譏己。知饒州洪興祖嘗為序、京西轉運副使魏安行鏤版，至是，命毀之。興祖昭州、安行欽州編管，瑀子孫亦論罪。」

【考釋】程瑀(1087～1152)，字伯寓，號愚翁，繞州浮梁（今江西景德鎮）人。金人入侵，求可使者，瑀請往。未行，會欽宗即位，議割三鎮，命瑀往河東，秦檜往河中。瑀奏：『臣願奉使，不願割地。』後除兵部尚書。檜既主和，瑀議論不專以和為是，檜忌之，改龍圖閣學士、知信州。據《宋史·程瑀傳》：「瑀在朝無詭隨，嘗為《論語說》，至『弋不射宿』，言孔子不欲陰中人；至『周公謂魯公』，則曰可為流涕。洪興祖〈序〉述其意，檜以為譏己，逐興祖。魏安行鋟版京西漕司，亦奪安行官，籍其家，毀版。檜死，瑀子孫乃免錮云。」

高宗紹興二十六年　丙子（1156年）

○秋七月，朱熹於泉州客邸讀《孟子》，《孟子集解》始於此

【出處】《朱子語類》卷一○四：「讀書貪多最是大病，下梢都理會不得。若到閑時無書讀時，得一件書看更子細。某向為同安簿滿，到泉

州候批書，在客邸借文字，只借得一冊《孟子》，將來子細讀，方尋得本意見。看他初間如此問，又如此答；待再問，又恁地答。其文雖若不同，自有意脈都相貫通，句句語意都有下落（賀孫）。」又，同卷：「看文字卻是索居獨處，好用功夫，方精專看得透徹，未須便與朋友商量。某往年在同安日，因差出體究公事處，夜寒不能寐，因看得子夏論學一段分明。後官滿，在郡中等批書，已遣行李，無文字看，於館人處借得《孟子》一冊熟讀，方曉得『養氣』一章語脈。當時亦不暇寫出，只逐段以紙簽簽之云：此是如此說。簽了便看得更分明。後來其間雖有修改，不過是轉換處，大意不出當時所見。如謾人底議論，某少年亦會說，只是終不安，直到尋個確實處方已罷。」

【考釋】「同安簿滿，到泉州候批書」及「後官滿，在郡中等批書」事，（清）王懋竑《朱子年譜》將其繫於紹興二十六年丙子「秋七月」，云：「時秩滿，代者不至，因送老幼以歸。」又，束景南《朱熹年譜長編》卷上云：「朱熹注《孟》之第一書為《孟子集解》，此所謂『逐段以紙簽簽之……後來其間雖有修改，不過是轉換處，大意不出當時所見。』實即其始作《孟子集解》也。」（頁219～220）

高宗紹興二十九年　己卯（1159年）

○朱熹草成《論語集解》

【出處】《晦庵集》卷三十九〈答許順之〉：「熹《論語說》方了第十三篇，小小疑悟時有之，但終未見道體親切處。如說仁者渾然與物同體』之類，皆未有實見處。反思茫然，為將奈何。熹比因堂箚促行，再入文字，乞候終秩。萬一諸公不欲如此，得一教官之屬南去，即相見之期近矣。」

【考釋】「比因堂箚促行」事，《晦庵集》卷二十二〈辭免召命狀〉

載：「右熹九月二十六日準尚書省箚子八月十三日三省同奉聖旨，召赴行在者……」據（宋）李心傳《建炎以來繫年要錄》卷一八三，知事在「紹興二十九年八月甲子」。

又，《晦庵集》卷七十五〈論語要義目錄序〉云：「熹年十三四時，受其說於先君，未通大義，而先君棄諸孤。中間歷訪師友，以為未足。於是遍求古今諸儒之說，合而編之。誦習既久，益以迷眩。晚親有道，竊有所聞，然後知其穿鑿支離者固無足取。至於其餘，或引據精密，或解析通明，非無一辭一句之可觀，顧其於聖人之微意，則非程氏之儔矣。」束景南《朱熹年譜長編》卷上云：「此序作於隆興元年。所謂『歷訪師友』，乃指訪武夷三先生等，『晚親有道』，則指師事李侗。朱熹此解《論語》之書成於『晚親有道』之際，乃在集古今諸儒之說，可名為《論語集解》，蓋其時朱熹凡所作集眾家說之書多名之曰『集解』，如《詩集解》、《大學集解》、《孟子集解》等。朱熹於紹興二十八年五月猶云『去歲在同安獨居幾閱歲，看《論語》近十篇，其間疑處極多』（〈與范直閣〉書四），至紹興二十九年春間云『《論語》向者看四篇，似未浹然，可兼新舊看為佳』（〈答劉平甫〉書二），至九月則云『《論語說》方了第十三篇』（〈答許順之書〉一），『舊文兩日多所更定，漸覺詳備』（〈答劉平甫〉書三），則《論語集解》約成在其後不久。其隆興元年作《論語要義》、《論語訓蒙口義》，皆從此書出。」（頁248）

高宗紹興三十年　庚辰（1160年）

○十二月，朱熹《孟子集解》就稿

【出處】《晦庵集‧別集》卷二〈答程欽國〉：「往年誤欲作文，近年頗覺非力所及，遂已罷去，不能留情其間，頗覺省事。講學近見延平

李先生，始略窺門戶，而疾病乘之，未知終得從事於斯否耳。大概此事以涵養本原為先，講論經旨，特以輔此而已。向來泛濫出入，無所適從，名為學問，而實何有？亦可笑耳。示喻蘇、程之學，愚意二家之說不可同日而語。黃門議論所守，僅賢其兄，以為顏子以來一人而已，恐未然。頃因讀《孟子》，見其所說到緊要處，便差了『養氣』一章，尤無倫理。觀此，想淵源來歷不甚深也。正蒙建陽舊有本，近來久不曾見，俟病少間，當為尋問也。然此書精深難窺測，要其本原，則不出「六經」、《語》、《孟》。且熟讀《語》、《孟》，以程門諸公之說求之，涵泳其間，當自有得。然後此等文字，可循次而及，方見好處。如今不須雜博，卻不濟事，無收拾也。若果如此有味，則世間一種無緊要文字，皆為妄言綺語，自無工夫看得矣。近集諸公《孟子》說為一書，已就稿。又為《詩集傳》，方了〈國風〉、〈小雅〉。二書皆頗可觀，或有益於初學，恨不令吾弟見之。又恨相去稍遠，不能得吾弟來相助成之也。」

【考釋】關於〈答程欽國〉一書的寫作時間，陳來先生考證云：「書中云『近見延平李先生，始略窺門戶，而疾病乘之，未知終得從事於斯否耳』。按夏炘《述朱質疑》以此書在癸酉後，王白田《朱子年譜》以在庚辰。按朱子癸酉、戊寅、庚辰三見延平，此書未及同安事，故不在癸酉；亦不論忠恕一貫，而專提涵養講論，當不在戊寅。而以『疾病乘之』之語觀之，似在庚辰後為近，蓋己卯辭免召命狀云『心氣之疾近數發動』，而延平庚辰五月八日與朱子書亦云：『元晦偶有心恙，不可思索，更於此一句內求之靜坐看如何。』今取王說，列之本年。」（《朱子書信編年考證・1160年》，上海人民出版社，1989年版，頁20）又，束景南先生《朱熹年譜長編》卷上以為在「十二月」，云：「朱熹初得讀蘇潁濱《孟子說》在紹興三十年夏間，見《延平答問》。此答程允夫書所謂頃因讀《孟子》，見其所說到緊要

處，便差了「養氣」一章，尤無倫理，即《延平答問》李侗紹興三十年七月書所云『二蘇《語孟說》……但見到處卻有病……如來論云：「說養氣處皆顛倒了。」渠本無淵源，自應如此也。』所謂『近見延平李先生』，即指是年十月往延平見李侗。而『疾病乘之』者，是年朱熹確嘗有疾，《延平答問》李侗紹興三十年五月八日書：『元晦偶有心疾，不可思索……靜坐看如何。』〈與籍溪胡原仲先生〉：『向欲得真齊州半夏合固真丹，不知都下有之否？……便中寄示，幸甚。蓋病雖小愈，不得不過為隄防也。』故可確知此〈答程欽國書〉作於紹興三十年十二月間。」（頁264～265）由此通書信，亦可見朱熹學問之轉向。

高宗紹興□年

○吳表臣於經筵講《孟子》，上書於坐右屏

【出處】《玉海》卷四十一〈元祐五臣解孟子〉：「紹興中，吳表臣於經筵講，高宗書於坐右屏。又書刊石太學。」

【考釋】具體年份無考。吳表臣（1084～1150），字正仲，永嘉人。登大觀三年進士第，擢通州司理。累官監察御史，遷右正言。紹興元年，召為司勳郎中，遷左司。後除禮部侍郎，遷吏部尚書兼翰林學士。晚號「湛然居士」，自奉無異布衣時，鄉論推其清約。

孝宗隆興元年 癸未（1163年）

○初春望日，余允文作《尊孟辨》

【出處】（宋）余允文〈尊孟辨原序〉：「道不明由無公議也，議不公由無真儒也。冠圓履方，孰不為儒？誦《詩》讀《書》，孰不學道？

必有得焉而後能自信，必自信焉而後信於人。目或蔽於所見，耳或蔽於所聞，耳目之蔽，心之蔽也，公議何有哉？《易》曰：『問以辯之。』《中庸》曰：『辯之弗明，弗措也。』道之不明久矣，辯其可已乎？昔戰國有孟軻氏，願學孔子，術儒術，道王道，言稱堯舜，辭闢楊墨，倡天下以仁義。聖人之道，蝕而復明，孟子力也。孟氏沒，斯道將晦，《七篇》之書倖免秦火，後之讀其書者，雖於時措之宜未能盡識，至其翕然稱曰孔孟，豈可厚誣天下後世，以為無真儒、無公議哉？噫！道同則相知，道不同則不相知。蘭陵荀卿，大儒也，以性為惡，以禮為偽，異哉其所謂道，無惑乎不知孟氏，並七十二子而非之也。本朝先正司馬溫公與夫李君泰伯、鄭君叔友，皆一時名儒，意其交臂孟氏而篤信其書矣。溫公則疑而不敢非，泰伯非之而近於詆，叔友詆之而逮乎罵。夫溫公之疑，疑信也，俟後學有以辯明之。彼二君子昧是意，其失至此，人之譏誚不郵也，豈以少年豪邁之氣攻訶古人而追悔不及歟？伊川程先生謂孟子有泰山巖巖之氣象，乃知非而詆、詆而罵者，殆猶煙霧翁興，時焉蔽之耳，何損於巖巖！余懼世之學者隨波逐流，蕩其心術，仁義之道益泯，於是取三家之說，折以公議而辯之，非敢必人之信，姑以自信而已。命之曰《尊孟辨》，俟有道者就而正焉。隆興紀元初春望日，建安余允文隱之序。」

【考釋】「初春望日」，即「春正月十五日」。《尊孟辨》三卷、《續辨》二卷、《別錄》一卷，《四庫全書總目》卷三十五〈四書類一〉所撰提要云：「宋余允文撰。允文字隱文（按：當作「隱之」），建安人。陳振孫《直齋書錄解題》載是書，卷數與今本合。朱彝尊《經義考》僅云附載《朱子全集》中，而條下注『闕』字。蓋自明中葉以後，已無完本矣。今考《永樂大典》所載，凡辨司馬光《疑孟》者十一條，附《史剡》一條，辨李覯《常語》者十七條，鄭厚叔《藝圃折衷》者十條。《續辨》則辨王充《論衡‧刺孟》者十條，辨蘇軾《論

語說》者八條。此後又有《原孟》三篇,總括大意,以反覆申明之。其《尊孟辨》及《續辨》、《別錄》之名,亦釐然具有條理,蓋猶完書。今約略篇頁,以《尊孟辨》為三卷,《續辨》為二卷,《別錄》為一卷。冠〈原序〉於前,而繫朱子〈讀余氏尊孟辨說〉於後。首尾完具,復還舊觀,亦可謂久湮復顯之秘帙矣。考朱子集中有〈與劉共父書〉,稱允文干預宋家產業,出言不遜,恐引惹方氏復來生事,令陳、吳二婦作狀經府告之,則允文蓋武斷於鄉里者,其人品殊不足重。又周密《癸辛雜識》載,晁說之著論非《孟子》。建炎中,宰相進擬除官。高宗以《孟子》發揮正道,說之何人,乃敢非之,勒令致仕。然則允文此書,其亦窺伺意旨,迎合風氣而作,非真能辟邪衛道者歟?然當群疑蜂起之日,能別白是非而定一尊,於經籍不為無功。但就其書而觀,固卓然不磨之論也。」

○春夏間,朱熹《論語要義》、《論語訓蒙口義》成

【出處】《晦庵集》卷七十五〈論語要義目錄序〉:「當此之時,河南二程先生獨得孟子以來不傳之學於遺經,其所以教人者,亦必以是為務。然其所以言之者,則異乎人之言之矣。熹年十三四時,受其說於先君,未通大義,而先君棄諸孤。中間歷訪師友,以為未足。於是遍求古今諸儒之說,合而編之。誦習既久,益以迷眩。晚親有道,竊有所聞,然後知其穿鑿支離者,固無足取。至於其餘,或引據精密,或解析通明,非無一辭一句之可觀,顧其於聖人之微意,則非程氏之傳矣。隆興改元,屏居無事,與同志一二人從事於此,慨然發憤,盡刪餘說及其門人朋友數家之說,補緝訂正,以為一書,目之曰《論語要義》。蓋以為學者之讀是書,其文義名物之詳,當求之注疏,有不可略者。若其要義,則於此其庶幾焉。」又,同卷〈論語訓蒙口義序〉:「予既序次《論語要義》,以備覽觀,暇日又為兒輩讀之。大抵

諸老先生之為說，本非為童子設也，故其訓詁略而義理詳。初學者讀
之，經之文句未能自通，又當遍誦諸說，問其指意，茫然迷眩，殆非
啟蒙之要。因為刪錄，以成此編。本之注疏以通其訓詁，參之釋文以
正其音讀，然後會之於諸老先生之說，以發其精微。一句之義，繫之
本句之下；一章之指，列之本章之左。又以平生所聞於師友而得於心
思者，間附見一二條焉。本末精粗，大小詳略，無或敢偏廢也。然本
其所以作，取便於童子之習而已，故名之曰《訓蒙口義》。蓋將藏之
家塾，俾兒輩學焉，非敢為他人發也。」

【考釋】（清）王懋竑《朱子年譜》卷之一、（日）今關壽麿《宋元明
清儒學年表》等，亦將《論語要義》、《論語訓蒙口義》二書撰成日
期繫於隆興元年。束景南《朱熹年譜長編》卷上考證云：「觀序，知
此二書乃從其《論語集解》而來：取其義理要義而為《論語要義》，
取其訓詁音讀而為《論語訓蒙口義》。由『隆興改元，屏居無事』考
之，二書應編訂在是年春夏間，蓋秋七月以後其已忙於寫封事，旋於
九月入都奏事，歸家已在十二月底，無時間著述。『與同志一二人從事
於此』，以其時書簡往來考之，可知為范念德、柯翰、劉玶、魏掞之、
程洵、許升等人，詳見《朱文公文集》卷三十九〈答許順之〉書四。」

○朱熹《訓蒙絕句》成

【出處】（宋）徐經孫《矩山存稿》卷三〈黃季清注朱文公訓蒙詩
跋〉：「右訓蒙絕句五卷，晦庵先生朱文公之所作也。其注，則沈江
黃君季清之所述也。謹按先生〈自序〉，謂：『病中默誦《四書》，隨
所思記以絕句，後以代訓蒙者五言、七言之讀。』然自今觀之，上至
天命心性之原，下至灑掃步趨之末，帝王傳心之妙，聖賢講學之方，
體用兼該，顯微無間。其目雖不出於《四書》之間，而先生之性與天
道可得而聞者，具於此矣。其曰『訓蒙』，乃先生謙抑，不敢自謂盡

道之辭云耳。」

【考釋】《訓蒙絕句》之成書，束景南先生《朱熹年譜長編》卷上繫之於隆興元年，云：「《訓蒙絕句》第八首〈喚醒〉云：『二字親聞十九冬，向來已愧緩無功。』『喚醒』二字乃指思孟派內心存養工夫，所謂『心只是一個心。所謂存，所謂收，只是喚醒』，『人惟有一心是主，要常常喚醒』（《朱子全書》卷二）。所謂『二字親聞十九冬』，應指其從學武夷三先生始親聞其說而言，由紹興十四年（一一四四）下推十九年，為隆興元年，《訓蒙絕句》即作於是年。又《訓蒙絕句》中有〈曾點〉、〈克己〉、〈困學〉二首、〈仰思〉二首，又見於《朱文公文集》卷二，表明此六首當原在《困學恐聞編》中，此必是因《困學恐聞編》收有《訓蒙絕句》之故。《困學恐聞編》編訂於隆興二年，乃收其紹興末、隆興中詩文，此亦足證《訓蒙絕句》作在隆興元年中，亦為其家塾訓蒙之用也。程端禮《程氏家塾讀書分年日程》卷一云：『日讀字訓綱三五段，此乃朱以孫芝老能言，作《性理絕句》百首教之之意。』《訓蒙絕句》非朱熹晚年為教其孫所作，然其為家塾訓蒙之用而作，亦由此可見。」（頁315～316）又，黃季清，江西沈江（今屬江西宜春）人，朱熹弟子。黃季清注〈朱文公訓蒙詩跋〉又稱：「季清研精是編有年矣，一日心會理融，句析字解，因先生之言，探先生之學。或取諸《章句》、《集注》，或取諸《文集》、《語錄》，又參以周、程、橫渠、五峰、南軒、勉齋、西山諸書，如綱以黃鐘而四聲迭和，原於岷山而百川會同。其例則先訓詁，後文義，一如先生注書之體。自非潛心之久，味道之深，何以及此？」

孝宗乾道二年　丙戌（1166年）

○七月，朱熹修訂《孟子集解》

【出處】《晦庵集》卷四十〈答何叔京〉二：「《孟子集解》本欲自備遺忘，抄錄之際，因遂不能無少去取及附己意處。近日讀之，句句是病，不堪拈出。它時若稍有所進，當悉訂定以求教，今未敢也。」又，同卷〈答何叔京〉三：「《孟子集解》當悉已過目，有差繆處，切望痛加刊削，警此昏憒，幸甚，幸甚！」又，同卷〈答何叔京〉四：「《孟子集解》重蒙頒示，以《遺說》一編見教，伏讀喜幸，開豁良多。然方冗擾，未暇精思，姑具所疑之一二，以求發藥。俟旦夕稍定，當擇其尤精者，著之《解》中，而復條其未安者，盡以請益。欽夫、伯崇前此往還諸說，皆欲用此例附之。昔人有古今集驗方者，此書亦可為古今集解矣。既以自備遺忘，又以傳諸同志友朋之益，其利廣矣。」

【考釋】陳來《朱子書信編年考證・1166年》認為，〈答何叔京〉二「作於丙戌初秋」，〈答何叔京〉三「作於丙戌之秋，與〈答張敬夫〉第四同時」，〈答何叔京〉四「作於丙戌之冬」。束景南《朱熹年譜長編》卷上云：「上三書，書二作於七月，書三作於九月，書四作於十一月。是次修訂《孟子集解》到乾道三年上半年，參加修訂者有何鎬、張栻、范念德、石𥳑、許升、歐陽云叔、陳齊仲、徐元聘等，蓋集思廣益、吸取眾說而成，故朱熹稱之為『古今集解』。修改之況，詳見《朱文公文集》卷四十〈答何叔京〉書六、七、八，卷三十九〈答許順之〉書八、九，〈答陳齊仲〉書、〈答徐元聘〉書二及《張南軒先生文集》卷三十〈答朱元晦〉等。」

○朱熹悟「中和舊說」，答張栻書信四通

【出處】《晦庵集》卷三十〈與張欽夫〉三：「人自有生即有知識，事物交來，應接不暇，念念遷革，以至於死。其間初無頃刻停息，舉世皆然也。然聖賢之言，則有所謂『未發之中，寂然不動』者，夫豈以日用流行者為己發，而指夫暫而休息、不與事接之際為未發時耶？嘗試以此求之，則泯然無覺之中，邪暗鬱塞，似非虛明應物之體。而幾微之際，一有覺焉，則又便為已發，而非寂然之謂。蓋愈求而愈不可見，於是退而驗之於日用之間，則凡感之而通，觸之而覺，蓋有渾然全體應物而不窮者，是乃天命流行，生生不已之機。雖一日之間萬起萬滅，而其寂然之本體，則未嘗不寂然也。所謂未發，如是而已，夫豈別有一物，限於一時，拘於一處，而可以謂之中哉？然則天理本真，隨處發見，不少停息者，其體用固如是，而豈物欲之私所能壅遏而梏亡之哉？故雖汩於物欲流蕩之中，而其良心萌蘗，亦未嘗不因事而發見。學者於是致察而操存之，則庶乎可以貫乎大本達道之全體，而復其初矣。不能致察，使梏之反覆，至於夜氣不足以存而陷於禽獸，則誰之罪哉？周子曰：『五行，一陰陽也；陰陽，一太極也；太極，本無極也，其論至誠，則曰：『靜無而動有。』程子曰：『未發之前更如何求？只平日涵養便是。』又曰：『善觀者，卻於已發之際觀之。』二先生之說如此，亦足以驗大本之無所不在，良心之未嘗不發矣。」

又，卷三十二〈答張敬夫〉三十五：「前書所稟寂然未發之旨、良心發見之端，自以為有小異於疇昔偏滯之見。但其間語病尚多，未為精切。比遣書後，累日潛玩，其於實體似益精明。因復取凡聖賢之書以及近世諸老先生之遺語，讀而驗之，則又無一不合。蓋平日所疑而未白者，今皆不待安排，往往自見灑落處。始竊自信，以為天下之理其果在是，而致知格物、居敬精義之功，自是其有所施之矣。聖賢

方策，豈欺我哉？蓋通天下只是一個天機活物，流行發用，無間容息。據其已發者而指其未發者，則已發者人心，而凡未發者皆其性也，亦無一物而不備矣。夫豈別有一物拘於一時、限於一處而名之哉？即夫日用之間，渾然全體，如川流之不息、天運之不窮耳。此所以體用、精粗、動靜、本末洞然無一毫之間，而鳶飛魚躍、觸處朗然也。存者存此而已，養者養此而已，『必有事焉而勿正，心勿忘，勿助長也』。從前是做多少安排，沒頓著處。今覺得如水到船浮，解維正柂而沿洄上下，惟意所適矣，豈不易哉？始信明道所謂『未嘗致纖毫之力』者，真不浪語。而此一段事，程門先達惟上蔡謝公所見透徹，無隔礙處。自餘雖不敢妄有指議，然味其言亦可見矣。近范伯崇來自邵武，相與講此甚詳，亦歎以為得未曾有，而悟前此用心之左。且以為雖先覺發明指示不為不切，而私意汩漂，不見頭緒。向非老兄抽關啟鍵，直發其私，誨諭諄諄，不以愚昧而舍置之，何以得此？其何感幸如之！區區筆舌，蓋不足以為謝也，但未知自高明觀之復以為如何爾。孟子諸說，始者猶有齟齬處，欲一一條陳以請。今復觀之，恍然不知所以為疑矣。但『性不可以善惡名』，此一義熹終疑之。蓋善者無惡之名，夫其所以有好有惡者，特以好善而惡惡耳，初安有不善哉？然則名之以善，又何不可之有？今推有好有惡者為性，而以好惡以理者為善，則是性外有理而疑於二矣。《知言》於此雖嘗著語，然恐孟子之言本自渾然，不須更分裂破也。《知言》雖云爾，然亦曰『粹然天地之心，道義完具』，此不謂之善，何以名之哉？能勿喪此，則無所適不為善矣。以此觀之，不可以善惡名，太似多卻此一轉語。此愚之所以反覆致疑而不敢已也。」

又，卷三十〈與張欽夫〉四：「前書所扣，正恐未得端的，所以求正。茲辱誨諭，乃知尚有認為兩物之蔽，深所欲聞，幸甚幸甚！當時乍見此理，言之唯恐不親切分明，故有指東畫西、張皇走作之態。

自今觀之，只一念間已具此體用，發者方往，而未發者方來，了無間斷隔截處，夫豈別有物可指而名之哉？然天理無窮，而人之所見有遠近深淺之不一，不審如此見得，又果無差否？更望一言垂教，幸幸。所論龜山《中庸》可疑處，鄙意近亦謂然。又如所謂『學者於喜怒哀樂未發之際，以心驗之，則中之體自見』，亦未為盡善。大抵此事渾然，無分段時節先後之可言。今著一『時』字、一『際』字，便是病痛。當時只云寂然不動之體，又不知如何。《語錄》亦嘗疑一處說『存養於未發之時』一句，及問者謂『當中之時，耳目無所見聞』，而答語殊不痛快，不知左右所疑是此處否？更望指誨也。向見所著《中論》有云：『未發之前，心妙乎性；既發，則性行乎心之用矣。』於此，竊亦有疑：蓋性無時不行乎心之用，但不妨常有未行乎用之性耳。今下一『前』字，亦微有前後隔截氣象，如何如何。熟玩《中庸》，只消著一『未』字，便是活處，此豈有一息停住時耶？只是來得無窮，便常有個未發底耳。若無此物，則天命有已時，生物有盡處，氣化斷絕，有古無今久矣。此所謂天下之大本，若不真的見得，亦無揣摸處也。」

又，卷三十二〈答張敬夫〉三十四：「誨諭曲折數條，始皆不能無疑，既而思之，則或疑或信而不能相通。近深思之，乃知只是一處不透，所以觸處窒礙。雖或考索強通，終是不該貫。偶卻見得所以然者，輒具陳之，以卜是否。大抵日前所見累書所陳者，只是儱侗地見得個大本達道底影象，便執認以為是了，卻於「致中和」一句全不曾入思議。所以累蒙教告，以求仁之為急，而自覺殊無立腳下功夫處。蓋只見得個直截根源傾湫倒海底氣象，日間但覺為大化所驅，如在洪濤巨浪之中，不容少頃停泊，蓋其所見一向如是，以故應事接物處但覺粗厲勇果增倍於前，而寬裕雍容之氣，略無毫發。雖竊病之，而不知其所自來也。而今而後，乃知浩浩大化之中，一家自有一個安宅，

正是自家安身立命、主宰知覺處。所以立大本、行達道之樞要。所謂
體用一源、顯微無間者，乃在於此。而前此方往方來之說，正是手忙
足亂無著身處。道邇求遠，乃至於是，亦可笑矣。《正蒙》可疑處，
以熹觀之，亦只是一病。如定性則欲其不累於外物，論至靜則以識
知為客感，語聖人則以為因問而後有知，是皆一病而已。『復見天地
心』之說，熹則以為天地以生物為心者也。雖氣有闔闢、物有盈虛，
而天地之心，則亙古亙今未始有毫釐之間斷也。故陽極於外而復生於
內，聖人以為於此可以見天地之心焉。蓋其復者氣也，其所以復者，
則有自來矣。向非天地之心生生不息，則陽之極也一絕而不復續矣，
尚何以復生於內而為闔闢之無窮乎？此則所論動之端者，乃一陽之所
以動，非是指夫一陽之已動者而為言也。夜氣固未可謂之天地心，然
正是氣之復處，苟求其故，則亦可以見天地之心矣。」

【考釋】《中庸》云：「喜怒哀樂未發謂之中，發而皆中節謂之和。」
這是所說的「已發未發」問題，又稱「中和」問題，是宋明理學及四
書學中的重要命題。〈與張欽夫〉、〈答張敬夫〉四通書信，代表了朱
熹的「中和舊說」，即「丙戌之悟」（三年後的「己丑之悟」，朱熹乃
悟「中和新說」）。欽夫、敬夫，皆為張栻（1133～1180）之字，栻
又字樂齋，號南軒，世稱南軒先生。漢州綿竹（今四川綿竹縣）人，
南宋中興名相張浚之子。著名理學家，湖湘學派集大成者。與朱熹、
呂祖謙齊名，時稱「東南三賢」。

　　（清）王懋竑《朱子年譜》卷之一將四通書信均列之「丙戌」，
陳來《朱子書信編年考證》則以〈與張欽夫〉三（「人自有生」）「作
於丙戌夏秋間」；以〈答張敬夫〉三十五（「前書所稟」）「作於丙戌
之秋，乃承第三書」；以〈與張欽夫〉四（「前書所扣」）「作於丙戌
之秋，乃承第三十五書」；而以〈答張敬夫〉三十四（「誨喻曲折」）
作於次年，「在丁亥之春」。因四通書信可以完整代表朱熹之「中和

舊說」，姑附於此。

又陳來《朱熹哲學研究》第二部分第一章〈已發未發——兼論朱
熹心性論之發展演變〉所附〈中和舊說年考〉云：「中和舊說，王白
田《朱子年譜》、夏炘《述朱質疑》皆以在乾道二年丙戌，時朱子三
十七歲。近人錢穆《朱子新學案》則以中和舊說為在戊子，朱子三十
九歲，且以中和舊說為朱子丁亥秋冬湖湘之行時得自張南軒，蓋〈中
和舊說序〉中言曾問於南軒，又五峰亦有『心為已發』之說，故錢說
非全無據。然白田王氏初嘗亦以中和舊說在戊子，後始改云丙戌，雖
白田未言其故，而其改為丙戌自有據依，錢說於此則考之未詳。今
辯之如下：人自有生四書為中和舊說。人自有生第一書說：『人自有
生即有知識，萬物交來，應接不暇。念念遷革，以至於死，其間初
無頃刻停息。……雖一日之間萬起萬滅，而其寂然之本體，則未嘗
不寂然也』（〈答張欽夫第三〉），此即〈中和舊說序〉所云『人自嬰
兒以至老死，雖語默動靜之不同，然其大體莫非已發，特其未發者
未嘗發耳』。第一書又云『夫豈以日用流行者為已發，而指夫暫而休
息不與事接之際為未發時耶？』人自有生第二書則云『大抵此事渾
然，無分段時節先後之可言。今著一『時』字、一『際』字，便是病
痛』（〈答張欽夫第四〉），乃承人自有生第一書。又人自有生第三書
云：『前此方往來之說，正是手足忙亂，無著身處』（〈答張欽夫三十
四〉），乃指第二書中所說『自今觀之，只一念之間，已具此體用，
發者方往而未發者方來』，是第三書亦中和舊說時書也。人自有生第
四云『已發者人心，而凡未發者皆其性也，亦無一物而不備矣。夫豈
別有一物拘於一時、限於一處而名之哉？即夫日用之間，渾然全體，
如川流之不息、天運之不窮耳』（〈答張欽夫三十五〉），明言心為已
發，性為未發，故知上述人自有生四書皆中和舊說時書也。」（中國
社會科學出版社，1988年版，頁100～101）

孝宗乾道三年　丁亥（1167年）

○九月二十四日，中書舍人梁克家奏請進講《中庸》、《大學》等

【出處】《宋會要輯稿・崇儒七》：「九月二十四日，詔進講《禮記》官，擇諸篇至要切者進講。以中書舍人梁克家言：『臣聞《六經》皆聖人闡道以詔後世，而《易》為之原，《書》、《詩》次之，《春秋》、《周禮》又次之。《禮記》則出漢儒雜記，雖其間所載道德性命、禮樂刑政制度，文為委曲纖悉，雖然畢備，然皆諸儒纂輯成書，非全經也。臣昨者蒙恩待罪經筵，是時講官頗多，以最後至，因講《禮記》，首尾兩年，遇有缺員，不敢改他經。而臣今所講《曲禮》，類多閨門鄉黨掃灑應對、飲食衣履之末，誠不足以開廣聰明，裨助治道，臣實懼焉。欲乞今後令經筵官隨其員數多寡分經進講，以《易》、《詩》、《書》、《春秋》、《周禮》、《禮記》為序（謂如講官三員，即講《易》、《詩》、《書》；四員，即講《易》、《詩》、《書》、《春秋》是也）。遇有六員，合講《禮記》，即乞除〈喪禮〉十三篇不講外，餘篇中有不須講者亦節講，如元祐中范祖禹申請故事。或許擇諸篇最要切者，如〈王制〉、〈學記〉、〈中庸〉、〈大學〉之類，先次進講，庶幾有補聖德萬分之一。』詔從之。」

【考釋】《玉海》卷二六〈熙寧邇英閣講禮記〉載：「乾道三年九月……庚寅（二十四日），詔擇諸篇最要切者，如〈王制〉、〈學記〉、〈中庸〉、〈大學〉之類，先次進講（先是克家言《禮記》出漢儒雜記，非全經也，欲如元祐范祖禹所請。從之）。」

孝宗乾道五年　己丑（1169年）

○春，朱熹悟「中和新說」，確立生平學問大旨，撰〈已發未發

說〉、〈與湖南諸公論中和第一書〉

【出處】《晦庵集》卷六十七〈已發未發說〉：「《中庸》未發已發之義，前此認得此心流行之體，又因程子『凡言心者，皆指已發』之云，遂目心為已發，而以性為未發之中，自以為安矣。比觀程子《文集》、《遺書》，見其所論多不符合，因再思之，乃知前日之說雖於心性之實未始有差，而未發已發命名未當，且於日用之際欠卻本領一段工夫。蓋所失者，不但文義之間而已。因條其語，而附以己見，告於朋友，願相與講焉。恐或未然，當有以正之……右據此諸說，皆以思慮未萌、事物未至之時，為『喜怒哀樂之未發』。當此之時，即是心體流行，寂然不動之處，而天命之性，體段具焉。以其無過不及，不偏不倚，故謂之中。然已是就心體流行處見，故直謂之性則不可。呂博士論此大概得之，特以中即是性，赤子之心即是未發，則大失之，故程子正之。蓋赤子之心，動靜無常，非寂然不動之謂，故不可謂之中。然無營欲知巧之思，故為未遠乎中耳。未發之中，本體自然不須窮索，但當此之時，敬以持之，使此氣象常存而不失，則自此而發者，其必中節矣。此日用之際本領工夫。其曰『卻於已發之處觀之』者，所以察其端倪之動，而致擴充之功也。一不中則非性之本，然而心之道或幾乎息矣。故程子於此，每以『敬而無失』為言。又云：『入道莫如敬，未有能致知而不在敬者。』又曰：『涵養須是敬，進學則在致知。』以事言之，則有動有靜；以心言之，則周流貫徹，其工夫初無間斷也，但以靜為本爾。向來講論思索，直以心為已發，而所論致知格物，亦以察識端倪為初下手處，以故缺卻平日涵養一段功夫。其日用意趣，常偏於動，無復深潛純一之味，而其發之言語事為之間，亦常躁迫浮露，無古聖賢氣象，由所見之偏而然爾。程子所謂『凡言心者，皆指已發而言』，此卻指心體流行而言，非謂事物思慮之交也。然與《中庸》本文不合，故以為未當，而復正之，固不可執

其已改之言而盡疑論說之誤，又不可遂以為當而不究其所指之殊也。周子曰：『無極而太極。』程子又曰：『人生而靜以上不容說，才說時便已不是性矣。』蓋聖賢論性，無不因心而發，若欲專言之，則是所謂無極而不容言者，亦無體段之可名矣。未審諸君子以為如何？」

又《晦庵集》卷六十四〈與湖南諸公論中和第一書〉：「《中庸》未發、已發之義，前此認得此心流行之體，又因『程子凡言心者，皆指已發而言』，遂目心為已發、性為未發。然觀程子之書，多所不合，因復思之，乃知前日之說，非惟心性之名命之不當，而日用工夫全無本領，蓋所失者不但文義之間而已。按《文集》、《遺書》諸說，似皆以思慮未萌、事物未至之時，為喜怒哀樂之未發。當此之時，即是此心寂然不動之體，而天命之性，當體具焉。以其無過不及，不偏不倚，故謂之中。及其感而遂通天下之故，則喜怒哀樂之性發焉，而心之用可見。以其無不中節，無所乖戾，故謂之和。此則人心之正，而情性之德然也。然未發之前不可尋覓，已覺之後不容安排，但平日莊敬涵養之功至，而無人欲之私以亂之，則其未發也鏡明水止，而其發也無不中節矣。此是日用本領工夫。至於隨事省察，即物推明，亦必以是為本。而於已發之際觀之，則其具於未發之前者，固可默識。故程子之答蘇季明，反覆論辨，極於詳密，而卒之不過以敬為言。又曰：『敬而無失，即所以中。』又曰：『人道莫如敬，未有致知而不在敬者。』又曰：『涵養須是敬，進學則在致知。』蓋為此也。向來講論思索，直以心為已發，而日用工夫，亦止以察識端倪為最初下手處，以故闕卻平日涵養一段工夫，使人胸中擾擾，無深潛純一之味，而其發之言語事為之間，亦常急迫浮露，無復雍容深厚之風。蓋所見一差，其害乃至於此，不可以不審也。程子所謂『凡言心者，皆指已發而言』，此乃指赤子之心而言。而謂『凡言心者』，則其為說之誤，故又自以為未當而復正之。固不可以執其已改之言，而

盡疑諸說之誤；又不可遂以為未當，而不究其所指之殊也。不審諸君
子以為如何？」

【考釋】（清）陸隴其《讀朱隨筆》卷四：「〈已發未發說〉，此〈與湖
南諸公論中和第一書〉，是一時筆。」王懋竑《朱子年譜》卷之一亦
將二文繫於己丑。陳來《朱子書信編年考證・1169年》於《與湖南
諸公論中和第一書》下考證云：「書云：『《中庸》未發之義，前此認
得此心流行之體，又因程子凡言心者皆指已發而言，遂目心為已發，
性為未發。』〈已發未發說〉云：『《中庸》未發已發之義，前此認得
此心流行之體，又因程子凡言心者皆指已發之云，遂目心為已發，而
以性為未發之中。』（《文集》六十七）按朱子早年從李延平學，求
《中庸》已發未發之旨。先是，朱子自悟未發為性，已發為心，見於
乾道二年三年答張栻諸書，史稱『丙戌之悟』。然朱子後覺未安，自
述：『乾道己丑之春，為友人蔡季通言之，問辨之際，予忽自疑斯理
也。』（〈中和舊說序〉，《文集》七十五）至是始覺未發為性、已發
為心之說為非是，以為舊說專在思慮已發上用功夫，少卻平日思慮未
發時涵養一截工夫，力非先察識、後涵養之說，史稱『己丑之悟』。
由上可見，此書及《已發未發說》皆己丑時初悟舊說之非時所作。據
《中和舊說序》，當時『亟以書報欽夫及嘗同為此論者』，此書即所謂
報欽夫者。故此書當作於己丑之春初悟舊說之非時。」（頁64～65）

孝宗乾道八年　壬辰（1172年）

○春正月，朱熹《論孟精義》成

【出處】朱熹〈論孟精義序〉：「《論》、《孟》之書，學者所以求道之
至要，古今為之說者，蓋已百有餘家。然自秦漢以來，儒者類皆不足
以與聞斯道之傳。其溺於卑近者，既得其言而不得其意；其騖於高遠

者，則又支離蹐駁，或乃並其言而失之，學者益以病焉。宋興百年，河洛之間有二程先生者出，然後斯道之傳有繼。其於孔子、孟氏之心，蓋異世而同符也。故其所以發明二書之說，言雖近而索之無窮，指雖遠而操之有要。使夫讀者非徒可以得其言，而又可以得其意；非徒可以得其意，而又可以並其所以進於此者而得之。其所以興起斯文，開悟後學，可謂至矣！間嘗搜輯條疏，以附本章之次。既又取夫學之有同於先生者，與其有得於先生者，若橫渠張公、若范氏、二呂氏、謝氏、游氏、楊氏、侯氏、尹氏凡九家之說，以附益之，名曰《論孟精義》，以備觀省。而同志之士有欲從事於此者，亦不隱焉。抑嘗論之：《論語》之言，無所不包，而其所以示人者，莫非操存涵養之要；《七篇》之指，無所不究，而其所以示人者，類多體驗充擴之功。夫聖賢之分，其不同固如此。然而體周一源也，顯微無間也，是則非夫先生之學之至，其孰能知之？嗚呼！茲其所以奮乎百世絕學之後，而獨得夫千載不傳之緒也歟！若張公之於先生，論其所至，竊意其猶伯夷、伊尹之於孔子，而一時及門之士，考其言行，則又未知其孰可以為孔氏之顏、曾也。今錄其言，非敢以為無少異於先生，而悉合乎聖賢之意，亦曰大者既同，則其淺深疏密，毫厘之間，正學者所宜盡心耳。至於近歲以來，學於先生之門人者，又或出其書焉，則意其源遠未分，醇醨異味，而不敢載矣。或曰：然則凡說之行於世而不列於此者，皆無取已乎？曰：不然也。漢魏諸儒，正音讀，通訓詁，考制度，辯名物，其功博矣，學者苟不先涉其流，則亦何以用力於此？而近世二三名家，與夫所謂學於先生之門人者，其考證推說，亦或時有補於文義之間，學者有得於此而後觀焉，則亦何適而無得哉？特所以求夫聖賢之意者，則在此而不在彼爾。若夫外自托於程氏，而竊其近似之言，以文異端之說者，則誠不可以入於學者之心。然以其荒幻浮誇，足以欺世也，而流俗頗已鄉之矣，其為害豈淺淺

哉！顧其語言氣象之間，則實有不難辯者，學者誠用力於此書而有得焉，則於其言雖欲讀之，亦且有所不暇矣。然則是書之作，其率爾之誚雖不敢辭，至於明聖傳之統，成眾說之長，折流俗之謬，則竊亦妄意其庶幾焉。乾道壬辰月正元日，新安朱熹謹書。」

【考釋】（宋）真德秀《西山讀書記》卷三十一〈朱子傳授〉：「（乾道）八年，編次《語孟精義》成。初，學者讀二書未知折衷，至是書出，始知道之有統，學之有宗，因而興起者甚眾。」（宋）馬廷鸞《碧梧玩芳集》卷二十一〈制作通說〉：「乾道八年壬辰之歲正月，而《語孟精義》成。」（清）王懋竑《朱子年譜》卷之一：「八年壬辰，四十三歲，春正月，《論孟精義》成。《年譜》：『是書後名《要義》，又改名《集義》。』」

又，《四庫總目》卷三十五〈四書類一〉所撰是書提要云：「宋朱子撰。初，朱子於隆興元年輯諸家說《論語》者為《要義》，其本不傳。後九年為乾道壬辰，因復取二程、張子及范祖禹、呂希哲、呂大臨、謝良佐、游酢、楊時、侯仲良、尹焞、周孚先等十二家之說，薈萃條疏，名之曰《論孟精義》，而自為之序。時朱子年四十三。後刻版於豫章郡，又更其名曰《要義》。《晦庵集》中有〈書論語孟子要義序後〉，曰：『熹頃年編次此書，鋟版建陽，學者傳之久矣。後細考之，程、張諸先生說，尚或時有所遺脫。既加補塞，又得毗陵周氏說四篇，有半於建陽陳焞明仲，復以附於本章。豫章郡文學南康黃某商伯既以刻於其學，又慮夫讀者疑於詳略之不同也，屬熹書於前〈序〉之左，且更定其故號《精義》者曰《要義》』云云，是其事也。後又改其名曰《集義》，見於《年譜》。今世刊本仍稱《精義》，蓋從朱子原〈序〉名之也。凡《論語》二十卷、《孟子》十四卷，又各有〈綱領〉一篇，不入卷數。朱子初集是書，蓋本程氏之學以發揮經旨。其後采攝菁華，撰成《集注》。中間異同疑似，當加剖析

者，又別著之於《或問》，似此書乃已棄之糟粕。然考諸《語錄》，
乃謂：『讀《論語》須將《精義》看。』又謂：『《語孟集義》中所載
諸先生語，須是熟讀。一一記於心下，時時將來玩味，久久自然理會
得。』又似不以《集注》廢此書者，故今亦仍錄存之焉。」

○八月丁丑朔，朱熹撰〈中和舊說序〉

【出處】《晦庵集》卷七十五〈中和舊說序〉：「余早從延平李先生
學，受《中庸》之書，求喜怒哀樂未發之旨未達，而先生沒。余竊自
悼其不敏，若窮人之無歸。聞張欽夫得衡山胡氏學，則往從而問焉。
欽夫告余以所聞，余亦未之省也。退而沉思，殆忘寢食。一日，喟
然歎曰：『人自嬰兒以至老死，雖語默動靜之不同，然其大體莫非已
發，特其未發者為未嘗發爾。』自此不復有疑，以為《中庸》之旨，
果不外乎此矣。後得胡氏書，有與曾吉父論未發之旨者，其論又適與
余意合，用是益自信，雖程子之言有不合者，亦直以為少作失傳而
不之信也。然間以語人，則未見有能深領會者。乾道己丑之春，為友
人蔡季通言之，問辨之際，予忽自疑：斯理也，雖吾之所默識，然亦
未有不可以告人者。今析之如此，其紛糾而難明也；聽之如此，其冥
迷而難喻也。意者乾坤易簡之理，人心所同然者，殆不如是。而程子
之言，出其門人高弟之手，亦不應一切謬誤以至於此。然則予之所自
信者，其無乃反自誤乎？則復取程氏書，虛心平氣而徐讀之，未及數
行，凍解冰釋，然後知情性之本然，聖賢之微旨，其平正明白乃如
此。而前日讀之不詳，妄生穿穴，凡所辛苦而僅得之者，適足以自誤
而已。至於推類究極，反求諸身，則又見其為害之大，蓋不但名言之
失而已也。於是又竊自懼，亟以書報欽夫及嘗同為此論者。惟欽夫
復書深以為然，其餘則或信或疑，或至於今累年而未定也。夫忽近求
遠，厭常棄新，其弊乃至於此，可不戒哉！暇日料檢故書，得當時往

還書稿一編，輒序其所以，而題之曰《中和舊說》，蓋所以深懲前日之病，亦使有志於學者讀之，因予之可戒而知所戒也。獨恨不得奉而質諸李氏之門，然以先生之所已言者推之，知其所未言者，其或不遠矣。壬辰八月丁酉朔，新安朱熹仲晦云。」

【考釋】八月丁酉朔，即八月一日。〈中和舊說序〉，反映了朱熹在「中和」（已發未發）命題上的認識歷程。

○冬，朱熹《大學章句》、《中庸章句》草成

【出處】（南宋）張栻《南軒集》卷二十〈答朱元晦秘書〉書七：「示及《中庸》首章解義，多所開發，然亦未免有少疑，具之別紙，望賜諭也。所分章句極有功，如後所分十四節，尤為分明，有益玩味。但《家語》之證終未安，《家語》其間駁雜處非一，兼與《中庸》對，其間數字不同，便覺害事。以此觀之，豈是反取《家語》為《中庸》耶？……又如云『此一節明道之隱處』，『此一節明道之費處』，亦恐未安。『君子之道費而隱』，此兩字減一個不得。聖人固有說費處，說隱處，然亦未嘗不兩具而兼明之也，未知如何？」又，同卷《答朱元晦秘書》書十三：「《中庸》所引《家語》之證，非是謂《家語》中都無可取，但見得此章證得亦無甚意思，俟更詳之。所改定本，亦幸早示，得以考究求教。」又，同書卷二十一〈答朱元晦秘書〉書八：「近兩書中所講，再三詳之。如《中庸章句》中所指費隱，雖是聖人尋常亦有說費處、說隱處。然如所指，卻有未免乎牽強者，恐此數段不必如此指殺。」又，朱熹《晦庵集·別集》卷六〈答林擇之〉書十三：「近看《中庸》，於章句文義間窺見聖賢述作傳授之意，極有條理，如繩貫棋局之不可亂。因出己意，去取諸家，定為一書，與向來《大學章句》相似。未有別本可寄，只前日略抄出節目，今漫寄去，亦可見其梗概矣。」

【考釋】是年所成之《大學章句》、《中庸章句》，曾寄張栻、林擇之等人討論，乃朱熹《學庸章句》之最初面目。於張栻〈答朱元晦秘書〉三書下，束景南《朱熹年譜長編》卷上考證云：「此三書先後相及。按書十三言及魏掞之病危，魏卒於乾道九年閏正月。又是書云：『共甫之勢，想必此來，異時卻易得便，第未知再見之日。』據〈劉樞密墓記〉，劉珙再帥湖南在乾道八年十二月，可知此書作於乾道八年十月。書八有云：『劉樞再帥此間，人情頗樂之。今次奏事，所以啟告與夫進退之宜，想論之詳矣。因其迸兵行，附此一紙。』據〈劉樞密墓記〉，劉珙入都奏事在乾道九年三月。可見朱熹先約在十月寄《中庸章句》首章，然後約在十二月寄去全本《中庸章句》。朱熹之草成《中庸章句》，約在十一二月間。」（頁479～480）又於〈答林擇之〉書十三下考證云：「……故可知此書作於乾道九年春間，所云《中庸章句》，應即張栻書中所云『改定本』《中庸章句》也。據此書，又可見其《大學章句》成書稍早於《中庸章句》。」（頁481）

孝宗乾道九年　癸巳（1173年）

○十月，張栻撰《癸巳論語解》、《癸巳孟子解》

【出處】《四庫總目》卷三十五〈四書類〉一之〈癸巳論語解提要〉：「宋張栻撰，其書成於乾道九年，是年歲在癸巳，故名曰《癸巳論語解》。考《朱子大全集》中備載與栻商訂此書之語，抉摘瑕疵多至一百一十八條，又訂其誤字二條。以今所行本校之，從朱子改正者僅二十三條，餘則悉仍舊稿，似乎　不合。然『父在觀其志』一章，朱子謂舊有兩說，當從前說為順。反覆辨論，至於二百餘言。而後作《論語集注》，乃竟用何晏《集解》所引孔安國義，仍與栻說相同。蓋講學之家，於一字一句之異同，務必極言辨難，斷不肯附和依違。中

間筆舌相攻，或不免於激而求勝。迨學問漸粹，意氣漸平，乃是是
非非，坦然共白，不復回護其前說。此造詣之淺深，月異而歲不同
者也。然則此一百一十八條者，特一時各抒所見，共相商榷之言，
未可以是為栻病。且二十三條之外，栻不復改，朱子亦不復爭，當
必有渙然冰釋、始異而終同者。更不必執文集舊稿，以朱子之說相難
矣。」又，張栻〈癸巳孟子說原序〉：「歲在戊子，栻與二三學者講誦
於長沙之家塾，輒不自揆，綴所見為《孟子說》。明年冬，會有嚴陵
之命，未及終篇。辛卯歲，自都司罷歸。秋冬行大江，舟中讀舊說，
多不滿意，從而刪正之，其存者蓋鮮矣。還抵故廬，又二載，始克繕
寫，撫卷而歎曰：嗟乎，夫子之道至矣！微孟子，其孰能發揮之？方
戰國之際，在上者徒知以強大威力為事，而在下則異端並作，充塞仁
義。孟子獨以身任道，從容乎其間。其見於用，則進退辭受，無往
而不得；見於言，則精微曲折，無一之不盡。蓋其篤實輝光，左右逢
原，莫非天理之所存也。使後之人知夫人皆可以為聖人，而政必本於
王道。邪說暴行無所遁其跡，而人之類免於夷狄禽獸之歸，其於聖
門，豈小補哉？今七篇之書，廣大包含，至深至遠，而循求有序，充
擴有方，在學者篤信力行何如爾。雖然，予之於此蓋將終身焉，豈敢
以為成說以傳之人哉？特將以為同志者講論切磋之資而已。題曰《癸
巳孟子說》云者，蓋將斷此而有考於異日也。乾道九年十月二十日，
廣漢張栻序。」

【考釋】《宋元學案》卷五十為張栻專立〈南軒學案〉，清人全祖望撰
〈南軒學案序錄〉云：「南軒似明道，晦翁似伊川。向使南軒得永其
年，所造更不知如何也。北溪諸子必欲謂南軒從晦翁轉手，是猶謂橫
渠之學於程氏者。欲尊其師，而反誣之，斯之謂矣。」黃宗羲案曰：
「湖南一派，在當時為最盛，然大端發露，無從容不迫氣象。自南軒
出，而與考亭相講究，去短集長，其言語之過者，裁之歸於平正。

『有子，考無咎』，其南軒之謂與！」

孝宗淳熙元年　甲午（1174年）

○四月，朱熹編訂《大學》、《中庸》新本，分經傳，重定章次

【出處】《晦庵集》卷八十一〈記大學後〉：「右《大學》一篇，經二百有五字，傳十章。今見於戴氏《禮書》，而簡編散脫，傳文頗失其次，子程子蓋嘗正之。熹不自揆，竊因其說，復定此本。蓋傳之一章釋『明明德』，二章釋『新民』，三章釋『止於至善』，四章釋『本末』，五章釋『致知』，六章釋『誠意』，七章釋『正心修身』，八章釋『修身齊家』，九章釋『齊家治國平天下』。序次有倫，義理通貫，似得其真，謹第錄如上。其先賢所正衍文誤字，皆存其本文而圍其上，旁注所改。又與今所疑者，並見於釋音云。新安朱熹謹記。」又，同卷〈書中庸後〉：「右《中庸》一篇，三十三章。其首章，子思推本先聖所傳之意以立言，蓋一篇之體要；而其下十章，則引先聖之所嘗言者以明之也。至十二章，又子思之言；而其下八章，復以先聖之言明之也。二十一章以下至於卒章，則又皆子思之言，反覆推說，互相發明，以盡所傳之意者也。熹嘗伏讀其書，而妄以己意分其章句如此。竊惟是書，子程子以為孔門傳授心法，且謂善讀者得之，終身用之有不能盡，是豈可以章句求哉？然又聞之，學者之於經，未有不得於辭而能通其意者。是以敢私識之，以待誦習而玩心焉。新安朱熹謹書。」

【考釋】束景南先生《朱熹年譜長編》卷上考證云：「是二後記未署作年。按《朱文公文集》卷三十三〈答呂伯恭書〉三十三云：『《大學》、《中庸》墨刻各二本……並以伴書，幸留之……』此書作於淳熙元年四月，此即朱熹所定之《大學》、《中庸》新本。朱熹之定

《大學》、《中庸》新本乃與其初作《大學章句》、《中庸章句》同時，《張南軒先生文集》卷二十〈答朱元晦秘書〉書七云『示及《中庸》首章解義……所分章句極有功，如後所分十四節尤為分明……』（作於乾道八年）書十三云『《中庸》所引《家語》之證……所改定本，亦幸早示』（作於乾道八年歲末），均指朱熹新定章句之《大學》、《中庸》。朱熹乃自據其定本而作《大學章句》、《中庸章句》也。大抵朱熹於乾道八年初定《大學》、《中庸》經傳章次，經與張栻討論，至淳熙元年遂正式編定《大學》、《中庸》新本，印刻於建陽。是年九月修訂成《大學章句》、《中庸章句》（見〈答呂伯恭書〉三十六），即據此新定本也。」（頁511～512）

孝宗淳熙四年　丁酉（1177年）

○二月乙亥，上幸太學，命國子祭酒林光朝講《中庸》

【出處】《宋史·孝宗本紀二》：「二月乙亥，幸太學，祇謁先聖，退御敦化堂，命國子祭酒林光朝講《中庸》。」又，《宋史·林光朝傳》：「（淳熙）四年，帝幸國子監，命講《中庸》，帝大稱善，面賜金紫。不數日，除中書舍人。」

【考釋】林光朝（1114～1178），字謙之，興化軍莆田人。再試禮部不第，聞吳中陸子正嘗從尹焞學，因往從之遊。自是專心聖賢踐履之學，通「六經」，貫百氏，言動必以禮，四方來學者約數百人。南渡後，以程朱伊洛之學倡東南者，自光朝始。然未嘗著書，惟口授學者，使之心通理解。嘗曰：「道之全體，全乎太虛。「六經」既發明之，後世注解固已支離，若復增加，道愈遠矣。」

○五月二十四日，詔以御書《中庸》、《大學》重行摹勒，以補《禮

經》之闕

【出處】《玉海》卷四十三〈紹興御書石經〉:「淳熙四年二月十九日,詔知臨安府趙磻老於太學,建閣奉安石經,置碑石於閣下,墨本於閣上,以『光堯石經之閣』為名,朕當親寫『參政茂良』等言。自昔帝王未有親書經傳至數千萬言者,不惟宸章奎畫,照耀萬世,崇儒重道至矣。上曰:『太上字畫天縱,冠絕古今。』五月二十四日,磻老奏:『閣將就緒,其石經《易》、《詩》、《書》、《春秋左氏傳》、《論語》、《孟子》,外尚有御書《禮記‧中庸》、〈大學〉、〈學記〉、〈儒行〉、〈經解〉五篇,不在太學石經之數。今搜訪舊本,重行摹勒,以補《禮經》之闕。』從之。」又參《宋會要輯稿‧崇儒六》。

【考釋】(明)王鏊《姑蘇志》卷五十一〈趙磻老傳〉載:「趙磻老,字渭師,東平人,居吳江黎里。孝宗朝以書狀官,隨范成大奉使金國。成大薦之,擢正言。乾道八年,以右通直郎知楚州,入為太府寺丞,復由兩浙轉運副使知臨安府,除秘閣修撰,權工部侍郎。」

○夏六月,朱熹《論孟集注》、《或問》及《大學中庸章句》、《或問》成,又序定《中庸輯略》

【出處】(宋)真德秀《西山讀書記》卷三十一〈朱子傳授〉:「四年,《論語孟子集注》、《或問》成。初,先生既編次《語孟集義》,又約其精萃、妙得本旨者為《集注》,又疏其所以去取之意為《或問》。然恐學者轉而趨薄,故《或問》之書未嘗出以示人。然辨析毫厘,無微不顯,真讀書之龜鑒也。」又,《玉海》卷四十一〈淳熙論語孟子集注或問〉:「朱文公熹撰,淳熙四年六月癸巳成。初編次《集義》,輯二程之說,又取張、范、二呂、謝、游、楊、侯、尹氏九家。又本注疏,參《釋文》,會諸老先生之說,間附所聞於師友、得於心思者,為詳說。既而約其精粹為《集注》,又疏其所以去取之

意為《或問》。其後《集注》刪改，日益精密。而《或問》不復釐正，故其去取間有不同者。」又，《晦庵集・續集》卷二〈答蔡季通〉書三十八：「某數日整頓得《四書》頗就緒，皆為《集注》。其餘議論，別為《或問》一篇。諸家說已見《精義》者皆刪去，但《中庸》更作《集略》一篇，以其《集解》太煩故耳。」

【考釋】（清）王懋竑《朱熹年譜》卷之二：「四年丁酉（1177），四十八歲。夏六月，《論孟集注》、《或問》成。」（日）今關壽麿《宋元明清儒學年表》：「丁酉……朱熹著《論孟集注》、《或問》。」又，束景南先生《朱熹年譜長編》卷上對此有詳密考證，並區分《大學中庸章句》有兩次序定，且指摘諸本年譜以之誤，將《中庸輯略》之成繫於此年，而非通常認為的「淳熙十六年」，茲全錄如下：「朱熹約取《孟子精義》而作《孟子集注》、《或問》，始於淳熙二年末三年初，《朱文公文集》卷三十一〈答張敬夫〉書十八：『《中庸大學章句》緣此略修一過……《論語》亦如此草定一本，未暇脫稿。《孟子》則方欲為之，而日力未及也。』此答書參以《張南軒先生文集》卷二十三〈答朱元晦秘書〉書一、卷二十二〈答朱書〉十二，可以確知作於淳熙二年十二月。其後即作《孟子集注》、《或問》，至四年六月成，於當年刊刻，是為丁酉本。《文集》卷六十二〈答張元德〉書七有張元德問：『《語孟或問》乃丁酉本，不知後來改定如何？』朱答云：『《論孟集注》後來改定處多，遂與《或問》不甚相應，又無功夫修得《或問》，故不曾傳出。』洪嘉植《朱熹年譜》所云：『時書肆有竊刊行者，亟請於縣官追索其板，故惟學者私傳錄之。其後《集注》刪改日益精密，而《或問》則不復釐正，故其去取間有不同者。』《朱子語類》有楊道夫己酉後錄：『《論語集注》，蓋某十年前本，為朋友傳去，鄉人遂不告而刊。及知覺，則已分裂四出而不可收矣。其間多所未穩，煞誤看讀。』均指此丁酉本。

　　《論語集注》、《或問》草成於淳熙二年，見前引〈答張敬夫〉書十八，當年即寄呂祖謙、張栻討論，至四年定稿。《文集》卷三十三〈答呂伯恭〉書四十二云：「《論語說》得暇亦望早為裁訂示及。」是書言及何鎬卒，作於淳熙二年。又卷三十一〈與敬夫論癸巳論語說〉與張栻討論《論語說》甚詳，云：「此所撰《集注》已依此文寫入矣。」「此意甚精，蓋周子太極之遺意，亦已寫入《集注》諸說之後矣。」此書以《張南軒先生文集》卷二十二〈答朱元晦秘書〉書四考之，知作於淳熙四年。

　　「諸本年譜均只言是年《論語孟子集注》、《或問》成，而據〈大學章句序〉與〈中庸章句序〉，定《大學章句》、《或問》及《中庸章句》、《或問》、《輯略》作於淳熙十六年己酉，實誤。實則淳熙四年六月《大學章句》、《或問》與《中庸章句》、《或問》、《輯略》亦成，並作序序定之。茲考如下：

　　「朱熹於《大學章句》、《中庸章句》有兩次序定，淳熙十六年己酉所作〈大學章句序〉、〈中庸章句序〉乃由淳熙四年序定《大學章句》、《中庸章句》所作序修改而來。考朱、張、呂集中首次言及《大學》、《中庸章句》二序者，為《張南軒先生文集》卷二十四〈答朱元晦秘書〉書一：『〈章句序〉文理暢達，誦繹再四，恨未見新書體制耳。』該書言及張栻修靜江府學及懇朱熹作〈靜江府學記〉，以及因夫人喪請祠。朱熹寫成《府學記》在十一月，張喪偶請祠在八月，則朱作《大學》、《中庸章句》二序並寄張約在六月間。《大學章句》初成於乾道八年（見前譜），至淳熙二年修訂一過，《文集》卷三十三〈答呂伯恭〉書三十六：『《中庸章句》一本上納，此是草本，幸勿示人；更有《詳說》一書（指《中庸集解》），字多未暇……《大學章句》並往，亦有《詳說》（指《大學集解》），後便寄也。』是書言及懷玉之約，作於淳熙元年秋。卷三十一〈答張敬夫〉

書十八：『《中庸》、《大學章句》緣此修改一過，再錄上呈。』是書
作於淳熙二年（前考）。《大學或問》比《章句》稍後成，朱集中
最早言及《大學或問》者，為《別集》卷五〈答皇甫文仲〉書四：
『《大學或問》今付來介，看畢幸示及。』此書言及《易傳跋》語，
即指《文集》卷八十一〈書伊川先生易傳板本後〉，作於淳熙六年。
按朱熹淳熙六年赴南康軍任，無暇作書，故《大學或問》必成在淳
熙五年以前，即在四年序定《大學章句》時也。李性傳〈饒州刊本
朱子語續錄後序〉云：『《大學中庸章句》、《或問》成書雖久，至己
酉乃始序而傳之。』亦不以《章句》、《或問》成在己酉年可見。《中
庸章句》草成於乾道八年，於淳熙二年修訂一過，均見前考。《中庸
或問》亦成在淳熙四年，《文集》卷三十四〈答呂伯恭〉書三十三：
『十八日已入院（白鹿洞書院）開講，以落其成矣。講義只是《中
庸》首章《或問》中語。』此書作於淳熙七年，以淳熙六年朱赴南康
任無暇著述考之，則《中庸或問》亦作於淳熙四年。前引《續集》卷
二〈答蔡季通〉書三十八云：『數日整頓得《四書》頗就緒，皆為
《集注》；其餘議論別為《或問》一篇，諸家說已見《精義》者皆刪
去；但《中庸》更作《集略》一篇。』按朱熹《論孟精義》序於乾道
八年，但至淳熙七年已改名《要義》，後又更名《集義》，此答書稱
《精義》，其作於淳熙四年而非作於淳熙十六年顯然可見。且淳熙十
六年亦只是修改《四書集注》而已，不得謂『皆為《集注》』、『別為
《或問》』。前考《四書》之《章句集注》與《或問》皆成於淳熙四年
而非十六年，故此答蔡書作於淳熙四年更無可疑。今淳熙十六年己酉
《中庸章句序》有云：『會眾說而折其中，既為定著《章句》一篇，
以俟後之君子；而一二同志復取石氏書（指石𡼖《中庸集解》），刪
其繁亂，名以《輯略》；且以所嘗論辨取舍之意，別為《或問》，以
附其後。』此當是淳熙四年丁酉序所原有之語。考〈中庸章句序〉於

丁酉年成後有修改，《文集》卷二十七〈答詹帥〉書三云：『〈中庸序〉中推本堯舜傳授來歷，添入一段甚詳。』是書作於淳熙十三年。又卷五十六〈答鄭子上〉書十六鄭問：『竊尋〈中庸序〉：「人心出於形氣，道心本於性命。」朱答曰：『〈中庸序〉》後亦改定，別紙錄去。』今〈中庸章句序〉此兩句已改作：『或生於形氣之私，或原於性命之正。』可見己酉新序至於丁酉舊序，實只改兩處而已。《張南軒先生文集》卷二十一〈答朱元晦秘書〉書十二有云：『《中庸章句》如「道不遠人」章，文義亦自有疑，此便即行容續條去。所謂作《略解》，甚善。』此答書作於淳熙元年，《略解》即《輯略》也（對石憝）《中庸集解》而言）。」（頁585～588）

○祭酒林光朝講《大學》

【出處】《宋史・禮志十七・嘉禮五・視學》：「淳熙四年，孝宗幸太學，如紹興之儀，命禮部侍郎李燾執經，祭酒林光朝講《大學》。」（元）馬端臨《文獻通考》卷四五所載略同。

【考釋】《宋史・林光朝傳》載其事跡云：「林光朝，字謙之，興化軍莆田人。再試禮部不第，聞吳中陸子正嘗從尹焞學，因往從之遊。自是專心聖賢踐履之學，通六經，貫百氏，言動必以禮，四方來學者亡慮數百人。南渡後，以伊洛之學倡東南者，自光朝始。然未嘗著書，惟口授學者，使之心通理解，嘗曰：『道之全體，全乎太虛。六經既發明之，後世注解固已支離，若復增加，道愈遠矣。』……四年，帝幸國子監，命講《中庸》，帝大稱善，面賜金紫。不數日，除中書舍人，是時，吏部郎謝廓然由曾覿薦，賜出身，除殿中侍御史，命從中出。光朝愕曰：「是輕臺諫、羞科目也。」立封還詞頭。天子度光朝決不奉詔，改授工部侍郎，不拜，遂以集英殿修撰出知婺州。光朝老儒，素有士望。在後省未有建明，或疑之，及聞繳駁廓然，士論始

服。光朝因引疾提舉興國宮，卒，年六十五。」

孝宗淳熙五年　戊戌（1178年）

○春正月，侍御史謝廓然乞毋以程頤、王安石之說取士，從之

【出處】（明）陳邦瞻《宋史紀事本末》卷八十〈道學崇黜〉：「孝宗淳熙五年春正月，侍御史謝廓然乞戒有司，毋以程頤、王安石之說取士。未幾，秘書郎趙彥中復疏言：『科舉之文，成式具在，今乃祖性理之說，以浮言游詞相高。士之信道自守，以六經聖賢為師可矣，而別為洛學，飾怪驚愚，士風日弊，人才日偷。望詔執事，使明知聖朝好惡所在，以變士風。』從之。」

【考釋】《南宋館閣續錄》卷七：「謝廓然，字開之，天臺人。淳熙四年五月，賜同進士出身。八年九月，以同知樞密院事兼參知政事兼權。」

○六月九日，張琥上《論語》二十篇

【出處】《玉海》卷四十一〈淳熙論語拾遺〉：「淳熙五年六月九日，軍器少監張琥上《論語拾遺》二十篇，付秘閣。」

【考釋】《論語拾遺》，朱彝尊《經義考》注曰「佚」。

孝宗淳熙七年　庚子（1180年）

○冬十一月己丑朔旦，朱熹撰〈書語孟要義後〉

【出處】《晦庵集》卷八十一〈書語孟要義後〉：「熹頃年編次此書，鏤版建陽，學者傳之久矣。後細考之，程、張諸先生說，尚或時有所遺脫。既加補塞，又得毗陵周氏說四篇有半於建陽陳焞明仲，復以附

於本章。豫章郡文學南康黃某商伯見而悅之，既以刻於其學，又慮
夫讀者疑於詳略之不同也，屬熹書於前序之左，且更定其故號『精
義』者曰『要義』云。淳熙庚子冬十有一月己丑朔旦，江東道院拙齋
記。」

【考釋】參乾道八年「春正月，朱熹《論孟精義》成」條。

孝宗淳熙九年　壬寅（1182年）

○六月，朱熹《四書章句集注》首次集為一編，刻於婺州，「四書」之名始於此

【出處】《晦庵集》卷五十八〈答宋深之〉書二：「且附去《大學》、
《中庸》本，〈大〉、〈小學序〉兩篇，幸視至。《大學》當在《中庸》
之前。熹向在浙東刻本見為一編，恐勾倉尚在彼，可就求之。此三本
者，昆仲且分讀也。近年學者多不讀書，見昆仲篤志如此，甚不易
得，所恨相聚之晚，不得盡吐腹心。前日臨岐，不勝忡悵。然講學貴
於實見義理，要在熟讀精思，潛心玩味，不可貪多務得，搜獵敷衍，
便為究竟也。二序待次，略為呈白，恐有指摘處，便中幸喻及也。」

【考釋】據束景南先生考證：「此答宋深之書作於淳熙十三年春，所
云『熹向在浙東刻本見為一編』，即指其淳熙九年浙東提舉任上將
《大學章句》、《中庸章句》、《論語集注》、《孟子集注》集為一編刊
印，蓋亦在婺州也。」（《朱熹年譜長編》卷上，頁731～732）

　　然而對於《四書章句集注》的首次編集時間，學界說法並不一
致。通常認為，首次編集當在光宗紹熙元年（1190），依據是朱熹
〈書臨漳所刊四子後〉一文，文云：「聖人作經，以詔後世，將使讀
者誦其文、思其義，有以知事理之當然，見道義之全體而身力行之，
以入聖賢之域也。其言雖約，而天下之故，幽明巨細，靡不該焉。

欲求道以入德者，舍此為無所用其心矣。然去聖既遠，講誦失傳，
自其象數名物、訓詁凡例之間，老師宿儒尚有不能知者，況於新學小
生，驟而讀之，是亦安能遽有以得其大指要歸也哉？故河南程夫子之
教人，必先使之用力乎《大學》、《論語》、《中庸》、《孟子》之書，
然後及乎《六經》，蓋其難易遠近大小之序，固如此而不可亂也。故
今刻四古經（按：指《易》、《詩》、《書》、《春秋》）而遂及乎此四
書者，以先後之，且考舊聞，為之音訓，以便觀者。又悉著凡程子之
言及於此者附於其後，以見讀之之法，學者得以覽焉。抑嘗妄謂《中
庸》雖《七篇》（按：指《孟子》）之所自出，然讀者不先於《孟子》
而遽及之，則亦非所以為入道之漸也。因竊並記於此云。紹熙改元臘
月庚寅，新安朱熹書於臨漳郡齋。」（《晦庵集》卷八十二）不過，據
此段文字並不能推導出臨漳所刻「四子」即指朱熹之《四書章句集
注》，而極有可能是《大學》、《論語》、《中庸》、《孟子》四書之白
文，另附音訓及程子之言而已。顯然，過去學者是把二者混淆了。束
景南〈四書集注編集與刊刻新考〉亦云：「若所刻即《四書集注》，
則何須再附音訓及二程有關論述？（《四書集注》皆已有）今遍考朱
熹《文集》與《語類》，絕無有言及漳州刊刻《四書集注》之事，
相反卻多有將臨漳所刊四子書與已作《大學章句》、《中庸章句》、
《論語集注》、《孟子集注》並提，尤可證臨漳所刊四子非《四書集
注》。」（載束景南《朱熹佚文輯考》，江蘇古籍出版社，1991年版，
頁620）

孝宗淳熙十年　癸卯（1183年）

○六月，監察御史陳賈請禁道學，蓋指朱熹，「道學」之目起

【出處】（明）陳邦瞻《宋史紀事本末》卷八十〈道學崇黜〉：「十年

六月，監察御史陳賈請禁道學。先是，朱熹為浙東提刑，行部至臺州，知州事唐仲友為其民所訟，熹劾治之。仲友與宰相王淮同里，且為姻家，淮由此怨熹，欲沮之，風吏部尚書鄭丙上疏言：『近世士大夫有所謂道學者，欺世盜名，不宜信用。』帝已惑其說。淮又以太府丞陳賈為御史，賈因面對，首論曰：『臣竊謂天下之士所學於聖人之道未嘗不同，既同矣，而謂己之學獨異於人，是必假其名以濟其偽者也。邪正之辨，誠與偽而已矣。表裏相副，是之謂誠；表裏相違，是之謂偽。臣伏見近世士大夫有所謂道學者，其說以謹獨為能，以踐履為高，以正心誠意、克己復禮為事。若此之類，皆學者所共學也，而其徒乃謂己獨能之。夷考其所為，則又大不然，不幾於假其名以濟其偽者耶？臣願陛下明詔中外，痛革此習，每於聽納除授之間，考察其人，擯斥勿用，以示好惡之所在。庶幾多士靡然向風，言行表裏一於正，無或肆為詭異，以幹治體，實宗社無疆之福！』蓋指熹也。帝從之。由是，『道學』之名貽禍於世。後直學士院尤袤以程氏之學為賈所攻，言於帝曰：『道學者，堯、舜所以帝，禹、湯、文、武所以王，周公、孔、孟所以設教。近立此名，詆訾士君子，故臨財不苟得，所謂廉介；安貧守道，所謂恬退；擇言顧行，所謂踐履；行己有恥，所謂名節，皆目之為道學。此名一立，賢人君子欲自見於世，一舉足且入其中，俱無所免，此豈盛世所宜有？願循名責實，聽言觀行，人情庶不壞於疑似。』帝曰：『道學豈不美之名？正恐假託為奸，真偽相亂爾。』」

【考釋】陳賈疏文又見宋李心傳《道命錄》、無名氏《兩朝綱目備要》卷四等，《道命錄》將陳賈上疏繫於「淳熙十五年」，誤。

孝宗淳熙十四年　丁未（1187年）

○朱熹欲罷詩賦，《貢舉私議》主張諸經皆兼《四書》義一道

【出處】《宋史‧選舉志二‧科目下》：「十四年，御試正奏名王容第
一……時朱熹嘗欲罷詩賦，而分諸經、子、史、時務之年。其《私
議》曰：『古者大學之教，以格物致知為先，而其考校之法，又以九
年知類通達、強立不反為大成。今《樂經》亡而《禮經》闕，二戴之
《禮》已非正經，而又廢其一。經之為教已不能備，而治經者類皆舍
其所難而就其易，僅窺其一而不及其餘。若諸子之學同出於聖人，諸
史則該古今興亡治亂得失之變，皆不可闕者。而學者一旦豈能盡通？
若合所當讀之書而分之以年，使之各以三年而共通其三四之一。凡
《易》、《詩》、《書》為一科，而子年、午年試之。《周禮》、《儀禮》
及二《戴記》為一科，而卯年試之。《春秋》及《三傳》為一科，
而酉年試之。義各二道，諸經皆兼《大學》、《論語》、《中庸》、
《孟子》義一道。論則分諸子為四科，而分年以附焉。諸史則則《左
傳》、《國語》、《史記》、《兩漢》為一科，《三國》、《晉書》、《南北
史》為一科，新舊《唐書》、《五代史》為一科。時務則律曆、地理
為一科，以次分年如經、子之法，試策各二道。又使治經者各守家
法，答義者必通貫經文，條舉眾說而斷以己意，有司命題必依章句，
如是則士無不通之經、史，而皆可用於世矣。』其議雖未上，而天下
誦之。」

【考釋】朱熹〈學校貢舉私議〉全文，可參《晦庵集》卷六十九。

孝宗淳熙十四年　丁未（1187年）

○三月朔旦，朱熹《小學》成

【出處】清《御定小學集注・小學原序》：「古者小學，教人以灑掃應對進退之節，愛親敬長隆師親友之道，皆所以為修身齊家治國平天下之本，而必使其講而習之於幼稚之時，欲其習與智長，化與心成，而無扞格不勝之患也。今其全書雖不可見，而雜出於傳記者亦多，讀者往往直以古今異宜而莫之行，殊不知其無古今之異者，固未始不可行也。今頗搜輯以為此書，授之童蒙，資其講習，庶幾有補於風化之萬一云爾。淳熙丁未三月朔旦，晦庵題。」《晦庵集》卷七十六有序文，而無日期落款。

【考釋】（清）王懋竑《朱子年譜》卷之三：「《年譜》：『先生既發揮《大學》，以開悟學者，又懼其失序無本，而不能以有進也，乃輯此書以訓蒙士，使培其根，以達其支。內篇四：曰〈立教〉，曰〈明倫〉，曰〈敬身〉，曰〈稽古〉。外篇二：曰〈嘉言〉，曰〈善行〉。雖已進乎《大學》者，亦得以兼補之於後，修身之事，此略備焉。』」可見，朱熹所著《小學》與《大學》一體，亦為其「四書學體系」的重要組成部分。

孝宗淳熙十五年　戊申（1188年）

○六月癸酉，除朱熹兵部郎官，兵部侍郎林栗攻熹之「道學」

【出處】（清）王懋竑《朱子年譜》卷之三：「六月……癸酉，除兵部郎官，以足疾在告，請祠。乙亥，詔依舊職名江西提刑。」

【考釋】（明）陳邦瞻《宋史紀事本末》卷八十〈道學崇黜〉述其始末云：「十五年六月，除朱熹為兵部郎官。先是，熹以周必大薦為江

西提刑，入奏事，或要於路曰：『正心誠意之論，上所厭聞，慎勿復言。』熹曰：『吾平生所學，惟此四字，豈可隱默以欺吾君乎？』及入對，上迎謂之曰：『久不見卿，卿亦老矣！浙東之事，朕自知之。今當處卿以清要，不復以州縣煩卿。』獎諭甚渥，遂除兵部郎官。熹以足疾乞祠。兵部侍郎林栗與熹論《易》、《西銘》不合，遂論：『熹本無學術，徒竊張載、程頤之緒餘，為浮誕宗主，謂之道學，妄自推尊。所至輒攜門生數十人，習為春秋、戰國之態，妄希孔、孟歷聘之風。繩以治世之法，則亂人之首也。今采其虛名，俾之入奏，將置朝列，以次收用。而熹聞命之初，遷延道途，邀索高價，門徒迭為遊說，政府許以風聞，然後入門。既經陛對，得旨除郎，而輒懷不滿，傲睨累日，不肯供職，是豈程頤、張載之學教之然也？望將熹停罷，以為事君無禮者之戒。』帝謂栗言過當，而大臣畏栗之強，莫敢深論，乃命熹依舊江西提刑。周必大言熹上殿之日，足疾未瘳，勉強登對。帝曰：『朕亦見其跛曳。』太常博士葉適上疏曰：『考栗劾熹之辭，始末參驗，無一實者，特發其私意，而遂忘其欺耳。至於其中『謂之道學』一語，利害所繫，不獨於熹。蓋自昔小人殘害忠良，率有指名，或以為好名，或以為立異，或以為植黨。近又創為道學之目，鄭丙倡之，陳賈和之，居要津者密相付授，見士大夫有稍慕潔修者，輒以道學之名歸之，以為善為玷缺，以好學為己愆，相與指目，使不得進。於是賢士惴慄，中材解體，銷聲滅影，穢德垢行，以避此名。往日王淮表裏臺諫，陰廢正人，蓋用此術。栗為侍從，無以達陛下之德意志慮，而更襲用鄭丙、陳賈密相付授之說，以道學為大罪，文致語言。逐去一熹，固未甚害，第恐自此游詞無實，讒言橫生，良善受禍，何所不有！伏望陛下正紀綱之所在，絕欺罔於既形，摧折暴橫以扶善類，奮發剛斷以慰公言。』疏入，不報。詔熹仍赴江西，熹力辭不赴。」

孝宗淳熙十六年　己酉（1189年）

○二月，朱熹正式序定《大學章句》；三月，正式序定《中庸章句》

【出處】（南宋）真德秀《西山讀書記》卷三十一〈朱子傳授〉：「十六年，始序《大學中庸章句》。二書之成久矣，不輟修改，至是以穩愜於心，而始序之。」

【考釋】《大學章句》、《中庸章句》之序定時間，見朱熹所作〈大學〉、〈中庸章句序〉（前文已錄，參徽宗大觀元年「九月庚午，程頤卒」條）。束景南《朱熹年譜長編》卷下考證云：「今〈大學章句序〉題作『淳熙己酉二月甲子』，〈中庸章句序〉題作『淳熙己酉三月戊申』。按《大學章句》、《中庸章句》首次序定於淳熙四年丁酉，二序皆作於該年。是次乃將丁酉舊序予以修改，正式序定之。蓋自淳熙四年以後不斷反覆修改《四書集注》，至淳熙十五年，其對《四書集注》連同《或問》又作更大全面修訂，蔡元定、黃榦、程端蒙、滕璘、珙兄弟、董銖等皆為是次重要助修者……蓋十五年修訂之《四書集注》，朱熹自以為最精，遂於十六年正式序定之。」

光宗紹熙元年　庚戌（1190年）

○二月，侍御史劉光祖請禁譏議道學

【出處】《宋史・劉光祖傳》：「光宗即位，除軍器少監兼權侍左郎官，又兼禮部。時殿中侍御史闕，上方嚴其選，謂宰相留正曰：『卿監、郎官中有其人。』正沈思久之，曰：『得非劉光祖乎？』上曰：『是久在朕心矣。』光祖入謝，因論：『近世是非不明則邪正互攻，公論不立則私情交起。此固道之消長，時之否泰，而實為國家之禍福，社稷之存亡，甚可畏也。本朝士大夫學術議論最為近古，初非有強國

之術，而國勢尊安，根本深厚。咸平、景德之間，道臻皇極，治保太
和，至於慶曆、嘉祐盛矣。不幸而壞於熙、豐之邪說，疏棄正士，
招徠小人。幸而元祐君子起而救之，末流大分，事故反覆。紹聖、
元符之際，群凶得志，絕滅綱常，其論既勝，其勢既成，崇、觀而
下，尚復何言！臣始至時，聞有譏貶道學之說，而實未睹朋黨之分。
中更外艱，去國六載，已憂兩議之各甚，而恐一旦之交攻也。逮臣復
來，其事果見。因惡道學乃生朋黨，因生朋黨乃罪忠諫。嗟呼，以忠
諫為罪，其去紹聖幾何！陛下履位之初，端拱而治，凡所進退，率用
人言，初無好惡之私，豈以黨偏為主？而一歲之內，逐者紛紛，中間
好人固亦不少，反以人臣之私意，微累天日之清明。往往推忠之言謂
為沽名之舉，至於潔身以退，亦曰憤懟而然。欲激怒於至尊，必加之
以訕訕。事勢至此，循默乃宜。循默成風，國家安賴！臣欲熄將來之
禍，故不憚反復以陳。伏幾聖心豁然，永為皇極之主，使是非由此而
定，邪正由此而別，公論由此而明，私情由此而熄，道學之譏由此而
消，朋黨之跡由此而泯，和平之福由此而集，國家之事由此而理，則
生靈之幸，社稷之福也。不然，相激相勝，展轉反復，為禍無窮，臣
實未知稅駕之所。』章既下，讀之有流涕者。」
【考釋】事又見（明）陳邦瞻《宋史紀事本末》卷八十〈道學崇
黜〉。據（清）徐乾學《資治通鑑後編》卷一二八，事在「紹熙元年
二月辛亥」。

光宗紹熙五年　甲寅（1194年）

○閏十月戊午，朱熹進講《大學》至〈盤銘〉「日新」
【出處】《玉海》卷三十一〈杖書〉：「宋朝寧宗初（紹熙五年閏十月
戊午），侍講朱熹講《大學》，至〈盤銘〉『日新』，因論武王有《丹

書》，皆人主憂勤警戒之意。上曰：『近有人進此書，蓋黃庭堅所書
也。』」又，同書卷四十一〈熙寧邇英閣講禮記〉：「紹熙五年，侍講
朱熹講《大學》。閏月戊午朔，講至〈盤銘〉『日新』，又進《講義》
冊，上欣然曰：『要處只在求放心。』」

【考釋】《兩朝綱目備要》卷三「是日命朱熹講《大學》」條，言具體
日期為「閏月朔日」，即閏十月一日。

寧宗慶元元年　乙卯（1195年）

○六月二十四日，右正言劉德秀請考核道學真偽，「慶元黨禁」起

【出處】（南宋）無名氏《慶元黨禁》：「蓋自淳熙之末、紹熙之初
也，有因為道學以媒孽之者，然猶未敢加以醜名，攻訐至是。士大夫
嗜利無恥，或素為清議所擯者，乃教以凡相與為異者，皆道學人也，
陰疏姓名授之，俾以次斥逐。或又為言：名『道學』則何罪，當名
曰『偽學』，蓋謂貪黷放肆乃人真情，其廉潔好修者，皆偽人也。於
是憸壬險狠、猥薄無行之徒，利其說之便，已揚袂奮臂以攻偽幹進，
而學禁之禍自此始矣。（六月）二十四日，劉德秀上疏，乞考核真偽
而辨邪正。」又，（日）今關壽麐《宋元明清儒學年表》：「慶元黨禁
起，貶趙汝愚（字子直，饒之餘干縣人），呂祖儉（祖謙之弟）言其
忠，則安置吉州。朱熹謫永州，自號遯翁。」

【考釋】《宋史·寧宗紀一》以事在「六月丁巳」，即為「六月四
日」，或誤。又，（明）陳邦瞻《宋史紀事本末》卷八十〈道學崇黜〉
載其始末云：「寧宗慶元元年六月，右正言劉德秀請考核道學真偽，
從之。先是，上在嘉府，黃裳為嘉王府翊善，光宗諭之曰：『嘉王進
學，皆卿之功。』裳謝曰：『若欲進德修業，追跡古先哲王，則須尋
天下第一等人。』光宗問為誰，裳以朱熹對。直講彭龜年因講魯莊

公不能制其母，云：『母不可制，當制其侍御、僕從。』上問此誰之
說，對曰：『朱熹說也。』自後每講，必問熹說如何。及上即位，宰
相趙汝愚首薦熹，遂自潭州召為煥章閣待制兼侍講。熹在道，聞近習
已有用事者，即具奏，言：『幸門一開，其弊將不可復塞。』及至，
每進講，務積誠意以感動上心，上亦稍稍嘉納焉。熹復奏疏，極言：
『陛下即位未能旬月，而進退宰臣，移易臺諫，皆出陛下之獨斷，中
外咸謂左右或竊其柄，臣恐主威下移，求治反亂矣。』時韓侂冑方用
事，熹意蓋指侂冑也。侂冑由此大恨，使優人峨冠闊袖象大儒，戲於
上前，因乘間言熹迂闊不可用。遂出內批，罷熹經筵，除宮觀。熹
去，侂冑益無忌憚矣。其黨復為言，凡相與異者，皆道學之人也，陰
疏姓名授之，俾以次斥逐。或又為言，以『道學』目之則有何罪，當
名曰『偽學』，由是有『偽學』之目，善類皆不自安。至是，德秀上
言曰：『邪正之辨無過於真與偽而已，彼口道先王之言而行如市人所
不為，在興王之所必斥也。昔孝宗銳意恢復，首務核實，凡言行相違
者，未嘗不深知其奸。臣願陛下以孝宗為法，考核真偽以辨邪正。』
詔下其章，於是博士孫元卿、袁燮，國子正陳武皆罷。司業汪逵入箚
子辯之，德秀以逵為狂言，亦被斥。」

寧宗慶元二年　丙辰（1196年）

○二月，知貢舉葉翥、倪思、劉德秀奏請除毀朱熹《語錄》等書，
《六經》、《四書》為世大禁

【出處】（南宋）無名氏《慶元黨禁》：「二月，省闈知舉葉翥、倪
思、劉德秀奏論文弊，上言：『偽學之魁以匹夫竊人主之柄，鼓動天
下，故文風未能丕變。乞將《語錄》之類，並行除毀。』是科取士，
稍涉義理悉見黜落，「六經」、《語》、《孟》、《中庸》、《大學》之

書，為世大禁。」

【考釋】（元）馬端臨《文獻通考》卷三十二〈選舉考五〉：「寧宗慶元二年，以諒陰，不親策省試進士，得正奏名鄒應龍等。自韓侂冑襲秦檜故智，指道學為偽學，臺臣附之，上章論列，詔榜朝堂。而劉德秀在省闈，奏疏至云：『偽學之魁以匹夫竊人主之柄，鼓動天下，故文風未能丕變。請將《語錄》之類，並行除毀。』既而葉翥上言：『士狃於偽學，專習《語錄》詭誕之說，《中庸》、《大學》之書以文其非。有葉適《進卷》、陳傅良《待遇集》，士人傳誦其文，每用輒效。請內自太學、外自州軍學，各以月試合格前三名程文上御史臺，考察太學以月，諸路以季，其有舊習不改，則坐學官、提學司之罪。』是舉也，語涉道學者皆不預選。」

○八月，申嚴道學之禁

【出處】（明）陳邦瞻《宋史紀事本末》卷八十〈道學崇黜〉：「八月，申嚴道學之禁。時，中書舍人汪義端引唐李林甫故事，以偽學之黨皆名士，欲盡除之。帝頗知其非，乃詔臺諫、給舍：『論奏不必更及舊事，務在平正以副朕建中之意。』詔下，韓侂冑及其黨皆怒，劉德秀遂與御史張伯垓、姚愈等上疏，言：『自今舊奸宿惡，或滋長不悛。臣等不言，恐陛下之用人，且俟其敗壞國事如前日而後言，則徒有噬臍之悔。願下此章，播告中外，令舊奸知朝廷紀綱尚在，不致放肆。』從之。自是，侂冑與其黨攻治之志愈急矣。太常少卿胡紘上言：『比年以來，偽學猖獗，圖為不軌，動搖上皇，詆誣聖德，幾至大亂。賴二三大臣臺諫，出死力而排之，故元惡殞命，群邪屏跡。自御筆有救偏建中之說，或者誤認天意，急於奉承，倡為調停之議，取前日偽學之奸黨次第用之，以冀幸其他日不相報復。往者建中靖國之事，可以為戒。』遂詔偽學之黨，宰執權住進擬。大理司直邵

褒然言：『三十年來，偽學顯行，場屋之權，盡歸其黨。乞詔大臣審
察其所學。』詔：『偽學之黨，勿除在內差遣。』已而言者又論偽學
之禍，乞鑒元祐調停之說，杜其根原。遂有詔：『監、司、帥、守薦
舉改官，並於奏牘前聲說「非偽學之人」。』會鄉試，漕司前期取家
狀，必令書『委不是偽學』五字。撫州推官柴中行獨申漕司云：『自
幼習《易》，讀程氏《易傳》，未委是與不是偽學。如以為偽，不願
考校。』士論壯之。」

【考釋】柴中行，黃宗羲、全祖望《宋元學案》卷七十九〈丘劉諸儒
學案〉列為「晦翁私淑」，云：「柴中行，字與之，餘干人。以儒學
顯。紹熙元年進士，授撫州軍事推官。權臣韓侂冑禁道學，運司移
檄，令自言非偽學，先生奮筆曰：『自幼習讀程氏《易傳》，如以為
偽，不願考校。』士論壯之。」

○十二月，監察御史沈繼祖奏劾朱熹，熹落職罷祠

【出處】（明）陳邦瞻《宋史紀事本末》卷八十〈道學崇黜〉：「十二
月，削秘閣修撰朱熹官。熹家居，自以蒙累朝知遇之恩，且尚帶從臣
職名，義不容默，乃草封事數萬言，陳奸邪蔽主之禍。子弟諸生更進
迭諫，以為必且賈禍，熹不聽。蔡元定請以蓍決之，遇〈遯〉之〈同
人〉。熹默然，取稿焚之，遂六奏力辭職名，詔仍充秘閣修撰。時，
臺諫皆韓侂冑所引，洶洶爭欲以熹為奇貨，然無敢先發者。胡紘未達
時，嘗謁熹於建安，熹待學子惟脫粟飯，遇紘不能異也。紘不悅，
語人曰：『此非人情，只雞斗酒，山中未為乏也。』及是，為監察御
史，乃銳然以擊熹自任。物色無所得，經年醞釀，章疏乃成。會改太
常少卿，不果。有沈繼祖者，為小官時，嘗采撫熹《語》、《孟》之
語以自售。至是以追論程頤，得為御史。紘以疏草授之，繼祖謂可立
致富貴，遂論：『熹剽竊張載、程頤之緒餘，寓以吃菜事魔之妖術，

簧鼓後進，張浮駕誕，私立品題，收召四方無行義之徒以益其黨伍，潛形匿跡，如鬼如魅。乞加少正卯之誅，以為欺君罔世、汗行盜名者之戒。其徒蔡元定，佐熹為妖，乞編管別州。」詔熹落職，罷祠，竄元定於道州。已而選人余嚞上書，乞斬熹以絕偽學。謝深甫抵其書於地，獲免。」

【考釋】（南宋）李心傳《道命錄》卷七上，將沈繼祖上疏繫於「慶元二年十二月二十六日」，（南宋）葉紹翁《四朝聞見錄》卷四〈慶元黨〉繫於「慶元三年丁巳春二月」，一說「慶元二年十月」。

寧宗慶元三年　丁巳（1197年）

○冬十二月丁酉，知綿州王沇乞置偽學之籍

【出處】（南宋）無名氏《慶元黨禁》：「冬十二月丁酉，知綿州王沇乞置偽學之籍，仍自今曾受偽學薦舉關陞及刑法廉吏自代之人，並令省部籍記姓名，與閑慢差遣。吏部侍郎黃由奏：『人主不可待天下以黨與，不必置籍以示不廣。』殿中侍御史張岩論由『阿附權臣，植立黨與』，由遂罷去。未幾，擢沇利路轉運判官。」又，《宋史・寧宗紀一》：「明年正旦丁酉，以知綿州王沇請，詔省部籍偽學姓名。」

【考釋】關於偽學之籍名單，《兩朝綱目備要》卷五〈丁酉籍偽學〉載：「知綿州王沇乞置偽學之籍，仍自今曾受偽學舉薦關陞及刑法廉吏自代之人，並令省部籍記姓名，與閑慢差遣。從之。於是自慶元至今，以偽學逆黨得罪者凡五十有九人。宰執四人：趙汝愚（右丞相）、留正（少保，觀文殿大學士）、王藺（觀文殿學士，知潭州）、周必大（少傅，觀文殿大學士）。待制以上十三人：朱熹（煥章閣待制，兼侍講）、徐誼（權工部侍郎，兼知臨安府）、彭龜年（吏部侍郎）、陳傅良（中書舍人，兼侍講，兼直學士院）、薛叔似（權戶

部侍郎，兼樞密都承旨，提舉太史局）、章穎（權兵部侍郎，兼侍
講）、鄭湜（權刑部侍郎）、樓鑰（權吏部尚書）、林大中（吏部侍
郎）、黃由（權禮部尚書）、黃黼（權兵部侍郎）、何異（權禮部侍
郎）、孫逢吉（權吏部侍郎）。餘官三十一人：劉光祖（起居郎，兼
侍讀）、呂祖儉（太府寺丞）、葉適（太府少卿，總領淮東財賦）、楊
方（秘書郎）、項安世（秘書省校書郎）、沈有開（起居郎）、曾三聘
（知郢州）、游仲鴻（軍器監主簿）、吳獵（監察御史）、李祥（國子
祭酒）、楊簡（國子博士）、趙汝讜（添差監左藏西庫）、趙汝談（前
淮西安撫司幹官）、陳峴（秘書省校書郎）、范仲黼（著作郎，兼權
禮部郎官）、汪逵（國子司業）、孫元卿（國子博士）、袁燮（太學博
士）、陳武（國子正）、田澹（宗正丞，兼權工部郎官）、黃度（右正
言）、張體仁（太府卿）、蔡幼學（福建提舉常平茶事）、黃灝（浙
西提舉常平茶鹽公事）、周南（池州州學教授）、吳柔勝（新嘉興府
府學教授）、李壂（校書郎）、王厚之（直寶謨閣，江東提點刑獄）、
孟浩（知湖州）、趙鞏（秘閣修撰，知揚州）、白炎震（新通判成都
府）。武臣三人：皇甫斌（池州都統制）、范仲壬（知金州）、張致遠
（江西兵馬鈐轄）。以上並見於臺諫章疏者。士人八人：楊宏中、周
端朝、張衢、林仲麟、蔣傅、徐范、蔡元定、呂祖泰。」又見《道命
錄》卷七下、《建炎以來朝野雜記》甲集卷六、〈慶元黨禁〉等，各
書所列，偶有出入。

寧宗慶元六年　庚申（1200年）

○三月九日，朱熹卒

【出處】（南宋）李心傳《道命錄》卷七下：「（慶元）六年三月九日
甲子，卒於考亭，年七十一。先是寢疾，諸生唯蔡沈、葉賀孫九人

在側。辛酉，改《大學》『誠意章』。癸亥，諸生入問疾，先生起坐曰：『誤諸君遠來，然道理亦止是如此，但相倡率下堅苦工夫，牢固著足，方有進步處。』諸生退，先生作書三：《范念德書》，托為《禮書》；《黃榦書》，令收《禮書》底本，補葺而成之，其書界行，開具逐項合修條目，且封一卷，往為式；《子在書》，令早歸，收拾遺文。甲子，移寢中堂，諸生復入，問曰：『先生之疾革矣，萬一不諱，用《書儀》乎？』曰：『疏略。』『然則當用《儀禮》乎？』乃頷之。良久而逝。」又，《宋史・朱熹傳》：「（慶元）四年，熹以年近七十，申乞致仕，五年，依所請。明年卒，年七十一。疾且革，手書屬其子在及門人范念德、黃榦，拳拳以勉學及修正遺書為言。翌日，正坐整衣冠，就枕而逝。」

【考釋】《宋史・朱熹傳》述其生平學術云：「朱熹字元晦，一字仲晦，徽州婺源人。父松字喬年，中進士第……熹幼穎悟，甫能言，父指天示之曰：『天也。』熹問曰：『天之上何物？』松異之。就傅，授以《孝經》，一閱，題其上曰：『不若是，非人也。』嘗從群兒戲沙上，獨端坐以指畫沙，視之，八卦也。年十八貢於鄉，中紹興十八年進士第。主泉州同安簿，選邑秀民充弟子員，日與講說聖賢修己治人之道，禁女婦之為僧道者。罷歸請祠，監潭州南嶽廟。明年，以輔臣薦，與徐度、呂廣問、韓元吉同召，以疾辭……熹登第五十年，仕於外者僅九考，立朝才四十日。家故貧，少依父友劉子羽，寓建之崇安，後徙建陽之考亭，簞瓢屢空，晏如也。諸生之自遠而至者，豆飯藜羹，率與之共。往往稱貸於人以給用，而非其道義則一介不取也……始，熹少時，慨然有求道之志。父松病亟，嘗屬熹曰：『籍溪胡原仲、白水劉致中、屏山劉彥沖三人，學有淵源，吾所敬畏，吾即死，汝往事之，而惟其言之聽。三人，謂胡憲、劉勉之、劉子也。故熹之學既博求之經傳，復遍交當世有識之士。其為學，大抵

窮理以致其知，反躬以踐其實，而以居敬為主。嘗謂聖賢道統之傳散在方冊，聖經之旨不明，而道統之傳始晦。於是竭其精力，以研窮聖賢之經訓。所著書有：《易本義》、《啟蒙》、《蓍卦考誤》、《詩集傳》、《大學中庸章句》、《或問》、《論語孟子集注》、《太極圖、通書、西銘解》、《楚辭集注》、《辨證》、《韓文考異》。所編次有：《論孟集議》、《孟子指要》、《中庸輯略》、《孝經刊誤》、《小學書》、《通鑒綱目》、《宋名臣言行錄》、《家禮》、《近思錄》、《河南程氏遺書》、《伊洛淵源錄》，皆行於世。熹沒，朝廷以其《大學》、《語》、《孟》、《中庸》訓說立於學官。又有《儀禮經傳通解》未脫稿，亦在學官。平生為文凡一百卷，生徒問答凡八十卷，別錄十卷。理宗紹定末，秘書郎李心傳乞以司馬光、周敦頤、邵雍、張載、程顥、程頤、朱熹七人列於從祀，不報。淳祐元年正月，上視學，手詔以周、張、二程及熹從祀孔子廟。黃榦曰：『道之正統侍人而後傳，自周以來，任傳道之責者不過數人，而能使斯道章章較著者，一二人而止耳。由孔子而後，曾子、子思繼其微，至孟子而始著。由孟子而後，周、程、張子繼其絕，至熹而始著。』識者以為知言。」

又，《宋史‧道學傳序》於程朱表章《四書》之功多所推崇，云：「『道學』之名，古無是也。三代盛時，天子以是道為政教，大臣百官有司以是道為職業，黨、庠、術、序師弟子以是道為講習，四方百姓日用是道而不知。是故盈覆載之間，無一民一物不被是道之澤，以遂其性。於斯時也，道學之名，何自而立哉？文王、周公既沒，孔子有德無位，既不能使是道之用漸被斯世，退而與其徒定禮樂，明憲章，刪《詩》，修《春秋》，贊《易象》，討論《墳》、《典》，期使五三聖人之道昭明於無窮。故曰：『夫子賢於堯、舜遠矣。』孔子沒，曾子獨得其傳，傳之子思，以及孟子，孟子沒而無傳。兩漢而下，儒者之論大道，察焉而弗精，語焉而弗詳，異端邪說

起而乘之，幾至大壞。千有餘載，至宋中葉，周敦頤出於舂陵，乃得
聖賢不傳之學，作《太極圖說》、《通書》，推明陰陽五行之理，命於
天而性於人者，瞭若指掌。張載作《西銘》，又極言理一分殊之旨，
然後道之大原出於天者，灼然而無疑焉。仁宗明道初年，程顥及弟
頤寔生，及長，受業周氏，已乃擴大其所聞，表章《大學》、《中庸》
二篇，與《語》、《孟》並行，於是上自帝王傳心之奧，下至初學入
德之門，融會貫通，無復餘蘊。迄宋南渡，新安朱熹得程氏正傳，
其學加親切焉。大抵以格物致知為先，明善誠身為要，凡《詩》、
《書》、六藝之文，與夫孔、孟之遺言，顛錯於秦火，支離於漢儒，
幽沉於魏晉六朝者，至是皆煥然而大明，秩然而各得其所。此宋儒之
學所以度越諸子，而上接孟氏者歟！其於世代之汙隆，氣化之榮悴，
有所關係也甚大。道學盛於宋，宋弗究於用，甚至有屬禁焉。後之時
君世主，欲復天德王道之治，必來此取法矣。」

寧宗嘉泰元年　辛酉（1201年）

○十一月三日，費士寅、陳宗召等奏請經筵講讀《論語》、《孟子》
等

【出處】《宋會要輯稿・崇儒七》：「十一月三日，朝請大夫、試尚書
禮部侍郎、兼權禮部尚書、兼給事中、兼實錄院同修撰、兼侍讀費士
寅，中奉大夫、試尚書禮部侍郎、兼直學士院、兼實錄院同修撰、兼
侍讀陳宗召，新授中大夫、試尚書兵部侍郎、兼侍講趙介，太中大
夫、中書舍人、兼侍講萬鐘，朝請大夫、行殿中侍御史、兼侍講林
采，朝散大夫、行右正言、兼侍講施康年剳子奏：『臣等恭惟皇朝家
法，以親近儒臣、講論經義、商較古今為求治之本。列聖相承，所守
一道，典學之勤，蓋漢唐賢君所莫能及。然考之故實，皆二日一開經

筵，率用雙日，一讀一講，惟仁宗皇帝自乾興後只日亦或講說，而亦
未以為常也。皇帝陛下至誠天縱，好學不倦，自登寶位，雙日、只日
咸御經筵，兩讀兩講，《寶訓》、《通鑒》、《詩》、《書》、《禮記》、
《春秋》、《語》、《孟》分日更進，率以為常。每當講讀，凝神審聽。
諸儒之說，間有理到詞達，足以發明微旨、默契聖心者，必首肯意
受，喜見天顏。或誦說之多，至漏移十數刻亦未嘗有倦色。蓋自昔帝
王好學之誠篤不厭，未有如今日之盛者也。《孟子》一書，自紹熙五
年八月十七日詔續潛邸所講之章，至今年十一月三日講徹。臣等竊惟
《孟子》之道，大抵先義後利，教民孝悌力田，使之不饑不寒，為王
道之本，此二帝三王所以君天下者。而當時之君，乃以其說為迂闊，
又以距楊、墨，放淫辭，使邪說者不得作，以著孔子之道為己任，此
禹、周公、孔子三聖人所以善天下者，而當時之人乃以其說為好辨，
則其不遇亦已甚矣。今陛下於千載之後，乃好其道，講明其書，舉
其言而措之天下。崇儉約，省徭役，捐帑廩以厚民力；辟邪說，距詖
行，放淫辭以正人心。一政一事，無非取諸其書。然則《孟子》之言
雖不用於戰國之君，而見用於陛下；《孟子》之道雖不行於當時，而
實行於今日也。臣等陋學謏聞，充員講讀，式際休嘉，不勝慶幸。欲
望聖慈宣付史館。』詔從之。」

【考釋】此處奏請，經筵進講雖有《論語》、《孟子》，然仍在《五經》
之後。

寧宗嘉泰二年　壬戌（1202年）

○二月甲申，弛偽學黨禁

【出處】（明）陳邦瞻《宋史紀事本末》卷八十〈道學崇黜〉：「嘉泰
二年二月，弛偽學黨禁。時，韓侂冑已厭前事，張孝伯謂之曰：『不

弛黨禁，恐後不免報復之禍。』侂胄然之，故有此令。」又，（日）今關壽麐《宋元明清儒學年表》：「偽學偽黨之禁稍弛，追復朱熹煥章閣待制致仕。」

【考釋】（清）徐乾學《資治通鑑後編》以為事在「二月甲申」。又，《御批歷代通鑑輯覽》卷八十九「二月弛偽學黨禁復諸貶謫者官」條云：「偽學之禍，雖本於韓侂胄欲去異已以快所私，然實京鏜創謀，而何澹、劉德秀、胡紘成之。及鏜死，三人亦罷，侂胄厭前事之乖戾，欲稍更改，以消中外之議。會張孝伯謂侂胄曰：『不弛黨禁，恐後不免報復之禍。』籍田令陳景思（故相康伯之孫），侂胄之姻也，亦謂侂胄『勿為已甚』。侂胄然之。於是趙汝愚追復資政殿學士，黨人見在者，咸先後復官自便。時朱熹沒已逾年，周必大、留正各已貶秩致仕。詔熹以待制致仕，必大復少傅，正復少保。」

寧宗開禧元年　乙丑（1205年）

○是年後，景獻太子命戴溪講《中庸》、《大學》

【出處】《宋史・戴溪傳》：「開禧時，師潰於符離，溪因奏沿邊忠義人、湖南北鹽商皆當區畫，以銷後患。會和議成，知樞密院事張岩督師京口，除授參議軍事。數月，召為資善堂說書。由禮部郎中凡六轉為太子詹事兼秘書監。景獻太子命溪講《中庸》、《大學》，溪辭以講讀非詹事職，懼侵官。太子曰：『講退便服說書，非公禮，毋嫌也。』復命類《易》、《詩》、《書》、《春秋》、《論語》、《孟子》、《資治通鑑》，各為說以進。權工部尚書，除華文閣學士。嘉定八年，以宣奉大夫、龍圖閣學士致仕。」

【考釋】由《宋史》本傳可知，景獻太子命戴溪講《中庸》、《大學》，以及復命類《論語》、《孟子》等各為說以進，當在「開禧元年

（1205）」之後、「嘉定八年（1215）」之前。清《御定淵鑒類函》卷九十八〈太子詹事三〉「講讀非詹事職」條下注云：「《宋史》：戴溪字肖望，紹熙時由資善堂說書轉為太子詹事，景獻太子命溪講《中庸》、《大學》，溪辭以講讀非詹事職，懼侵官。太子曰：『講退便服說書，非公禮，毋嫌也。』」以溪「紹熙時由資善堂說書轉為太子詹事」，與〈戴溪傳〉「開禧時……數月，召為資善堂說書。由禮部郎中凡六轉為太子詹事兼秘書監」之說不合。按〈戴溪傳〉載溪開禧之前行歷云：「淳熙五年，為別頭省試第一，監潭州南嶽廟。紹熙初，主管吏部架閣文字，除太學錄兼實錄院檢討官。正錄兼史職自溪始。升博士，奏兩淮當立農官，若漢稻田使者，括閑田，論民主出財，客出力，主客均利，以為救農之策，除慶元府通判，未行，改宗正簿，累官兵部郎官。」可知《御定淵鑒類函》之說不確。

寧宗嘉定四年　辛未（1211年）

○十二月，李道傳請除學禁，取朱熹《四書》頒之太學

【出處】《宋史·李道傳傳》：「嘉定初，召為太學博士，遷太常博士兼沂王府小學教授……遷秘書郎、著作佐郎，見帝首言：『憂危之言不聞於朝廷，非治世之象。今民力未裕，民心未固，財用未阜，儲蓄未豐，邊備未修，將帥未擇，風俗未能知義而不偷，人才未能匯進而不乏。而八者之中，復以人才為要。至於人才盛衰，繫學術之明晦，今學禁雖除，而未嘗明示天下以除之之意。願下明詔，崇尚正學，取朱熹《論語孟子集注》、《中庸大學章句》、《或問》四書，頒之太學，仍請以周惇頤、邵雍、程顥、程頤、張載五人從祀孔子廟。』時執政有不樂道學者，以語侵道傳，道傳不為動。兼權考功郎官，遷著作郎。」

又（明）陳邦瞻《宋史紀事本末》卷八十〈道學崇黜〉：「嘉定四年十二月，著作郎李道傳上奏，言：『孔、孟既沒，正學不明，漢、唐非無儒者，然於聖門大學之道，或語之而未近，或近之而未真，理未能盡窮，義未能盡精，施之於事，未能盡得其當。故千數百年之間，雖有隨時以就功名之臣，不過極其天資力分之所止而已。治不如古，職此之由。至於本朝，河洛之間大儒並出，於是孔、孟之學復明於世，用雖未究，功則已多。近世儒者又得其說而推明之，擇益精，語益詳。凡學者修己接物、事君臨民之道，本末精粗，殆無餘蘊。誠使此學益行，則人才眾多，朝廷正而天下治矣。往者權臣顧以此學為禁，十數年間，士氣日衰，士論日卑，士風日壞，識者憂之。今其禁雖除，而獨未嘗明示天下以除之之說，臣竊謂當世先務，莫要於此。今有人焉，入則順於親，　則信於友，上則不欺其君，下則不欺其民，義不可進不肯苟進以易其終身之操，義不可生不忍苟生以害其本心之德。誠得此等人布滿中外，平居可任，緩急可恃，豈非陛下所願哉！如此等人，豈皆天資？知而行之，非學不可。然則學術成人才，非今日最要之務乎？臣願陛下特出明詔，崇尚此學，指言前日所禁之誤，使天下曉然知聖意所在，君臣上下同此一心，感應之機捷於影響。此詔一下，必有振厲激昂以副陛下作成之意者。臣聞學莫急於致知，致知莫大於讀書，書之當讀者莫出於聖人之經，經之當先者莫要於《大學》、《論語》、《孟子》、《中庸》之篇。故侍講朱熹有《論語孟子集注》、《大學中庸章句》、《或問》，學者傳之，所謂擇之精而語之詳者，於是乎在。臣願陛下詔有司取是四書，頒之太學，使諸生以次誦習，俟其通貫浹洽，然後次第以及諸經，務求所以教育天下人才，為國家用。臣聞紹興中，從臣胡安國嘗欲有請於朝，乞以邵雍、程顥、程頤、張載四人，春秋從祀孔子之廟。淳熙中，學官魏掞之亦言宜罷王安石父子勿祀，而祀顥、頤兄弟。厥後雖詔罷安石之子

雺，而他未及行。儒者相與論說，謂宜推而上之，以及二程之師周敦
頤。臣願陛下詔有司考安國、掞之所嘗言者，議而行之，上以彰聖朝
崇儒正學之意，下以示學者所宗，其所益甚大，其所關甚重，非特以
補祀典之缺而已。陛下不以臣言為迂，誠能下除禁之詔，頒四者之
書，定諸儒之祀，三事既行，人心興起，當見天下之才日盛一日，天
下之治歲加一歲。其或不然，臣請伏妄言之罪。」會西府中有不喜道
學者，未及施行。」

【考釋】（日）今關壽麿《宋元明清儒學年表》將此事繫於「嘉定四
年辛未」，立目「李道傳請下除學禁，詔頒朱熹《四書》，周、邵、
程、張從祀孔廟」。李道傳（1170～1271），字貫之，隆州井研（今
屬四川）人。少莊重，稍長讀河南程氏書，玩索義理，至忘寢食，用
功慎獨。擢慶元二年進士第。後自蜀來東南，雖不及登朱熹之門，而
訪求所嘗從學者與講習，盡得遺書讀之，篤於踐履，氣節卓然。於經
史未有論著，曰：「學未至，不敢。」於詩文未嘗苟作，曰：「學未
至，不暇。」居官以惠利為本，振荒遺愛江東，人久而思焉。

寧宗嘉定五年　壬申（1212年）

○劉爚請以朱熹《四書章句集注》以備勸講，並請刊行之

【出處】《宋史・劉爚傳》：「……遷國子司業，言於丞相史彌遠，請
以熹所著《論語》、《中庸》、《大學》、《孟子》之說以備勸講，正君
定國，慰天下學士大夫之心。奏言：『宋興，六經微旨、孔孟遺言，
發明於千載之後，以事父則孝，以事君則忠，而世之所謂道學也。慶
元以來，權佞當國，惡人議己，指道為偽，屏其人，禁其書，學者無
所依鄉，義利不明，趨向汙下，人欲橫流，廉恥日喪。追惟前日禁絕
道學之事，不得不任其咎。望其既仕之後，職業修，名節立，不可得

也。乞罷偽學之詔，息邪說，正人心，宗社之福。』又請以熹《白鹿洞規》頒示太學，取熹《四書集注》刊行之。

【考釋】（日）今關壽麿《宋元明清儒學年表》將此事繫於「嘉定五年壬申」，立目「劉爚請以朱熹《語》《孟集說》列學官，從之」。劉爚（1144～1216），字晦伯，學者稱「云莊先生」，福建建陽人。乾道八年舉進士。曾從朱熹、呂祖謙問學，宣揚師說，不遺餘力。所著有《經筵故事》、《易經說》、《禮記解》、《四書集成》等。《宋史・李孟傳傳》論曰：「古之君子，出處不齊，同歸於是而已。……劉爚表章朱熹《四書》以備勸講，衛道之功莫大焉。」

理宗寶慶元年　乙酉（1225年）

○是年後，王柏與汪開之共著《論語通旨》，並標注點校《四書》

【出處】《宋史・王柏傳》：柏少慕諸葛亮為人，自號長嘯。年逾三十，始知家學之原，捐去俗學，勇於求道。與其友汪開之著《論語通旨》，至『居處恭，執事敬』，惕然歎曰：『長嘯非聖門持敬之道。』亟更以魯齋。從熹門人遊，或語以何基嘗從黃榦得熹之傳，即往從之，授以立志居敬之旨，且作《魯齋箴》勉之。質實堅苦，有疑必從基質之。於《論語》、《大學》、《中庸》、《孟子》、《通鑒綱目》標注點校，尤為精密。作《敬齋箴圖》。夙興見廟，治家嚴飭。當暑閉閣靜坐，子弟白事，非衣冠不見也。」

【考釋】據《宋元學案》卷八十二〈北山四先生學案〉，王柏「咸淳十年卒，年七十有八」。度宗咸淳十年為公元1274年（甲戌），由此推知柏三十歲為寶慶元年（1225）。「年逾三十」當在此年之後。關於著書緣由，（元）吳師道《禮部集》卷二十〈節錄何王二先生行實寄史局諸公〉載之更詳：「先生少慕諸葛亮，自號長嘯。年逾三十，

始知家學之原，與其友汪開之同讀《四書》，取《論孟集義》，別以
鉛黃朱墨，求朱子去取之意。以勉齋黃公《通釋》尚缺答語，約《語
錄》精要足之，名曰《通旨》。一日，讀『居處恭，執事敬』章，惕
然曰：『長嘯非持敬之道。』亟更以魯齋。」

理宗寶慶三年　丁亥（1227年）

○春正月己巳，下詔稱朱注《四書》有補治道，特贈熹太師，封信國
公

【出處】《宋史・理宗本紀一》：「三年春正月……己巳，詔：『朕觀朱
熹集注《大學》、《論語》、《孟子》、《中庸》，發揮聖賢蘊奧，有補
治道。朕勵志講學，緬懷典刑，可特贈熹太師，追封信國公。』」

【考釋】（明）陳邦瞻《宋史紀事本末》卷八十〈道學崇黜〉、（清）
徐乾學《資治通鑑後編》卷一三七所載略同。（日）今關壽麿《宋元
明清儒學年表》於是年下云：「贈朱熹於太師、信國公，從祀孔廟。」

○三月，上稱朱熹〈中庸序〉言人主學問之要甚詳

【出處】《宋史・理宗本紀一》：「三月……工部侍郎朱在進對，奏人
主學問之要，上曰：『先卿〈中庸序〉言之甚詳，朕讀之不釋手，恨
不與同時。』」

【考釋】朱在，朱熹之子，《宋史・朱熹傳》載：「熹子在，紹定中為
吏部侍郎。」

理宗端平元年　甲午（1234年）

○冬十月己卯，真德秀進《大學衍義》

【出處】《宋史・理宗本紀一》：「冬十月己卯，真德秀進《大學衍義》。」又，《宋史・真德秀傳》：「……召為戶部尚書，入見，上迎，謂曰：『卿去國十年，每切思賢。』乃以《大學衍義》進，復陳祈天永命之說，上欣然嘉納。」

【考釋】關於《大學衍義》之投進過程，九月十五日尚書省《大學衍義箚子》云：「中奉大夫新除權戶部尚書真德秀箚子奏：『臣聞聖人之道有體有用，本之一身者，體也；達之天下者，用也。堯、舜、三王為之治，「六經」、《語》、《孟》為之教，不出乎此。而《大學》一書緣體而用，本末先後，尤明且備，故先儒謂於今可見古人為學次第者，獨賴此篇之存，而《論》、《孟》次之。蓋其所謂格物、致知、誠意、正心、修身者，體也；其所謂齊家、治國、平天下者，用也。人主之學，必以此為據依，然後體用之全，可以默識矣。恭惟陛下有高宗之遜志時敏，有成王之緝熙光明。即位以來，無一日不親近儒生，無一日不講劘道義。自昔好學之君，未有加焉者也。臣昨值龍飛之初，獲陪講讀之末，嘗欲因《大學》之條目附之以經史，纂集為書，以備清燕之覽。匆匆去國，志弗之遂。而臣區區愛君憂國之念，雖在畎畝，未嘗少忘。居閑無事，則取前所為而未遂者，朝夕編摩，名之曰《大學衍義》。首之以帝王為治之序者，見堯、舜、禹、湯、文、武之為學，亦莫不自心身始也。次之以帝王為學之本者，見堯、舜、禹、湯、文、武之為學，亦莫不自心身始也。此所謂綱也。首之以明道術、辨人材、審治體、察民情者，格物致知之要也。次之以崇敬畏、戒逸欲者，誠意正心之要也。又次之以謹言行、正威儀者，修身之要也。又次之以重妃匹、嚴內治、定國本、教戚屬者，齊家之

要也。此所謂目也。而目之中有細目焉，每條之中，首之以聖賢之典
訓，次之以古今之事跡。諸儒之釋經論史有所發明者錄之，臣愚一得
之見亦竊附焉。雖其銓次無法，論議無取，然人君所當知之理、所當
為之事，粗見於此。陛下親政之始，而臣書適成，為卷四十有三，為
帙二十有二。輒因召對，冒昧以聞。伏望聖慈察臣一念愛君之篤，矜
臣十年用功之勤，特降睿旨，許臣投進。而陛下於機政之暇、講讀之
餘，賜以覽觀，其於體用之學，不無秋毫之補。取進止。」九月十四
日，三省同奉聖旨疾速投進。右劄送新除權戶部真尚書，端平元年九
月十五日。」

又，中書門下省時政房《申狀》云：「翰林學士中奉大夫知制誥
兼侍讀臣真德秀照對：『九月十三日，蒙恩內引奏事，乞將所撰《大
學衍義》一書投進，面奉玉音賜允，繼準省劄備奉聖旨，疾速投進。
遂於十月初二日，具表於通政司進入。次日，後殿聚講，恭被聖諭：
「卿所進《大學衍義》一書有補治道，朕朝夕觀覽。」德秀下殿，拜
謝而退。又於今月十四日，輪當進讀《大學章句》，既畢，忽蒙聖
訓：「卿所進《衍義》之書，便合就今日進讀。」德秀私謂：前所進
本已納禁中，必須令講筵所別寫，然後可以進讀，遂以「未辦」為
對。聖訓云：「已在此矣。」即見內侍捧元進第一第二帙在前，德秀
奏云：「臣所纂輯之書，出於愚陋之見，豈足以上裨聖學？兼臣初志
正欲備燕閑之暇，今乃誤蒙睿慮，令其進讀，臣不勝感懼之至！」再
拜祗謝訖，因將《衍義》序文進讀。畢，奏云：「臣之此〈序〉成於
紹定二年，所謂俟時而獻者，蓋待陛下親政而後獻也。若權臣尚在，
陛下未親大政，臣雖欲進獻，何由徹乙夜之覽？乃今何幸獲被進讀？
蒙天顏欣然嘉納，須至申聞者。右謹具申中書門下省時政記房、中書
門下後省樞密院掌聖語時政記房，伏乞照會，謹狀。端平元年十月
日。」

　　又，〈翰林院學士中奉大夫知制誥兼侍讀臣真德秀狀〉：「臣德秀前以禮部侍郎兼侍讀，是時權臣方以蒙蔽欺陛下，其徒相為表裏，更有肆奸言於經幄者。臣竊憤焉，因欲為是書以獻。未幾，御史擊臣以去，退屏田園，一意纂輯。粵九載，其書粗成，適陛下躬親大政，又以民曹召臣，臣竊自幸曰：『《衍義》之書可以獻矣。』乃九月己酉賜對於緝熙殿，臣請以是書進。玉音俞之，臣退而讎訂，逾旬有半乃畢。仰惟陛下稽古好學，真出百家之表。臣之此書，雖未足上裨聰明萬一，然聖賢理義之訓、古今成敗之跡，大略具是。惟萬幾之暇，特賜覽觀，推而見之於行事之實，其於聖治，或庶幾少補云。臣德秀頓首拜手謹言。」

理宗淳祐元年　辛丑（1241年）

○春正月甲辰，詔以朱熹《四書》本末洞徹，令學官以周、張、程、朱五臣列諸從祀

【出處】《宋史‧理宗本紀二》：「淳祐元年春正月……甲辰，詔：『朕惟孔子之道，自孟軻後不得其傳，至我朝周惇頤、張載、程顥、程頤，真見實踐，深探聖域，千載絕學，始有指歸。中興以來，又得朱熹精思明辨，表裏混融，使《大學》、《論》、《孟》、《中庸》之書，本末洞徹。孔子之道，益以大明於世。朕每觀五臣論著，啟沃良多，今視學有日，其令學官列諸從祀，以示崇獎之意。』尋以王安石謂『天命不足畏，祖宗不足法，人言不足恤』，為萬世罪人，豈宜從祀孔子廟庭？黜之。丙午，封周惇頤為汝南伯，張載郿伯，程顥河南伯，程頤伊陽伯。」

【考釋】（明）陳邦瞻《宋史紀事本末》卷八十〈道學崇黜〉、（清）徐乾學《資治通鑑後編》卷一四二所載略同。

○春正月戊申，上幸太學，命祭酒曹豳講《大學》

【出處】《宋史・理宗本紀二》：「淳祐元年春正月……戊申，幸太學，謁孔子。遂御崇化堂，命祭酒曹豳講《禮記・大學篇》。監學官各進一秩，諸生推恩錫帛有差。制《道統十三贊》，就賜國子監宣示諸生。」

【考釋】《玉海》卷一一三〈淳祐視太學〉云：「淳祐元年正月戊申十日，臨視太學，祭酒曹豳講《大學》。吏部侍郎杜范執經，御制《聖賢十三贊》，宣示諸生。釐正從祀，隮五賢，黜安石。詔有明義理、修文行、涵養忠厚、砥礪廉隅之訓。」（日）今關壽麿《宋元明清儒學年表》以是年「理宗幸太學，以御制《道統十三贊》賜國子監」。

理宗淳祐十一年　辛亥（1251年）

○真德秀乞進讀《四書章句集注》，從之

【出處】（明）王圻《續文獻通考》：「理宗淳祐十一年，翰林學士知制誥兼侍讀真德秀乞讀文公朱熹《大學中庸章句》、《論語孟子集注》，從之。」

【考釋】《宋史全文》卷三十二以為事在「十月」，云：「十月丁卯，翰林學士知制誥兼侍讀真德秀奏乞進讀文公朱熹《大學章句》、《或問》，從之。」則乞進讀之書，無《論語孟子集注》，與王圻之說略異。

理宗淳祐□年

○御制《中庸大學贊》

【出處】《玉海》卷三十九〈端平大學衍義〉：「淳祐中，御制《中庸

大學贊》。」

【考釋】淳祐中，具體年份無考。

理宗景定五年　甲子（1264年）

○十二月甲辰，馬廷鸞進讀《大學衍義》

【出處】《宋史‧度宗本紀》：「十二月……甲辰……初開經筵，講殿以『熙明』為名。禮部尚書馬廷鸞進讀〈大學衍義序〉，陳心法之要。」

【考釋】《古今圖書集成‧經籍典‧大學部彙考一》以為在「十一月甲辰」，誤。馬廷鸞（1222～1298），字翔仲，饒州樂平人。甘貧力學，淳祐七年舉進士第，調池州教授。咸淳五年，從參知政事進為右丞相。罷相歸，又十七年卒。所著有《六經集傳》、《語孟會編》、《楚辭補記》等。

度宗咸淳三年　丁卯（1267年）

○春正月戊申，陳宗禮、陳宜中進讀《中庸》

【出處】《宋史‧度宗本紀》：「三年春正月……戊申，帝詣太學謁孔子，行舍菜禮，以顏淵、曾參、孔伋、孟軻配享，顓孫師升十哲，邵雍、司馬光升列從祀，雍封新安伯。禮部尚書陳宗禮、國子祭酒陳宜中進讀《中庸》。己酉，執經官宗禮、講經官宜中各進一秩，宜中賜紫章服。」

【考釋】（清）秦蕙田《五禮通考》卷一一八、《續通典》卷五三、（日）今關壽麿《宋元明清儒學年表》等所載日期同。又，《宋史‧禮志十七‧嘉禮五‧視學》稱「雷宜中」，而非「陳宜中」，云：「咸

淳三年正月戊辰，度宗幸太學祗謁，禮部尚書陳宗禮執經，國子祭酒雷宜中講《中庸》，餘並如儀。」《續文獻通考》卷四十九亦然。

度宗咸淳九年　癸酉（1273年）

○劉才之序真德秀《四書集編》

【出處】（宋）劉才之〈四書集編原序〉：「朱子《四書》，郡庠舊所刊也，自壬子水蕩之後，遂為闕里一大欠事。近得西山所編《中庸》、《大學》，本之朱子《集注》，附以諸儒問辯，間又斷之以己意，薈萃詳，采擇精，誠後學所願見者。已鋟之梓，為衍其傳。惟《論》、《孟》二書闕焉，扣之庭聞，則云已經點校，但未編集，是《論》、《孟》固未嘗無成書也。一旦論諸堂上，學正劉樸谿承謂《讀書記》中所載《論》、《孟》處，與今所刊《中庸》、《大學》凡例同，其他如《文集》、《衍義》等書亦有可采摭者。因勉其匯集成書，凡五閱月而帙就，又五閱月而刊畢。至是，西山所編之《四書》為大全，不惟有以成西山點校之初志，抑使天下學者得是書而讀之，皆曰自吾建學始庶知沿流而溯源，夫豈小補云乎哉！咸寧九年至日，後學迪功郎建冷掾劉才之謹序。」

【考釋】《四書集編》二十六卷，《四庫全書總目》卷三十五〈四書類一〉所撰提要云：「宋真德秀撰。德秀字希元，浦城人。慶元五年進士，中詞科。紹定中拜參知政事，進資政殿直學士，提舉萬壽觀。卒諡文忠。事跡具《宋史·儒林傳》。此書惟《大學》一卷、《中庸》一卷為德秀所手定。〈大學章句序〉後有題記一行，稱『寶慶三年八月丁卯，後學真德秀編於學易齋』者，其成書年月也。其子志道〈序〉，亦惟稱《大學》、《中庸》，而云《論語孟子集注》雖已點校，《集編》則未成。咸淳九年（案原本作「咸寧九年」。宋無此年

號，今改正）劉才之〈序〉始稱『西山所編《中庸》、《大學》，惟《論》、《孟》二書闕焉。扣之庭聞，則云已經點校，但未編輯。是《論》、《孟》固未嘗無成書。一旦論諸堂上，學正劉樸谿承謂《讀書記》中所載《論》、《孟》處，與今所刊《中庸》、《大學》凡例同。其他如《文集》、《衍義》等書，亦有可采摭者。因勉其匯集成書，凡五閱月而帙就，又五閱月而刊成』云云，是《論語》十卷、《孟子》十四卷，皆劉承以德秀遺書補輯成之者也。朱子以《大學》、《中庸》、《論語》、《孟子》合為《四書》，其《章句》多出新意，其《集注》雖參取舊文，而亦多與先儒異。其所以去取之意，散見《或問》、《語類》、《文集》中，不能一一載也。而《或問》、《語類》、《文集》又多一時未定之說與門人記錄失真之處，故先後異同，重複顛舛，讀者往往病焉。是編博采朱子之說以相發明，復間附己見以折衷訛異。志道〈序〉述德秀之言，自稱有銓擇刊潤之功，殆非虛語。趙順孫《四書纂疏》備列德秀所著諸書，而不載其目。蓋至宋末始刊，其出最晚，順孫未之見也。自是以後，踵而作者汗牛充棟，然其學皆不及德秀，故其書亦終不及焉。」

度宗咸淳十年　甲戌（1274年）

○經筵官進讀《大學衍義》等

【出處】《玉海》卷二〇三：「經筵官為進讀《大學衍義》、《資治通鑒綱目》終篇，謝賜笏帶、鞍馬、香茶，並賜秘書省御筵（甲戌）」

【考釋】《古今圖書集成·經籍典·大學部彙考一》所載略同。

卷二
金代四書學編年

熙宗皇統元年　辛酉（1141年）

○二月戊子，上親祭孔子廟，自是讀《論語》

【出處】《金史·熙宗本紀》：「二月……戊子，上親祭孔子廟，北面再拜。退謂侍臣曰：『朕幼年遊俠，不知志學，歲月逾邁，深以為悔。孔子雖無位，其道可尊，使萬世景仰。大凡為善，不可不勉。』自是頗讀《尚書》、《論語》及《五代》、《遼史》諸書，或以夜繼焉。」

【考釋】《金史·孔璠傳》以為熙宗親祭孔子廟時間在「皇統元年三月戊午」，《古今圖書集成·經籍典·論語部彙考一》則以為在「二月戊午」，均與《熙宗本紀》有出入。又，《金史·孔璠傳》載：「天眷三年，詔求孔子後，加璠承奉郎，襲封衍聖公，奉祀事。是時，熙宗頗讀《論語》、《尚書》、《春秋左氏傳》及諸史、《通曆》、《唐律》，乙夜乃罷。」天眷三年為公元1140年，則熙宗始讀《論語》早於皇統元年（1141）一年。

海陵王天德三年　辛未（1151年）

○正月甲午，初置國子監

【文獻】《金史·海陵紀》：「正月……甲午，初置國子監。」（元）陳

樫《通鑑續編》卷十七：「（宋高宗紹興）二十一年（金天德三年）春正月，金初置國子監。」（清）徐乾學《資治通鑑後編》卷一一七所載略同。

【考釋】《金史·選舉志一·序》云：「凡養士之地曰國子監，始置於天德三年，後定制，詞賦、經義生百人，小學生百人，以宗室及外戚皇后大功以上親、諸功臣及三品以上官兒弟子孫年十五以上者入學，不及十五者入小學。」

○國子監印定經史著作，授諸學校，《論語》用何晏集注、邢昺疏，《孟子》用趙岐注、孫奭疏

【文獻】《金史·選舉志一·序》：「凡經，《易》則用王弼、韓康伯注，《書》用孔安國注，《詩》用毛萇注、鄭玄箋，《春秋左氏傳》用杜預注，《禮記》用孔穎達疏，《周禮》用鄭玄注、賈公彥疏，《論語》用何晏集注、邢昺疏，《孟子》用趙岐注、孫奭疏，《孝經》用唐玄宗注。《史記》用裴駰注，《前漢書》用顏師古注，《後漢書》用李賢注，《三國志》用裴松之注，及唐太宗《晉書》、沈約《宋書》、蕭子顯《齊書》、姚思廉《梁書》《陳書》、魏收《後魏書》、李百藥《北齊書》、令狐德棻《周書》、魏徵《隋書》、新舊《唐書》、新舊《五代史》，《老子》用唐玄宗注疏，《荀子》用楊倞注，《揚子》用李軌、宋咸、柳宗元、吳秘注，皆自國子監印之，授諸學校。」

【考釋】（清）金門詔《補三史藝文志·經部》云：「王弼、韓康伯《易經注》，天德三年，國子監印定……孔安國《尚書傳注》，天德三年，國子監印定……《毛鄭詩經》一部，天德三年國子監印定，毛萇注、鄭玄箋……杜預《左傳注》，天德三年，國子監印定……孔穎達《禮記疏》，鄭、賈《周禮注疏》，天德三年，國子監印定。《周禮》用鄭玄注、賈公彥疏……唐玄宗《孝經注》，天德三年，國子監印

定。」龔顯曾《金藝文志補錄》亦有著錄。二書皆未明言《論語》、《孟子》注疏刊印時間，姑繫於此。

世宗大定十四年　甲午（1174年）

○國子監以孟子功扶聖教，宜列孟子像於宣聖右

【出處】《金史・禮志八・宣聖廟》：「大定十四年，國子監言：『歲春秋仲月上丁日，釋奠於文宣王……兼兗國公親承聖教者也，鄒國公力扶聖教者也，當於宣聖像左右列之。今孟子以燕服在後堂，宣聖像側還虛一位，禮宜遷孟子像於宣聖右，與顏子相對，改塑冠冕，妝飾法服，一遵舊制。』」

【考釋】（日）今關壽麿《宋元明清儒學年表》於是年云：「金國子監請春秋仲月上丁釋奠文宣王，且定配享等禮制。」

世宗大定十五年　乙未（1175年）

○詔譯諸經，成《四書譯解》、《五經譯解》

【出處】《金史・徒單鎰傳》：「十五年，詔譯諸經，著作佐郎溫迪罕締達、編修官宗璧、尚書省譯史阿魯、吏部令史楊克忠譯解，翰林修撰移剌傑、應奉翰林文字移剌履講究其義。鎰自中都路教授選為國子助教。左丞相紇石烈良弼嘗到學中與鎰談論，深加禮敬。」

【考釋】（清）金門詔《補三史藝文志》著錄《四書譯解》一書，注曰：「溫迪罕締達、宗璧、阿魯、張克忠等譯，一作楊克忠。」又著錄《五經譯解》一書，注曰：「大定年詔溫迪罕締達、宗璧、阿魯、楊克忠譯解，移剌傑、移剌履講究其義。」龔顯曾《金藝文志初錄》亦著錄此二書，均以為此次譯經所成即《四書譯解》、《五經譯解》。

　　又，以女直文字譯諸經，很大程度上推進了金朝儒學化的進程，這從九住與完顏匡的一段對話可見一斑，《金史・完顏匡傳》載：「……寢殿小底駝滿九住問（完顏）匡曰：『伯夷、叔齊何如人？』匡曰：『孔子稱夷、齊求仁得仁。』九住曰：『汝輩學古，惟前言是信。夷、齊輕去其親，不食周粟餓死首陽山，仁者固如是乎？』匡曰：『不然，古之賢者行其義也，行其道也。伯夷思成其父之志以去其國，叔齊不苟從父之志亦去其國。武王伐紂，夷、齊叩馬而諫。紂死，殷為周，夷、齊不食周粟遂餓而死。正君臣之分，為天下後世慮至遠也，非仁人而能若是乎？』是時，世宗如春水，顯宗從，二人者馬上相語遂後。顯宗遲九住至，問曰：『何以後也？』九住以對，顯宗歎曰：『不以女直文字譯經史，何以知此？主上立女直科舉，教以經史，乃能得其淵奧如此哉！』稱善者良久，謂九住曰：『《論語》「知之為知之，不知為不知，是知也」，汝不知不達，務辯口以難人。由是觀之，人之學、不學，豈不相遠哉！」』

世宗大定二十三年　癸卯（1183年）

○九月己巳，譯經所進所譯《論語》、《孟子》、《五經》、諸子等書

【出處】《金史・世宗紀下》：「九月己巳……譯經所進所譯《易》、《書》、《論語》、《孟子》、《老子》、《揚子》、《文中子》、《劉子》及《新唐書》。上謂宰臣曰：『朕所以令譯《五經》者，正欲女直人知仁義道德所在耳。』命頒行之。」

【考釋】（日）今關壽麿《宋元明清儒學年表》所云「金世宗以女真文字譯《論語》等書」，即指此事。又（清）錢大昕《補元史藝文志・經部・譯語類》著錄：「《金國語易經》、《國語書經》、《國語孝經》、《國語論語》、《國語孟子》、《國語老子》、《揚子》、《文中

子》、《劉子》、《國語》《新唐書》，以上皆大定中譯。」

世宗大定二十九年　己酉（1189年）

○六月己丑朔，律科舉人須通治《論語》、《孟子》

【出處】《金史・章宗紀一》：「六月己丑朔，有司言：『律科舉人止知讀律，不知教化之原，必使通治《論語》、《孟子》，涵養器度。遇府、會試，委經義試官出題別試，與本科通定去留為宜。』從之。」

【考釋】《金史・選舉志一・律科》：「律科進士，又稱為諸科，其法以律令內出題，府試十五題，每五人取一人。大定二十二年定制，會試每場十五題，三場共通三十六條以上，文理優、擬斷當、用字切者，為中選。臨時約取之，初無定數。其制始見於海陵庶人正隆元年，至章宗大定二十九年，有司言：『律科止知讀律，不知教化之源，可使通治《論語》、《孟子》以涵養其氣度。』遂令自今舉後，復於《論語》、《孟子》內試小義一道，府會試別作一日引試，命經義試官出題，與本科通考定之。」

○復置經童科，誦《論語》諸子之書

【出處】《金史・選舉志一・經童科》：「章宗大定二十九年，上謂宰臣曰：『經童豈遽無人，其議復置。』」又：「經童之制，凡士庶子年十三以下，能誦二大經、三小經，又誦《論語》諸子及五千字以上，府試十五題通十三以上，會試每場十五題，三場共通四十一以上，為中選。所貴在幼而誦多者，若年同，則以誦大經多者為最。」

【考釋】據《金史・選舉志》，金代經童之科，經歷了一個初設、廢置、復置的過程。《金史・選舉志一・經童科》云：「初，天會八年時，太宗以東平童子劉天驥，七歲能誦《詩》、《書》、《易》、

《禮》、《春秋左氏傳》及《論語》、《孟子》，上命教養之，然未有選舉之制也。熙宗即位之二年，詔辟貢舉，始備其列，取至百二十二人。天德間，廢之。」故《金史·章宗紀一》云大定二十九年秋七月辛巳，「詔京、府、節鎮、防御州設學養士。初設經童科」，「初設」之說誤。

章宗明昌元年　庚戌（1190年）

○正月，詔定群經出題之制，從《論語》、《孟子》等中出題

【出處】《金史·選舉志一·進士諸科》：「章宗明昌元年正月，言事者謂『舉人四試而鄉試似為虛設，固當罷去。其府會試乞十人取一人，可以群經出題，而注示本傳』。上是其言，詔免鄉試，府試以五人取一人，仍令有司議外路添考試院，及群經出題之制。有司言：『會試所取之數，舊止五百人，比以世宗敕中格者取，乞依此制行之。府試舊六處，中有地遠者，命特添三處，上京、咸平府路則試於遼陽，河東南北路則試於平陽，山東東路則試於益都。以「六經」、「十七史」、《孝經》、《論語》、《孟子》及《荀》、《揚》、《老子》內出題，皆命於題下注其本傳。』又諭有司曰：『舉人程文所用故事，恐考試官或遽不能憶，誤失人材，可自注出處。注字之誤，不在塗注乙之數。』」

【考釋】（清）秦蕙田《五禮通考》卷一七五〈學禮〉云：「蕙田案：金初進士舉人皆四試：試於州縣曰鄉試，試於京府曰府試，試於禮部曰會試，試於殿廷曰御試。所謂府試，即今之鄉試是也。唐宋以試禮部為省試，至是始有會試之名。及明昌初，罷鄉試之法，惟有府試、省試、御試。元明以來皆因之。」

章宗承安二年　丁巳（1197年）

○王若虛擢經義進士，有《論語辨惑》、《孟子辨惑》等

【出處】《金史・文藝傳下・王若虛傳》：「王若虛字從之，藁城人
也。幼穎悟，若夙昔在文字間者。擢承安二年經義進士。調鄜州錄
事，歷管城、門山二縣令，皆有惠政，秩滿，老幼攀送，數日乃得
行。用薦入為國史院編修官，遷應奉翰林文字。」

【考釋】王若虛（1174～1243），字從之，號慵夫，真定藁城（今屬
河北）人。著有《五經辨惑》二卷、《論語辨惑》五卷、《孟子辨惑》
一卷等經學著述，成一家言，於北方學者中影響頗大，今存於《滹
南集》中。《四庫全書總目》卷一六六所撰〈滹南遺老集提要〉云：
「……蘇天爵作安熙《行狀》，云：『國初有傳朱氏《四書集注》至北
方者，滹南王公雅以辨博自負，為說非之。』今考《論語孟子辨惑》
乃雜引先儒異同之說，斷以己意，其間疑朱子者有之，而從朱子者亦
不少，實非專為辨駁朱子而作，天爵所云，不知何據。觀其稱陳天祥
宗若虛之說，撰《四書辨疑》，因熙斥之，遂焚其稿。今天祥之書具
存，無焚稿事，則天爵是說，特欲虛張其師表章朱子之功耳，均非實
錄也。其《五經辨惑》頗詰難鄭學，於《周禮》、《禮記》及《春秋
三傳》亦時有所疑。然所攻者皆漢儒附會之詞，亦頗樹偉觀。其自稱
不深於《易》，即於《易》不置一詞。所論實止四經，則亦非強所不
知者矣。」

又，《滹南集》卷三載王若虛〈論語辨惑序〉云：「解《論語》
者，不知其幾家，義略備矣。然舊說多失之不及，而新說每傷於太
過。夫聖人之意，或不盡於言，亦不外乎言也。不盡於言而執其言以
求之，宜其失之不及也；不外乎言而離其言以求之，宜其傷於太過
也。盍亦揆以人情，而約之中道乎？嘗謂宋儒之議論不為無功，而亦

不能無罪焉。彼其推明心術之微，剖析義利之辨，斟酌時中之權，委曲疏通，多先儒之所未到，斯固有功矣。至於消息過深，揄揚過侈，以為句句必涵氣象，而事事皆關造化，將以尊聖人而不免反累，名為排異端而實流入於其中，亦豈為無罪也哉！至於謝顯道、張子韶之徒，迂談浮誇，往往令人發笑。噫，其甚矣！永嘉葉氏曰：『今世學者以性為不可不言，命為不可不知，凡六經、孔子之書，無不牽合其論，而上下其辭，精深微妙，茫然不可測識，而聖賢之實猶未著也。昔人之淺，不求之於心也；今世之妙，不止之於心也。不求於心，不止於心，皆非所以至聖賢者』，可謂切中其病矣。晦庵刪取眾說，最號簡當，然尚有不安及未盡者。竊不自揆，嘗以所見，正其失而補其遺，凡若干章，非敢以傳世也，姑為吾家童蒙之訓云。」

章宗泰和四年　甲子（1204年）

○冬十月丙申，詔親軍習《孝經》、《論語》

【出處】《金史・章宗紀四》：「冬十月……丙申，詔親軍三十五以下令習《孝經》、《論語》。」

【考釋】章宗重孝，《金史・孝友傳序》載：「孝友者，人之至行也，而恒性存焉。有子者欲其孝，有弟者欲其友，豈非人之恒情乎。為子而孝，為弟而友，又豈非人之恒性乎。以人之恒情責人之恒性，而不副所欲者恒有焉。有竭力於是，豈非難乎。天生五穀以養人，五穀之有恒性也。服田力穡以望有秋，農夫之有恒情也。五穀熟，人民育，豈異事乎。然以唐、虞之世，『黎民阻飢』不免以命稷，『百姓不親、五品不遜』不免以命契，以是知順成之不可必，猶孝友之不易得也。是故『有年』、『大有年』以異書於聖人之經，孝友以至行傳於歷代之史，劭農、興孝之教不廢於歷代之政，孝弟、力田自漢以來有

其科。章宗嘗言：『孝義之人，素行已備，雖有希覬猶不失為行善。』
庶幾帝王之善訓矣。」

又，《續文獻通考》卷一二四〈兵考〉載：「泰和三年六月，詔
點檢司，諸親軍所設教授及受業，人若干，其為教何法，通大義者幾
人，各具以聞。臣等謹按：《梁肅傳》載，大定時，肅奏漢之羽林皆
通《孝經》，今之親軍即漢之羽林也，臣乞每百戶賜《孝經》一部，
使之教讀，庶知臣子之道，其出職也，可知政事。世宗善之，詔與護
衛俱賜焉。《志》載，章宗明昌間，令明安穆昆舉進士，試以策論及
射，以定其科甲高下，至是又有此詔。及四年十月，《紀》又載，詔
親軍三十五以上，令習《孝經》、《論語》。」

哀宗正大九年，哀宗天興元年　壬辰（1232年）

○五月壬辰，趙秉文卒

【出處】《金史·趙秉文傳》：「正大九年正月，汴京戒嚴，上命秉文
為赦文，以布宣悔悟哀痛之意……三月，草《開興改元詔》，閭巷閑
皆能傳誦，洛陽人拜詔畢，舉城痛哭，其感人如此。是年五月壬辰
卒，年七十四，積官至資善大夫、上護軍、天水郡侯。」

【考釋】趙秉文（1159～1232），字周臣，號閑閑，晚年稱閑閑老
人。磁州滏陽（今河北磁縣）人。自幼聰穎好學，十七歲預鄉試，
大定二十五年（1185），登進士第。金章宗明昌初，任安塞主簿、邯
鄲令、唐山令等職。六年（1195），任翰林文字、同知制誥，因上
書論宰相胥持國當罷，宗室完顏守貞可大用，獲罪被捕。泰和二年
（1202），入朝為戶部主事、翰林修撰。衛紹王時任翰林直學士，金
宣宗時累官禮部尚書。秉文「歷五朝，官六卿」，朝中詔書、冊文、
表及與宋、夏兩國的國書等多出其手。博通經史，哀宗時任益政院說

書官，曾以《無逸直解》、《貞觀政要》、《申鑒》各一通進講。勤於
著述，有《易叢說》十卷、《中庸說》一卷、《揚子發微》一卷、《太
玄箋贊》六卷、《文中子類說》一卷、《南華略釋》一卷、《列子補
注》一卷、刪集《論語》、《孟子解》各十卷、《資暇錄》十五卷等，
並有《滏水集》二十卷。兼善詩文書畫，前後主文壇四十年之久，為
金末「文士領袖」，《金史‧趙秉文傳》述其生平事跡云：「秉文之文
長於辨析，極所欲言而止，不以繩墨自拘。七言長詩筆勢縱放不拘一
律，律詩壯麗，小詩精絕多以近體為之，至五言古詩則沉鬱頓挫。字
畫則草書尤遒勁。朝使至自河、湟者，多言夏人問秉文及王庭筠起居
狀，其為四方所重如此。為人至誠樂易，與人交不立崖岸，未嘗以大
名自居。仕五朝，官六卿，自奉養如寒士。楊云翼嘗與秉文代掌文
柄，時人號楊趙。然晚年頗以禪語自汙，人亦以為秉文之恨云。」

　　又，《宋元學案》卷一百列秉文入「屏山講友」，祖望案曰：「建
炎南渡，學統與之俱遷，完顏一代，遂無人焉。元裕之曰：『國初經
術，祖金陵之餘波，概可知已。垂晚始得滏水。』予初讀其論學諸
篇，所得雖淺，然知所趨向，蓋因文見道者，其亦韓、歐之徒歟？及
讀其論米芾臨終事而疑之，則仍然佞佛人也。迨取《歸潛志》考之，
乃知滏水本學佛，而襲以儒，其視李屏山，特五十步百步之差耳。雖
然，猶知畏名教之閑，則終不可與屏山同例論也。劉從益、宋九嘉能
排佛，可謂豪傑之士，顧其書無傳焉。董文甫者，亦滏水之亞也，皆
附見之，聊為晦冥中存一線耳。」

卷三
元代四書學編年

太宗七年　乙未（1235年）

○拔德安，得名儒趙復，傳《四書》於北地

【出處】《元史·姚樞傳》：「歲乙未，南伐，詔樞從惟中即軍中求儒、道、釋、醫、卜者。會破棗陽，主將將盡坑之，樞力辨非詔書意，他日何以復命，乃麾數人逃入篁竹中脫死。拔德安，得名儒趙復，始得程頤、朱熹之書。」又，《元史·趙復傳》：「趙復字仁甫，德安人也。太宗乙未歲，命太子闊出率師伐宋，德安以嘗逆戰，其民數十萬，皆俘戮無遺。時楊惟中行中書省軍前，姚樞奉詔即軍中求儒、道、釋、醫、卜士，凡儒生掛俘籍者，輒脫之以歸，復在其中。樞與之言，信奇士，以九族俱殘，不欲北，因與樞訣。樞恐其自裁，留帳中共宿。既覺，月色皓然，惟寢衣在，遽馳馬周號積屍間，無有也。行及水際，則見復已被發徒跣，仰天而號，欲投水而未入。樞曉以徒死無益：『汝存，則子孫或可以傳緒百世。隨吾而北，必可無他。』復強從之。先是，南北道絕，載籍不相通。至是，復以所記程、朱所著諸經傳注，盡錄以付樞。」又，（日）今關壽麿《宋元明清儒學年表》：「趙復（字仁甫，德安人）陷於蒙古，蒙古始傳朱熹之書。」

【考釋】趙復，字仁甫，湖廣德安（今湖北安陸）人，約生於南宋嘉定八年（1215），卒於元大德十年（1306）。學者稱「江漢先生」。

趙復是宋代理學、四書學傳往北地的最關鍵人物,《元史・趙復傳》云:「北方知有程、朱之學,自復始。」

關於趙復的生卒年月,無法確考,說法不一,李似珍《中國學術思想編年・宋元卷》以為生於一二一五年,卒於一三〇六年,稱「趙復生年不詳,此按趙復被俘於理宗端平乙未年(1235),此前有相應的活動等推斷而來」(陝西師範大學出版社,2006年版,頁466)。徐遠和《理學與元代社會》考辨云:「清人黃啟愚說:趙復至燕,年當在五旬以外,在北又三十餘年,計已八十內外矣。考趙復北上,在西元一二三五年,據吳萊〈觀姚文公集記江漢舊事詩〉有『趙公本儒士,皓首困檻槍。老身念未死,勢肯舉降旌』之句;劉因書事詩亦有『白首歸來會同館,儒冠爭看宋師臣』句,其在五旬以外,是可信的。而趙復歸老漢上,在一二五五年以後。據此,則其生卒年代約在西元一一八五〜一二六五年前後。」(人民出版社,1992年版,頁13)

又,關於趙復的學術淵源,學界亦有異說。元人郝經《與漢上趙先生論性書》謂:「及朱子之門而得其傳,裒然傳道於北方之人,則亦韓子、周子之徒。」(《陵川集》卷二十四)《宋元學案・伊川學案下》將復列為「伊川續傳」,《晦翁學案下》列為「朱學續傳」,《魯齋學案》列為「程朱續傳」,但均未指明明確的師承關係,大概屬於私淑之類,故侯外廬《宋明理學史》謂:「看來,趙復很可能是自學自得,而後人因其學旨,遂列於朱門系統。」(人民出版社,1997年版,頁684)《宋元學案・武夷學案》又列之為「茅堂續傳」,理由是茅堂先生胡寧曾著《春秋通旨》,而「是書在元初趙仁甫最傳之」。此外,臺灣學者羅光在其《中國哲學思想史》中認為趙復是真德秀門生,魏崇武先生著文辨之,以為無據(參《趙復理學活動考述》,載《信陽師範學院學報》1995年第1期)。然而,趙復系程朱一派理學人物當屬無疑,在北上講學過程中,他也竭力將程朱理學、四書學傳衍到北方地區。

太宗八年　丙申（1236年）

○六月，耶律楚材請立編修所於燕京，經籍所於平陽

【出處】《元史‧太宗紀》：「夏六月，復括中州戶口，得續戶一百一十餘萬。耶律楚材請立編修所於燕京，經籍所於平陽，編集經史，召儒士梁陟充長官，以王萬慶、趙著副之。」《元史‧耶律楚材傳》：「置編修所於燕京、經籍所於平陽，由是文治興焉。」

【考釋】平陽，今山西省平陽縣。長官梁陟，《明一統志》卷一云：「良鄉人，金進士。入元以名儒征，領燕京編修所事。卒謚通獻先生。」

太宗九年　丁酉（1237年）

○秋八月，下詔用儒術選士

【出處】《元史‧選舉志一‧科目》：「太宗始取中原，中書令耶律楚材請用儒術選士，從之。九年秋八月，下詔命斷事官術忽䚟與山西東路課稅所長官劉中，歷諸路考試。以論及經義、詞賦分為三科，作三日程，專治一科，能兼者聽，但以不失文義為中選。其中選者，復其賦役，令與各處長官同署公事。得東平楊奐等凡若干人，皆一時名士，而當世或以為非便，事復中止。」《元史‧太宗紀》：「秋八月，命術虎乃、劉中試諸路儒士，中選者除本貫議事官，得四千三十人。」《元史‧耶律楚材傳》：「丁酉，楚材奏曰：『制器者必用良工，守成者必用儒臣。儒臣之事業，非積數十年，殆未易成也。』帝曰：『果爾，可官其人。』楚材曰：『請校試之。』乃命宣德州宣課使劉中隨郡考試，以經義、詞賦、論分為三科，儒人被俘為奴者，亦令就試，其主匿弗遣者死。得士凡四千三十人，免為奴者四之一。」

【考釋】詔書內容，元《廟學典禮》卷一〈選試儒人免差〉載：「丁酉年八月二十五日，皇帝聖旨道與呼圖克、和塔拉、和坦、諤嚕、博克達棸爾固齊（箭魯忽赤）官人每：自來精業儒人，二十年間學問方成。古昔張置學校，官為廩給，養育人才。今來名儒凋喪，文風不振，所據民間應有儒士，都收拾見數。若高業儒人，轉相教授，攻習儒業，務要教育人材。其中選儒士，若有種田者，輸納地稅，買賣者，出納商稅，開張門面營運者，依行例供出差發除外，其餘差發並行蠲免。此上委令斷事官蒙格德，依與山西東路徵收課程所長官劉中，遍諸路一同監試，仍將論及經義、詞賦分為三科，作三日程試。專治一科為一經，或有能兼者，但不失文義者為中選。其中選儒人，與各住處達嚕噶齊管，民官一同商量公事勾當者，隨後照依先降條理，開闢舉場，精選入仕，續聽朝命。准此。」詔書下達後，考試主要在次年（戊戌，1238）舉行，史稱「戊戌選試」。

太宗十二年　庚子（1240年）

○建太極書院，講授程朱之學，刻印《四書》等典籍

【出處】（元）郝經《陵川集》卷二十六〈太極書院記〉：「書院之名，不以地以太極云者，推本而謹始也。書院所以學道，道之端則著於太極。宓犧畫《易》以之造始，文王重《易》以之托始，孔子贊《易》以之原始，至於濂溪周子之《圖易》，則又以為動靜之幾、陰陽之根、建極承統，開後世道學始。今建書院以明道，又伊洛之學傳諸北方之始也。一以為名，五始並見，則幽都朔易，復一太極也。初，孔子贊《易》，以為《易》有太極，一再傳至於孟子，後之人不得其傳焉。至宋　溪周子，創圖立說，以為道學宗師，而傳之河南二程子及橫渠張子，繼之以龜山楊氏、廣平游氏以至於晦庵朱氏。

中間雖為京檜、侅冑諸人梗踣，而其學益盛。江淮之間，粲然洙泗之
風矣。金源氏之衰，其書浸淫而北。趙承旨秉文、麻徵君九疇始聞而
知之，於是自稱為道學門弟子。及金源氏之亡，淮漢巴蜀相繼破沒，
學士大夫與其書遍於中土，於是北方學者始得見而知之。然皆弗得其
傳，未免臨深以為高也。庚子、辛丑間，中令楊公當國，議所以傳
繼道學之緒，必求人而為之師，聚書以求其學，如嶽麓、白鹿建為書
院，以為天下標準，使學者歸往，相與講明，庶乎其可。乃於燕都築
院，貯江淮書，立周子祠，刻《太極圖》及《通書》、《西銘》等於
壁，請云夢趙復為師儒，右北平王粹佐之，選俊秀之有識度者為道學
生。推本謹始，以太極為名，於是伊洛之學遍天下矣。嗚呼！公之心
一太極也，而復建一太極；學者之心各一太極也，而復會於極。畫前
之畫，先天之《易》，盡在是矣。使不傳之緒，不獨續於江淮，又續
於河朔者，豈不在於是乎？是公之心也，學者之責也，其惟勉旃。
年月日記。」

　　又，《元史‧楊惟中傳》：「皇子闊出伐宋，命惟中於軍前行中書
省事。克宋棗陽、光化等軍，光、隨、郢、復等州，及襄陽、德安
府，凡得名士數十人，收伊、洛諸書送燕都，立宋大儒周敦頤祠，建
太極書院，延儒士趙復、王粹等講授其間，遂通聖賢學，慨然欲以道
濟天下。」

　　又，（明）陳邦瞻《宋史紀事本末》卷一○一〈北方諸儒之
學〉：「理宗嘉熙二年冬十月，蒙古姚樞建太極書院於燕京。初，蒙
古破許州，得金軍資庫使姚樞。時北庭無漢人士大夫，太祖見之甚
喜，特加重焉。及奎騰南侵，俾樞從楊惟中即軍中求儒、釋、道、
醫、卜之人，樞招致稍眾。及拔德安，得趙復，復以儒學見重於世，
其徒稱為江漢先生。既被獲，不欲北行，力求死所，樞止，與共宿，
譬說百端，曰：『徒死無益，隨吾而北，可保無他也。』復從之，樞

於是獲睹周程性理之書。至是，惟中與樞謀建太極書院及周子祠，以
二程、張、楊、游、朱六子配食，請趙復為師，選俊秀有識度者為道
學生。由是，河朔始知道學。」

【考釋】關於太極書院的創建年代，侯外廬等《宋明理學史》據明人
孫承澤《元朝典故編年考》認為在太宗八年（1236），周良霄先生據
郝經《太極書院記》認為有誤，當在窩闊臺十二、十三年（1240～
1241）間。參周良霄《趙復小考》，載《元史論叢》第五輯（中國社
會科學出版社，1993年版）。（日）今關壽麿《宋元明清儒學年表》
云：「蒙古楊惟中（字彥誠，宏州人）與姚樞（字公茂，柳城人）謀
建太極書院於燕京，延趙復為師，河朔始知道學。復著《傳道圖》、
《伊洛發揮》、《希聖錄》，學者稱江漢先生。」作者將此條繫於宋理
宗嘉熙二年，即西元一二三八年，為又一說。李似珍《中國學術思想
編年・宋元卷》認為：「籌建年代據郝經所記，在庚子、辛丑年間。
王圻《續文獻通考》言太極書院建於元太宗八年有誤，當以原創始人
郝經之說為準。」（陝西師範大學出版社，2006年版，頁520）

又，趙復在太極書院的學術活動，包括講學與著述。《元史・趙
復傳》載：「自復至燕，學子從者百餘人……惟中聞復論議，始嗜其
學，乃與樞謀建太極書院，立周子祠，以二程、張、楊、游、朱六君
子配食，選取遺書八千餘卷，請復講授其中。復以周、程而後，其書
廣博，學者未能貫通，乃原羲、農、堯、舜所以繼天立極，孔子、
顏、孟所以垂世立教，周、程、張、朱氏所以發明紹續者，作《傳道
圖》，而以書目條列於後；別著《伊洛發揮》，以標其宗旨。朱子門
人，散在四方，則以見諸登載與得諸傳聞者，共五十有三人，作《師
友圖》，以寓私淑之志。又取伊尹、顏淵言行，作《希賢錄》，使學
者知所向慕，然後求端用力之方備矣。樞既退隱蘇門，乃即復傳其
學，由是許衡、郝經、劉因，皆得其書而尊信之。北方知有程、朱之

學，自復始。」按：趙復所著四種書今天均已亡佚，當時講學的具體
情形也無多少史料可稽，但「趙復在太極書院所講的，是關於孔孟以
來的道統、程朱理學的宗旨、書目之類」（《宋明理學史》第三編，
人民出版社，1997年版，頁685）則當屬事實。而且我們可以斷定，
趙復講學之中必有在當時南方較為興盛的四書學的內容，並且可以確
定，條列於《傳道圖》後的那個「書目」中即有諸如《四書章句集
注》之類的書籍。

關於這點，有古代的兩則記述可作證明：一則是元人虞集在〈跋
濟寧李璋所刻九經四書〉中所云：「若夫《四書》者，實道統之傳，
入德之要。學者由是而學焉，則諸經可得而治矣。昔在世祖皇帝時，
先正許文正公得朱子《四書》之說於江漢先生趙氏，深潛玩味，而得
其旨，以之致君澤民，以之私淑諸人。」（《道園學古錄》卷三十九）
另一則是明人張紳在〈送殷先生敘〉中所云：「初年，南北未通，考
亭之學無聞焉。及從雪齋姚公得南士趙復所傳朱子《小學書》、《語
孟集注》、《大學中庸章句》、《或問》及伊川《易傳》，而後深有默
契於中，皆手自抄錄，以授學者。」（殷奎《強齋集》卷十）這兩則
材料同時還可證明，趙復當初聽從了姚樞的勸導後「以所記程朱所
著諸經傳注，盡錄以付樞」（《元史·趙復傳》。關於「盡錄以付樞」
的時間，魏源《元史新編》、畢沅《續資治通鑑》等皆以為在北上之
後，《元史》、《元名臣事略》等則以為在北上之前），其中的「諸經
傳注」中也應當有當時廣泛流傳於南方的《四書集注》、《四書或問》
等書。

又，籌建太極書院的關鍵人物楊惟中，十分重視圖書的收集與
刊刻，《元史·楊惟中傳》載，惟中率軍征戰宋地，「凡得名士數十
人，收伊洛諸書送燕都」，這裏的「伊洛諸書」很有可能就是後來太
極書院所藏、趙復據以講學的那「遺書八千餘卷」的主要來源。

乃馬眞后元年　壬寅（1242年）

○姚樞隱蘇門，許衡訪求之，得朱熹《四書章句集注》諸書

【出處】許衡《魯齋遺書》卷十三《考歲略》：「壬寅，雪齋隱蘇門，傳伊洛之學於南士趙仁甫先生。即詣蘇門訪求之，得伊川《易傳》，晦庵《論孟集注》、《中庸大學章句》、《或問》、《小學》等書。讀之，深有默契於中，遂一一手寫以還，聚學者謂之曰：『昔者授受殊孟浪也，今始聞進學之序。若必欲相從，當悉棄前日所學章句之習，從事於小學灑掃應對，以為進德之基。不然，當求他師。』眾皆曰：『唯。』遂悉取向來簡帙焚之，使無大小，皆自《小學》入。先生亦旦夕講誦不輟，篤志力行，以身先之，雖隆冬盛暑不廢也。」又，（日）今關壽麿《宋元明清儒學年表》：「蒙古姚樞棄官隱蘇門，以道學自任，刊《小學》、《四書》並諸經傳注，以惠學者。」

【考釋】雪齋，姚樞之號。樞之生平，參世祖至元十七年「姚樞卒」條。蘇門，山名，址在今河南輝縣以北。姚樞隱居蘇門的原因，據《元史·姚樞傳》，是由於「時牙魯瓦赤行臺，惟事貨賂，以樞幕長，分及之。樞一切拒絕，因棄官去」。

乃馬眞后三年　甲辰（1244年）

○夏五月，耶律楚材卒

【出處】《元史·耶律楚材傳》：「甲辰夏五月，薨於位，年五十五。皇后哀悼，賻贈甚厚。後有譖楚材者，言其在相位日久，天下貢賦，半入其家。後命近臣麻里紮覆視之，唯琴阮十餘，及古今書畫、金石、遺文數千卷。至順元年，贈經國議制寅亮佐運功臣、太師、上柱國，追封廣寧王，諡文正。」

【考釋】耶律楚材（1190～1244），契丹人，字晉卿，號湛然居士。精通儒術，旁通天文、地理、律曆、術數及釋老、醫卜之說。一二一八年，為元太祖成吉思汗召至漠北，追隨多年。後又事拖雷監國、窩闊臺及乃馬真後稱制三朝，在政治、經濟、文化等方面提出了一系列有利於中原封建經濟恢復和發展的政策措施，是蒙古政權的重臣。耶律楚材自幼接受儒家思想教育，提出了「以儒治國，以佛治心」（《湛然居士集》卷十三〈寄萬松老人書〉）的著名觀點，但在太祖時代未被採用。窩闊臺即位後，重用耶律楚材，「以儒治國」的方略逐漸得以實施，具體表現為四個方面：第一，金哀宗天興元年（1232），蒙古軍包圍汴京，楚材極力保護和搜求儒士；第二，建議襲封孔元措為衍聖公，恢復禮樂制度；第三，進講東宮，設置編修所、經籍所，編譯經書；第四，建言推動「戊戌選試」，儒士戶籍得以確立，促進了儒學的傳播。乃馬真皇后攝政葉，蒙古政權重用善於經商理財的西域回回人，耶律楚材遭受奧都剌合蠻等改革反對派的排擯攻訐，最終「憤悒以死」。事具《元史》本傳。事跡，又參（元）宋子貞〈中書令耶律公神道碑〉、（元）王博文〈耶律公楚材神廟碑〉、（元）蘇天爵《元名臣事略》卷五〈中書耶律文正王〉等。

又，關於耶律楚材的生卒年月，李似珍在《中國學術思想編年·宋元卷》中有詳細考證，今移錄如下：「關於耶律楚材之生年，史學界存在不同說法。宋子貞〈耶律楚材神道碑〉記載，耶律楚材生於明昌元年，又三歲而孤，則其父或卒於明昌三年，然元好問撰〈耶律履神道碑〉云，履於『明昌元年進尚書右丞。夏六月丙午，春秋六十一，薨於位。八月辛巳，車駕臨奠，諡文獻。』（見《元文類》卷五十七）兩說形成矛盾。近人王國維編《耶律文正公年譜》，據元好問〈耶律履神道碑〉末有『癸卯秋八月，中令君使謂好問言』及麻革《中書大丞相挽詞》注『甲辰五月十四日』等記，認為其當卒於一

二四四年（甲辰）而非此前之一二四三年（癸卯）。由此往前推，則
其當生於明昌元年（1190）。現代學者陳垣經考長曆，以為明昌元、
二、三年間，六月有丙午、八月有辛巳者，唯明昌二年，故〈耶律
履神道碑〉中『夏六月』上應有『二年』或『明年』字樣。另可由
此推出耶律楚材之生年實為章帝即位之年（大定二十九年）。據《金
史》記，金世宗以大定二十九年崩，章帝即皇帝位於柩前，明年改
元明昌。〈耶律楚材神道碑〉作者宋氏之誤實出於對此史實之缺乏了
解。而《元史》所誤，亦由誤信《神道碑》記所致。（參見〈耶律楚
材之生卒年〉，《陳垣學術論文集》第二集）國外學者羅依果等亦持
此說。現將上述諸種說法暫存之，以作參考。」（陝西師範大學出版
社，2006年版，頁404）又：「耶律楚材卒年有癸卯、甲辰二說。《元
史》楚材本傳及太宗紀皆記其薨於甲辰（1244），而《元文類》卷五
十七錄宋子貞撰〈耶律楚材神道碑〉言楚材於甲辰後，『以其年五月
十有四日薨，年五十五』。蘇天爵《元朝名臣事略》五〈楚材傳〉則
直云『癸卯薨，年五十五』。學者陳垣以《湛然居士集》序耶律楚材
子耶律鑄乙未年十五，而《元史‧耶律楚材傳》附〈耶律鑄傳〉中
有『楚材薨，嗣領中書省事，時年二十三』句推斷，耶律楚材實卒於
癸卯。另據宋氏〈耶律楚材神道碑〉『公生三歲而孤』等言考證，認
為其實生於金世宗大定二十九年，由此可與『年五十五』之說相合。
（參見陳垣〈耶律楚材之生卒年〉，《陳垣學術論文集》第二集）此說
頗有道理，暫存作一說，待再考。」（同上，頁526）

　　又，（日）今關壽麿《宋元明清儒學年表》於宋理宗淳祐四年
（1244）下云：「蒙古耶律楚材卒，年五十六，後諡文正」，則以為楚
材之生年在金世宗大定二十九年（1189），與陳垣先生之說同。今人
劉曉撰《耶律楚材年譜》，以為楚材生於金章宗明昌元年（1190）六
月二十日，卒於蒙古乃馬真后稱制三年（1244）五月十四日。

憲宗二年 壬子（1252年）

○張德輝、元裕請世祖為「儒教大宗師」

【出處】《元史‧張德輝傳》：「壬子，德輝與元裕北覲，請世祖為『儒教大宗師』，世祖悅而受之。因啟：『累朝有旨蠲儒戶兵賦，乞令有司遵行。』從之。」

【考釋】（元）蘇天爵《元文類》卷四十一〈學校〉云：「古之有國家者，設庠序學校以教其民，申孝弟之義，導仁義之方，所以扶植三綱五常之道也。故自王宮國都至於閭巷，莫不有學。秦漢以降，率是而行之則治，違是而廢之則否，明效大驗，不可誣也。我朝自太宗皇帝投戈講藝，建學於燕，四方諸侯，相繼興學。迨夫世祖皇帝之在潛邸也，故金進士元好問啟請為儒教大宗師，作其即位，以道建極，文軌混同，內設胄監，外設提舉官，以領郡縣學校之事，於是遐軌絕漠，先王聲教之所未暨者，皆有學焉。」德輝、元裕請世祖為「儒教大宗師」，繼而乞令有司「蠲儒戶兵賦」，以及世祖對這一稱號的「悅而受之」，乃是表明：金末元初，漢族儒士為爭取生存空間積極宣揚儒家文化，而元朝統治者對漢文化也逐漸接受並漸而推行「以儒治國」的方略。

又，此處「元裕」，一般認為指金元之際著名文學家元好問，上引蘇天爵《元文類》即是。（清）汪輝祖《元史本證》卷二十一以為《元史》本文有脫，亦以「元裕」與「元好問」為一人，云：「（郝經）祖天挺，元裕嘗從之學。案元好問字裕之，（《元史》）不書名稱字，又刪『之』字，皆誤。」清人番禺李光廷撰《廣元遺山年譜》卷下曾作考辨云：「又《翁譜》引葛邏祿名乃賢。詩，自注：『世祖嘗因金源元好問之請，為儒教大宗師。』此又傳聞之誤也！案此事見《元史‧張德輝傳》，云：『壬子，德輝北覲，與元裕請世祖為儒教大

宗師。世祖悅而受之。」此為元裕，見於《元史》不一，絕非元裕之也。下云：『德輝與元裕、李冶遊，隱封龍山，號龍山三老。』遺山何嘗隱封龍山耶？此與李冶之見，同為無識。並辨於此。案此本於王惲《張德輝行狀》，今即《本集》考之；壬子冬始至燕，而《世祖紀》則七月已往云南，先生入北之時，即世祖征大理之日，何覲之有耶？《元史》於先生則書好問，與元裕判然兩人，《高鳴傳》云：『元裕上書薦之，不報。河西王旭烈兀聘之，乃起』云云。今《集》中《送雄飛》序，乃在壬子，則未覲之前，上書果何人也？《集》中並無及征召之事，惟〈嶽祠夜宿〉詩有『鶴書來何遲，素髮迫垂領』語。然此只指中書令成仲之聘，尚在丙午、世祖受王印之前。固不得混而為一。且郝伯常身仕元朝，如有此舉，且以為榮，何以《墓碣》絕不及耶？」而《新元史》卷一四七〈張德輝傳〉云：「尋與元好問北覲，推世祖為儒教大宗師，世祖悅而受之」，乃不辨而沿襲舊誤也。

憲宗四年　甲寅（1254年）

○許衡《小學大義》成

【出處】許衡《魯齋遺書》卷十三〈考歲略〉：「先生著述曰《小學大義》，乃甲寅歲在京兆教學者〔讀〕小學口授之語。」（元）蘇天爵《元名臣事略》卷八〈左丞許文正公〉所載略同。

【考釋】「甲寅歲在京兆教學者」，即指是年「征許衡為京兆教授」事，故推斷《小學大義》之成書當在是年或稍前。又《小學大義》無卷數，篇頁無多，今存其文，收入《魯齋遺書》卷三。

憲宗九年　己未（1259年）

○楊惟中卒

【出處】《元史‧楊惟中傳》：「歲己未，世祖總統東師，奏惟中為江淮京湖南北路宣撫使，俾建行臺，以先啟行，宣布恩信，蒙古、漢軍諸帥並聽節制。師還，卒於蔡州，年五十五。中統二年，追諡曰忠肅公。」

【考釋】楊惟中(1205～1259)，字彥誠，弘州（今河北陽原縣）人。《元史》本傳載其事跡云：「金末，以孤童子事太宗，知讀書，有膽略，太宗器之。年二十，奉命使西域三十餘國，宣暢國威，敷布政條，俾皆籍戶口屬吏，乃歸，帝於是有大用意。皇子闊出伐宋，命惟中於軍前行中書省事。克宋襄陽、光化等軍，光、隨、郢、復等州，及襄陽、德安府，凡得名士數十人，收伊、洛諸書送燕都，立宋大儒周敦頤祠，建太極書院，延儒士趙復、王粹等講授其間，遂通聖賢學，慨然欲以道濟天下。拜中書令，太宗崩，太后稱制，惟中以一相負任天下。」惟中與姚樞共創太極書院，延趙復講學其中，程朱理學及《四書》學方得以正式北傳。明人湛若水曾拿當時南宋政權與蒙古政權對待「道學」的態度作一比較，得出態度不同而致人心、風俗迥異的結論，頗能啟人，《格物通》卷四十七云：「元自太祖至世祖，用兵百四十年，至滅宋而始一天下。其戰勝攻取，古所未有之盛。及觀史，至楊惟中與姚樞，奮然興起道學，而歎其有以也，豈非知守天下者乎？夫蒙古，北俗也，乃能興道學之教，而當時南宋乃禁錮道學，指為偽學，使天理民彝之在人心，澌滅殆盡，以歸於敗亡之轍而不悟，為能保天下者耶？欲其不亡難矣。元儒劉因詩云：『王綱一紊國風沈，人道方乖鬼境侵。生理本直宜細玩，蓍龜千古在人心。』蓋歎宋也。《書》曰：『商俗靡靡，利口惟賢。』餘風未殄，後之主教化

之責者，可不獨觀而深省之，以救流俗之弊乎？」

世祖中統二年　辛酉（1261年）

○九月，請以儒人教孔、顏、孟三氏子孫

【出處】《元史・世祖紀一》：「戊辰，大司農姚樞請以儒人楊庸教孔、顏、孟三氏子孫，東平府詳議官王鏞兼充禮樂提舉。詔以庸為教授，以鏞特兼太常少卿。」《元史・姚樞傳》：「改大司農。樞奏曰：『……且陛下閔聖賢之後《詩》、《書》不通，與凡庶等，既命洛士楊庸選孔、顏、孟三族諸孫俊秀者教之，乞真授庸教官，以成國家育材待聘風動四方之美。王鏞煉習故實，宜令提舉禮樂，使不致崩壞。』皆從之。」

【考釋】《續文獻通考》卷五十〈學校考〉「立孔顏孟三氏學」條云：「置教授正錄各一員。大司農姚樞請以儒人楊庸為教授，從之，乃詔曰：孔氏、顏、孟之家，皆聖賢之後也，自兵亂以來，往往失學，甘為庸鄙，朕甚閔焉。今以進士楊庸教授孔、顏、孟三氏子弟，其務嚴加訓誨，精通經術，以繼聖賢之業。」

世祖至元三年　丙寅（1266年）

○許衡上疏，建言國家當行漢法

【出處】《元史・許衡傳》：「至元二年，帝以安童為右丞相，欲衡輔之，復召至京師，命議事中書省。衡乃上疏曰：『臣性識愚陋，學術荒疏，不意虛名偶塵聖聽。陛下好賢樂善，舍短取長，雖以臣之不才，自甲寅至今十有三年，凡八被詔旨，中懷自念，何以報塞。又日者面奉德音，叮嚀懇至，中書大務，容臣盡言。臣雖昏愚，荷陛下知

待如此其厚，敢不罄竭所有，裨益萬分。孟子以「責難於君謂之恭，陳善閉邪謂之敬」。孔子謂「以道事君，不可則止」。臣之所守，大意蓋如此也。伏望陛下寬其不佞，察其至懷，則區區之愚，亦或有小補云。其一曰：自古立國，皆有規模。循而行之，則治功可期。否則心疑目眩，變易分更，未見其可也。昔子產相衰周之列國，孔明治西蜀之一隅，且有定論，終身由之。而堂堂天下，可無一定之說而妄為之哉？考之前代，北方之有中夏者，必行漢法乃可長久。故後魏、遼、金歷年最多，他不能者，皆亂亡相繼，史冊具載，昭然可考。使國家而居朔漠，則無事論此也。今日之治，非此奚宜？夫陸行宜車，水行宜舟，反之則不能行。幽燕食寒，蜀漢食熱，反之則必有變。以是論之，國家之當行漢法無疑也。然萬世國俗，累朝勳舊，一旦驅之下從臣僕之謀，改就亡國之俗，其勢有甚難者。竊嘗思之，寒之與暑，固為不同。然寒之變暑也，始於微溫，溫而熱，熱而暑，積百有八十二日而寒始盡。暑之變寒，其勢亦然，是亦積之之驗也。苟能漸之摩之，待以歲月，心堅而確，事易而常，未有不可變者。此在陛下尊信而堅守之，不雜小人，不責近效，不恤流言，則致治之功庶幾可成矣……」書奏，帝嘉納之。衡自見帝，多奏陳，及退，皆削其草，故其言多秘，世罕得聞，所傳者特此耳。」《新元史・許衡傳》亦有記載，文字差別較大。

【考釋】考許衡此處上疏所言五點內容，與衡之〈時務五事〉一文所載恰合，惟文字略有差異。《魯齋遺書》卷七〈時務五事〉所論「五事」分別為：「立國規模」、「中書大要」、「為君難」、「農桑學校」、「慎微」。然諸家皆以〈時務五事〉之上在「至元三年」，而非如《元史》所言在「至元二年」。《魯齋遺書》卷十三〈考歲略〉云：「（三年）夏四月，自分省召至上都，屢蒙訪問，遂奏陳〈時務五事〉。聖旨諭，尤令善寫以進，朕當詳之。」（明）楊士奇等《歷代名臣奏議》

卷六十六〈治道〉云：「元世祖至元三年，許衡召至京師，命議事中書省，衡乃上疏……」（清）孫承澤《元朝典故編年考》卷二〈大儒時務書〉亦曰：「至元三年，議中書省事，許衡奏呈〈時務五事〉。」《元史》所言「至元二年」未知所據。（清）畢沅《續資治通鑒》卷一七八，將許衡上疏事繫於「蒙古至元二年」下，今人陳正夫《許衡評傳》仍以〈時務五事〉之上在至元二年夏四月（南京大學出版社，1995年版，頁26～27），待考。

世祖至元五年　戊辰（1268年）

○冬十月，敕從臣錄《毛詩》、《孟子》、《論語》

【出處】《元史·世祖紀三》：「冬十月……庚寅，敕從臣禿忽思等錄《毛詩》、《孟子》、《論語》。」《續文獻通考·經籍考》：「五年十月，敕從臣托果斯（禿忽思）等錄《毛詩》、《孟子》、《論語》。」

【考釋】禿忽思，即耶律楚材重孫耶律希亮，《元史·耶律希亮傳》載：「耶律希亮，字明甫，楚材之孫，鑄之子也。初，六皇后命以赤帖吉氏歸鑄，生希亮於和林南之涼樓，曰禿忽思，六皇后遂以其地名之。」

世祖至元六年　己巳（1269年）

○二月，詔頒行蒙古新字於天下，曾刻印《大學衍義擇文》等書

【出處】《元史·八思巴傳》：「中統元年，世祖即位，尊為國師，授以玉印。命制蒙古新字，字成上之。其字僅千餘其母凡四十有一。其相關紐而成字者，則有韻關之法。其以二合三合四合而成字者，則有語韻之法。而大要則以諧聲為宗也。至元六年，詔頒行於天下。詔

曰：『朕惟字以書言，言以紀事，此古今之通制。我國家肇基朔方，俗尚簡古，未遑制作，凡施用文字，因用漢楷及畏吾字，以達本朝之言。考諸遼、金，以及遐方諸國，例各有字，今文治寖興，而字書有闕，於一代制度，實為未備。故特命國師八思巴創為蒙古新字，譯寫一切文字，期於順言達事而已。自今以往，凡有璽書頒降者，並用蒙古新字，仍各以其國字副之。』遂升號八思巴曰大寶法王，更賜玉印。

【考釋】八思巴，元朝第一代帝師。吐蕃薩斯迦人，本名羅古羅思監藏，八思巴是尊稱。自幼研習佛典，學富五明。一二五三年謁見忽必烈，備受崇敬，尊為國師，命制蒙古新字。至元十六年（1279）卒，賜號皇天之下一人之上開教宣文輔治大聖至德普覺真智祐國如意大寶法王、西天佛子、大元帝師。《元史》有傳。元朝一代，蒙古新字始終作為官方文字使用，曾刻印《蒙古字孝經》、《大學衍義擇文》、《忠經》、《蒙古字百家姓》、《蒙古字訓》等書籍。元朝亡後，北元也還用以鑄造官印。之後，漸不通行。《大元聖政國朝典章‧禮部》卷之四〈學校一〉載：「至元二十一年五月，中書省翰林院備翰林直學士行龍興路提舉學校官呈：切謂字者，國之所要，法不可無。先聖以字而能材，以材而譽，故愚民稚子悉皆攻習，流傳廣遠，是其字之效不可小。」

世祖至元八年　辛未（1271年）

○六月，以許衡為集賢大學士兼國子祭酒，衡以儒術教學

【出處】《元史‧許衡傳》：「帝久欲開太學，會衡請罷益力，乃從其請。八年，以為集賢大學士，兼國子祭酒，親為擇蒙古弟子俾教之。衡聞命，喜曰：『此吾事也。國人子大樸未散，視聽專一，若置之善

類中涵養數年，將必為國用。」乃請徵其弟子王梓、劉季偉、韓思
永、耶律有尚、呂端善、姚燧、高凝、白棟、蘇鬱、姚燉、孫安、劉
安中十二人為伴讀。詔驛召之來京師，分處各齋，以為齋長。時所選
弟子皆幼稚，衡待之如成人，愛之如子，出入進退，其嚴若君臣。其
為教，因覺以明善，因明以開蔽，相其動息以為張弛。課誦少暇，即
習禮，或習書算。少者則令習拜跪、揖讓、進退、應對，或射，或投
壺，負者罰讀書若干遍。久之，諸生人人自得，尊師敬業，下至童
子，亦知三綱五常為生人之道。十年，權臣屢毀漢法，諸生廩食或不
繼，衡請還懷。帝以問翰林學士王磐，磐對曰：『衡教人有法，諸生
行可從政，此國之大體，宜勿聽其去。』帝命諸老臣議其去留，竇默
為衡懇請之，乃聽衡還，以贊善王恂攝學事。劉秉忠等奏，乞以衡弟
子耶律有尚、蘇鬱、白棟為助教，以守衡規矩，從之。」（明）陳邦
瞻《宋史紀事本末》卷一〇一〈北方諸儒之學〉所載略同。

【考釋】授衡此職，淵源有自，清《御批歷代通鑑輯覽》卷九十四
云：「衡疏論阿哈瑪特專權罔上，蠱政害民，諸事不報，因謝病請解
機務。蒙古主不許，且命舉自代者，衡奏曰：『用人，天子之大柄，
臣下泛論其賢否則可，若授之以位，則斷自宸衷，不可使臣下有市恩
之漸。』乃拜衡集賢大學士兼國子祭酒，即燕京南城舊樞密院設學。」

○董文忠辨「科舉類教，道學類禪」

【出處】《元史‧董文忠傳》：「八年，侍講學士徒單公履欲奏行貢
舉，知帝於釋氏重教而輕禪，乃言儒亦有之，科舉類教，道學類禪。
帝怒，召姚樞、許衡與宰臣廷辨。文忠自外入，帝曰：『汝日誦《四
書》，亦道學者。』文忠對曰：『陛下每言：士不治經講孔孟之道而為
詩賦，何關修身，何益治國。由是海內之士，稍知從事實學。臣今所
誦，皆孔孟之言，焉知所謂道學。而俗儒守亡國餘習，欲行其說，故

以是上惑聖聽，恐非陛下教人修身治國之意也。』事遂止。」

【考釋】董文忠（1230～1281），字彥誠，真定藁城（今河北藁城）人。曾任奉訓大夫、正議大夫、資德大夫、僉書樞密院事等職。誦《四書》，崇孔、孟，主以儒治國。至元十八年（1281）冬十月二十五日卒，制贈光祿大夫、司徒，封壽國公，諡忠貞。事具《元史》本傳，又參（元）蘇天爵《元名臣事略》卷五。

世祖至元十三年　丙子（1276年）

○不忽木與同舍生上疏，議置學校，授修齊治平之道

【出處】《元史·不忽木傳》：「至元十三年，與同舍生堅童、太答、禿魯等上疏曰：『臣等聞之，《學記》曰：「君子如欲化民成俗，其必由學乎」，「玉不琢不成器，人不學不知道。」故古之王者，建國君民，教學為先。蓋自堯、舜、禹、湯、文、武之世，莫不有學，故其治隆於上，俗美於下，而為後世所法。降至漢朝，亦建學校，詔諸生課試補官。魏道武帝起自北方，既定中原，增置生員三千，儒學以興。此歷代皆有學校之證也……臣等向被聖恩，俾習儒學，欽惟聖意，豈不以諸色人仕宦者常多，蒙古人仕宦者尚少，而欲臣等曉識世務，以任陛下之使令乎？然以學制未定，朋從數少。譬猶責嘉禾於數苗，求良驥於數馬，臣等恐其不易得也。為今之計，如欲人材眾多，通習漢法，必如古昔遍立學校然後可。若曰未暇，宜且於大都弘闡國學。擇蒙古人年十五以下、十歲以上質美者百人，百官子弟與凡民俊秀者百人，俾廩給各有定制。選德業充備足為師表者，充司業、博士、助教而教育之。使其教必本於人倫，明乎物理，為之講解經傳，授以修身、齊家、治國、平天下之道。其下復立數科，如小學、律、書、算之類。每科設置教授，各令以本業訓導……』書奏，帝覽之

喜。」

【考釋】不忽木（1255～1300），一名時用，字用臣，號靜得。康
里部人。曾師事太子贊善王恂，就學於國子祭酒許衡。至元十五年
（1278）出為燕南河北道提刑按察副使，十九年升按察使，二十一年
拜參議中書省事，後連任吏部、工部、刑部尚書。元成宗時，拜昭文
館大學士、平章軍國事。卒，謐文貞。《元史》有傳。

世祖至元十七年　庚辰（1280年）

○八月丁亥，姚樞卒

【出處】（元）姚燧《牧庵集》卷十五〈中書左丞姚文獻公神道碑〉：
「十三年，罷昭文館，拜翰林院學士承旨……明年……後三年，疾
再至，昏默三日，薨，壽七十八。」（元）蘇天爵《元名臣事略》卷
八：「十七年薨，年七十八。」《元史·姚樞傳》：「十三年，拜翰林
學士承旨。十七年，卒，年七十八，謐曰文獻。」（清）畢沅《續
資治通鑒》卷一八五：「世祖聖德神功文武皇帝（至元十七年，庚
辰，1280）……八月……丁亥……翰林學士承旨姚樞卒，謐文獻。」
（日）今關壽麿《宋元明清儒學年表》以樞之卒年在成宗元貞二年
（1296），未知所據。

【考釋】姚樞（1203～1280），字公茂，號雪齋，營州柳城（今遼寧
朝陽）人，後遷河南洛陽。自幼勤學。一二三五年元軍南伐，詔樞從
中書楊惟中於軍中求儒、道、釋、醫、卜之人，拔德安，得名儒趙
復，勸其北上傳學，北方始聞道學。又與惟中創建太極書院，延趙
復講學其中，理學得以更廣泛傳播。後隱居輝州蘇門山，攻習程朱理
學，許衡曾來問學。一二五〇年，忽必烈召樞，問以治道，樞「乃為
書數千言，首陳二帝三王之道，以治國平天下之大經，匯為八目，

曰：修身，力學，尊賢，親親，畏天，愛民，好善，遠佞。次及救時之弊，為條三十，曰……世祖奇其才，動必召問，且使授世子經」（《元史・姚樞傳》）。

又，《宋元學案》卷九十〈魯齋學案〉列樞為「魯齋講友」，黃百家案曰：「自石晉燕、云十六州之割，北方之為異域也久矣，雖有宋諸儒疊出，聲教不通。自趙江漢以南冠之囚，吾道入北，而姚樞、竇默、許衡、劉因之徒，得聞程、朱之學以廣其傳，由是北方之學鬱起，如吳澄之經學，姚燧之文學，指不勝屈，皆彬彬鬱鬱矣。」姚樞學案下之「附錄」云：「時濂溪周子之學未至河朔，楊惟中用師於蜀、湖、京、漢，收集伊洛諸書，載送京師，還與姚樞謀建太極書院及周子祠，以二程、張、楊、游、朱六子配食，請趙復為師，選俊秀有識者為道學生，由是河朔始知道學。」又：「蒙古伊羅斡齊在燕，唯事貨賂，以樞為幕官長，分及之，樞一切拒絕，因辭職去。攜家往輝州蘇門山，作家廟，別為室奉孔子及宋儒周、程、張、邵、司馬六君子像，刊《小學》、《四書》並諸經傳注以惠後學，讀書鳴琴，若將終身。」

世祖至元十八年　辛巳（1281年）

○三月戊戌，許衡卒

【出處】（元）蘇天爵《元名臣事略》卷八〈左丞許文正公〉：「十八年三月，薨，年七十三。皇慶三年，詔與宋儒周、程、張、邵、司馬、朱、張、呂九人從祀夫子廟庭。」許衡《魯齋遺書》卷十二〈譜傳〉：「至元十八年三月戊戌，薨於私第，易簀不變，年七十有三。」《元史・許衡傳》：「十八年，衡病革，家人祠，衡曰：『吾一日未死，寧不有事於祖考。』扶而起，奠獻如儀。既撤，家人　，怡怡如

也。已而卒,年七十三。是日,大雷電,風拔木。懷人無貴賤少長,皆哭於門。四方學士聞訃,皆聚哭。有數千里來祭哭墓下者。」(日)今關壽麐《宋元明清儒學年表》:「許衡卒,年七十三,著《中庸語意》、《魯齋集》、《語錄》。」

【考釋】許衡(1209～1281),字仲平,懷州河內(今河南沁陽市,陳正夫《許衡評傳》認為衡之籍貫在今河南焦作李封村)人。幼有異質,七歲入學,授章句,問其師曰:「讀書何為?」師曰:「取科第耳。」衡曰:「如斯而已乎?」師大奇之,以為「他日必有大過人者」。往來河、洛間,從蘇門姚樞處得程氏《易傳》、朱熹《論孟集注》、《中庸大學章句》、《或問》、《小學》等書。讀之,深有默契於中,遂一一手寫以還。聚學者,謂之曰:「昔者授受,殊孟浪也,今始聞進學之序。若必欲相從,當悉棄前日所學章句之習,從事於《小學》灑掃應對,以為進德之基。不然,當求他師。」(《魯齋遺書》卷十三〈考歲略〉)其後,為世祖任為京兆提學、國子祭酒之職,規定國子學教材以《小學》、《四書》為先,提倡綱常名教,敦習風俗,不遺餘力,大大推進了程朱理學在元朝的傳播。年七十三而卒,《元史·許衡傳》載:「大德元年,贈榮祿大夫、司徒,諡文正。至大二年,加正學垂憲佐運功臣、太傅、開府儀同三司,封魏國公。皇慶二年,詔從祀孔子廟廷。延祐初,又詔立書院京兆以祀衡,給田奉祠事,名魯齋書院。」著述數種,多收錄於《許文正公遺書》。

又,《宋元學案》卷九十為衡專闢〈魯齋學案〉,全祖望案曰:「河北之學,傳自江漢先生,曰姚樞,曰竇默,曰郝經,而魯齋其大宗也,元時實賴之。」侯外廬等《宋明理學史》認為:「許衡在元朝為理學『承流宣化』,被視為『朱子之後一人』(明儒薛瑄語),使所謂道統不墜。而且,在元朝,許衡繼趙復之後,也是一位促使朱熹的《四書集注》,在元朝延祐年間定為科場程式,逐漸成為統治階級的

統治思想的有力人物，其緣蓋來於此。」（人民出版社，1997年版，頁693）徐遠和《理學與元代社會》封許衡為「元代理學宗師」，稱：「許衡作為一代『理學宗師』的地位，確是元代其他理學家所無法取代的。程朱理學登上官方哲學的寶座，與許衡的理學思想受到元朝統治者尊崇有很大關係。」（人民出版社，1992年版，頁67）

○太子真金崇孔子之道

【出處】《元史・裕宗傳》：「中書啟以何瑋參議省事，徐琰為左司郎中。瑋、琰入見，太子諭之曰：『汝等學孔子之道，今始得行，宜盡平生所學，力行之。』闢楊仁風於潞州、馬紹於東平，復辟楊恭懿置省中議事，以衛輝總管董文用練達官政，與恭懿同置省中。」

【考釋】何瑋，易州易縣（今河北保定易縣）人。任中書參知政事、御史中丞、平章政事之職，至大三年（1310）卒。《元史》有傳。徐琰，曾任左司郎中、行臺中丞等職。

世祖至元二十四年　丁亥（1287年）

○閏二月，設國子監，凡讀書必先《四書》，次及《五經》

【出處】《元史・世祖紀十一》：「閏二月……辛未……設國子監，立國學監官：祭酒一員，司業二員，監丞一員，學官博士二員，助教四員，生員百二十人，蒙古、漢人各半，官給紙槧、飲食，仍隸集賢院。」

【考釋】元代國子監之設置，《元史・選舉志一・學校》所載甚詳，云：「太宗六年癸巳，以馮志常為國子學總教，命侍臣子弟十八人入學。世祖至元七年，命侍臣子弟十有一人入學，以長者四人從許衡，童子七人從王恂。至二十四年，立國子學，而定其制。設博士，通

掌學事，分教三齋生員，講授經旨，是正音訓，上嚴教導之術，下
考肄習之業。復設助教，同掌學事，而專守一齋。正、錄，申明規
矩，督習課業。凡讀書必先《孝經》、《小學》、《論語》、《孟子》、
《大學》、《中庸》，次及《詩》、《書》、《禮記》、《周禮》、《春秋》、
《易》。博士、助教親授句讀、音訓，正、錄、伴讀以次傳習之。講
說則依所讀之序，正、錄、伴讀亦次而傳習之。次日，抽簽，令諸生
復說其功課。對屬、詩章、經解、史評，則博士出題，生員具稿，先
呈助教，俟博士既定，始錄附課簿，以憑考校。其生員之數，定二百
人，先令一百人及伴讀二十人入學。其百人之內，蒙古半之，色目、
漢人半之。許衡又著諸生入學雜儀，及日用節目。七年，命生員八十
人入學，俾永為定式而遵行之……國初，燕京始平，宣撫王楫請以金
樞密院為宣聖廟。太宗六年，設國子總教及提舉官，命貴臣子弟入學
受業。憲宗四年，世祖在潛邸，特命修理殿廷。及即位，賜以玉斝，
俾永為祭器。至元十三年，授提舉學校官六品印，遂改為大都路學，
署曰提舉學校所。二十四年，既遷都北城，立國子學於國城之東，乃
以南城國子學為大都路學，自提舉以下，設官有差。」又，《元史‧
百官志六‧大都路都總管府》云：「至元二十四年，既立國學，以故
孔子廟為京學，而提舉學事者，仍以國子祭酒繫銜。」

世祖至元三十年　癸巳（1293年）

○四月十六日，劉因卒

【出處】（元）蘇天爵《滋溪文稿》卷八〈靜修先生劉公墓表〉：「三
十年夏四月十有六日，先生終於容城，春秋四十有五。海內聞之，
無不嗟悼。」又，蘇天爵《元名臣事略》卷十五〈靜修劉先生〉：「先
生名因，字夢吉，雄州容城人。隱居不仕，至元二十年召為右贊善

大夫。未幾，辭歸。又召為集賢學士，以疾辭。三十年卒，年四十五。延祐中，賜諡文靖公。」《元史・劉因傳》：「三十年夏四月十有六日卒，年四十五。無子，聞者嗟悼。延祐中，贈翰林學士、資善大夫、上護軍，追封容城郡公，諡文靖。」（日）今關壽麿《宋元明清儒學年表》：「劉因卒，年四十五，學者稱曰靜修先生，後諡文靖。著《四書精要》、《丁亥詩集》、《語錄》。安熙（字敬仲，真定藁城人）慕因之學，因亦聞其學，深許與之。熙將造其門而因已歿，乃從其門人備問其緒說。」

【考釋】劉因（1249～1293），字夢吉，雄州容城（今河北容城）人。《宋元學案》卷九十一專立〈靜修學案〉，云：「初從國子司業硯彌堅視訓詁疏釋之說，輒歎曰：『聖人精義，殆不止此。』後於趙江漢復得周、程、張、邵、朱、呂之書，始曰：『我固謂當有是也。』至元十九年，詔征為承德郎、右贊善大夫，教近侍子弟。未幾，以母疾辭歸。二十八年，以集賢學士、嘉議大夫召，固辭不就。帝曰：『古所謂不召之臣者，其斯人之徒與！』三十年卒，年四十五。贈翰林學士、資德大夫、上護軍，追封容城郡公，諡文靖。學者稱為靜修先生。」因之生平事跡，詳參《元史》本傳。劉因所著書，主要有《易繫辭說》、《四書精要》三十卷、《小學、四書語錄》、詩集有《丁亥集》五卷，文集結為《靜修集》二十五卷。

又，關於劉因的學術轉向及其學問淵源，《元史・劉因傳》載：「國子司業硯彌堅教授真定，因從之遊，同舍生皆不能及。初為經學，究訓詁疏釋之說，輒歎曰：『聖人精義，殆不止此！』及得周、程、張、邵、朱、呂之書，一見能發其微，曰：『我固謂當有是也。』及評其學之所長，而曰：『邵至大也，周至精也，程至正也，朱子極其大、盡其精而貫之以正也。』」這表明，劉因對義理之學有著一貫的信念，而後來獲睹程朱之書使這種信念得到進一步印證，並從此發

生了治學方向上的重大轉變，周、程、張、朱之書從此成了他用功的
主要對象。而這一轉變的前提，便是趙復北上傳學，將南方理學思想
及理學著作帶到了北方。《宋元學案》全祖望按語，所謂「靜修先生
亦出江漢之傳，又別為一派」，正是從這一角度講的。這中間，還有
兩個問題尚需作進一步考證，也直接牽涉到對劉因學問淵源的理解：

　　第一，劉因的「初為經學，究訓詁疏釋之說」到底緣自何人，
起於何時？《宋元學案》認為劉因「初從國子司業硯彌堅視訓詁疏釋
之說，輒歎曰：『聖人精義，殆不止此。』後於趙江漢復得周、程、
張、邵、朱、呂之書，始曰：『我固謂當有是也。』」然而，從上引
《元史·劉因傳》文字並推導不出劉因從硯彌堅那裏學的是「訓詁疏
釋之說」。恰恰相反，據蘇天爵〈元故國子司業硯公墓碑〉：「公通
諸經，善講說，士執經從而問疑者日盛。公告以聖賢之旨，諄切明
白，不繳繞於章句。中原碩儒，若容城劉公因、中山滕公安上，亦
皆從公授經。時來官燕南宣閫及部使者，多名公卿，聞公之名，咸
造見焉」（蘇天爵《滋溪文稿》卷八），既然硯彌堅講學不繳繞於章
句，那麼明顯可知硯彌堅向劉因等傳授的絕非「章句訓詁之學」，而
是能得「聖賢之旨」的「性理之學」。也就是說，劉因「究訓詁疏釋
之說」必定在從師硯氏之前。而從其家學淵源來看，其父劉述「刻意
問學，尤邃性理之說」（蘇天爵《滋溪文稿》卷八〈靜修先生劉公墓
表〉）、「天文、曆數、陰陽、醫方之書無不通，性學、史學尤所喜」
（劉因《靜修集》卷二十五〈先世雜事記〉），也不大可能向其傳授訓
詁之學。如此一來，劉因早年治經「究訓詁疏釋之說」大概只能來自
當時北方仍占相當勢力的傳統章句之學。應當說，劉因雖然較早地從
事了性理之學的研討，比如在他十九歲時（1267）即撰成了理學著作
《希聖解》，卻依然無法擺脫當時北方學風的影響。

　　第二，劉因到底從何處、於何時得見「周、程、張、邵、朱、

呂之書」？元人虞集〈安敬仲文集序〉云：「《默庵集》者，詩文凡若干篇，槀城安君敬仲之所作，其門人趙郡蘇天爵之所緝錄者也。既繕寫，乃來告曰：『昔容城劉靜修先生得朱子之書於江南，因以之溯乎周、程、呂、張之傳，以求達夫《論語》、《大學》、《中庸》、《孟子》之說。古所謂聞而知之者，此其人與？』」（《道園學古錄》卷六）〈宋元學案〉則將劉因列為「江漢別傳」，並明確稱劉因「於趙江漢復得周、程、張、邵、朱、呂之書」。在沒有其他材料作為證明的情況下，我們無法判斷劉因得書來自「江南」與「趙復」孰是孰非。不過從劉因的年齡、行歷結合趙復晚年行蹤考察，劉氏直接從趙復那裏接受《四書》之學的可能性不大，倒有可能來自他的問學之師、同樣是江南之儒的硯彌堅。至於劉因獲取程朱之書的時間，袁桷〈真定安敬仲墓表〉云：「皇元平江南，其書捆載以來，保定劉先生因篤志獨行，取文公書，薈萃而甄別之。其文精而深，其識專以正。蓋隆平之興，使夫道德同而風俗一，承熄續絕，不在於目接耳受而有嗣也。」（《清容居士集》卷三十）這裏的「皇元平江南」，當指至元十三年（1276）元軍攻取臨安後又入福建、廣西事；「其書捆載以來」，則指朱子著作大規模傳入北方的情形。

世祖至元三十一年　甲午（1294年）

○秋七月，詔中外崇奉孔子

【出處】《元史·成宗紀一》：「秋七月……壬戌，詔中外崇奉孔子。」《續文獻通考》卷四十八〈學校考〉所載略同。（日）今關壽麐《宋元明清儒學年表》：「詔崇奉孔子。」

【考釋】據《元史·成宗紀一》，世祖於是年春正月崩，夏四月甲午，成宗即皇帝位。《大元聖政國朝典章·禮部》卷之四〈學校一·

儒學〉載：「至元三十一年七月日，皇帝聖旨，諭中外百司官吏人
等：孔子之道，垂憲萬世，有國家者所當崇奉。曲阜林廟，上都、大
都、諸路府州縣邑廟學、書院，照依世祖皇帝聖旨，禁約諸官員使臣
軍馬，毋得於內安下。」

成宗元貞二年　丙申（1296年）

○二月上丁日，曹涇序陳櫟《論語口義》

【出處】《定宇集・年表》曰「成宗元貞元年乙未，先生四十四歲。
二月上丁日，曹弘齋為先生作〈論語口義序〉。」

【考釋】《論語口義》，全稱《論語訓蒙口義》，無卷數。（清）朱彝
尊《經義考》注曰「未見」。陳櫟《定宇集》卷十七有〈曹弘齋四書
發明序〉云：「自朱文公《四書》行世，學者童而習之，或病其不能
驟通也，為《語孟句解》，取《集注》語，裂而附之，刊本如麻，數
十年比比然。其體弗類，且於一章大旨闕焉。休寧陳君壽翁為《論語
訓蒙口義》以示曹涇曰：『吾以是詔其子，若童子生句釋之，章旨亦
具，不敢繁，欲訓蒙也。不敢求異，一本文公之說。』涇得壽翁於文
字間，斂衽久之，恨未識其面，一見心降。亟讀之，其於文公之說，
如李光弼代子儀軍，營壘士卒麾幟無所更，而氣象加精明焉，壽翁於
是為文公忠臣矣。《集注》外元有《或問》，其後又有勉齋黃公《通
釋》，壽翁疏而貫之，且不費辭是其可尚也已。卷首『學習』、『孝
弟』二章，聯以警語，殊有理於上智下愚不移。謂是只言氣質，非
言變化，氣質大是清峭，他皆此類。至『山梁雌雄』上下文一段，能
坦然明白，通言之又可喜也。予所見僅九篇，窺豹一斑如此。壽翁寶
之，豈惟可以訓蒙，將白首紛如者亦為之醒然，涇其一也。安得並
二十篇，借抄一通，用自怡玩，以授城南之讀。元貞柔兆涒灘之歲春

上丁，里晚學曹涇拜手謹書。」觀其內容，當為《論語訓蒙口義》所作之序，非為《四書發明》所作。時間落款，乃采古代歲星紀年法，「柔兆」為歲陽名之一，指太歲在「丙」；「涒灘」為歲陰名之一，指太歲在「申」。如此，則曹涇作序年份當在成宗元貞「丙申」，即元貞二年（1296），《定宇集・年表》所載有誤。又，由《定宇集》卷一〈論語訓蒙口義自序〉知，是時《論語訓蒙口義》僅得初稿，尚未刊刻。

成宗大德三年　己亥（1299年）

○七月立秋日，陳櫟《論語口義》刊成

【出處】陳櫟《定宇集・年表》：「三年己亥，先生四十八歲。七月立秋日，《論語口義》成，有序。」

【考釋】陳櫟該書自序亦作於是年，《定宇集》卷一〈論語訓蒙口義自序〉云：「讀《四書》之序，必以《大學》為先。然綱三目八，布在十有一章，初學未有許大心胸包羅貫穿也。《論語》或一二句、三數句為一章，照應猶易，啟發侗蒙，宜莫先焉。朱子《集注》渾然猶經，初學亶未易悟。坊本句解率多膚舛，又祇為初學語，豈為可哉？櫟沉酣《四書》三十年餘，授徒以來，可讀《集注》者，固授之唯謹，遇童生鈍者，困於口說，乃順本文推本意，句釋筆之。其於《集注》，涵者發，演者約，略者廓，章旨必揭，務簡而明，旬積月累，累以成編，襲名《論語訓蒙口義》。自《集注》外，朱子之《語錄》、黃氏之《通釋》、趙氏之《纂疏》，洎餘諸儒之講學可及者咸采之，廣漢張氏說亦間取焉。櫟一得之愚往往附見，或有發前人未發者，實未嘗出朱子窠臼外。丙申春，質之弘齋曹先生，一見可之。畁之序，勉之刊。賴同志助之，歷四年始成。自揆晚生，懼賈僭逾罪，

抑不過施之初學，俾為讀《集注》階梯，非敢為長成言也。昔程子傳
《易》，猶曰只說得七分，而況晚生，又況為佝蒙計哉？櫟數年來又
有《讀易編》、《書解折衷》、《詩句解》、《春秋三傳節注》、《增廣通
略》、《批點古文》之類，嗣是有進，尚敢漸出，與朋友商之，觀者
其毋以小兒學問只《論語》哉。大德己亥立秋日。」

成宗大德四年　庚子（1300年）

○中秋，黎立武序袁俊翁《四書疑節》

【出處】文淵閣《四庫全書》本《四書疑節》書前序文：「經史疑
多，漢儒曰『疑者丘蓋不言』，此由內不能辨，托是說而逃焉者也。
吁！漢已然，況後漢千餘禩，文籍日生，承訛襲謬，雖欲無辨，得
乎？結屋蒙巔，山靜日長，每於陰陽造化之機，性命道德之蘊，經史
義理之會有未合，共同志商之。投卷所得，縷析脈分，如老吏斷案，
輒手之不釋。而袁之袁氏為多，一則雋翁，二則雋翁，餘亦昆弟子
侄。其文溫膩，其語詳縝，其引類曲而暢，其立論超而詣，余甚愛
之。雋翁曾不是足，錄前後所得為若干帙，袖以見過，若將猶有所是
正者。余曰：『子亦疑吾言乎？凡吾所以藉子文重吾榜者，為其道之
合也，義之明也。非其義也，非其道也，求一幸吾選不可得也。凡吾
所以嘉子文者，千言非多，一言非少，為書帙端以歸，吾易東矣。』
時大德庚子中秋，渝黎立武序。」

【考釋】「大德庚子」，即大德四年（1300）。袁俊翁，字敏齋，袁州
人，生平無考。《四書疑節》十二卷，今有《四庫全書》本、《豫章
叢書》本（附民國魏元曠《校勘記》一卷及胡思敬《校勘續記》一
卷）、中山大學圖書館藏清抄本等。南京圖書館藏清吟雪山房抄本，
有丁丙跋，題名「新編待問集四書疑節十二卷」。

　　又，《四庫全書總目》卷三十六〈四書類二〉所撰是書提要云：
「《四書疑節》十二卷。元袁俊翁撰。俊翁字敏齋，袁州人。前有
黎立武、李應星序，又有彭元龍序二篇。應星、元龍序，皆稱『俊
翁』，獨立武序作『雋翁』，蓋傳寫字異也。其仕履無可考。立武序
稱以『重吾榜』，應星序亦稱『奕奕魁文』，知嘗首舉於鄉矣。立
武、應星序及元龍前一序，並側注『經史疑義』字。元龍後一序，又
側注『四書經疑』字。而卷首標題，則作『待問集四書疑節』，互相
參錯。考俊翁題詞，稱科目以《四書》設疑，以經史發策，因取《四
書》經史門分而類析之。蓋《待問集》者其總名，《經史疑義》、《四
書經疑》其中之子部。今《經史疑義》已佚，故序與書兩不相應也。
惟『疑節』之名不甚可解。卷首有『溪山家塾刊行』字，或重刻時
有所刪節，故改題曰『節』歟？朱彝尊《經義考》中載之，注曰『未
見』。此本猶從元版傳鈔，其例以《四書》之文互相參對為題，或似
異而實同，或似同而實異，或闡義理，或用考證，皆標問於前，列答
於後，蓋當時之體如是。雖亦科舉之學，然非融貫經義，昭晰無疑，
則格閣不能下一語，非猶夫明人科舉之學也。」

成宗大德五年　辛丑（1301年）

○孟夏，王惲題辭石鵬《四書家訓》

【出處】王惲《秋澗集》卷四十三〈義齋先生四書家訓題辭〉：「義齋
先生，姓石氏，諱鵬，字云卿。父璧，自五臺東徙唐封家焉。世傳儒
業，中戊戌選，終保定路勸農使。先生早以文行，師範一方。至元丙
子，用辭科魁多士，資純篤，恬於世味，惟閉戶讀書，務為無所不
窺，《四書》、《小學》尤所致力。集其所得，遂至成書，沉潛玩味者
有年。反復更易，初不去手，易簀際屬其子承義等曰：『吾平昔精力

盡在是書，藏之家塾，詒訓子孫，吾世其庶幾乎。」承宗奉遺命，以
敘引來請。僕憶提憲燕南時，按行屬縣，與先生有一日之雅，今雖衰
耄，忍慳一言，庸慰存沒。夫《四書》所載，性命道德之懿，修齊治
平之方，道統所由傳授，學者所以修習，推明天理，維持世教，如水
火菽粟，日用而不可闕。伊洛名公後，宋諸儒《集解》、《纂疏》論
之詳矣。近年上而公卿大夫，下而一邑一郡之士，例皆講讀，僉謂精
詣理極，不可加尚。先生復能沉浸濃鬱，含英咀華，發先儒之未及，
附己意之所見，自為一家之說，其學與志可謂勤而知所務矣。蓋士生
斯世，不可虛拘，出則行道濟時，隱則立言垂後，況性命之理，仁義
之端，非由外鑠，皆性分之所固有，職業之所當為，盡其在我者而
已。初無先後淺深之間，故子貢曰『文武之道，未墜於地，在人賢者
識其大者』，子夏亦云『君子之道孰先？傳焉。孰後？倦焉』，是則
先生著述之本意也。若祇以篤信好學，修辭明志，遺訓子孫，啟迪後
學，折衷聖賢，則義齋之名亦當傳聞於後，於是乎書。大德辛丑歲孟
夏吉日題。」

【考釋】大德辛丑歲，即成宗大德五年（1301）。石鵬生卒年不詳，
所著書又有《小學家訓》等。王惲（1227～1304），字仲謀，號秋
澗，衛州路汲縣(今河南衛輝市)人。元朝著名學者、詩人、政治
家，一生仕宦，剛直不阿，清貧守職，好學善文，有《秋澗集》一百
卷。

成宗大德六年　壬寅（1302年）

○六月十七日，張㙫卒

【出處】（元）吳澄《吳文正集》卷七十三〈張君墓碣銘〉：「六十
七，以疾終，大德壬寅六月十七日也，葬於揚子縣甘露鄉三城里蜀岡

之原。」（曰）今關壽麐《宋元明清儒學年表》以瑴之卒年在世祖至元三十一年（1294），曰：「張瑴（字達善，蜀之導江人）卒，受學王柏，學者稱曰導江先生。」

【考釋】今關壽麐所說張瑴卒年，與吳澄之說相隔八年，未知所據，今從吳氏之說。張瑴（1235～1302），字達善，其先四川導江（今四川灌縣）人。蜀亡，僑寓江左。關於其學術淵源，《元史・張瑴傳》載：「金華王柏，得朱熹三傳之學，嘗講道於臺之上蔡書院，從而受業焉。自「六經」、《語》、《孟》傳注，以及周、程、張氏之微言，朱子所嘗論定者，靡不潛心玩索，究極根柢。用功既專，久而不懈，所學益弘深微密，南北之士，鮮能及之。至元中，行臺中丞吳曼慶聞其名，延致江寧學官，俾子弟受業，中州士大夫欲淑子弟以朱子《四書》者，皆遣從瑴遊，或闢私塾迎之。其在維揚，來學者尤眾，遠近翕然，尊為碩師，不敢字呼，而稱曰導江先生。大臣薦諸朝，特命為孔、顏、孟三氏教授，鄒、魯之人，服誦遺訓，久而不忘。瑴氣宇端重，音吐洪亮，講說特精詳，子弟從之者，詵詵如也。其高第弟子知名者甚多，夾谷之奇、楊剛中尤顯。瑴無子。有《經說》及《文集》行世。吳澄序其書，以為議論正，援據博，貫穿縱橫，儼然新安朱氏之尸祝也。至正中，真州守臣以瑴及郝經、吳澄皆嘗留儀真，作祠宇祀之，曰三賢祠。」

又，《宋元學案》卷八十二列張瑴入〈北山四先生學案〉，述其學術云：「張瑴，字達善，其先蜀之導江人，僑寓江左。魯齋講學於上蔡書院，從而受業焉。至元中，中丞吳曼慶延至江寧學宮，俾子弟受業，時中州士大夫欲淑子弟以《四書集注》者，皆遣從先生遊，或辟私塾迎之。其在維、揚，來學者尤眾，稱曰導江先生，朝命為孔、顏、孟三氏教授。其所著書，草廬吳氏澄以為議論正，援據博，貫穿縱橫，儼然新安朱氏之尸祝也。」黃百家案曰：「吳正傳言：導江學

行於北方，故魯齋之名因導江而益著。蓋是時北方盛行朱子之學，然皆無師授，導江以四傳世嫡起而乘之，宜乎其從風而應也。」

成宗大德七年　癸卯（1303年）

○三月壬辰，金履祥卒

【出處】（元）柳貫《待制集》卷二十〈仁山先生金公行狀〉：「先生生於紹定壬辰三月丁酉，而卒於大德癸卯三月壬辰，得年七十二。」《元史·金履祥傳》：「履祥居仁山之下，學者因稱為仁山先生。大德中卒。元統初，里人吳師道為國子博士，移書學官，祠履祥於鄉學。至正中，賜諡文安。」（日）今關壽麿《宋元明清儒學年表》：「金履祥卒，年七十二。屏居金華山中，著《通鑑前編》及《論孟大學諸經傳》、《禮樂書注疏》，學者稱仁山先生。」

【考釋】金履祥（1232～1303），字吉父，婺之蘭溪（今浙江蘭溪市）人。其先本劉氏，後避吳越錢武肅王嫌名，更為金氏。履祥幼而敏睿，父兄稍授之書，即能記誦。長而勤學，博通群籍，事同郡王柏，從登何基之門。《元史》入〈儒學傳〉。《宋元學案》卷八十二〈北山四先生學案〉列履祥為「北山門人」、「魯齋（王柏）門人」，述其學術云：「凡天文、地形、禮樂、田乘、兵謀、陰陽、律曆之書，靡不畢究。已向濂洛之學，事同郡王魯齋，從登何北山之門。自是講貫益密，造詣益邃。德祐初，以迪功郎、史館編校起之，辭勿受。宋季，國勢阽危，任事者束手罔措，先生獨進奇策，請以舟師由海道直趨燕、薊，俾搗虛牽制，以解襄、樊之圍。其敘洋島險易，歷歷有據。時不能用。宋亡，屏舍金華山中，視世故泊如也。北山、魯齋之喪，先生率其同門之士，以義制服，觀者始知師弟子之禮。當時議者謂北山之清介純實似和靖，魯齋之高明剛正似上蔡，先生則兼得之二氏，

而並充於一己者也。居仁山之下，學者稱為仁山先生。諡曰文安。
所著《通鑑前編》二十卷、《大學章句疏義》二卷、《論語孟子集注
考證》十七卷、《書表注》四卷。」黃百家案曰：「仁山有《論孟考
證》，發朱子之所未發，多所抵牾。其所以牴牾朱子者，非立異以為
高，其明道之心，亦欲如朱子耳。朱子豈好同而惡異者哉！世為科舉
之學者，於朱子之言，未嘗不錙銖以求合也。乃學術之傳，在此而不
在彼，可以憬然悟矣。」徐遠和《理學與元代社會》視履祥為：「元
代北山學派的朱學幹城」，認為「金履祥的特別之處，在於他有為
《集注》作疏的自覺意識，並且將傳統的經學注疏方式移植於新上升
為儒家經典的《四書集注》。此後，繼作者汗牛充棟，而金履祥則是
始作俑者。」（人民出版社，1992年版，頁152）

又，《大學章句疏義》，（清）朱彝尊《經義考》卷一五七注曰
「未見」，（清）黃虞稷《千頃堂書目》卷二、（清）金門詔《補三史
藝文志》、（清）倪燦、盧文弨《補遼金元藝文志》、（清）錢大昕
《補元史藝文志》、《浙江通志・經籍二》等皆著錄。除金氏作「二
卷」外，各家皆作「一卷」。（明）朱睦㮮《授經圖義例》卷二十、
《續文獻通考》卷一五二書名皆作「大學疏義一卷」。《大學疏義》一
卷，今有《四庫全書》本、《金華叢書》本、《率祖堂叢書》本、《叢
書集成初編》本等。《論語孟子集注考證》，《浙江通志・經籍二》、
金氏《補三史藝文志》等作「論語孟子集注考證十七卷」。《經義考》
著錄「論語集注考證十卷」，「孟子考證」不具卷數。倪、盧《補遼
金元藝文志》、錢氏《補元史藝文志》、《續文獻通考・經籍考》、
《續通志・藝文略》等，皆分別著錄「論語集注考證十卷」、「孟子集
注考證七卷」。《論語集注考證》十卷、《孟子集注考證》七卷，今有
《四庫全書》本、《叢書集成初編》本、清雍正五年刻本等。《尚書表
注》，《經義考》卷八十四著錄《尚書表注》二卷，又著錄《尚書注》

十二卷，云：「張云章曰：《尚書表注》四卷，見於仁山先生本傳，
而無所謂《書注》十二卷者。按柳文肅貫撰〈行狀〉云，先生早歲所
注《尚書》，章釋句解，蓋指《書注》十二卷而言。此書為先生早年
所成，晚復掇其要而為《表注》也。」《授經圖義例》卷八、《浙江
通志·經籍一》、《續文獻通考·經籍考》、金氏《補三史藝文志》、
倪、盧《補遼金元藝文志》、錢氏《補元史藝文志》等，皆著錄。

成宗大德八年　　甲辰（1304 年）

○七月二十七日，陳櫟《中庸口義》成

【出處】陳櫟《定宇集·年表》曰：「八年甲辰，先生五十三歲，仍
館江潭。秋七月二十七日，《中庸口義》成，有序。」

【考釋】《中庸口義》一卷，（清）朱彝尊《經義考》注曰「未見」。
《定宇集》卷一〈中庸口義自序〉云：「程子曰：《中庸》一書始言一
理（指天命謂性言），中散為萬事（指其中說許多事，如達道達德、
九經、祭祀、鬼神之類皆是），末復合為一理（指無聲無臭言）。放
之則彌六合，卷之則退藏於密。其味無窮，皆實學也，其言約而盡
矣。朱子分為三十三章，而復截為三大段，其言曰：首章子思推本
所傳之意以立言，蓋一篇之體要，其下十章則引先聖之言，以明之
也（以性情言之曰中和，以德行言之曰中庸，其實一也。此是一大
段）。至十二章又子思之言，其下八章復以先聖之言明之（十二章明
道之體用，下章庸言庸行夫婦所知所能也，君子之道鬼神之德，舜文
武周公之事，孔子之言則有聖人所不知不能者矣。道之為用，其費如
此，然其體之微妙則非知道者孰能窺之，此所以明費而隱之義也。此
又是一大段）。二十一章以下至於卒章，則又皆子思之言，反覆推明
以盡所傳之意者也（二十一章承上章言誠，總言天道人道。二十二章

至三十二章分言天道、人道，卒章反言下學之始，以示入德之方，而遂言其所至其性命道教費隱誠明之妙，以終一篇之意，自人而入於天也，此又是一大段）。朱子之區別亦已精矣，至其揭一誠字以為一書之樞紐，則《或問》詳焉，尤學者所當熟，復而貫通者也。朱子又嘗曰：《中庸》之書難讀，初學者未能理會。中間多說無形，如鬼神，如天地等類，說得高，說下學處少，說上達處多。今按，說下學固少，而其中說下學處則甚切，如二十章『擇善固執』一條及二十七章『尊德性道問學』一條是也。且朱子亦嘗於序文提出『擇善固執，以配大舜精一之言，以見道統之相傳』，不外乎此矣。學者誠能據此以為用力之方，而以誠之一言貫通之，復如朱子所分之三大段以區別之，則所謂始言一理末復合為一理者，理皆見其為實理；中散為萬事者，事皆見其為實事。而所謂其味無窮皆實學也者，的為實學而非虛言矣。言下學處雖少，而皆提綱挈領切要之言；言上達處雖多，而亦豈渙散無統玄渺不可究詰之論哉？愚每患從學者未嘗精通夫《大學》、《語》、《孟》之三書，而遽欲及夫《中庸》之書。授以朱子之《章句》、《或問》，往往難入，不得已紬繹朱子之意而句解之，復述讀此書之大略於此云。大德八年甲辰七月二十有七日。」

成宗大德十一年　丁未（1307年）

○六月，命王約等節譯《大學衍義》

【出處】《元史・仁宗紀一》：「（五月）甲申，武宗即位。六月癸巳朔，詔立帝為皇太子，受金寶。遣使四方，旁求經籍，識以玉刻印章，命近侍掌之。時有進《大學衍義》者，命詹事王約等節而譯之，帝曰：『治天下，此一書足矣。』因命與《圖象孝經》、《列女傳》並刊行，賜臣下。」

【考釋】《續文獻通考・經籍考》云：「仁宗延祐四年四月，以《大學衍義》譯國語。先是，帝為太子時，有進《大學衍義》者，命詹事王約等節而譯之。帝曰：『治天下，此一書足矣。』因命與《圖象孝經》、《列女傳》並刊行，賜臣下。至是，翰林學士承旨和搭拉都哩默色、劉賡等譯《大學衍義》以進，帝復令翰林學士阿琳特穆爾譯以國語。五年八月，復以江浙省所印《大學衍義》五十部賜朝臣。」

○秋七月，加封孔子為大成至聖文宣王

【出處】《元史・武宗紀一》：「秋七月……辛巳，加封至聖文宣王為大成至聖文宣王。」（日）今關壽麿《宋元明清儒學年表》所載略同。（明）胡粹中《元史續編》卷六：「是歲，尊崇孔子為大成至聖文宣王。制曰：蓋聞先孔子而聖者，非孔子無以明；後孔子而聖者，非孔子無以法。所謂祖述堯舜，憲章文武，儀範百王，師表萬世者也。朕纂承丕緒，敬仰休風，循治古之良規，舉追封之盛典，可加大成至聖文宣王，遣使闕里，祀以太牢。於戲！父子之親，君臣之義，永惟至教之遵；天地之大，日月之明，奚馨名言之妙，尚資神化，祚我皇元，主者施行」《續文獻通考》卷四十八〈學校考〉所載略同。

【考釋】清《欽定國子監志》卷十一案曰：「漢平帝元始元年，始追諡子曰褒成宣尼公。魏太和十六年，改諡文聖尼父。北周大象二年，封鄒國公。唐乾封元年，贈太師。天授三年，封隆道公。神龍元年，諡曰文宣。開元二十七年，封文宣王。宋大中祥符元年，加諡元聖文宣王。五年，改諡至聖文宣王。至元武宗始，加大成之稱。考是時，武宗即位，尚未改元祭祀。至大元年七月者，非。今從《元史・本紀》載入。」

武宗至大四年　辛亥（1311年）

○吳澄升國子司業，教法與許衡異，主張先《五經》而後《四書》

【出處】（元）危素《臨川吳文正公年譜》：「四年辛亥，授文林郎國子司業。癸酉，上官尚書省臣伏誅，阿附得進者皆斥罷。中書省奏，升公司業。劉公賡縡侍御史拜集賢學士兼國子祭酒，問語諸生曰：「朝廷徒以吾舊臣，故自臺臣來領學事。主上作新斯文之意甚重，吾豈敢當？司業大儒，吾猶有所質問，時不可失，師不易遇，諸生其勉之！」公為取程淳公《學校奏疏》、胡文公《二學教法》及朱文公《貢舉私議》三者，斟酌去取，一曰「經學」。《易》、《詩》、《書》、《儀禮》、《周禮》、《禮記》（《大戴記》附）、《春秋》（《三傳》附），右諸經各專一經，並須熟讀經文，傍通諸家講說，義理度數，明白分曉。凡治經者要兼通《小學書》及《四書》；二曰「行實」。孝（於父母）、弟（在家弟於兄，在外弟於長）、睦（和於宗族）、婣（和於外姓之親）、任（厚於朋友）、恤（仁於鄉里以及眾人）；三曰『文藝』。古文、詩。四曰『治事』。選舉、食貨、禮儀、樂律、算法、吏文、星曆、水利，各於所習，讀《通典》、《刑統》、《算經》諸書。是為擬定教法。同列欲改課為試，行大學積分法。公謂教之以爭，非良法也，論議不合，遂有去志。」又：「皇慶元年壬子（元仁宗）正月，移疾去職。」

又（元）虞集《道園學古錄》卷四十四〈臨川先生吳公行狀〉：「（至大）四年，武皇賓天，仁宗即位，尚書省罷，先生升司業。」（元）揭傒斯《神道碑》：「仁宗即位，進司業，乃損益程淳公《學校奏疏》、胡文定公《大學教法》、朱文公《學校貢舉司議》，為教四條：一曰經學，二曰行實，三曰文藝，四曰治事。未及施行，為同列所嫉，一夕竟去。」《元史·吳澄傳》：「皇慶元年，升司業，用程純

公《學校奏疏》、胡文定公《六學教法》、朱文公《學校貢舉私議》，約之為教法四條：一曰經學，二曰行實，三曰文藝，四曰治事，未及行。又嘗為學者言：『朱子於道問學之功居多，而陸子靜以尊德性為主。問學不本於德性，則其敝必偏於言語訓釋之末，故學必以德性為本，庶幾得之。』議者遂以澄為陸氏之學，非許氏尊信朱子本意，然亦莫知朱、陸之為何如也。澄一夕謝去，諸生有不謁告而從之南者。俄拜集賢直學士，特授奉議大夫，俾乘驛至京師，次真州，疾作，不果行。」（日）今關壽麐《宋元明清儒學年表》：「吳澄為國子司業，用程純公《學校奏疏》、胡文定公《六學教法》、朱文公《學校貢舉私議》，約為教法四條。」

【考釋】據危素《年譜》及虞集《行狀》，吳澄升國子司業、定教法四條事在武宗至大四年。《元史》本傳以為在仁宗皇慶元年，蓋據揭傒斯《神道碑》之說。

仁宗皇慶元年　壬子（1312年）

○是年或之後，吳澄序劉惟思《中庸簡明傳》

【出處】吳澄《吳文正集》卷二十〈中庸簡明傳序〉：「《中庸》，傳道之書也。漢儒雜之於記《禮》之篇，得存於今者，幸爾。程子表章其書，以與《論語》、《孟子》並，然蘊奧難見，讀者其可易觀哉！程子數數為學者言，所言微妙深切，蓋真得其傳於千載之下者，非推尋測度於文字間也。至其門人呂、游、楊、侯，始各有注。朱子因之，著《章句》、《或問》，擇之精，語之詳矣。唯精也，精之又精鄰於巧；唯詳也，詳之又詳流於多。其渾然者巧則裂，其粲然者多則惑。雖然，此其疵之小也，不害其為大醇。廬陵劉君惟思良貴，甫以朱子《章句》講授，考索玩繹五六十年，年八十乃纂其平日教人者，筆之

於紙。辭簡義明，仿夫子說〈烝民〉詩之法，始學最易於通習，惠不淺也。夫漢儒說稽古累數萬言，而鄭康成於《中庸》二十九字，止以十二字注之，朱子深有取焉。然則良貴父之簡明，是亦朱子意也，而見之不同者不曲徇。澄少讀《中庸》，不無一二與朱子異，後觀饒氏伯興父，所見亦然，恨生晚，不獲就質正。今良貴父，吾父行也。皇慶元年夏，其子秘書監典簿復初官滿南歸，相遇於東淮，出其父書以示，澄讀之竟，既知先輩用功之不苟，而良貴父亦已下世，疇昔所願質正於伯興父者，今又不獲從良貴父，而訂定三人之不同，各有不同三，卒未能以合於一也，則又烏乎不悵焉以悲。故為識其左，而還其書於典簿氏。」

【考釋】《中庸簡明傳》一卷，（清）朱彝尊《經義考》注曰「佚」。劉惟思，字良貴，廬陵人，生平事跡不詳。吳澄作序確切時間無考，然當在「皇慶元年夏」或之後。

仁宗皇慶二年　癸丑（1313年）

○六月甲申，以周、張、二程、許衡等從祀孔子廟廷

【出處】《元史・仁宗紀一》：「六月……甲申，建崇文閣於國子監……以宋儒周敦頤、程顥、顥弟頤、張載、邵雍、司馬光、朱熹、張栻、呂祖謙及故中書左丞許衡從祀孔子廟廷。」《元史・祭祀志五・宣聖》：「皇慶二年六月，以許衡從祀，又以先儒周敦頤、程顥、程頤、張載、邵雍、司馬光、朱熹、張栻、呂祖謙從祀。」（日）今關壽麿《宋元明清儒學年表》：「立崇文館於國子監，從祀周敦頤、程顥、顥弟頤、張載、邵雍、司馬光、朱熹、張栻、呂祖謙、許衡於孔廟。」

【考釋】清《欽定國子監志》卷十二〈祀位二〉案曰：「周子等九

人，南宋俱經詔祀，而復有是命者，以元初制未祀也。」（清）秦蕙田《五禮通考》卷一一九云：「明沈氏佳辨《大學衍義補》元儒許魯齋不宜從祀議：魯齋先生有扶世教之大功，有衛道統之實學，涵養深邃，踐履篤實，其言明白純粹，光輝日新，真有合於孔孟之學，得統於伊洛之傳者，真西山之後一人而已。觀其仕元，勸世祖不宜伐宋，臨終惓惓，猶以不得行道為歉，此其出處之正，志概之大，亦可想見矣。故明儒薛瑄屢極稱之，以之從祀孔廟，誰其有遺議焉？邱氏妄肆譏詆，謬矣。」

○十一月，下詔重行科舉，定科目，從《四書》、《五經》內出題

【出處】《元史·選舉志一·科目》：「至仁宗皇慶二年十月，中書省臣奏：『科舉事，世祖、裕宗累嘗命行，成宗、武宗尋亦有旨，今不以聞，恐或有沮其事者。夫取士之法，經學實修己治人之道，詞賦乃摛章繪句之學，自隋、唐以來，取人專尚詞賦，故士習浮華。今臣等所擬將律賦省題詩小義皆不用，專立德行明經科，以此取士，庶可得人。』帝然之。十一月，乃下詔曰：『惟我祖宗以神武定天下，世祖皇帝設官分職，征用儒雅，崇學校為育材之地，議科舉為取士之方，規模宏遠矣。朕以眇躬，獲承丕祚，繼志述事，祖訓是式。若稽三代以來，取士各有科目，要其本末，舉人宜以德行為首，試藝則以經術為先，詞章次之。浮華過實，朕所不取。爰命中書，參酌古今，定其條制。其以皇慶三年八月，天下郡縣，興其賢者能者，充賦有司，次年二月會試京師，中選者朕將親策焉。具合行事宜於後：科場，每三歲一次開試。舉人從本貫官司於諸色戶內推舉，年及二十五以上，鄉黨稱其孝悌，朋友服其信義，經明行修之士，結罪保舉，以禮敦遣，貢諸路府。其或徇私濫舉，並應舉而不舉者，監察御史、肅政廉訪司體察究治。考試程式：蒙古、色目人，第一場經問五條，《大

學》、《論語》、《孟子》、《中庸》內設問，用朱氏章句集注。其義理精明，文辭典雅者為中選。第二場策一道，以時務出題，限五百字以上。漢人、南人，第一場明經、經疑二問，《大學》、《論語》、《孟子》、《中庸》內出題，並用朱氏章句集注，復以己意結之，限三百字以上。經義一道，各治一經，《詩》以朱氏為主，《尚書》以蔡氏為主，《周易》以程氏、朱氏為主，已上三經，兼用古注疏，《春秋》許用《三傳》及胡氏《傳》、《禮記》用古注疏，限五百字以上，不拘格律。第二場古賦詔誥章表內科一道，古賦詔誥用古體，章表四六，參用古體。第三場策一道，經史時務內出題，不矜浮藻，惟務直述，限一千字以上成。蒙古、色目人，願試漢人、南人科目，中選者加一等注授。蒙古、色目人作一榜，漢人、南人作一榜。第一名賜進士及第，從六品，第二名以下及第二甲，皆正七品，第三甲以下，皆正八品，兩榜並同。』」《元史·仁宗紀一》：「（十一月）甲辰，行科舉。詔天下以皇慶三年八月，天下郡縣興其賢者、能者，充貢有司，次年二月，會試京師，中選者親試於廷，賜及第出身有差。帝謂侍臣曰：『朕所願者，安百姓以圖至治，然匪用儒士，何以致此。設科取士，庶幾得真儒之用，而治道可興也。』」（日）今關壽麿《宋元明清儒學年表》：「詔以科舉取士。」又，《大元聖政國朝典章·禮部》卷之四《學校一·儒學》、《通制條格》卷五〈科舉〉、（明）陳邦瞻《元史紀事本末》卷八〈科舉學校之制〉等亦有較詳記載。

【考釋】頒定重行科舉詔書，在皇慶二年；正式開科取士，在延祐二年。參延祐二年「春三月，廷試進士」條。（清）皮錫瑞《經學歷史》〈九、經學積衰時代〉云：「漢學至鄭君而集大成，於是鄭學行數百年；宋學至朱子而集大成，於是朱學行數百年。懿彼兩賢，師法百祀。其巍然為一代大宗者，非特以學術之閎通，實由制行之高卓也。以經學論，鄭學、朱學皆可謂小統一時代。鄭學統一，惟北學為

然；所謂寧道孔孟誤，諱言鄭、服非；若南學，則兼用偽孔、王、杜，而不盡宗鄭、服；是猶未得為統一也。朱學統一，惟南方最早。金元時，程學盛於南，蘇學盛於北。北人雖知有朱夫子，未能盡見其書。元兵下江漢，得趙復，朱子之書始傳於北。姚樞、許衡、竇默、劉因輩翕然從之。於是元仁宗延祐，定科舉法，《易》用朱子《本義》，《書》用蔡沈《集傳》，《詩》用朱子《集傳》，《春秋》用胡安國《傳》，惟《禮記》猶用《鄭注》，是則可謂小統一矣。尤可異者，隋平陳而南並於北，經學乃北反並於南；元平宋而南並於北，經學亦北反並於南。論兵力之強，北常勝南；論學力之盛，南乃勝北。隋、元前後遙遙一轍，是豈優勝劣敗之理然歟？抑報復循環之道如是歟？」（中華書局，2004年版，頁203～204）

仁宗延祐元年　甲寅（1314年）

○三月甲午，虞集序程復心《四書章圖纂釋》

【出處】（清）朱彝尊《經義考》卷二五五：「虞集序曰：右《四書章圖纂要》者，新安程君復心之所著也。其為書也，蓋取朱子《論語孟子集注》、《大學中庸章句》之說，有對待者，若體用、知行之類；有相反者，若君子小人、義利之類；有成列者，若學問辨思行之類，隨義立例，章為之圖，以究朱子為書之旨，其意可謂勤且切矣。皇慶二年，有司以君與書薦於朝，明年，以徽州路儒學教授致仕而歸，年才六十耳。間出其書以示集，使集議之，集曰：昔之為圖者，蓋未始有書也，姑假夫奇偶之畫，以擬其不測之跡，而著可見之象，引其方圓逆順之體，而極夫消息變化之妙，簡奧微妙，未易知也。後聖後賢有作，然後推以立言，而天地人之蘊盡矣，則書固所以明圖者也。今君之圖，則又以明夫書者也。蓋孔門諸子敘述夫子所言，與曾子、子

思、孟子之所述，煥乎大哉，昭如日星。又有周子、二程子、張子與其門人弟子相與講明之，聖賢之微言大義，豈復有不盡者哉？及朱子為之《集注》、《章句》，然後會眾說而歸於一，其所以極博約之功者，千古所未有也。凡終始本末之說，內外精粗之辨，條分縷析，粲然有序。今其書家藏而人讀之，然而習之而不察者，猶眾也。夫舍朱子之言，則何以知《四書》之旨？然非有以貫通其條理而分別其節目，則朱子立言之意又何以得之也哉？然則君之為圖也，可謂有功於考亭，有補於同志者矣。集不敏，三復三歎，敬識而歸之。雖然，集嘗聞之曰，書不盡言，圖不盡意；又曰，體用一原，顯微無間。嗚呼！安得因子之圖以得言而忘圖，因言以得意而忘言者，而與之共論此乎？延祐元年三月甲午。」

【考釋】程復心，《元儒考略》卷四考其事跡云：「程復心，字子見，婺源人。自幼沉潛理學，會輔氏、黃氏之說而折衷之，章為之圖，圖為之說。書成，名曰《四書章圖總要》。仕元，為徽州路教授，後以母老辭歸。」《江南通志·儒林二》曰：「師朱洪範，友胡炳文，嘗著《四書章圖》，又著《纂釋》二十卷，以發濂洛諸儒之旨。至大間行省獻其書於朝，薦授徽州路教授。」《續通志》載其有《孔子論語年譜》、《孟子年譜》，《續文獻通考》卷一六四案曰：「此二書為曹溶《學海類編》所載，疑出偽撰。」《宋元學案補遺》卷二十六〈潛庵學案補遺〉列為「輔氏私淑」。是書書名、卷數不一，（清）朱彝尊《經義考》注曰：「四書章圖二十二卷，存。」（明）焦竑《國史經籍志》、（清）金門詔《補三史藝文志》題名「四書章圖纂釋二十二卷」。（清）黃虞稷《千頃堂書目》題名「四書章圖隱括總要發義二卷，又纂釋二十卷」，注曰：「取文公《四書集注》，分章析義，各布為圖。又取《語錄》諸書，辨證同異，增損詳略，名曰《纂釋》。」（清）倪燦、盧文弨《補遼金元藝文志》題名「四書章圖隱括總要發

義二卷，又四書纂釋二十卷」。（清）錢大昕《補元史藝文志》題名
「四書章圖二十二卷，又四書章圖隱括總要發義二」。《四書章圖纂
釋》二十卷，據《中國古籍善本書目》，今有北京圖書館、山東省博
物館藏元刻殘本，存六卷，含《中庸》一卷、《孟子》一至二卷、五
至七卷。

○韓性崇朱氏之學，推《四書》、《六經》

【出處】《元史·韓性傳》：「延祐初，詔以科舉取士，學者多以文法
為請，性語之曰：『今之貢舉，悉本朱熹《私議》，為貢舉之文，不
知朱氏之學，可乎？《四書》、《六經》，千載不傳之學，自程氏至朱
氏，發明無餘蘊矣，顧行何如耳。有德者必有言，施之場屋，直其
末事，豈有他法哉。』凡經其口授指畫，不為甚高論而義理自勝，不
期文之工而不能不工，以應有司之求，亦未始不合其繩尺也。士有一
善，必為之延譽不已，及辨析是非，則毅然有不可犯之色。」

【考釋】韓性此語具體時間無考，然必在延祐元年之後，故置此處。
韓性（1266～1341），字明善，浙江紹興人。天資警敏，九歲通《小
戴禮》，作大義，操筆立就，宿儒驚異。及長，博綜群籍，自經史至
諸子百氏，靡不通貫，而於儒先性理之說，尤深造其閫域。其為文
辭，博達俊偉，變化不測，自成一家言。四方學者，受業其門。年七
十六而卒，朝廷賜諡莊節先生。所著有《禮記說》四卷，《詩音釋》
一卷，《書辨疑》一卷，《郡志》八卷，《文集》十二卷。《元史》入
《儒學傳》。《宋元學案》卷六十四〈潛庵學案〉入「恂齋家學」，卷
八十五《深寧學案》入「深寧學侶」。

○程鉅夫序程復心《四書章圖纂釋》

【出處】（清）朱彝尊《經義考》卷二五五：「程鉅夫序曰：夾漈鄭氏

謂古者書必有圖，然稍見於「六經」傳注之家，惟車服名數而已。余
少學於臨川，見雙峰饒氏《大學中庸圖》，始識古人立圖之意，去今
又五十餘年，乃得吾宗子見《四書圖》。章為之圖，圖為之釋，有本
有末，有終有始，如天之文、地之理，莫不合於自然，非深得古人之
意不能也。世之譚神仙、學金鼎者，猶必假圖說以達其旨，況為聖人
之道者哉？此圖之與書必不可已者也。子見書既成，上之朝，將畀之
秩，慨然曰：『凡吾所以至此者，非以進取為也，欲俾天下知有吾書
也。吾親老矣，吾歸養吾親，復何求哉？』即以為鄉郡教授致仕。嗚
呼！此所以為古人之學也。余既不能為子見留，乃序以送之。延祐改
元，歲在甲寅。」

【考釋】程鉅夫(1249～1318)，名文海，字鉅夫，號雪樓。避武宗廟
諱，以字行。其先，自徽州（今安徽歙縣）徙郢州京山（今湖北京
山），後家建昌（今江西永修）。世祖時授宣武將軍管軍千戶，大德
八年（1304）拜翰林學士。追封楚國公，諡文憲。 夫宏才博學，工
詩能文，有《雪樓集》三十卷。

仁宗延祐二年　乙卯（1315年）

○春三月，廷試進士

【出處】《元史・選舉志一・科目》：「延祐二年春三月，廷試進士，
賜護都答兒、張起岩等五十有六人，及第、出身有差。五年春三月，
廷試進士護都達兒、霍希賢等五十人。」（明）陳邦瞻《元史紀事本
末》卷八〈科舉學校之制〉所載略同。《元史・選舉志一・序》：「元
初，太宗始得中原，輒用耶律楚材言，以科舉選士。世祖既定天下，
王鶚獻計，許衡立法，事未果行。至仁宗延祐間，始斟酌舊制而行
之，取士以德行為本，試藝以經術為先，士褎然舉首應上所求者，

皆彬彬輩出矣。」（日）今關壽麿《宋元明清儒學年表》:「始會試京
師。」

【考釋】關於有元一代廷試進士情況，《元史・選舉志一・科目》
載:「至治元年春三月，廷試進士達普化、宋本等六十有四人。泰定
元年春三月，廷試進士捌剌、張益等八十有六人。四年春三月，廷試
進士阿察赤、李黼等八十有六人。天歷三年春三月，廷試進士篤列
圖、王文燁等九十有七人。元統癸酉科，廷試進士同同、李齊等，復
增名額，以及百人之數。稍異其制，左右榜各三人，皆賜進士及第，
餘賜出身有差。科舉取士，莫盛於斯。後三年，其制遂罷。又七年而
復興，遂稍變程式，減蒙古、色目人明經二條，增本經義。易漢、南
人第一場《四書》疑一道為本經疑，增第二場古賦外，於詔誥、章表
內又科一道。此有元科目取士之制，大略如此。」

◯秋八月，更定國子學貢試之法，講說《四書》、《五經》

【出處】《元史・選舉志一・學校》:「仁宗延祐二年秋八月，增置生
員百人，陪堂生二十人，用集賢學士趙孟頫、禮部尚書元明善等所議
國子學貢試之法更定之。一曰升齋等第。六齋東西相向，下兩齋左曰
遊藝，右曰依仁，凡誦書講說、小學屬對者隸焉。中兩齋左曰據德，
右曰志道，講說《四書》、課肄詩律者隸焉。上兩齋左曰時習，右曰
日新，講說《易》、《書》、《詩》、《春秋》科，習明經義等程文者隸
焉。每齋員數不等，每季考其所習經書課業，及不違規矩者，以次遞
升。二曰私試規矩。漢人驗日新、時習兩齋，蒙古色目取志道、據德
兩齋，本學舉實歷坐齋二周歲以上，未嘗犯過者，許令充試。限實歷
坐齋三周歲以上，以充貢舉。漢人私試，孟月試經疑一道，仲月試經
義一道，季月試策問、表章、詔誥科一道。蒙古、色目人，孟、仲月
各試明經一道，季月試策問一道。辭理俱優者為上等，準一分。理優

辭平者為中等，準半分。每歲終，通計其年積分，至八分以上者升充高等生員，以四十名為額，內蒙古、色目各十名，漢人二十名。歲終試貢，員不必備，惟取實才。有分同闕少者，以坐齋月日先後多少為定。其未及等，並雖及等無闕未補者，其年積分，並不為用，下年再行積算。每月初二日蚤旦，圓揖後，本學博士、助教公座，面引應試生員，各給印紙，依式出題考試，不許懷挾代筆，各用印紙，真楷書寫，本學正、錄彌封謄錄，餘並依科舉式，助教、博士以次考定。次日，監官覆考，於名簿內籍記各得分數，本學收掌，以俟歲終通考。三曰黜罰科條。應私試積分生員，其有不事課業及一切違戾規矩者，初犯罰一分，再犯罰二分，三犯除名，從學正、錄糾舉，正、錄知見而不糾舉者，從本監議罰之。應已補高等生員，其有違戾規矩者，初犯殿試一年，再犯除名，從學正、錄糾舉之，正、錄知見而不糾舉者，亦從本監議罰之。應在學生員，歲終實歷坐齋不滿半歲者，並行除名。除月假外，其餘告假，並不准算。學正、錄歲終通行考校應在學生員，除蒙古、色目別議外，其餘漢人生員三年不能通一經及不肯勤學者，勒令出學。其餘責罰，並依舊規。」《新元史・選舉志一》所載略同。

【考釋】（清）秦蕙田《五禮通考》卷一七一〈學禮〉曰：「蕙田案：明代六堂積分之法，蓋取於此，然其法實始於宋。《宋史・選舉志》：嘉定十四年詔，歲終取外舍生，校最優者一人升內舍。而咸淳中，外舍生晏泰亨以七分三厘乞理為第三優，朝命不許，遂申嚴學法。今後及八分者方許，歲校三名，即所謂積分也。」

仁宗延祐三年　丙辰（1316年）

○秋七月，以顏、曾、思、孟配享先聖

【出處】《元史‧祭祀志五‧宣聖》：「延祐三年秋七月，詔春秋釋奠於先聖，以顏子、曾子、子思、孟子配享。封孟子父為邾國公，母為邾國宣獻夫人。」《山東通志》卷十一之三〈闕里志三〉所載略同。

【考釋】清《欽定國子監志》卷十三云：「謹案：自唐以後，聖門諸弟子配享廟者，惟顏子侑食殿上。至宋度宗咸淳三年，始升曾子、子思、孟子並配。自後，江南諸路學廟皆行之，是為四配之始。元循金舊，京師與河北諸路府學皆左顏右孟，與夫子並居南面。至是，以南北異禮，乃依宋制升曾子、子思為四配，並列夫子之左，而虛其右隅，以避古者神位之方。迨文宗至順元年，復以先師父叔梁公未加諡號，因褒封聖父為啟聖王，並加稱四子為復聖顏子、宗聖曾子、述聖子思子、亞聖孟子之號。稱名允協，尤足見有元一代典章云。」又，《續文獻通考》卷四十八〈學校考〉云：「延祐三年六月朔，封孟子父為邾國公，母為邾國宣獻夫人。至文宗至順三年，改封孟子父為邾國公，母為邾國夫人。」

○陳天祥卒

【出處】（元）張養浩《歸田類稿》卷十〈陳公神道碑銘〉：「天不憖遺，延祐三年四月二十六日，得疾薨，正寢，享年八十有七。葬其里嘉禾鄉之蔣氏邨，贈資德大夫、中書左丞、上護軍，追封潁川郡公，諡文靖。」《元史‧陳天祥傳》：「延祐三年四月，卒於家，年八十。累贈推忠正義全德佐理功臣、河南江北等處行中書省平章政事，追封趙國公，諡文忠。」

【考釋】陳天祥（1230～1316），字吉甫，其先趙州寧晉（今河北大

名）人，因兄陳天祐總管河南而徙家洛陽。歷任監察御史、奉訓大
夫、吏部郎中、治書侍御史、朝請大夫等職，頗受仁宗器重。曾被
害入獄，堅強不屈，凡幽四百餘日，惟取《四書》環披遍考，心究
而身體之。後會赦乃出。著《四書選注》二十六卷、《四書辨疑》十
五卷、《田居集》八卷等。《元史》有傳。《元史》作「年八十」，與
張養浩說不一，《元史》中華書局一九七六年標點本〈校勘記〉云：
「按《張文忠集》卷一八〈陳天祥神道碑銘〉作『享年八十有七』，
道光本據補『七』字。」今從張氏之說。

　　又，《四書辨疑》（又名《四書集注辨疑》）十五卷，各家多有
著錄。關於是書，需考證者三：其一，據張養浩〈陳公神道碑銘〉：
「（至元）二十三年（1286年）四月，拜治書侍御史，出核湖廣省出
納。道鄂，聞行省臣約蘇穆爾倚中有援，橫無所忌，乃發其奸利十數
奏。未下，私繫公獄，摧脅百至，而公恬不為動。凡幽四百餘日，惟
取《四書》環披遍，考心究而身體之。有所疑即著論以辨略，不以死
生禍福纖介。後會赦乃出。此處「有所疑即著論以辨略」者，所成即
為《四書辨疑》，大概成書於至元二十三年至二十八年（1291）間，
此時陳天祥年齡當在六十歲左右。其二，（清）朱彝尊《經義考》卷
二五四云：「是書專辨《集注》之非。曾見吳中範檢討必英藏本，乃
元時舊刻，不著撰人姓氏。……又按，蘇伯修撰〈安熙行狀〉曰：
『國初有傳朱子《四書集注》至北方者，濟南王公雅以辨博自負，為
說非之，趙郡陳氏獨喜其說，增多至若干言。及來為真定廉訪使，
出其書以示人，先生懼焉，為書以辨之，其後陳公深悔而焚其書。』
《元史》列傳亦云然，則范氏所藏乃陳氏焚餘本也」，則朱氏以焚稿
之事屬實。《四庫全書總目》卷三十六不以為然，云：「天爵又謂安
熙為書以辨之，其後天祥深悔而焚其書。今此本具存，或天爵欲張大
其師學，所言未足深據也。」其三，元代以「四書辨疑」名書者不惟

陳天祥一家，朱彝尊《經義考》卷二五四云：「《四書辨疑》，元人凡有四家：云峰胡氏（炳文），偃師陳氏（天祥），黃岩陳成甫氏（紹大）、孟長文氏（夢恂）。是書專辨《集注》之非……繹注中語，於『置郵傳命』曰：『今之傳舍曰館驛，亦曰馬站，又曰馬鋪，步遞之舍曰急遞鋪。中原多事之日，曾三十里置一馬鋪，大概十里一鋪為常。』於『魯平公將出』章，據中原古注本以定南方本傳寫之誤。又曰『自宋氏播遷江表，南北分隔才一百五六十年，經書文字已有不同』云云。成甫、長文並浙人，注辭不類。若云峰《四書通》一宗朱子，不應互異，其為偃師陳氏之書無疑。」由此可知，即使以「辨疑」為名亦未必排朱，但陳天祥《四書辨疑》與胡炳文等不同，顯然不屬宗朱一派。

仁宗延祐四年　丁巳（1317年）

○四月，以《大學衍義》譯國語

【出處】《續文獻通考・經籍考》：「仁宗延祐四年四月，以《大學衍義》譯國語。」

【考釋】事情原委，《續文獻通考・經籍考》云：「先是，帝為太子時，有進《大學衍義》者，命詹事王約等節而譯之。帝曰：『治天下，此一書足矣。』因命與《圖象孝經》、《列女傳》並刊行，賜臣下。至是，翰林學士承旨和搭拉都哩默色、劉賡等譯《大學衍義》以進，帝復令翰林學士阿琳特穆爾譯以國語。五年八月，復以江浙省所印《大學衍義》五十部賜朝臣。」

○陳櫟編《四書發明》

【出處】陳櫟《定宇集・年表》：「四年丁巳，先生六十六歲，在瑠溪

館，編《四書發明》。」

【考釋】《四書發明》三十八卷，一作「二十八卷」，今佚。《宋元學案・滄洲諸儒學案下》列陳氏為「草窗門人」，述其事跡曰：「陳櫟，字壽翁，一字定宇，晚稱東阜老人，徽之休寧人。學以朱子為宗。所著有《百一易略》、《四書發明》、《書傳纂疏》、《禮記集義》等書。時雙湖、東阜最稱宿儒。延祐初，詔以科舉取士，有司強之鄉闈，中選，竟不復赴禮部。先生性孝友剛介，日用之間，動中禮法，善誘學者，江東士人就學草廬者，盡遣而歸。先生年八十三卒。」

仁宗延祐五年　戊午（1318年）

○夏五月，賜敬儼《大學衍義》

【出處】《元史・敬儼傳》：「五年夏五月，拜中書參知政事，臺臣復奏留之。儼亦陛辭，不允。賜《大學衍義》及所服犀帶。每入見，帝以字呼之，曰威卿而不名，其見禮遇如此。」（清）徐乾學《資治通鑑後編》卷一六五、《新元史・敬儼傳》所載略同。

【考釋】敬儼，字威卿，易州（今河北易縣）人。初為中書省掾史，大德間授吏部主事，擢吏部員外郎，拜監察御史，歷御史臺都事、山北廉訪副使、右司郎中。至大間擢江南御史臺治書侍御史，改轉運使，入為戶部尚書。皇慶二年（1313），拜江南行省參政。延祐五年（1318），拜中書參政，告老歸。天歷元年（1328），起為中書平章政事，以傷足告歸。至正初卒，諡文忠。事具《元史》本傳。

○九月己卯，賜朝臣《大學衍義》

【出處】《元史・仁宗紀三》：「九月……己卯，以江浙省所印《大學衍義》五十部賜朝臣。」

【考釋】《續文獻通考・經籍考》所言月份與《元史》小異，云：「五年八月，復以江浙省所印《大學衍義》五十部賜朝臣。」

仁宗延祐七年　庚申（1320年）

○十二月乙卯，忽都魯都兒迷失譯進《大學衍義》

【出處】《元史・英宗紀一》：「十二月……乙卯……翰林學士忽都魯都兒迷失譯進宋儒真德秀《大學衍義》，帝曰：『修身治國，無逾此書。』賜鈔五萬貫……丁卯……以《大學衍義》印本頒賜群臣。」（日）今關壽麿《宋元明清儒學年表》：「忽都魯兒譯《大學衍義》。」《新元史・英宗紀》所載略同。

【考釋】此為英宗時事，其時仁宗已崩。仁宗亦曾令以國語譯《大學衍義》並頒賜群臣，參延祐四年「四月，以《大學衍義》譯國語」條及延祐五年「九月，賜朝臣《大學衍義》」條。

○十二月，耶律有尚卒

【出處】（元）蘇天爵《滋溪文稿》卷七〈耶律文正公神道碑銘〉：「公享年八十有五，以延祐七年冬十二月某甲子告薨於家，制贈資德大夫、河南江北等處行中書省右丞、上護軍，追封漆水郡公，諡文正。以至治元年春三月丙申，葬須城縣登賢鄉執政里之原。」《元史・耶律有尚傳》：「有尚既以年老，力請還家，朝廷復頒楮幣七千緡，即其家賜之。卒年八十六，賜諡文正。」《宋元學案》卷九十〈魯齋學案〉：「年八十五卒，諡文正。」

【考釋】《元史》本傳言有尚卒年八十六，與蘇說不同，今從蘇說。耶律有尚（1246～1320），字伯強，遼東丹王十世孫。祖父在金世嘗官於東平（今山東東平縣），因家焉。《宋元學案》卷九十〈魯齋學

案〉列為「魯齋門人」，云：「受業許魯齋之門，號稱高第弟子。邃
於性理，儀容詞令，動中規矩。至元八年，召為太學齋長。魯齋歸，
以先生為助教，嗣領其學事。除秘書監丞，出知薊州。自先生既去，
而國學事頗廢，廷議為非先生無足以繼魯齋者，遂除國子司業。升國
子祭酒。前後五居國學，為師表者數十年，海內宗之，一如魯齋。」

又，《元史》本傳載：「有尚前後五居國學，其立教以義理為
本，而省察必真切。以恭敬為先，而踐履必端慤。凡文詞之小技，綴
緝雕刻，足以破裂聖人之大道者，皆屏黜之。是以諸生知趨正學，崇
正道，以經術為尊，以躬行為務，悉為成德達材之士。大抵其教法一
遵衡之舊，而勤謹有加焉。身為學者師表者數十年，海內宗之，猶如
昔之宗衡也。」

英宗至治元年　辛酉（1321年）

○二月，袁俊翁自序《四書疑節》

【出處】文淵閣《四庫全書》本《四書疑節》書前袁氏〈自序〉：「強
學待問，儒者分內事也。頃科場文興，文臺以經史疑為課習。愚生平
癖嗜研究之學，庠序書考，有問必對。科目行，首以《四書》設疑，
次以經史策。公試私課，時與門生兒子相講肄，積而之久，稿帙滋
繁。暇日，因取新舊稿合而為一，《四書》、經史門分而類析之。問
舉其綱，答提其要，往往首尾有未完，脈絡有未貫，姑存大略耳，編
成總題曰《待問集》。時至治改元中和日，鈐北晚學袁俊翁書。」
【考釋】「至治改元」，即指元英宗至治元年（1321）。「中和日」，據
《新唐書·李泌傳》，唐德宗貞元五年（789），下詔廢除正月晦日之
節，以二月初一為中和節。是日民間以青囊盛百穀瓜果種互相贈送，
稱為獻生子。里閭釀宜春酒以祭勾芒神祈求豐年，百官進農書表示務

本。袁俊翁及《四書疑節》，參大德四年「黎立武序袁俊翁《四書疑節》條」。

英宗至治二年　壬戌（1322年）

○八月，袁桷序龔霆松《四書朱陸會同》

【出處】（元）袁桷《清容居士集》卷二十一〈龔氏四書朱陸會同序〉：「五經專門之說不一，既定於石渠、鴻都，嗣後學者靡知有異同矣。《易》學以辭象變占為主，得失可稽也。王輔嗣出，一切理喻，漢學幾於絕息。宋邵子、朱子震始申言之，後八百餘年而始興者也。《春秋》家劉歆尊左氏，杜預說行，公、穀廢不講。啖、趙出，聖人之旨微見，劉敞氏、葉夢得氏、呂大圭氏，其最有功者也。尊王褒貶，則幾於贅，是千餘年而始著者也。《書》別於今文、古文，晉世相傳，馴致後宋時，則有若吳棫氏、趙汝談氏、陳振孫氏，疑焉有考，過千百年而能獨明者也。《詩》本於大小〈序〉，諸家詩已廢，毛公說尊，獨蘇轍氏始刪，鄭樵氏悉去之，朱子祖之，此又幾二千年而置議焉者。《三禮》守鄭玄氏《正義》，皆旁證曲附，唐趙匡氏始知其非，宋諸儒駁鄭幾不能以立，甚者疑《周官》非聖人書。卓識獨見，雖逾千百世，互萬古而不泯，是則寧能以一時定論為是哉？曩朱文公承絕學之傳，其〈書序〉疑非西京，於《孝經》則刊誤焉，《詩》去其序，《易》異程氏，《中庸》疑於龜山楊氏。程、楊、朱子，本以傳授者也，審為門弟子，世固未有以病文公也。陸文安公生同時，仕同朝，其辨爭者，朋友麗澤之益，朱陸書牘具在。不百餘年，異黨之說興，深文巧辟而為陸學者，不勝其謗，屹然墨守，是猶以泥丸而障流，杯水而止燎，何益也？淳祐中，番易湯中氏合朱陸之說，至其猶子端明文清公漢，益闡同之，足以補兩家之未備。抑又聞

之，當寶慶、紹定間，黃公榦在，朱子門人不敢以先人所傳為別錄。
黃既死，誇多務廣，有《語錄》焉，有《語類》焉，望塵承風，相與
刻梓，而二家矛盾大行於南北矣。廣信龔君霆松始發憤為《朱陸會
同》，舉要於《四書》，集陸子及其學者所講授，俾來者有考。刪繁
會精，予於龔君復有望焉。夫事定於千百年，則罔有異論，故歷舉興
廢之說若是。噫！龔君之書，有俟於後若予言，亦殆將得以同傳也。
至治二年八月辛未袁桷序。」

【考釋】龔霆松，江西貴溪人。（清）黃虞稷《千頃堂書目》注曰：
「宋咸淳鄉舉。元郡縣上所著書於省，省聞之朝，授漢陽教授，不
就。」《江西通志》卷二十二曰：「理源書院在貴溪縣五十七都，宋儒
龔霆松講學處。霆松號民所，慨朱陸二家之徒議論不一，因窮源委作
《四書朱陸會同注釋》。三年書始成，時稱『朱陸忠臣』。明萬曆三十
九年，知縣錢邦偉額之曰『真儒道脈』。」《四書朱陸會同注釋》二
十九卷又《會要》一卷，（清）朱彝尊《經義考》卷二五三注曰「未
見」，龔霆松，「或作張霆松」。

泰定帝泰定元年　甲子（1324 年）

○二月甲戌，請開經筵，張珪、吳澄等進講《大學衍義》等

【出處】《元史・泰定帝紀一》：「二月……甲戌，江浙行省左丞趙
簡，請開經筵及擇師傅，令太子及諸王大臣子孫受學，遂命平章政
事張珪、翰林學士承旨忽都魯都兒迷失、學士吳澄、集賢直學士鄧
文原，以《帝範》、《資治通鑑》、《大學衍義》、《貞觀政要》等書進
講，復敕右丞相也先鐵木兒領之。」

【考釋】（日）今關壽麿《宋元明清儒學年表》：「初開經筵，命吳澄
講《帝範》、《資治通鑑》、《大學衍義》、《貞觀政要》等。」

○九月旦日，胡炳文自序《四書通》

【出處】文淵閣《四庫全書》本《四書通》書前胡氏〈自序〉：「《四書通》何為而作也？懼夫讀者得其辭未通其意也。六經，天地也；《四書》，行天之日月也。子朱子平生精力之所萃，而堯、舜、禹、湯、文、武、周、孔、顏、曾、思、孟之心之所寄也。其書推之極天地萬物之奧，而本之皆彝倫日用之懿也，合之盡於至大，而析之極於至細也。言若至近而涵至永之味，事皆至實而該至妙之理。學者非曲暢而旁通之，未易謂之知味也；非用力之久而一旦豁然貫通焉，未易謂之窮理也。余老矣，潛心於此者餘五十年，謂之通矣乎？未也。獨惜乎疏其下者或泛或舛，將使學者何以抉擇於取舍之際也？嗚呼，此余所以不得不會其同而辨其異也。會之庶不失其宗，辨之庶不惑於似也。余不敢自謂能通子朱子之意，後之通者儻恕其僭而正其所未是，則余之所深冀也。泰定甲子九月旦日，新安胡炳文序。」

【考釋】胡炳文，《宋元學案‧介軒學案》列為「孝善家學」，《元儒考略》卷二述其事跡云：「胡炳文，字仲虎，婺源人。元初為信州書院山長，再調蘭溪州學正。炳文以《易》名家，作《易本義通釋》，而於朱子所注《四書》用力尤深。餘干饒魯之學本出於朱子，而其為說多與朱牴牾。炳文深正其非，作《四書通》。凡辭異而理同者合而一之，辭同而旨異者析而辨之，往往發其未盡之蘊。其所著又有《易春秋集解》、《禮書纂述》、《大學指掌圖》、《四書辨疑》、《五經會義》、《爾雅韻語》、《雲峰筆記》等書。東南學者因其所自號，稱雲峰先生，卒謚文通。《元史》入《儒學傳》。」

又，《四書通》，今有《通志堂經解》本、文淵閣《四庫全書》本、《摛藻堂四庫全書薈要》本、北京圖書館藏元刻本等。《四庫全書》庫本包含《大學通》一卷、《中庸通》三卷、《論語通》十卷、《孟子通》十四卷，計二十八卷。《四庫全書總目》言二十六卷，與

庫本不一。

○九月，李粲序趙悳《四書箋義纂要》

【出處】（清）朱彝尊《經義考》卷二五三：「讀書之法，必先通訓詁，曉文義，而後可以通聖人之意。譬諸泝大江，必涉其流，而後可以達其源也。《四書》至文公盡矣，無用更加注腳。然其書中凡所援引證據，或有考於注疏音義，或有取於名物度數，務從簡明，不復該載，讀者猶或病之。南昌鐵峰趙君，博學多聞，授徒之暇，搜輯經傳子史百家之書，作為《箋義》，鉤玄提要，本末兼備，要皆羽翼文公之說，非有異於文公也，趙君之用心亦勤矣。是編出，使家素乏書者得之，則免借癡之誚牙籤；富蓄者得之，則免檢勘之勞，其有益於學者亦多矣。雖然，趙君之箋是書，蓋欲學者由是而知文公之說，由是而通聖人之意，而造於聖人之道，非務為博洽而已。苟用心於枝葉而不究其本，則先儒買櫝還珠之說可不戒哉！而亦非趙君之書之意也。泰定元年甲子九月。」

【考釋】《四書箋義纂要》十二卷又《紀遺》一卷，趙悳撰，《經義考》注曰「存」。（明）王圻《續文獻通考》作「四書箋義□卷」。（清）黃虞稷《千頃堂書目》、（清）倪燦、盧文弨《補遼金元藝文志》及（清）錢大昕《補元史藝文志》皆著錄。《千頃堂》先著錄「趙德四書箋義」，無卷數，又著錄「趙 四書箋義纂要十二卷又纂箋義紀遺一卷」，似以「趙德」與「趙悳」非一人（按「悳」為「德」之異體），且以「四書箋義」與「四書箋義纂要」非一書也。

○蕭鎰自序《四書待問》

【出處】《宛委別藏》本《四書待問》書前序文：「《四書》有疑，朱門師友辨之詳矣，而散出於其所自為書，觀者難於歷攬，從未有集之

者。天朝取士，以經疑為試藝之首，蓋欲吾黨之士強勉學問，以求聖
賢立言之微意，而或者昧焉。若《大學》『道』字訓『言』而以為道
理之道，性善賢愚同得而謂愚者得其偏，博文約禮重在行而曰主於
知，詳說反說專言知而曰主於行，亦既得雋鄉闈策名天府矣，則眇迓
眇之故也。比客建城，與友人歐陽養正讀書之次，隨時采集，因成是
編。述先儒之遺言緒論，及時文之不信師說者，間亦附以一二鄙語及
養正所述，則以『薈蕞』、『自修』別之。凡五百四十問、七百一十
七則，以經之篇章為之次，目曰《四書待問》。非敢擬諸如撞鐘者，
以是待有司之問焉，則庶幾其應不匱。比類而求之，則凡經之所疑，
皆可旁通而盡得之耳。是書之集，本為舉子觀攬之便，然由是而得其
義，則於窮理盡性之功為尤大，而於進取又其餘事矣。泰定甲子日，
南至臨江，蕭鎰季南金甫書。」

【考釋】《四書待問》，一說八卷，一說二十二卷。清人阮元《四庫未
收書提要》云：「元蕭鎰撰。鎰字南金，臨江人。是書因當時取士以
經疑為試藝之首，歷采宋元諸儒如朱晦庵、張南軒一十三家之說而
折衷之，亦間取時文之不信師說者設為問答之義。書前有邵陵冷掾
季存所為《薈蕞述》及《續抄》兩序，稱其於甲寅賓興之初嘗貢於
鄉，既而以漏字黜，則此為其發科決策之作。大旨以新安朱子之說為
主，而以己意貫串之，於《四子書》意頗多發明。近時目錄家所載甚
少，惟黃虞稷《千頃堂書目》中有『蕭鎰四書待問二十二卷，泰定甲
子序』，即是此本。茲就元時刻本影抄，前有《四書互義》，後分列
《論語》、《大學》、《中庸》、《孟子》，凡五百四十問、七百一十七則。
書中各條之下有注『薈蕞』者，即鎰自作；有注『自修』者，則為
龍江歐陽蒙所序。鎰序所謂『比客建城，與友人歐陽養正讀書之次，
隨時采集，因成是編』，即其人也。」二十二卷本，今有《宛委別藏》
本、《續修四庫全書》本、北京圖書館及上海圖書館藏清抄本等。

泰定帝泰定三年　丙寅（1326年）

○六月朔，胡元序陳櫟《四書發明》

【出處】陳櫟《定宇集・年表》：「三年丙寅，先生七十五歲。在璩溪館。六月朔，胡容齋為先生作〈四書發明序〉。」

【考釋】胡容齋即胡元，時任徽州路總管，序文云：「予夙聞新安為朱文公闕里，學子必有能傳其學者。出守茲郡，聞屬邑之士休寧陳君櫟，字壽翁，延祐甲寅科舉初興，鄉試與選，將會試，以病不果行，遂老於家，得大肆其力於《四書》，一以文公絕筆更定之本為正而發明之。儒學錄山陰王君汝錫為之校正，謂其所編能發宗旨精微，而蔑隻字冗泛，無坊本語徒詳、擇不精之弊。造物尼之於前而昌之於後，不為無意者。當今表章理學，啟迪士心，使盡得觀之，而講習有助焉。提調學校，宣明教化，予職分內事也。將索而刊之，以壽其傳，其於世教，亦豈小補哉！泰定三年丙寅六月朔旦，正議大夫徽州路總管兼管內勸農事邢臺容齋胡元序。」

○十月朔旦，鄧文原序胡炳文《四書通》

【出處】文淵閣《四庫全書》本《四書通》書前序文：「《四書》之學，初表章於河南二程先生，而大闡明於考亭朱夫子。善讀者先本諸經，而次及先儒論著，又次考求朱夫子取舍之說，可以言學矣。然習其讀而終莫會其意，猶為未善也。《纂疏》、《集成》博采諸儒之言，亡慮數十百家，使學者貿亂而無所折衷，余竊病焉。近世為圖為書者益眾，大抵於先儒論著及朱夫子取舍之說，有所未通而遽為臆說，以衒於世。余嘗以謂昔之學者常患其不如古人，今之學者常患其不勝古人。求勝古人而卒以不如，予不知其可也。今新安雲峰胡先生之為《四書通》也，悉取《纂疏》、《集成》之戾於朱夫子者刪而去之，有

所發揮者則附己說於後。如譜昭穆以正百世不遷之宗，不使小宗得後大宗者，懼其亂也。漢世定論經傳於白虎閣，因名曰《白虎通》，漢末封司馬遷後為史通，『通』之為義尚矣。若夫習其讀而會其意，此又學者之事，庶無負先生名書之旨云。泰定三年良月朔旦，巴西鄧文原敘。」

【考釋】「良月」，農曆「十月」的代稱。鄧文原（1258～1328），字善之，一字匪石，稱「素履先生」。四川綿州（今綿陽）人，其父早年避兵入杭，或稱杭州人。又因綿州古屬巴西郡，人稱鄧文原為「鄧巴西」。工正、行、草書，與趙孟頫齊名。至元二十七年（1290）授杭州路儒學正，大德二年（1298）調崇德州學教授，後歷任江浙儒學提舉、江南浙西道、江東道肅政廉訪使、集賢直學士兼國子監祭酒。卒諡文肅，《元史》有傳。

泰定帝致和元年、文宗天歷元年　戊辰（1328年）

○正月壬辰，胡炳文序張存中《四書通證》

【出處】文淵閣《四庫全書》本《四書通證》書前序文：「北方杜縝山有《語孟旁通》，平水薛壽之有《四書引證》，皆失之太繁，且其中各有未完處，觀者病焉。今友人張德庸精加讎校，刪冗而從簡，去非而從是，又能完其所未完者，合而名之曰《四書通證》，以附余《通》之後。學者於余之《通》，知《四書》用意之深；於《通證》，知《四書》用事之審。德庸此書，誠有補云。泰定戊辰正月壬辰，云峰老人胡炳文序。」

【考釋】張存中，字德庸，新安人，生平無考。《四書通證》六卷，今有《通志堂經解》本、《四庫全書》本、《摛藻堂四庫全書薈要》本、《中華再造善本》本等。

　　又，《四庫全書總目》卷三十六〈四書類二〉所撰是書提要云：
「《四書通證》六卷。元張存中撰。存中字德庸，新安人。初，胡炳
文作《四書通》，詳義理而略名物。存中因排纂舊說，成此書以附其
後，故名曰《四書通證》。炳文為之序，稱北方杜緱山有《語孟旁
通》，平水薛壽之有《四書引證》（案杜緱山名瑛，金人。薛壽之名
引年，元初人），皆失之太繁。存中能刪冗從簡，去非取是。又曰：
『學者於余之《通》，知《四書》用意之深；於《通證》，知《四書》
用事之審』，推之甚至。今核其書，引經數典，字字必著所出。而
《論語》『夏曰瑚，商曰璉』一條承包氏之誤者，乃不引《禮記》以
證之。又『時見曰會，眾俯曰同』，與《周禮》本文小異。蓋宋代諱
『殷』，故改『殷』為『眾』。乃但引《周禮》於下，而不辨其何以不
同，皆不免有所回護。不知朱子之學在明聖道之正傳，區區訓詁之
間，固不必為之諱也。《孟子》『與楚將昭陽戰，亡其七邑』一條，
存中謂『《史記》作八邑，未詳孰是』，不知司馬貞《史記索隱》明
注《史記》古本作七邑。是朱子稱七邑乃據古本，原非謬誤。存中持
疑不決，亦失於考核。又如『三讓』引《吳越春秋》，泛及雜說。而
於歷代史事每多置正史而引《通鑑》，亦非根本之學。然大概徵引詳
明，於人人習讀不察者，一一具標出處，可省檢閱之煩，於學者亦不
為無補矣。」

○夏，趙悳自序《四書箋義纂要》

【出處】（清）朱彝尊《經義考》卷二五三：「悳自序曰：《四書箋義》
者，箋《章句》、《集注》之義也。予嘗置《四書》於幾，有叩之者
曰：『子習紫陽之說乎？』曰：『然』，曰：『《大學》序云，王宮國
都以及閭巷，莫不有學王宮之學，何所考盤銘？』或問：『引刀劍戶
牖等銘，見於禮書者云何？』予則瞿然未知所對，於是溫繹前傳，采

摭凡要，因其言以求所本，考其異以訂所疑，彙箋成帙，因以課兒，且戒之曰：『朱子所釋，蓋群經子史之義皆有焉，苟以《四書》急決科利，而他書置所未暇，則凡昧於傳注者，不特失其所未暇，遂並所急失之矣。然明辨必有博學，是箋也膚譾，豈能畢通之？後有同志補輯遺闕，刪正繆戾，斯文厚幸乎哉！致和戊辰夏五朏。」

【考釋】趙悳，號鐵峰，故宋宗室，舉進士，入元不仕，隱居豫章東湖。於諸經皆有辨說，有《詩辨說》一卷。《四書箋義纂要》十二卷，（清）黃虞稷《千頃堂書目》卷三等著錄，《經義考》注曰「存」。

文宗天曆二年　己巳（1329年）

○秋八月壬辰，建陽書坊刊印胡炳文《四書通》成

【出處】文淵閣《四庫全書》本《四書通》書前《朱子四書引用姓氏》後附張存中〈跋〉文：「泰定三年冬，存中奉江浙儒學提舉志行楊先生命，以胡先生《四書通》能刪《纂疏》、《集成》之所未是，能發《纂疏》、《集成》之所未發，大有功於朱子，深有益於後學，委令齎付建寧路建陽縣書坊刊印，以廣其傳。為此來茲書府，承志安餘君命工繡梓，度越三稔始克就。復以坊中諸本《四書》校勘，如《集成》、《標題》、《經注》善本改，亦曰學之正之，曰為由，增『莫春和煦之時』、『詠歌也』之類，皆好事者妄加增改。今以《纂疏》、《通釋》、《集疏》、《附錄》為正，《庸學或問》不敢分析，失朱夫子本意，編附於《章句通》後。又於《集注》字之奇者增入釋文，事之隱者附以通證，先儒姓氏類而紀之，庶初學之士亦便於考索云。天曆二年己巳秋八月壬辰，新安後學張存中書於余氏勤有堂。」

【考釋】泰定三年（1326），「越三稔」，恰為天曆二年（1329）。張存

中，字德庸，新安人，有《四書通證》六卷。

文宗天歷三年、至順元年　庚午（1330年）

○三月既望，胡炳文序胡仲文《大學釋旨》

【出處】胡炳文《雲峰集》卷三〈大學釋旨序〉：「予沉潛讀《四書》六十年，近為《纂疏》、《集成》有訛舛處，不得已為《通》一編。友朋得之，則以鋟之梓，予悔之早。程仲文舊從予遊，予以其嗜學極愛之，今所著《大學釋旨》，辭簡嚴密，圖明該貫，視《章句》有所發揮，於予《通》有所傳授。識者表章之，薦剡交飛，將以上聞。仲文年方壯學，方進未已，此書之出，視予得無又早乎？雖然，知人易，受知難，自知尤難，《大學》『誠意』章言自知之真也。仲文其益務自知，庶不負識者之知乎？仲文勉之。雖然，予年八十，亦不敢不自勉也。至順庚午三月既望，雲峰老人胡炳文序。」

【考釋】「至順庚午」，即文宗至順元年（1330）。程仲文，生平無考，《宋元學案·介軒學案》列為「云峰門人、晦翁五傳」。

○閏七月戊申，加封孔子、顏氏等名號，以董仲舒從祀孔廟

【出處】《元史·文宗紀三》：「閏七月……戊申，加封孔子父齊國公叔梁紇為啟聖王，母魯國太夫人顏氏為啟聖王夫人，顏子兗國復聖公，曾子郕國宗聖公，子思沂國述聖公，孟子鄒國亞聖公，河南伯程顥豫國公，伊陽伯程頤洛國公……（十二月）己酉，以董仲舒從祀孔子廟，位列七十子之下。」《元史·祭祀志五·宣聖》：「至順元年，以漢儒董仲舒從祀。齊國公叔梁紇加封啟聖王，魯國太夫人顏氏啟聖王夫人，顏子兗國復聖公，曾子郕國宗聖公，子思沂國述聖公，孟子鄒國亞聖公，河南伯程顥豫國公，伊陽伯程頤洛國公。」（日）今關

壽麐《宋元明清儒學年表》所載略同。

【考釋】孟子林廟所存石刻《皇元聖制》云：「上天眷命，皇帝聖旨：孟子，百世之師也。方戰國之從衡，異端之充塞，不有君子，孰任斯文？觀夫七篇之書，惓惓乎致君澤民之心，凜凜乎拔本塞源之論；黜霸功而行王道，距 行而放淫辭。可謂有功聖門，追配神禹者矣。朕若稽聖學，祗服格言，用著新稱，以彰渥典。於戲！頌《詩》、《書》而尚友，緬懷鄒魯之風，非仁義則不陳，斯底唐虞之治。英風千載，蔚有耿光。可加封鄒國亞聖公。主者施行。至順二年九月日。」（載劉培桂《孟子林廟歷代石刻集》，齊魯書社，2005年版，頁65）

○十月朔，許謙序金履祥《論孟集注考證》

【出處】文淵閣《四庫全書》本《論孟集注考證》書前許謙序文：「古之聖人得其位，皆因時以制治。孔子酌百世之道以淑天下，而其事主於教。孟軻氏推尊孔子，傳於後世，以迄於今。故《論語》、《孟子》者，斯道之閫奧也。繇漢而還，解之者率有不獲。至二程夫子，肇明厥旨，今散見於《遺書》。嗣時以後，諸儒所著，班班可考。然各以所見自守，有得有失，未有能搜抉融液，折諸理而一之者。子朱子深求聖心，貫綜百氏，作為《集注》，竭生平之力始集大成，誠萬世之絕學也。然其立言渾然，辭約意廣，往往讀之者或得其粗，而不能悉究其義；或一得之致自以為意出物表，曾不知初未離其範圍。凡世之詆訾混亂務新奇以求名者，其弊正坐此。此《考證》所以不可無也。先師之著是書，或隱括其說，或演繹其簡妙，或擴其幽發其粹，或補其古今名物之略，或引群言以證之。大而道德性命之精微，細而訓詁名義之弗可知者，本隱以之顯，求易而得難，吁！盡在此矣。蓋求孔孟之道者，不可不讀《論孟》；讀《論孟》者，不可不

由《集注》。《集注》有《考證》，則精朱子之義，而孔孟之道章章乎人心矣。謙自壯年服膺師訓，即知讀朱子之書，其始三四讀，胸中自以為洞然顯白，已而不能無惑。學之頗久，若徐有得焉。及即其書而觀之，乃覺其意初不與己異。學之愈久，自以為有得者不遂止於一，而與鄙陋之見合者，亦大異於初矣。由是知聖賢之言，理趣無窮。朱子之說，雋永當味，童而習之，白首不知其要領者何限。先師是書，亦憫夫世之不善學朱子之學者也。《傳》曰：『仁者見之謂之仁，知者見之謂之知。百姓日用而不知，故君子之道鮮。』謙於是深有感焉，故翻閱群書，用加讎校，藏諸家，傳諸其徒。若好事君子能廣而傳之，是固謙之所望，亦先師之志云爾。至順改元十月朔，門人許謙再拜謹書。」

【考釋】「至順改元」，即文宗至順元年（1330）。許謙生平事跡，參順帝至元三年「十月，許謙卒」條。金履祥生平事跡，參成宗大德七年「三月，金履祥卒」條。《論語集注考證》十卷、《孟子集注考證》七卷，今有《四庫全書》本、《叢書集成初編》本、清雍正五年刻本等。

又，《四庫全書總目·四書類一》所撰是書提要云：「《論語集注考證》十卷、《孟子集注考證》七卷。（宋）金履祥撰。後有《自跋》，謂：『古書之有注者，必有疏，《論孟考證》即《集注》之疏。以有《纂疏》，故不名《疏》。而文義之詳明者，亦不敢贅。但用《經典釋文》之例，表其疑難者疏之。』其書於朱子未定之說，但折衷歸一。於事跡典故，考訂尤多。蓋《集注》以發明理道為主，於此類率沿襲舊文，未遑詳核，故履祥拾遺補闕，以彌縫其隙，於朱子深為有功。惟其自稱此書不無微牾，自我言之則為忠臣，自他人言之則為讒賊，則殊不可訓。夫經者古今之大常，理者天下之公義。議論之得失惟其言，不惟其人。使所補正者果是，雖他人亦不失為忠臣；

使所補正者或非，雖弟子門人亦不免為讒賊。何以履祥則可，他人則必不可？此宋元間門戶之見，非篤論也。其中如辨《論語注》『公孫枝』云：『案《左傳》，當作公孫發，《集注》或傳寫之誤。』辨《孟子注》『許行神農之言，史遷所謂農家者流』云：『《史記》六家無農家，《漢書·藝文志》九流之中乃有農家』，皆為典確。至於辨《公劉》『后稷之曾孫』一條，謂公劉避桀居邠，去后稷世遠，非其曾孫。不知古人凡遠祖多稱高祖，《左傳》郯子稱『我高祖少皞』是也；凡遠孫多稱曾孫，《左傳》蒯聵稱『曾孫蒯聵敢昭告皇祖文王』是也。如此之類，則《注》不誤而履祥反誤，亦未盡確當不移。然其旁引曲證，不苟異亦不苟同，視胡炳文輩拘墟迴護，知有注而不知有經者，則相去遠矣。書凡一十七卷。首有許謙〈序〉，後有呂遲〈刊書跋〉，猶為舊本。朱彝尊《經義考》稱《一齋書目》作二卷，注『未見』。蓋沿襲之誤，不足據也。」

順帝至順三年　　壬申（1332年）

○春正月壬午，封孔子妻為大成至聖文宣王夫人

【出處】《元史·文宗紀五》：「三年春正月……壬午……封孔子妻郾國夫人並官氏為大成至聖文宣王夫人。」《山東通志》卷十一之三〈闕里志三〉、（清）徐乾學《資治通鑑後編》卷一七一、清《欽定國子監志》卷十一、《續文獻通考》卷四十八及（日）今關壽麿《宋元明清儒學年表》等，所載略同。

【考釋】（清）秦蕙田《五禮通考》卷一一九云：「至順三年，封先聖夫人，制曰：『我國家惇典禮以彌文，本閨門以成教，乃睠素王之廟，尚虛元媲之封，有其舉之，斯為盛矣！大成至聖文宣王妻亓官氏，來嬪聖室，垂裕世家，籩豆出房，因流風於殷禮；琴瑟在御，存

燕樂於魯堂。功言邈若於遺聞，儀範儼孚其合德。作爾禕衣之象，稱其命鼎之銘。噫！秩秩彝倫，吾欲廣〈關雎〉、〈鵲巢〉之化；皇皇文治，天其興河圖鳳鳥之祥，可特封大成至聖文宣王夫人。』」朝廷之制頒布時間，各家差異較大，（清）孫承澤《元朝典故編年考》卷七及畢沅《續資治通鑑》卷二〇六以為在「至順元年」；（明）李之藻《頖宮禮樂疏》卷二以為在「至順二年」，《新元史·文宗紀下》與之同。今從《元史》之說。

順帝元統元年　癸酉（1333年）

○六月丙戌，吳澄卒

【出處】（元）危素《臨川吳文正公年譜》：「元統元年癸酉……六月甲子，感暑得疾。丙戌薨，年八十有五。事聞，詔加贈資德大夫、江西等處行中書省左丞、上護軍，追封臨川郡公。諡曰文正。」（元）虞集《道園學古錄》卷四十四〈臨川先生吳公行狀〉：「四年，《禮記纂言》成。六月，先生寢疾病，逾旬，屏醫藥，使門人告子孫治後事，拱手正身而臥。乙酉夜，大星隕其舍東北隅。丙戌日正午，神氣泰然而薨，年八十有五歲。」（元）揭傒斯《神道碑》：「元統元年六月，微疾。乙酉夜，有大星隕其舍東北隅，明日日中遂薨，年八十五。」《元史·吳澄傳》：「天歷三年，朝廷以澄耆老，特命次子京為撫州教授，以便奉養。明年六月，得疾，有大星墜其舍東北。澄卒，年八十五。贈江西行省左丞、上護軍，追封臨川郡公，諡文正。」（日）今關壽麿《宋元明清儒學年表》：「吳澄卒，年八十五。諡文正。所著有《五經纂言》，又校定《皇極經世書》，學者稱草廬先生。」

【考釋】據《元史》，則澄之卒年在天歷三年之次年，即文宗至順二

年（1331）。按澄在至順二年、三年、四年均有活動，故《元史》之
說誤。吳澄（1249～1333），字幼清，撫州崇仁（今江西崇仁）人。
《宋元學案》卷九十二專闢〈草廬學案〉，全祖望案曰：「草廬出於雙
峰，固朱學也，其後亦兼主陸學。蓋草廬又師程氏紹開，程氏嘗築道
一書院，思和會兩家。然草廬之著書，則終近乎朱。」黃百家案曰：
「幼清從學於程若庸，為朱子之四傳。考朱子門人多習成說，深通經
術者甚少，草廬《五經纂言》，有功經術，接武建陽，非北溪諸人可
及也。」又述其生平學術云：「年二十，應鄉試中選，春省下第。越
五載而元革命，程鉅夫求賢江南，起先生至京師。以母老辭歸。鉅夫
請置先生所著書於國子監。左丞董士選薦授應奉翰林文字。至官而
去。除江西提學副提舉，居三月，又以疾去。至大元年，召為國子監
丞。升司業。為學者言：『朱子於道問學之功居多，而陸子以尊德性
為主。問學不本於德性，則其蔽必偏於語言訓釋之末，故學必以德
性為本，庶幾得之。』議者遂以先生為陸氏之學，非許氏崇信朱子本
意，然亦莫知朱、陸之為何如也。先生一日謝去。未幾，以集賢直學
士召，不果行。英宗即位，遷翰林學士，進階太中大夫。泰定元年，
為經筵講官。至治末，請老而歸。先生嘗曰：『道之大原出於天，神
聖繼之，堯、舜而上，道之元也；堯、舜而下，道之亨也，洙、泗、
魯、鄒，其利也；濂、洛、關、閩，其貞也。分而言之，上古則羲皇
其元，堯、舜其亨，禹、湯其利，文、武、周公其貞乎！中古之統：
仲尼其元，顏、曾其亨，子思其利，孟子其貞乎！近古之統：周子
其元也，程、張其亨也，朱子其利也，孰為今日之貞乎？』其自任如
此。元統元年卒，年八十五。追封臨川郡公，諡文正。初，先生所居
草屋數間，巨夫題曰草廬，故學者稱為草廬先生。」《元史》有傳。

順帝至元元年　乙亥（1335年）

○十一月庚辰，詔罷科舉

【出處】《元史‧順帝紀一》：「十一月庚辰，敕以所在儒學貢士莊田租給宿衛衣糧，詔罷科舉。」（日）今關壽麿《宋元明清儒學年表》：「罷科舉。」

【考釋】事件之原委，（清）孫承澤《元朝典故編年考》卷八載：「至元元年十一月，巴延（按：即伯顏）矯詔罷科舉。時詔已書而未用璽，參政許有壬力爭之曰：『科舉若罷，天下才人觖望。』巴延曰：『舉子多以贓敗。』有壬曰：『科舉未行時，臺中贓罰無算，豈盡出於舉子？』巴延曰：『舉子中可任用者，唯參政爾。』有壬曰：『若張夢臣、馬伯庸輩，皆可任大事。如歐陽玄之文章，亦豈易及？』巴延曰：『科舉雖罷，士之欲求美衣食者自能向學。』有壬曰：『為士者初不事衣食。』巴延曰：『科舉選人，實妨選法。』有壬曰：『今通事、知印乃白身補官，受選者甚多，而科舉一歲僅三十餘人，科舉於選法果相妨乎？不也。』巴延心然其言，而議已定，不可中輟。」又（明）陳邦瞻《元史紀事本末》卷八〈科舉學校之制〉所載尤詳。

順帝至元三年　丁丑（1337年）

○孟秋，李桓序金履祥《論孟集注考證》

【出處】文淵閣《四庫全書》本《論孟集注考證》書前李桓序文：「《論語》、《孟子》之書，《六經》之外聖賢之遺言皆在焉。自漢以來，儒者為之訓解，專門名家者固已眾矣。微辭奧旨，猶或未著，蓋至於《集注》之作而始明。自朱子之有《集注》，而門人高第以及私淑之徒又皆為之疏義，蓋黃氏之《通釋》、祝氏之《附錄》、蔡氏、

趙氏之《集疏》、《纂疏》，相繼而出，極其旨趣而敷繹之，然至於
《考證》之修而後備。按朱子之後，四傳而為仁山金先生。先生承師
友之淵源，博記廣聞，講貫真切，積其平日之所得，萃為此書。其於
《集注》也，推其意之未發，佐其力之不及，以簡質之文，達精深之
義，而名物度數、古今實事之詳，一皆表其所出。後儒之說可以為之
羽翼者，間亦采擷而附入之。觀之時若不是，實則期乎至當，故先生
嘗自謂朱子之忠臣。夫忠臣者，固不為苟同，而其心豈欲背戾以求異
哉？蓋將助之而已矣！斯則《考證》之修所以有補於《集注》者也。
先生既歿三十有五年，得其學者惟許謙益之。每以師說講於諸生，而
藏其書於家，躬自儺正，以俟知者。其傳於時也，實自澖東憲司經歷
張公而始。初，公既獲其書於許君，覽而善之，以為不可以不傳。惟
鋟諸梓，則其傳也廣而遠。婺學者，先生之鄉校也，既嘗刻其《通鑑
前編》之書矣，因以畀郡侯管者思監使並刻之。侯乃率其佐屬，割俸
貲以共，費不足，則繼之以學廩之贏，越三月而板成。夫見善而知以
為善，鮮矣；知其善，恐其泯沒而不傳者為尤鮮。不私諸己，汲汲焉
思廣於人以為務，孰能若是乎？繼自今以往，是書大行，學者讀而有
得焉，皆公之賜也。公名仲誠，字信卿，為人廉直剛正，敬尚儒術而
篤意於風化。凡事之害於學校者，必深疾而力去之。苟有益焉，又樂
為之如此。嗚呼！豈獨是書之幸，斯文之幸也。並志之以為序。至元
三年歲次丁丑，孟秋吉日，文學掾中山李桓謹序。」

【考釋】此處「至元三年」，當指順帝後至元三年（1337），世祖至元
三年（1266），歲次丙寅，非丁丑也。李桓，生平事跡不詳。

○冬十月二十三日，許謙卒

【出處】（元）黃溍《文獻集》卷八下〈白雲許先生墓志銘〉：「三年
冬十月，疾復作，謂其子元曰：『伯兄以是月二十三日卒，我死殆與

之同日乎？』及是日正衣冠而坐，戒元以孝於母、友於弟，元復請所欲言，先生曰：『吾平日訓爾多矣，至此復何言？』門人朱震亨進曰：『先生視稍偏矣。』先生更肅容端視，頃之，視微瞑，遂卒，享年六十有八。」《元史・許謙傳》：「至元三年卒，年六十八。嘗以白雲山人自號，世稱為白雲先生。朝廷賜諡文懿。」（日）今關壽麿《宋元明清儒學年表》：「許謙卒，年六十八，賜諡文懿。世人稱曰白雲先生。著《讀四書叢說》、《詩名物鈔》、《讀書傳叢說》、《觀史治忽幾微》。門下有朱震亨（字彥修）。」

【考釋】許謙（1270～1337），字益之，浙江金華人。學者稱白雲先生。元代著名經學家、理學家。《宋元學案》卷八十二〈北山四先生學案〉列為「仁山門人」，述其學術云：「長值宋亡，家破，力學不已。僑寓借書，分四部而讀之。年踰三十，開門授徒。聞金仁山履祥講道蘭江，乃往就為弟子，仁山謂曰：『士之為學，若五味之在和，醯鹽既加，而咸酸頗異。子來見我已三日，而猶夫人也，豈吾之學無以感發子邪！』先生聞之，惕然。仁山因揭為學之要曰：『吾儒之學，理一而分殊，理不患其不一，所難者分殊耳。』又曰『聖人之道，中而已矣。』先生由是致其辨於分之殊，而要其歸於理之一，每事每物求夫中者而用之。居數年，得其所傳，油然融會。嘗自謂：『吾無以過人者，惟為學之功無間斷耳。』中外列薦，皆不應。屏跡東陽八華山中，學者負笈重趼而至，著錄者前後千餘人。侍御史趙宏偉自金陵寓書，願率子弟以事，先生為之強出。踰年即歸。其教以五性人倫為本，以開明心術、變化氣質為立身之要，以分辨義利為處事之制，攝其粗疏，入於微密，隨其材分，咸有所得，以身任道者垂四十年。先生雖身立草萊，而心存當世……其所論著於《四書》曰：『學以聖人為准的，必得聖人之心，而後可學聖人之事。聖人之心，具在《四書》，而《四書》之義，備於朱子，顧其詞約義廣，安可以

易心求之哉！」於《書傳》與蔡氏時有不合，每誦仁山之言曰：『自我言之則為忠臣，自他人言之則為讒賊，要歸於是而已。』於《詩》則正其音釋，考其名物度數，以補先儒之所未備，仍存在逸義，旁采遠引，而以己意終之。於《春秋三傳》，有《溫故管窺》一書。於史則有《治忽幾微》一書，放史家年經國緯之法，起太暤氏，迄宋元祐元年秋九月尚書左僕射司馬光卒，總其歲年，原其興亡，著其善惡，蓋以為光卒，則中國之治不可復興，誠理亂之幾也，故附於續經而書孔子卒之義，以致其意焉。嘗句讀「九經」、《儀禮》、《三傳》，而於大綱要旨，錯簡衍文，悉別鉛黃朱墨，意有所明，則表見之。其後吳師道得呂東萊點校《儀禮》，以相參校，所不同者十三條而已。其與先儒意見吻合如此。有《許白雲集》。」

又，《元史》入《儒學傳》，云：「先是，何基、王柏及金履祥歿，其學猶未大顯，至謙而其道益著，故學者推原統緒，以為朱熹之世適。」時人黃溍稱：「文懿許公出於三先生（注：何基、王柏、金履祥）之鄉，克任其承傳之重。三先生之學，卒以大顯於世。然則程子之道得朱子而復明，朱子之道至許公而益尊，文懿許公之功大矣。」（載許謙《白雲集·元史載白雲先生行實》）

順帝至元六年　庚辰（1340年）

○十二月，詔復行科舉

【出處】（明）陳邦瞻《元史紀事本末》卷八〈科舉學校之制〉：「六年十二月，詔復行科舉。時科舉既輟，翰林學士承旨　從容言曰：『古昔取人才以濟世用，必由科舉，何可廢也？』帝納其言，復詔行之。國子監積分生員，三年一次，依科舉例入會試，中者取一十八名。」（日）今關壽麿《宋元明清儒學年表》：「復行科舉。」

【考釋】（明）胡粹中《元史續編》卷十二載：「十二月，詔復行科舉。初，天歷二年，策士大廷阿榮為奎章閣大學士，語其僚虞集曰：『更一科後，科舉當輟，輟兩科而復，復則人才大出，榮不及見之矣，公猶及見。』集曰：『得士之多幸，如存初言。今文治方興，未必有中輟之理。』榮歎曰：『數當然耳！』集問何以知之，弗答。至是，果如其言。」

順帝至正三年　癸未（1343年）

○倪士毅《重訂四書輯釋》四十五卷成

【出處】（元）汪克寬《環谷集》卷四〈重訂四書輯釋序〉：「《四書》者，「六經」之階梯，東魯聖師以及顏、曾、思、孟傳心之要，舍是無以他求也。孟子沒，聖經湮晦千五百年。迨濂洛諸儒先抽關發蒙，以啟不傳之秘，而我紫陽子朱子且復集諸儒之大成，擴往聖之遺蘊，作為《集注》、《章句》、《或問》，以惠後學，昭至理於曒日，蓋皥皥乎不可尚已。而其詞意渾然猶經，雖及門之士，且或未能究其精微，得其體要，矧初學之昧昧乎？近世儒者懼誦習之難，於是取子朱子生平之所以語學者，並其弟子訓釋之辭，疏於朱子注文之左。真氏有《集義》，祝氏有《附錄》，趙氏、蔡氏有《集疏》、《纂疏》相繼成編，而吳氏《集成》最晚出，蓋欲博采而統一之。但辨論之際未為明備，去取之間頗欠精審，覽者病焉。比年以來，家自為學，人自為書，架屋下之屋，迭床上之床，爭奇衒異，竊自附於作者之列，鋟於木而傳諸人，不知其幾，可歎矣。同郡定宇陳先生、雲峰胡先生，睹《集成》之書行於東南，輾轉承誤，莫知所擇，乃各摭其精純，刊剔繁複，缺略者足以己意。陳先生著《四書發明》，胡先生著《四書通考》，皆足以摩刮向者之敝。而陳先生晚年且欲合二書而一之，而未

遂也。友人倪君仲宏，實從遊於陳先生，有得於講劘授受者，蓋稔且詳。乃會萃二家之說，字求其訓，句探其旨，鳩僝精要，考訂訛舛，名曰《四書集釋》。學者由是而求子朱子之意，則思過半矣。至正辛巳，建陽劉叔簡得其本而刻之。後二年，倪君猶慮其有未底於盡善者，爰即舊本，重加正是，視前益加精密。間出是書，請予序其所以然者。余竊以為書固不可不解，解固不可不詳，然理貴玩索，始有自得之功。讀是書者，苟不能沉潛反覆，求其義而反諸身，而徒資口耳之用，則非子朱子所望於後學也。倪君曰然，乃序而書之，以志卷顛云。」

【考釋】「至正辛巳」，即元惠宗至正元年（1341）。「後二年」，即至正三年（1343），倪氏成《重訂四書輯釋》。《四書全書》將該書列入「四書類存目」，《四庫總目‧四書類存目》所撰是書提要云：「《重訂四書輯釋》二十卷。元倪士毅撰。士毅字仲宏，歙縣人。是書前有至正丙戌汪克寬〈序〉，稱近世儒者取朱子平日所以語諸學者及其弟子訓釋之詞，疏於《四書》之左。真氏有《集義》，祝氏有《附錄》，蔡氏、趙氏有《集疏》、《纂疏》，相繼成編，而吳氏最晚出。但辨論未為完備，去取頗欠精審。定宇陳氏、云峰胡氏因其書行於東南，輾轉承誤，陳氏因作《四書發明》，胡氏因作《四書通》，陳氏晚年又欲合二書為一而未遂。士毅受業於陳氏，因成此書。至正辛巳，刻於建陽。越二年，又加刊削，而克寬為之序。卷首有士毅《與書賈劉叔簡書》，述改刻之意甚詳，此《重訂》所由名也。此本改題曰《重訂輯釋章圖通義大成》，首行列士毅之名，次列新安東山趙汸同訂，次列都陽克升朱公遷《約旨》，次列新安林隱、程復心《章圖》、莆田王元善《通考》，次列都陽王逢訂定《通義》。書中亦糅雜蒙混，紛如亂絲，不可復究其端緒。是已為書賈所改竄，非士毅之舊矣。然陳櫟、胡炳文本因吳真子之書，士毅又因陳、胡之書。究其由來，實轉

相稗販，則王逢因人成事，亦有所效法，不足為譏。至明永樂中詔修
《四書大全》，胡廣等又並士毅與逢之書一概竊據，而《輯釋》、《通
義》並隱矣。有明一代，尊《大全》為蓍龜。沿及近代講章，亦無非
依傍《大全》，變換面貌。烏知其淵源所自，不過如斯哉？」

又，《重訂四書輯釋》四十五卷，據《中國古籍善本書目》，今
有上海圖書館、中國科學院圖書館、南京圖書館藏明正統五年詹氏進
德書堂刻本，具名「元倪士毅撰、元程復心章圖、元王元善通考、
明王逢通義」，子目為《新刊重訂輯釋通義源流本末》一卷、《四書
章圖隱括總要發義》二卷、《大學朱子章句序重訂輯釋通義大成》一
卷、《大學章句重訂輯釋章圖通義大成》一卷、《朱子大學或問重訂
輯釋通義大成》一卷、《中庸朱子章句序重訂輯釋通義大成》一卷、
《中庸章句重訂輯釋通義大成》一卷、《中庸或問重訂輯釋通義大成》
一卷、《論語集注序說重訂輯釋通義大成》一卷、《論語集注重訂輯
釋通義大成》二十卷、《孟子集注序說輯釋通義大成》一卷、《孟子
集注重訂輯釋章圖通義大成》十四卷。又，《四庫全書存目叢書》及
《續修四庫全書》皆收錄《四書輯釋》四十三卷本，所據為北京圖書
館藏明初刻本，具名「元倪士毅撰、程復心章圖、王元善通考」。
《續修四庫提要》所述版本與《續修四庫全書》實錄之本不符。

又，倪士毅，生卒年不詳。《宋元學案・滄洲諸儒學案下》列為
「定宇（陳櫟）門人」，曰：「倪士毅，字仲宏，隱居徽州祁門山，定
宇陳氏弟子也，學者稱為道川先生。生平事親至孝，接物以誠，非仁
義道德之說、素論定於郡先師朱子者，不以教人，故黟人信其言而
尊其行。與趙東山、汪環谷朝夕講學，時稱『新安三有道』。嘗言：
『朱子《四書集注》既行，當時儒者懼後學誦習之難，因各為詮解。
於是勉齋有《通釋》；而采《語錄》附於《大學章句》之下，始自西
山真氏，名曰《集義》；祝氏宗道《四書附錄》，放而成之；格齋趙

氏有《纂疏》；克齋吳氏有《集成》；定宇陳氏有《發明》；雲峰胡氏
有《四書通》；仁山金氏有《指義》。由宋迄元，不下數十家，而義
理未為明備。」著《四書輯釋》三十六卷，環谷為之序。」著述又有
《作義要訣》一卷、《尚書作義要訣》四卷、《帝王傳授圖說》、《道
川集》等。《新安文獻志‧先賢事略上》有趙汸撰《倪仲弘先生改葬
志》，《元儒考略》卷四、《江南通志‧儒林二》等亦述其生平。

順帝至正六年　丙戌（1346年）

○許謙《讀四書叢說》八卷、《讀書叢說》六卷、《詩集傳名物鈔》八卷同時刊行

【出處】（清）朱彝尊《經義考》卷八十六引張樞〈讀書叢說序〉
曰：「孔安國始為《書傳》，辭義簡質，至唐孔穎達撰《正義》以推
衍之。其後《書》說浸廣，見於著錄者數十百家。間有所明，而其大
要卒不能出夫二家之說焉。朱子為經於《書》，屬之門人蔡氏，固嘗
質疑問難，然非若《易》、《詩》之有全書也。本朝設科取士，並紬
眾說，而專用古注，《書》蔡氏，猶以朱子故也。蔡氏之說，或有未
備，仁山先生文安金公於《書表注》、《通鑑前編》引《書》語中，
既剖析而著明之矣。先生受學之久，聞義之邃，獨患是經之傳出於朱
子之門人，苟一毫之不盡，則學者無所折衷。乃研精覃思，博求其
說，為之圖說，以示學者，使人人易知焉。《叢說》中所引傳疏諸家
之說，或采掇其詞而易置其次，不必盡如舊也。蓋皆有所裁定，而畢
致其意，非徒隨文援引而已。雖其說之時少異於蔡氏，而異者所以為
同也。先生嘗誦金先生之言曰：『在吾言之則為忠臣，在人言之則為
讒賊』，要歸於是而已，豈不信哉！至正六年，門人南臺監察御史白
野普花帖睦爾與其僚大梁楊公惠移浙東廉訪使，鋟板以傳，於是先

生所著《詩名物鈔》八篇、《四書叢說》十二篇與《讀書叢說》皆刊行。先生不幸無位退而求之於經，不為新奇，不求近名，卒以救往說之偏，得聖人之意，而會夫大中之歸。既沒而其言立，其施於人者溥矣。」又，（清）瞿鏞《鐵琴銅劍樓藏書目錄》卷六〈四書類〉：「《讀四書叢說》八卷（元刊本）。題東陽許謙。《大學》一卷、《中庸》上下二卷、《論語》上中下三卷、《孟子》上下二卷。前有吳師道序，其子元與門人俞實叟校。至正六年，門人南臺監察御史白野普化帖睦爾與其僚大梁楊公惠移浙東廉訪使，使鋟板以傳。廉訪轉移，浙東宣慰使下屬郡取校官羨財，與《詩名物鈔》、《讀書叢說》同時刊行。」

【考釋】《讀四書叢說》通行本為八卷本，今有《經苑》本、《金華叢書》本、《四部叢刊續編》本、《叢書集成初編》本、《續修四庫全書》本、北京圖書館藏元刻本、上海圖書館藏明刻本、浙江省圖書館藏明抄本及《中華再造善本》本等。然而古代目錄著作著錄該書，卷數分歧較大。（明）焦竑《國史經籍志》、（清）朱彝尊《經義考》、（清）金門詔《補三史藝文志》、（清）倪燦、盧文弨《補遼金元藝文志》、（清）錢大昕《補元史藝文志》等，均作「二十卷」；（清）黃虞稷《千頃堂書目》作「七卷，一作二十卷」；《續通志・藝文略》、《續文獻通考・經籍考》均著錄「四卷」。錢大昕稱：「二十卷，今存大學一卷、中庸二卷、孟子二卷」，倪、盧《補遼金元藝文志》亦稱：「二十卷，今止四卷。」此外，元人黃溍《白雲許先生墓志銘》稱：「讀《四書章句集注》，有《叢說》二十卷」，《元史・許謙傳》所載與之同。看來，「二十卷」之說由來已久。《經義考》卷二五四注曰：「讀四書叢說二十卷，未見」，但據《一齋書目》編入其名。這說明，《讀四書叢說》一書「蓋久在若存若亡間矣」（《四庫全書總目》卷三十六）。即便後來《四庫全書》收錄，亦已殘缺不全。其

後，清人阮元編纂《宛委叢書》，曾「從元人刻本依樣影抄」許謙
《讀論語叢說》足本三卷，又「從吳中藏書家得元板《中庸叢說》足
本二卷，又影錄副本，以補前收之所未備」。這樣一來，八卷本《讀
四書叢說》便成完璧。由此，阮元認為：「黃溍為謙作《墓志》，載
此書卷數二十，與本傳相符。今所錄者俱遵元板，《論語》三卷、
《中庸》二卷，合之《大學》一卷、《孟子》二卷，得八卷，皆首尾
完整。明《秘閣書目》所載《四書叢說》亦止四冊，殆與今本相同，
蓋未可據《墓志》、本傳而疑其尚闕佚也。」

　　又，《四庫全書總目》卷三十六〈四書類二〉所撰是書提要云：
「《讀四書叢說》四卷。（元）許謙撰。謙有《詩集傳名物鈔》，已
著錄。案《元史》本傳：『謙讀《四書章句集注》，有《叢說》二十
卷。謂學者曰：『學以聖人為準的，然必得聖人之心而後可學聖人之
事。聖賢之心具在《四書》，而《四書》之義備於朱子。顧辭約意
廣，讀者安可易心求之乎？』」黃溍作謙《墓志》，亦稱是書敷繹義
理，惟務平實。所載卷數與本傳相同。（明）錢溥《秘閣書目》尚有
《四書叢說》四冊，至朱彝尊《經義考》則但據《一齋書目》編入其
名，而注云『未見』，蓋久在若存若亡間矣。此本凡《大學》一卷、
《中庸》一卷、《孟子》二卷。《中庸》闕其半，《論語》則已全闕，
亦非完書。然約計所存，猶有十之五六。即益以所闕之帙，亦不能足
原目二十卷之數，殆後來已有所合並歟？書中發揮義理，皆言簡義
該。或有難曉，則為圖以明之，務使無所凝滯而後已。其於訓詁名
物，亦頗考證，有足補《章句》所未備。於朱子一家之學，可謂有所
發明矣。」

○秋日，朱升《大學中庸旁注》二卷成

【出處】（清）朱彝尊《經義考》卷一六二：「升自序曰：前年，讀書

郡城紫陽祠，始為諸生作《書旁注》，觀者善之。以其注文附經，語意通貫，一讀即了，無繁複之勞也。既又命諸生用其義例旁注《詩經》，未克成。去年，寓里中程氏館，《書旁注》脫稿，稍有傳抄之者。然日知所亡，竄改不能已。今歲授徒於家，又成《大學中庸旁注》。先儒經解至矣，而猶未免云云者。先儒用聖賢功夫，故能因經文以得聖賢之意，學者用先儒功夫，而能因經解以得先儒之意，幾人哉！性質庸常，學力鹵莽，父兄師友取經解而督之讀。經與解離，不能以意相附。其弊也斷裂經文，使之血脈不通，首尾不應，欲求其知味樂學，不可得也。此愚所以於《六經》、《四書》皆欲旁注之，以為教子授徒之計，而未暇悉成也。雖然，愚之所注，其意義取諸先儒經解而已。辭語則有不可純用原文者，蓋以逐字順附經文，實而不泛，離之則字各有訓，貫之則篇章渾全。制作之體既殊，辭語各有宜也。至於意義間亦有不得已而不可以苟同者，則又有望於平心明眼實用功力之君子，相與印可之、商確之也。至正丙戌秋日。」

【考釋】由朱升〈自序〉可知，作序年份與書成年份同，「至正丙戌」，即至正六年（1346）。朱升，元末明初人，《明史》有傳，云：「朱升，字允升，休寧人。元末舉鄉薦，為池州學正，講授有法。蘄、黃盜起，棄官隱石門。數避兵逋竄，卒未嘗一日廢學。太祖下徽州，以鄧愈薦，召問時務，對曰：『高築牆，廣積糧，緩稱王。』太祖善之。吳元年，授侍講學士，知制誥，同修國史。以年老，特免朝謁。洪武元年進翰林學士，定宗廟時享齋戒之禮。尋命與諸儒修《女誡》，采古賢後妃事可法者編上之。大封功臣，制詞多升撰，時稱典核。逾年，請老歸，卒，年七十二。升自幼力學，至老不倦，尤邃經學。所作諸經旁注，辭約義精。學者稱楓林先生。」所著有《周易旁注圖說》二卷、《尚書旁注》六卷、《詩旁注》八卷、《書傳補正輯注》一卷、《風林類逸小詩》一卷、《楓林集》十二卷等。又曾輯方

逢辰《名物蒙求》、程若庸《性理字訓》、陳櫟《歷代蒙求》、黃繼善《史學提要》為一編，謂之《小四書》，以教初學。《宋元學案・滄洲諸儒學案下》列為「定宇（陳櫟）門人」。

又，朱升跋《大學旁注》曰：「《大學》以修己治人為綱要，以致知力行為工程。然而知止能得之間必有事焉，經所謂定靜安，《論語》所謂仁能守之，《孟子》所謂居安資深者是也。《中庸》曰尊德性而道問學，蓋致知、力行，二者皆道問學之事。動而道問學，靜而尊德性，二者功夫，如寒暑晝夜之更迭而無間。尊德性，即《大學》之正心也。《大學》誠意，是省察克治於將應物之際，正心是操心涵養於未應物之時與既應物之後。然而八目於致知之後即繼以誠意，而正心但列於其後者，蓋《大學》為入德者言，使之先於動處用功，禁其動之妄，然後可以全其靜之真也。此聖賢之心法，為傳學之本也。而《旁注》不能詳具，故表而著之云。」又跋《中庸旁注》曰：「《中庸》經朱子訓釋之後，說者亦多。其間最有超卓之見者，饒氏也；有融會之妙者，思正李先生也；精於文義、切於體認者，樓山袁氏述吳氏之說也。今茲《旁注》，既各取其長矣。至於知仁勇之用，至誠不貳不息之分，尊德性道問學之說，若此之類，一得之愚間見焉。不知其果是乎否？實用功力之君子，願有以教之。」

又，朱升有《四書旁注》十九卷，由其序跋可知，《大學中庸旁注》二卷當為《四書旁注》之一部分，後又單獨成書者也。

順帝至正九年　己丑（1349年）

○開端本堂，李好文進《端本堂經訓要義》

【出處】《元史・李好文傳》：「九年，出參湖廣行省政事，改湖北道廉訪使，尋召為太常禮儀院使。於是帝以皇太子年漸長，開端本堂，

命皇太子入學，以右丞相脫脫、大司徒雅不花知端本堂事，而命好文以翰林學士兼諭德。好文力辭，上書宰相曰：『三代聖王，莫不以教世子為先務，蓋帝王之治本於道，聖賢之道存於經，而傳經期於明道，出治在於為學，關係至重，要在得人。自非德堪範模，則不足以輔成德性。自非學臻閫奧，則不足以啟迪聰明。宜求道德之鴻儒，仰成國家之盛事。而好文天資本下，人望素輕，草野之習，而久與性成，章句之學，而浸以事廢，驟膺重托，負荷誠難。必別加選掄，庶幾國家有得人之助，而好文免妨賢之譏。』丞相以其書聞，帝嘉歎之，而不允其辭。好文言：『欲求二帝三王之道，必由於孔氏，其書則《孝經》、《大學》、《論語》、《孟子》、《中庸》。』乃摘其要略，釋以經義，又取史傳，及先儒論說，有關治體而協經旨者，加以所見，仿真德秀《大學衍義》之例，為書十一卷，名曰《端本堂經訓要義》，奉表以進，詔付端本堂，令太子習焉。」又，（日）今關壽麿《宋元明清儒學年表》：「開端本堂，命皇太子入學。李好文以翰林學士兼諭德，進《端本堂經訓要義》，又進《大寶錄》、《大寶龜鑒》。」
【考釋】《端本堂經訓要義》十一卷，（清）朱彝尊《經義考》卷二四六、（清）倪燦、盧文弨《補遼金元藝文志》、（清）金門詔《補三史藝文志》等著錄，（清）黃虞稷《千頃堂書目》卷三注曰：「至正九年，順帝以皇太子漸長，開端本堂，教皇太子。命好文以翰林學士兼諭德，好文因取《孝經》、《大學》、《中庸》、《語》、《孟》，刪其要略，釋以經義；又取史傳及先儒論說有關治體而協經旨者，加以所見，仿真德秀《大學衍義》為書，表進。」（明）朱睦㮮《授經圖義例》卷二十著錄作「十卷」。

順帝至正十一年　辛卯（1351年）

○仲夏，建安同文堂刊董彝《四書經疑問對》八卷成

【出處】《四書經疑問對》書後跋語：「右《四書疑》八卷，其中多所發明，相傳以為進士董彝宗文所編。第恐石氏所錄程子之說，未免有殊。已專書達本人，冀異有以補其未備，訂其訛舛，而求真是之歸，幸甚！至正辛卯仲夏，建安同文堂謹咨。」

【考釋】《四書經疑問對》八卷，今有《中華再造善本》本，北京圖書館、中國科學院圖書館藏元至正十一年同文堂刻本等。元代「董彝」有二：一為常熟人，《河南通志・名宦中》載：「董彝，江南常熟人。進士，以翰林院檢討命侍徽王講讀，升右長史，後進左長史，以憂去。成化中，王之國乃首以彝薦，詔復任。彝端謹溫雅，王甚重之。」一為樂平人，《江西通志》卷八十九操琬小傳曰：「操琬，字公琰，樂平人。少博學，有才氣。從程時登學，一時朋遊如朱公遷、董彝，皆邃義理，泛博古今。琬摩礪其間，所造益深」，此董彝即樂平董彝。《樂平縣志》載：「董彝，字宗文，承大父伯大家學，邃於義理。《四書》經義，俱有定論。至正間，三領鄉薦，登八年戊子進士，授慶元學正，繼拜瑞州路錄事。吏事既非其志，國勢且日非，歸就邑永善石榴峰北，結廬避亂。雖間關搶攘中，講學著述不廢。洪武廓清，復即平橋居焉，自號平橋迂士。尋召拜國子學錄，未幾謝去。所著有《二戴辨》、《四書疑問》、《平橋詩文集》傳世。」按《四書經疑問對》八卷著者，當為樂平董彝，（清）倪燦、盧文弨《補遼金元藝文志》注曰：「字宗文，進士。吳槎客云：『此至正辛卯建安同文堂刊本，予家有之。』《經義考》以為明常熟之董彝，非也。」

又（清）錢曾《讀書敏求記》評述此書云：「元以經義取士，此蓋擬之而作者，中或有學究語，然其特見深解，絕非近儒制義所可

幾及。昔先君嘗云：『挾制義以取科名，譬之敲門磚，應門則磚棄。』
誠哉是言也。胥天下之聰明才智，合古今之學術文章，蒙錮淪喪於時
藝中，滔滔不返，先聖者能無懼乎？」

順帝至正二十二年　壬寅（1362年）

○冬十一月長至日，景星自序《四書集說啟蒙》

【出處】文淵閣《四庫全書》本《大學中庸集說啟蒙》書前景氏〈自
序〉：「星幼承父命，嗣儒業而苦無常師。年十六始得出，就伯父黃
先生學（先生本姓景，繼黃氏，諱元吉，字子文）。先生曰：『汝欲
為學，必先熟讀《四書》，以為之本，而後他經可讀矣。』星於是晝
誦夜思，不敢少惰。居四年，得粗通大義。後欲明經，習舉子業，先
生又引星進郡庠，俾受《春秋》經於勾乘楊先生（先生諱淵，字澄
源），一時師友切偲問辨，資益為多。復得諸羽翼書，為之啟發，然
後益知《四書》奧義，不可不窮矣。故星不揆庸愚，憛於佔畢之暇，
匯集諸說，熟玩詳味，分經別注，妄加去取，十年之內，掇拾成編，
目之曰《四書集說啟蒙》，將私塾以訓子孫。既而一二同志懼其久而
墜佚，請壽諸梓，以便初學。顧星僭妄之罪已不可逭，尚賴諸明理君
子重加訂正而可否之，則星之志也。至正壬寅冬十有一月長至日，後
學景星謹識。」

【考釋】至正壬寅，即至正二十二年（1362）。《四書集說啟蒙》，《經
義考》注曰：「闕，《論語》、《孟子》未見。」景星，字德輝，浙江
餘姚人。《萬姓統譜》卷八十七述其事跡云：「洪武中，以儒士保升
杭州儒學訓導。其學特萃於經，尤長於《春秋》，弟子承指，授者多
去取高第，逮今猶沾溉焉。所著有《四書啟蒙》行於世。」（清）黃
虞稷《千頃堂書目》又著錄其《中庸問政章說》一冊。

○十二月，追諡朱熹父為獻靖，改封朱熹為齊國公

【出處】《元史·祭祀志六·朱熹加封齊國父追諡獻靖》：「至正二十二年十二月，追諡朱熹父為獻靖，其制詞云：『考德而論時，灼見風儀之後；觀子而知父，迨聞《詩》《禮》之傳。久閟幽堂，丕昭公論。故宋左承議郎、守尚書吏部員外郎、兼史館校勘、累贈通議大夫朱松，仕不躁進，德合中行。溯鄒魯之淵源，式開來學。開圖書之蘊奧，妙契玄機。奏對雖忤於權奸，嗣續篤生於賢哲。化民成俗，著書滿家。既繼志述事之光前，何節惠易名之孔後。才高弗展，嗟沉滯於下僚。道大莫容，竟昌明於永世。神靈不昧，休命其承。可諡獻靖。』其改封熹為齊國公制詞云：『聖賢之蘊載諸經，義理實明於先正。風節之屬垂諸世，襃崇豈間於異時。不有鉅儒，孰膺寵數。故宋華文閣待制、累贈寶謨閣直學士、太師、追封徽國公、諡文朱熹，挺生異質，蚤擢科名。試用於郡縣，而善政孔多。回翔於館閣，而直言無隱。權奸屢挫，志慮不回。著書立言，嘉乃簡編之富。愛君憂國，負其經濟之長。正學久達於中原，渙號申行於仁廟。詢諸僉議，宜易故封。國啟營丘，爰錫太公之境土。壤鄰洙泗，尚觀尼父之宮牆。緬想英風，載欽新命。可追封齊國公，餘並如故。』」

【考釋】朱熹之父朱松，字喬年，《宋元學案》卷三十九〈豫章學案〉列為「豫章門人」，述其學術云：「先生初以詩名，繼而契心於賈誼、陸贄之通達治理。及得浦城蕭子莊、劍浦羅仲素而師之，以傳河洛之學，而昔之餘習盡矣。嘗曰：『士之所志，其分在於義利之間，兩端而已。然其發甚微，而其流甚遠。譬之射焉，失毫釐於機括之間，則差尋丈於百步之外矣。』其所善者，同學李侗、鄧啟之外，則有胡籍溪憲、劉白水勉之、劉屏山子　。將卒，屬其子元晦熹往受學焉。後以子貴，贈通議大夫，諡獻靖。著有《韋齋集》。學者稱韋齋先生。」

卷四

明代四書學編年

太祖洪武元年　戊申（1368年）

○二月丁未，詔以太牢祀孔子於國學

【出處】《明史·禮志四·吉禮四·先師孔子》：「洪武元年二月，詔以太牢祀孔子於國學，仍遣使詣曲阜致祭。臨行諭曰：『仲尼之道，廣大悠久，與天地並，有天下者莫不虔修祀事。朕為天下主，期大明教化，以行先聖之道。今既釋奠成均，仍遣爾修祀事於闕里，爾其敬之。』又定制，每歲仲春、秋上丁，皇帝降香，遣官祀於國學。」

【考釋】《明通鑒》卷一所載略同。

太祖洪武二年　己酉（1369年）

○秋，賜朝鮮《六經》、《四書》、《通鑒》

【出處】《明史·朝鮮傳》：「明興，王高麗者王顓。太祖即位之元年，遣使賜璽書。二年，送還其國流人。顓表賀，貢方物，且請封。帝遣符璽郎偰斯齎詔及金印誥文，封顓為高麗國王，賜曆及錦綺。其秋，顓遣總部尚書成惟得、千牛衛大將軍金甲兩上表謝，並賀天壽節，因請祭服制度，帝命工部制賜之。惟得等辭歸，帝從容問：『王居國何為？城郭修乎？兵甲利乎？宮室壯乎？』頓首言：『東海波臣，惟知崇信釋氏，他未遑也。』遂以書諭之曰：『古者王公設險，

未嘗去兵。民以食為天，而國必有出政令之所。今有人民而無城郭，
人將何依？武備不修，則威弛。地不耕，則民艱於食。且有居室，無
廳事，無以示尊嚴。此數者朕甚不取。夫國之大事，在祀與戎。苟
闕斯二者，而徒事佛求福，梁武之事，可為明鑒。王國北接契丹、女
直，而南接倭，備禦之道，王其念之。」因賜之「六經」、《四書》、
《通鑒》。自是貢獻數至，元旦及聖節皆遣使朝賀，歲以為常。」

【考釋】王顓（1330～1374），一三五一年至一三七四年在位，第三
十一代高麗王。名顓，初名祺，忠肅王之子。諡號恭湣仁文義武勇智
明烈敬孝大王（恭湣王），廟號武宗。

太祖洪武三年　庚戌（1370年）

○五月初一日，詔鄉會試試《四書》義一道

【出處】（明）王世貞《弇山堂別集》卷八十一〈初設科舉條格詔〉：
「洪武三年五月初一日，奉天承運，皇帝詔曰：『朕聞成周之制，取
材於貢士，故賢者在職，而其民有士君子之行，是以風俗淳美，國易
為治，而教化彰顯也。漢唐及宋科舉取士，各有定制，然但貴詞章之
學，而未求六藝之全。至於前元，依古設科，待士甚優。而權豪勢要
之官，每納奔競之人，辛勤歲月，輒竊仕祿，所得資品或居士人之
上。懷材抱德之賢恥於並進，甘隱山林而不起。風俗之弊，一至於
此！今朕統一中國，外撫四夷，與斯民共享升平之治。所慮官非其
人，有傷吾民，願得君子而用之。自洪武三年八月為始，特設科舉，
以取懷材抱德之士，務在經明行修，博古通今，文質得中，名實相
稱。其中選者，朕將親策於廷，觀其學識，品其高下，而任之以官。
果有材學出眾者，待以顯擢。使中行文武皆由科舉而選，非科舉毋得
與官。敢有遊食奔競之徒，坐以重罪，以稱朕責實求賢之意。所有合

行事宜，條列於後。一，鄉試、會試文字程式：第一場，試五經義，各試本經一道，不拘舊格，惟務經旨通暢，限五百字以上。《易》，程朱氏《注》、古注疏；《書》，蔡氏《傳》、古注疏；《詩》，朱氏《傳》、古注疏；《春秋》，《左氏》、《公羊》、《穀梁》，胡氏、張洽《傳》；《禮記》，古注疏。《四書》義一道，限三百字以上……』」又參《明史・選舉志二》、（明）王　《王忠文集》卷十二〈開科舉詔〉、（明）程敏政《明文衡》卷一〈開科舉詔〉等。

【考釋】《明朝開天紀》所載略異，云：「洪武三年四月己亥，詔自洪武三年八月為始，鄉試會試第一場試《五經》義，各試本經一道，《四書》義一道。」

太祖洪武五年　壬子（1372年）

○帝命大書《大學衍義》揭之殿廡

【出處】《明外史・宋濂傳》：「洪武四年，為禮部主事。明年，遷贊善大夫。帝嘗問以帝王之學何書為要，濂舉《大學衍義》。乃命大書，揭之殿兩廡壁。頃之，御西廡，諸大臣皆在，帝指《衍義》中司馬遷論黃老事，命濂講析。」

【考釋】據《明史・宋濂傳》，知濂於洪武「六年七月遷侍講學士，知制誥，同修國史，兼贊善大夫」。

太祖洪武十年　丁巳（1377年）

○令儒臣為太子講《大學衍義》

【出處】《明外史・懿文太子標傳》：「洪武元年，立為皇太子……十年，令儒臣為太子講《大學衍義》。」

【考釋】《明史·興宗孝康皇帝傳》載：「興宗孝康皇帝標，太祖長子也，母高皇后。元至正十五年生於太平陳迪家。太祖為吳王，立為王世子。從宋濂受經……洪武元年正月，立為皇太子。」

太祖洪武十四年　辛酉（1381年）

○三月辛丑，命頒《五經》、《四書》於北方學校

【出處】《明史·太祖本紀二》：「三月……辛丑，頒「五經」、《四書》於北方學校。」

【考釋】（清）谷應泰《明史紀事本末》卷十四〈開國規模〉云：「十四年春三月，上以北方自喪亂後，經籍殘缺，命頒「五經」、《四書》於北方學校。」

太祖洪武十六年　癸亥（1383年）

○定國子監規，凡通《四書》者居正義、崇志、廣業堂

【出處】（清）孫承澤《春明夢餘錄》卷五十四〈監規〉：「洪武十六年，定監生三等高下，凡通《四書》未通經者，居正義、崇志、廣業堂；一年半之上，文理條暢者，升修道、誠心堂；一年半之上，經史兼通、文理俱優者，升率性堂。升率性堂者方許積分。」

【考釋】《明史·選舉志一》：「六堂諸生有積分之法，司業二員分為左右，各提調三堂。凡通《四書》未通經者，居正義、崇志、廣業，一年半以上，文理條暢者，升修道、誠心；又一年半，經史兼通、文理俱優者，乃升率性。升至率性乃積分。其法：孟月試本經義一道，仲月試論一道，詔、誥、表、內科一道，季月試經史策一道，判語二條。每試文理俱優者與一分，理優文劣者與半分，紕繆者無分。歲內

積八分者為及格，與出身。不及者仍坐堂肄業。如有才學超異者，奏
請上裁。」

太祖洪武十七年　甲子（1384年）

○三月，頒科舉定式，初場試《四書》義三道

【出處】清《欽定續文獻通考》卷三十五〈選舉考〉：「十七年三月，
頒科舉定式。初場試《四書》義三道，每道二百字以上；經義四
道，每道三百字以上。未能者，許各減一道。《四書》主朱子《集
注》，《易》主程《傳》、朱子《本義》；《書》主蔡氏《傳》及古注
疏；《詩》主朱子《集傳》，《春秋》主《左氏》、《公羊》、《穀梁》
及胡安國、張洽《傳》；《禮記》主古注疏。」又，其下案語云：「永
樂間頒《四書五經大全》，廢注疏不用。其後《春秋》亦不用張洽
《傳》，《禮記》止用陳澔《集說》。」

【考釋】（清）彭孫貽《明史紀事本末補編》卷二〈科舉開設〉：「洪
武十七年三月戊戌朔，命禮部頒行科舉成式。凡三年大比，子、午、
卯、酉年鄉試，辰、戌、丑、未年會試。場期經義與前詔同。」

太祖洪武十八年　乙丑（1385年）

○冬十月甲辰，詔免孟子後裔及凡聖賢後裔輸作者

【出處】《明史・太祖本紀三》：「冬十月⋯⋯甲辰，詔曰：『孟子傳
道，有功名教。歷年既久，子孫甚微。近有以罪輸作者，豈禮先賢之
意哉？其加意詢訪，凡聖賢後裔輸作者，皆免之。』」

【考釋】清《欽定續文獻通考》卷四十八〈學校考〉：「洪武五年，嘗
罷孟子配享。逾年，以孟子辨異端，辟邪說，發明孔子之道，復配享

如故。至是，詔曰：『孟子傳道，有功名教。歷年既久，子孫甚微。近有以罪輸作者，豈禮先賢之意哉？其加意問訪，凡聖賢後裔輸作者，皆免之。』」

太祖洪武二十七年　甲戌（1394年）

○劉三吾等修《孟子節文》，書成上之

【出處】《明史·錢唐傳》：「帝嘗覽《孟子》，至『草芥』、『寇仇』語，謂非臣子所宜言，議罷其配享。詔有諫者以大不敬論。唐抗疏入諫曰：『臣為孟軻死，死有餘榮。』時廷臣無不為唐危。帝鑒其誠懇，不之罪，孟子配享亦旋復，然卒命儒臣修《孟子節文》云。」又，《明通鑒》卷八：「初，上復孟子配享，而終以『草芥』、『寇仇』及『君為輕』、『貴戚易位』等語，為寰中士夫不為君用者所藉口，乃詔三吾修《孟子節文》，凡不以尊君為主者皆刪之。書成，有連江孫芝者，上書詆三吾為佞臣云。」（【考異】《明史·錢唐傳》但言「命儒臣修《孟子節文》」，《三吾傳》言「御制敕修之書皆總其事」，不及修《孟子節文》語。證之《實錄》，三吾等奉詔修《孟子節文》，於洪武二十七年上之。據此，則《錢唐傳》所謂「儒臣」者，即「三吾」也。孫芝以力詆三吾，後遂與錢唐並配享亞聖廟，事見全氏《鮚埼亭內外集》，詳《考證》中。）

【考釋】《古今圖書集成·經籍典·孟子部彙考一》，繫於「洪武□年」，未考具體年份。據（明）黃佐《翰林記》卷十三，則《孟子節文》成於洪武二十二年九月，云：「二十二年四月，詔集耆儒錢宰等二十七人，命劉三吾總之，參訂《孟子》，纂其要語，刪去八十五條。至九月，書成，進，御命之曰《孟子節文》。」又，（清）朱彝尊《經義考》卷二三五著錄「劉氏三吾等《孟子節文》」，注曰：「二

卷，未見。」又錄張萱、楊士奇、祝允明之語曰：「張萱曰：『洪武
間，翰林學士劉三吾上言，《孟子》一書，中間詞氣抑揚太過，請節
去八十五條，課試不以命題，科舉不以取士，其餘存者頒之學官。上
可，其奏命曰《節文》。』楊士奇曰：『《孟子節文》一冊，有翰林學
士劉三吾題辭，蓋三吾等奏請為之者也。總一百七十餘條，此外惟課
試不以命題，科舉不以取士而已，刊板在太學。』祝允明曰：『聖祖
以孟子當戰國之世，故辭氣或抑揚太過。今天下一統，學者不得其本
意，而概以見之言行，則學非所學而用非所用。命劉三吾刪其過者為
《孟子節文》，不以命題取士。』」

　　《明史・錢唐傳》載：「錢唐，字惟明，象山人，博學敦行。洪
武元年舉明經。對策稱旨，特授刑部尚書，二年詔孔廟春秋釋奠，止
行於曲阜，天下不必通祀。唐伏闕上疏言：『孔子垂教萬世，天下共
尊其教，故天下得通祀孔子，報本之禮不可廢。』侍郎程徐亦疏言：
『古今祀典，獨社稷、三皇與孔子通祀。天下民非社稷、三皇則無以
生，非孔子之道則無以立，堯、舜、禹、湯、文、武、周公，皆聖人
也，然發揮三綱五常之道，載之於經，儀範百王，師表萬世，使世愈
降而人極不墜者，孔子力也。孔子以道設教，天下祀之，非祀其人，
祀其教也，祀其道也。今使天下之人，讀其書，由其教，行其道，而
不得舉其祀，非所以維人心扶世教也。』皆不聽。久之，乃用其言。」

　　又《明史・劉三吾傳》載：「劉三吾，茶陵人，初名如孫，以字
行。兄耕孫、燾孫皆仕元……三吾避兵廣西，行省承制授靜江路儒學
副提舉。明兵下廣西，乃歸茶陵。洪武十八年，以茹瑺薦召至，年七
十三矣，奏對稱旨，授左贊善，累遷翰林學士。時天下初平，典章闕
略。帝銳意制作，宿儒凋謝，得三吾晚，悅之。一切禮制及三場取士
法多所刊定。三吾博學善屬文。帝制《大誥》及《洪範注》成，皆命
為序。敕修《省躬錄》、《書傳會選》、《寰宇通志》、《禮制集要》諸

書，皆總其事，賜賚甚厚。」

成祖永樂元年　癸未（1403 年）

○賜朝鮮國王李芳遠《五經》、《四書》等

【出處】（明）俞汝楫《禮部志稿》卷九十一〈朝鮮請冕服書籍〉：「永樂元年辛未，朝鮮國王李芳遠遣陪臣石璘、李原等，奉表謝賜樂並貢馬及方物，且請冕服書籍。上嘉其能慕中國禮文，悉從之，命禮部具九章冕服、「五經」、《四書》，並鈔及彩幣表裏，俟使還賜之。」

【考釋】李芳遠（1367～1422），朝鮮第三代國王，廟號「太宗」，諡號「恭定聖德神功建天體極大正啟佑文武睿哲成烈光孝大王」。1418年，傳位第三子李裪。

成祖永樂二年　甲申（1404 年）

○上諭楊士奇以《大學講義》進，上覽而善之

【出處】（清）孫承澤《春明夢餘錄》卷九〈文華殿〉：「永樂二年，上諭文華殿大學士楊士奇以《大學講義》進，上覽而善之。因諭帝王之學貴切己實用，先儒謂『克明峻德』一章，一部《大學》皆具。士奇曰：『堯、舜、禹、湯、文、武聖人，凡修諸身施於家國天下者，皆《大學》之理，誠聖學所當先務。』」

【考釋】楊士奇（1366～1444），名寓，字士奇，以字行，號東里，諡文貞。江西泰和人。官至禮部侍郎兼華蓋殿大學士，兼兵部尚書，歷五朝，在內閣為輔臣四十餘年、首輔二十一年。與楊榮、楊溥同輔政，並稱「三楊」。先後擔任《明太宗實錄》、《明仁宗實錄》、《明宣宗實錄》總裁。《明史》有傳。

成祖永樂十二年　甲午（1414年）

○十一月甲寅，上諭胡廣、楊榮、金幼孜等編輯三部《大全》

【出處】（明）黃佐《翰林記》卷十三：「永樂十二年十一月甲寅，上諭學士胡廣、楊榮、金幼孜曰：『「五經」、《四書》皆聖賢精義要道，傳注之外，諸儒議論有發明者，爾等宜采，附於下。周、程、張、朱諸君子性理之言，如《太極圖》、《通書》、《西銘》、《正蒙》之類，皆「六經」羽翼。然各自為書，未有統會。卿等宜類聚成編，務極精備，用垂永久。命廣等三人總其事，仍舉朝臣及在外教官有文學者同修。開館東華門外，命光祿寺給朝夕饌甚豐。』」

【考釋】所謂三部《大全》，即指《性理大全》、《五經大全》、《四書大全》。

成祖永樂十三年　乙未（1415年）

○九月己酉，《性理大全》、《五經大全》、《四書大全》成，十月頒行天下

【出處】（明）黃佐《翰林記》卷十三：「十三年九月己酉，書成，賜名《性理大全》。廣等表上之，上親為序，冠其首。詔頒於六部、兩京國子監及天下學校。按聖祖命，劉三吾定科舉取士之制。《四書》義主朱氏《集注章句》，《易》主程氏《傳》、朱氏《本義》，《書》主蔡氏《傳》及古注疏。後主會選，《詩》主朱氏《集傳》，《春秋》主《三傳》及胡氏、張洽《傳》，《禮記》主古傳疏。廣等所定，惟《四書》及《易》、《詩》如舊，《書》主蔡氏，《春秋》主胡氏，《禮記》主陳澔《集說》。嘗求其故，蓋當時編纂惟據元人《四書》、《五經》、性理會通，稍加刪潤而成，非為異也。」又，〈四書大全進表

序〉：「……永樂十三年九月十五日，翰林學士兼左春坊大學士奉政大夫臣胡廣、奉政大夫右春坊右庶子兼翰林院侍講臣楊榮、奉直大夫右春坊右諭德兼翰林院侍講臣金幼孜等謹上表。十月初一日，頒行天下。」又，《明朝肇運紀》：「永樂十三年九月己酉，《五經四書大全》及《性理大全》成。上御殿，受之群臣，表賀。」

【考釋】（清）顧炎武《日知錄》卷十八〈四書五經大全〉云：「自朱子作《大學中庸章句》、《或問》、《論語孟子集注》之後，黃氏有《論語通釋》，而采《語錄》附於朱子《章句》之下，則始自真氏。名曰《集義》，止《大學》一書，祝氏乃仿而足之，為《四書附錄》。後有蔡氏《四書集疏》、趙氏《四書纂疏》、吳氏《四書集成》。昔之論者病其泛溢，於是陳氏作《四書發明》、胡氏作《四書通》，而定宇之門人倪氏合二書為一，頗有刪正，名曰《四書輯釋》。自永樂中，命儒臣纂修《四書大全》頒之學官，而諸書皆廢。倪氏《輯釋》，今見於劉用章所刻《四書通義》中。永樂中所纂《四書大全》，特小有增刪，其詳其簡，或多不如倪氏，《大學中庸或問》則全不異，而間有舛誤。至《春秋大全》，則全襲元人汪克寬《胡傳纂疏》，但改其中『愚按』二字為『汪氏曰』，及添『廬陵李氏』等一二條而已。《詩經大全》則全襲元人劉瑾《詩傳通釋》，而改其中『愚按』二字為『安成劉氏曰』。其三經，後人皆不見舊書，亦未必不因前人也。當日儒臣奉旨修《四書五經大全》，頒餐錢，給筆箚。書成之日，賜金遷秩。所費於國家者，不知凡幾。將謂此書既成，可以章一代教學之功，啟百世儒林之緒。而僅取已成之書抄謄一過，上欺朝廷，下誑士子，唐宋之時有是事乎？豈非骨鯁之臣已空於建文之代，而制義初行，一時人士盡棄宋元以來所傳之實學，上下相蒙，以饕祿利，而莫之問也。嗚呼！經學之廢，實自此始。後之君子欲掃而更之，亦難乎其為力矣！」

又，《四庫全書總目》卷三十六〈四書類二〉所撰《四書大全》提要云：「明永樂十三年翰林學士胡廣等奉敕撰。成祖御制序文，頒行天下，二百餘年尊為取士之制者也。其書因元倪士毅《四書輯釋》稍加點竄。顧炎武《日知錄》曰：『自朱子作《大學中庸章句》、《或問》、《論語孟子集注》之後，黃氏有《論語通釋》。其采《語錄》附於朱子《章句》之下，則始於真氏。祝氏仿之，為《附錄》。後有蔡氏《四書集疏》、趙氏《四書纂疏》、吳氏《四書集成》，論者病其泛濫。於是陳氏作《四書發明》，胡氏作《四書通》，而定宇之門人倪氏（案定宇，陳櫟之別號）合二書為一，頗有刪正，名曰《四書輯釋》。永樂所纂《四書大全》，特小有增刪。其詳其簡，或多不如倪氏。《大學》、《中庸》、《或問》則全不異，而間有舛誤』云云，於是書本末言之悉矣。考士毅撰有《作義要訣》一卷，附刻陳悅道《書義斷法》之末，今尚有傳本。蓋頗講科舉之學者。其作《輯釋》，殆亦為經義而設，故廣等以夙所誦習，剽剟成編歟？初與《五經大全》並頒，然當時程式，以《四書》義為重，故「五經」率皆庋閣，所研究者惟《四書》，所辨訂者亦惟《四書》。後來《四書》講章浩如煙海，皆是編為之濫觴。蓋由漢至宋之經術，於是始盡變矣。特錄存之，以著有明一代士大夫學問根柢俱在於斯，亦足以資考鏡焉。」

成祖永樂十五年　丁酉（1417年）

○三月，頒《五經四書性理大全》於六部，並兩京國子監及天下郡縣學

【出處】（明）俞汝楫《禮部志稿》卷二〈學校之訓〉：「永樂十五年三月，頒《五經四書性理大全》書於六部，並兩京國子監及天下郡縣學。上謂禮部臣曰：『此書學者之根本，而聖賢精義悉俱矣。自書

成，朕旦夕宮中披閱不倦，所益多矣。古人有志於學者苦難得書籍，如今之學者得此書而不勉力，是自棄也。爾禮部，其以朕意曉諭天下學者，令盡心講明，無徒視為虛文也。』」

【考釋】（明）夏良勝《中庸衍義》卷三亦載，並加按語云：「臣良勝曰：書契以來，載籍代益，不可勝紀。臣所錄顥顥於經史者，嘗聞真德秀曰：『書籍雖多，其切於君德治道者，六經而已爾，《論》、《孟》而已爾。六經大義，人主皆所當聞。然一日萬機，無遍讀博通之理，苟專精於一二，而兼致力於《論》、《孟》、《大學》、《中庸》之書，間命儒臣敷陳歷代之得失，則其開聰明而發智識者，亦豈少哉？』德秀此言，誘掖獎勸，足成人君之美者，臣亦敢竊取焉。」

成祖永樂□年

○給朝鮮國王《四書》、《大學衍義》等書

【出處】（明）俞汝楫《禮部志稿》卷三十七〈外夷・朝鮮國〉：「永樂間，給國王冕服九章、圭玉佩玉，「五經」、《四書》、《春秋會通》、《大學衍義》等書。」

【考釋】事在永樂間，具體年份無考。

仁宗洪熙元年　乙巳（1425年）

○命刻真德秀《大學衍義》賜諸子

【出處】《明朝純誠紀》：「仁宗雅志儒術，務學問，諸經皆通，嘗命刻真德秀《大學衍義》賜諸子。在儲位二十年，天下傾向。暨嗣位，每曰：『為人君，止於仁。』故弘施需澤。」（錄自《古今圖書集成・經籍典・大學部彙考一》）

【考釋】《明史·仁宗本紀》載：「仁宗敬天體道純誠至德弘文欽武章聖達孝昭皇帝，諱高熾，成祖長子也。母仁孝文皇后，夢冠冕執圭者上謁。寤而生帝。幼端重沉靜，言動有經。稍長習射，發無不中。好學問，從儒臣講論不輟……贊曰：當靖難師起，仁宗以世子居守，全城濟師。其後成祖乘輿，歲出北征，東宮監國，朝無廢事，然中遘媒蘗，瀕於危疑者屢矣，而終以誠敬獲全。善乎其告人曰『吾知盡子職而已，不知有讒人也』，是可為萬世子臣之法矣。在位一載，用人行政，善不勝書。使天假之年，涵濡休養，德化之盛，豈不與文、景比隆哉？」

宣宗宣德元年　丙午（1426年）

○十月，遣使以《五經四書性理大全》、《通鑑綱目》賜朝鮮國王李祹

【出處】（明）俞汝楫《禮部志稿》卷三〈懷遠之訓〉：「宣德元年……十月，遣使以《五經四書及性理大全》、《通鑑綱目》賜朝鮮國王李祹。上謂行在禮部尚書胡　曰：『聖人之道與前代得失，俱在此書。有天下國家者，不可不讀。聞祹勤學，朕故賜之。若使小國之民得蒙其惠，亦朕心所樂也。』」

【考釋】李祹（1397～1450），字元正，朝鮮王朝第四代國王，一四一八年即位。廟號「世宗」，諡號「莊憲英文睿武仁聖明孝大王」，世稱「世宗大王」。

宣宗宣德二年　丁未（1427年）

○二月，御文華殿講《孟子》

【出處】（清）孫承澤《春明夢餘錄》卷九〈文華殿〉：「宣德二年丁未二月，御文華殿講《孟子》。至『二老歸文王』章，問：『伯夷、太公皆處東海而歸文王，及武王伐紂，太公佐之，伯夷叩馬而諫，所見何以不同？』講官對曰：『太公以救民為心，伯夷以君臣為重。』上曰：『太公之心在當時，伯夷之心在萬世，無非為天下之生民也。』」

【考釋】「二老歸文王」章，《孟子・離婁上》原文云：「孟子曰：『伯夷辟紂，居北海之濱，聞文王作，興曰：「盍歸乎來！吾聞西伯善養老者。」太公辟紂，居東海之濱，聞文王作，興曰：「盍歸乎來！吾聞西伯善養老者。」二老者，天下之大老也，而歸之，是天下之父歸之也。天下之父歸之，其子焉往？諸侯有行文王之政者，七年之內，必為政於天下矣。』」

○陳祚請以《大學衍義》一書命儒臣講說

【出處】《明史・陳祚傳》：「宣德二年，命憲臣即均州群試之，祚策第一。試吏部，復第一。遂擢御史，巡按福建……時天下承平，帝頗事遊獵玩好。祚馳疏勸勤聖學，其略曰：『帝王之學先明理，明理在讀書。陛下雖有聖德，而經筵未甚興舉，講學未有程度，聖賢精微，古今治亂，豈能周知洞晰？真德秀《大學衍義》一書，聖賢格言，無不畢載。願於聽政之暇，命儒臣講說，非有大故，無得間斷。使知古今若何而治，政事若何而得，必能開廣聰明，增光德業，而邪佞之以奇巧蕩聖心者自見疏遠，天下人民受福無窮矣』。帝見疏大怒曰：『豎儒謂朕未讀《大學》耶！薄朕至此，不可不誅！』學士陳循頓首

曰：『俗士處遠，不知上無書不讀也。』帝意稍解。」

【考釋】《古今圖書集成・經籍典・大學部彙考一》以為事在「宣德元年」，蓋誤。

英宗正統元年　丙辰（1436年）

○定經筵講《四書》儀

【出處】《明史・禮志九・嘉禮三・經筵》：「明初無定日，亦無定所。正統初，始著為常儀，以月之二日御文華殿進講，月三次，寒暑暫免。其制，勳臣一人知經筵事，內閣學士或知或同知。尚書、都御史、通政使、大理卿及學士等侍班，翰林院、春坊官及國子監祭酒二員進講，春坊官二員展書，給事中、御史各二員侍儀，鴻臚寺、錦衣衛堂上官各一員供事，鳴贊一贊禮，序班四舉案，勳臣或駙馬一人領將軍侍衛。禮部擇吉請，先期設御座於文華殿，設御案於座東稍南，設講案於案南稍東。是日，司禮監先陳所講《四書》經、經、史各一冊置御案，一冊置講案，皆《四書》東，經、史西。講官各撰講章置冊內。帝升座，知經筵及侍班等官於丹陛上，五拜三叩頭。後每講止行叩頭禮。以次上殿，東西序立。序班二員，舉御案於座前，二員舉講案置御案南正中。鴻臚官贊進講。講官二員從東西班出，詣講案前，北向並立。東西展書官各至御案南銅鶴下，相向立。鴻臚官贊講官拜，興。東班展書官詣御案前，跪展《四書》，退立於東鶴下。講官至講案前立，奏講某書，講畢退。展書官跪掩書，仍退立鶴下。西班展書官展經或史，講官進講，退，如初。鴻臚官贊講官拜，興。各退就東西班，展書官隨之，序班徹御案講案。禮畢，命賜酒飯。各官出至丹陛，行叩頭禮。至左順門，酒飯畢，入行叩頭禮。」

【考釋】又參《明會典》卷五十〈經筵〉及〈經筵初開儀〉。

英宗天順二年　戊寅（1458年）

○定每日講讀儀，先讀《四書》

【出處】《明會典》卷五十〈每日講讀儀〉：「天順二年，定每日講讀儀。一，每日早朝退後，皇太子出閣升座，內侍以書案進，不用侍衛、侍儀、執事等官。惟侍班、侍讀講官入，行叩頭禮畢，分班東西向立。內侍展書，先讀《四書》，則東班侍讀官向前，伴讀十數遍，退復原班。次讀經書或讀史書，則西班侍讀官向前，伴讀亦如之，務要字音正當，句讀分明。讀畢，各官退。」

【考釋】又參《明史‧禮志九‧嘉禮三‧東宮出合講學儀》。

憲宗成化十六年　庚子（1480年）

○五月，禮部侍郎周洪謨請考訂《四書》朱注誤，已之

【出處】（明）俞汝楫《禮部志稿》卷九十四〈請考訂朱注誤〉：「成化十六年五月，禮部侍郎周洪謨言：『宋儒朱熹所注釋五經、《四書》，間有承漢唐諸儒之誤者，乞特敕儒臣考訂。』上曰：『《五經》、《四書》，漢唐宋諸儒訂釋已詳，具有源委。永樂中，儒臣奉敕考訂纂修，悉取其不悖本旨者輯錄之，天下學者誦習已久。周洪謨乃以一己之見，欲再紛更，事在難准，已之。』」

【考釋】所謂「永樂中，儒臣奉敕考訂纂修，悉取其不悖本旨者輯錄之」，即指《五經四書大全》。

憲宗成化二十三年　丁未（1487年）

○十一月十八日，丘濬進《大學衍義補》，詔刊行

【出處】（明）丘濬《重編瓊臺稿》卷七〈進大學衍義補奏〉：「臣竊見宋儒真德秀所撰《大學衍義》四十三卷，於《大學》八條目中有格物致知之要、誠意正心之要、修身之要、齊家之要，而於治國平天下之要闕焉。臣不揆愚陋，竊仿德秀凡例，采輯五經、諸史、百氏之言，補其闕略，以為治國平天下之要。立為十二目：曰正朝廷，曰正百官，曰固邦本，曰制國用，曰明禮樂，曰秩祭祀，曰崇教化，曰備規制，曰慎刑憲，曰嚴武備，曰馭夷狄，曰成功化。又於各目之中分為條件，凡一百十有九，共為書一百六十卷，補前書一卷，目錄三卷，總一百六十四卷，名之曰《大學衍義補》，所以補德秀前書之闕也。前書主於理而不出乎身家之外，故其衍之義大而簡；臣之此書主於事而有以包乎天下之大，故所衍之義細而詳。其詳其簡，各惟其宜。若合二書言之，前書其體，此書其用也。今已繕寫完備，謹撰表文一通，附寫卷首以進。伏念臣濬遠方下士，叨冒厚祿，六轉官階以至今官，一家溫飽三十餘年。今近七旬，常恐一旦委命九泉，有負國恩，無以為報。幸天假之以年，以衰朽之餘，任師儒之職，無政務之擾，得以暇日，纂成此編。第以性質昏庸，學識迂僻，加以老耄，精力衰憊，所見不能無偏，所纂不能無誤。然區區一念忠君愛國之誠，蓋有出於言語文字之外者。況臣所纂輯者，非臣之私意杜撰，無一而非古先聖賢經書史傳之前言往事也。參以本朝之制，附以一得之愚，雖曰掇拾古人之緒餘，亦或有以裨助聖治之萬一。伏望皇上寬其妄作之誅，察其願忠之意，以清閑之燕時賜省覽。遇用人則檢正百官之類，遇理財則檢制國用之類，與凡臣庶有所建，請朝廷有所區處，各隨其事而檢其本類，則一類之中，條件之眾，必有古人之事合於今時

之宜者矣。於是審而擇之，酌古準今，因時制宜，以應天下之變，以成天下之務。而其大要，則尤在於察其幾微之先焉。《易》曰：『惟幾也故能成天下之務。』此臣妄意著書之本指也。臣之精力盡於此書，皇上親政之始，而繕寫適成，蓋有天幸然也。冒昧進獻，不敢自謂其皆可，儻采於千百之中，用其一二見於施行，以成治效，使臣平生竭力盡瘁報國之忠，得以少效其萬分之一，則臣學為有用而歿為不朽矣，臣不勝懇悃願效之至。」

又，周洪謨《進大學衍義補奏疏》：「成化二十三年十一月十八日，禮部右侍郎丘濬於西角門題奏。本月二十二日，奉聖旨覽卿所纂書，考據精詳，論述該博，有補於政治，朕甚嘉之。書謄副本，發福建布政司著書坊刊行。禮部知道，欽此，遵抄去送司案呈到部。」

【考釋】《明史・丘濬傳》載：「丘濬，字仲深，瓊山人。幼孤，母李氏教之讀書，過目成誦。家貧無書，嘗走數百里借書，必得乃已。舉鄉試第一，景泰五年成進士。改庶吉士，授編修。濬既官翰林，見聞益廣，尤熟國家典故，以經濟自負……濬以真德秀《大學衍義》於治國平天下條目未具，乃博采群書補之。孝宗嗣位，表上其書，帝稱善，賚金幣，命所司刊行。」

又，《四庫全書總目》卷九十三〈子部儒家類三〉所撰〈大學衍義補提要〉云：「明丘濬撰。濬有《家禮儀節》，已著錄。濬以宋真德秀《大學衍義》止於格致、誠正、修齊，而闕治國、平天下之事。雖所著《讀書乙記》采錄史事，稱為是書之下編，然多錄名臣事跡，無與政典，又草創未完。乃采經傳子史，輯成是書，附以已見，分為十有二目，於孝宗初奏上之。有詔嘉獎，命錄副本付書坊刊行。濬又自言：『《衍義補》所載，皆可見之行事，請摘其要者下內閣議行。』帝亦報可。至神宗復命梓行，親為制序，蓋皆甚重其書也。特濬聞見甚富，議論不能甚醇。故王鏊《震澤紀聞》稱其學問該洽，尤熟於國

家掌故，議論高奇，務於矯俗，能以辨博濟其說。如譏范仲淹多事，
秦檜有再造功，評騭皆乖正理。又力主舉行海運，平時屢以為言，此
書更力申其說。所列從前海運抵京之數，謂省內河挽運之資，即可抵
洋面漂亡之粟，似乎言之成理。然一舟覆沒，舟人不下百餘。糧可抵
以轉輸之費，人命以何為抵乎？其後萬恭著議，謂為有大害而無微
利，至以好事斥之，非苛論也。又明之中葉，正閹豎恣肆之時，潘既
欲陳誨納忠，則此條尤屬書中要旨，乃獨無一語及宦寺。張志淳《南
園漫錄》詆其有所避而不書，殆亦深窺其隱。以視真氏原書，殊未免
瑕瑜互見。然治平之道，其理雖具於修齊，其事則各有制置。此猶土
可生禾，禾可生穀，穀可為米，米可為飯，本屬相因。然土不耕則禾
不長，禾不獲則穀不登，穀不舂則米不成，米不炊則飯不熟，不能遞
溯其本，謂土可為飯也。真氏原本實屬闕遺，潘博綜旁搜，以補所未
備，兼資體用，實足以羽翼而行。且潘學本淹通，又習知舊典，故所
條列，元元本本，貫串古今，亦復具有根柢。其人雖不足重，其書要
不為無用也。」

孝宗弘治元年　戊申（1488年）

○上御文華殿，學士劉機經筵進講《孟子》

【出處】（清）孫承澤《春明夢餘錄》卷九〈文華殿〉：「弘治元年，
御文華殿⋯⋯學士劉機經筵進講『責難於君謂之恭』二句，孝宗注聽
久之，俯賜清問，因辨析『陳』字之意。劉倉卒進講，語不達意，上
謂之曰：『此即敷陳王道之陳也。』群臣叩首謝。又謂：『何以不講末
句？』答以：『不敢。』上曰：『何害？善者可感善心，惡者可懲逸
志，自今不必忌諱。』」

【考釋】「責難於君謂之恭」二句，出自《孟子・離婁上》，原文云：

「孟子曰：『離婁之明、公輸子之巧，不以規矩不能成方圓；師曠之聰，不以六律不能正五音；堯、舜之道，不以仁政不能平治天下。今有仁心仁聞而民不被其澤，不可法於後世者，不行先王之道也。故曰：徒善不足以為政，徒法不能以自行。《詩》云：「不愆不忘，率由舊章。」遵先王之法而過者，未之有也。聖人既竭目力焉，繼之以規矩準繩，以為方員平直不可勝用也；既竭耳力焉，繼之以六律，正五音不可勝用也；既竭心思焉，繼之以不忍人之政，而仁覆天下矣。故曰：為高必因丘陵，為下必因川澤，為政不因先王之道，可謂智乎？是以惟仁者宜在高位，不仁而在高位，是播其惡於眾也。上無道揆也，下無法守也，朝不信道，工不信度，君子犯義，小人犯刑，國之所存者幸也。故曰：城郭不完，兵甲不多，非國之災也；田野不辟，貨財不聚，非國之害也。上無禮，下無學，賊民興，喪無日矣。《詩》曰：「天之方蹶，無然泄泄。」泄泄猶遝遝也。事君無義，進退無禮，言則非先王之道者，猶遝遝也。故曰：責難於君謂之恭，陳善閉邪謂之敬，吾君不能謂之賊。』」

孝宗弘治二年　己酉（1489年）

○敕賜三城王芝塂《四書》

【出處】《明外史·唐定王桱傳》：「三城王芝塂博極群書，弘治二年，敕賜五經、《四書》，營御書樓。」

【考釋】（明）朱謀垔《畫史會要》卷四載：「三城康穆王芝塂，唐憲王子也，博通群經，尤精繪事。所作〈耆英〉、〈王母〉、〈九老〉、〈百花〉諸圖，皆妙絕一時。」

孝宗弘治四年　辛亥（1491年）

○丘濬以《大學衍義補》所載下內閣行之

【出處】《明史·丘濬傳》：「……修《憲宗實錄》，充副總裁。弘治四年書成，加太子太保，尋命兼文淵閣大學士參預機務。尚書入內閣者自濬始，時年七十一矣。濬以《衍義補》所載皆可見之行事，請摘其要者奏聞，下內閣議行之。帝報可。」

【考釋】《明外史·丘濬傳》所載略異。

孝宗弘治五年　壬子（1492年）

○東宮講官李東陽條摘《孟子》七篇大義上之

【出處】《明史·李東陽傳》：「（弘治）五年，旱災求言。東陽條摘《孟子》七篇大義，附以時政得失，累數千言，上之。帝稱善，閣臣徐溥等以詔敕繁，請如先朝王直故事，設官專領。乃擢東陽禮部右侍郎兼侍讀學士，入內閣專典誥敕。」

【考釋】《明史·李東陽傳》載其生平事跡云：「李東陽，字賓之，茶陵人，以戍籍居京師。四歲能作徑尺書，景帝召試之，甚喜，抱置膝上，賜果鈔。後兩召講《尚書》大義，稱旨，命入京學。天順八年，年十八，成進士，選庶吉士，授編修。累遷侍講學士，充東宮講官……為文典雅流麗，朝廷大著作多出其手。工篆隸書，碑版篇翰流播四裔。獎成後進，推挽才彥，學士大夫出其門者，悉粲然有所成就。自明興以來，宰臣以文章領袖縉紳者，楊士奇後，東陽而已。立朝五十年，清節不渝。」

孝宗弘治九年　丙辰（1496年）

○工科給事中陶諧請命儒臣日講《大學衍義》

【出處】《明史・陶諧傳》：「陶諧，字世和，會稽人。弘治八年鄉試第一。明年成進士，選庶吉士，授工科給事中。請命儒臣日講《大學衍義》，孝宗嘉納之。」

【考釋】據《明史》陶諧本傳，正德改元，劉瑾亂政，諧上疏請論其罪，瑾怒，斥為民，謫戍肅州。劉瑾伏誅，始釋還鄉。嘉靖元年(1522)復官，任江西僉事，轉河南管河副使。歷河南左右布政使，擢右副都御史，提督南、贛、汀、漳軍務。尋遷兵部右侍郎，總督兩廣軍務。病卒，贈兵部尚書，諡莊敏。詩文直抒胸襟，明白坦易，有《南川稿》、《陶莊敏集》等。

孝宗弘治十五年　壬戌（1502年）

○陶諧請命經筵、宮禁皆置《大學衍義》一編

【出處】（明）俞汝楫《禮部志稿》卷六十七〈進覽大學衍義〉：「弘治十五年，工科給事中陶諧言：『經史繁多，難於遍覽，惟宋儒真德秀《大學衍義》一書，簡而明，約而盡，乃治道之指南。請以是書一置經筵以備進讀，一置宮禁以備退覽，庶益弘盛德大業於無窮。』有旨令禮部看議以聞，禮部言：『《衍義》一書，已命儒臣於經筵進講。今諧復以為言，誠以治天下之大本大端莫要於此，伏乞聖明俯納其言，益勤聖學。不獨外而經筵，雖內而宮禁亦置一編，用備觀覽，則聖德愈宏，治道益隆矣。』納之。」

【考釋】據《明史・陶諧傳》，諧初請命儒臣日講《大學衍義》在弘治九年，此為「復以為言」。

孝宗弘治□年

○王陽明父王華講《大學衍義》，帝命中官賜食

【出處】《明史‧王守仁傳》：「父華，字德輝，成化十七年進士第一。授修撰。弘治中，累官學士、少詹事。華有器度，在講幄最久，孝宗甚眷之。李廣貴幸，華講《大學衍義》，至唐李輔國與張後表裏用事，指陳甚切。帝命中官賜食勞焉。」

【考釋】「弘治中」，具體年份無考。

武宗正德十三年　戊寅（1518年）

○七月，刻古本《大學》及《朱子晚年定論》，王陽明序之

【出處】《陽明先生年譜》卷上：「十三年戊寅，先生四十七歲，在南贛……七月，刻古本，序之。按先生在龍場時，疑朱子《大學章句》非聖門本旨，手錄古本，伏讀精思，始信聖人之學簡易明白。其書只為一篇，原無經傳之分。格致本於誠意，原無缺傳可補。以誠意為主，而為致知格物之功，原不必增以敬字。又刻《朱子晚年定論》，序之後。」（《北京圖書館藏珍本年譜叢刊》冊43，頁117）又，（日）今關壽麿《宋元明清儒學年表》：「王守仁征三浰，是年刻古本《大學》、《朱子晚年定論》。」

【考釋】（明）王守仁《王文成全書》卷七〈朱子晚年定論序〉云：「洙泗之傳，至孟子而息，千五百餘年，濂溪、明道始復追尋其緒。自後辯析日詳，然亦日就支離決裂，旋復湮晦。吾嘗深求其故，大抵皆世儒之多言有以亂之。守仁早歲業舉，溺志辭章之習。既乃稍知從事正學，而苦於眾說之紛撓疲苶，茫無可入，因求諸老釋，欣然有會於心，以為聖人之學在此矣。然於孔子之教間相出入，而措之日用，

往往闕漏無歸，依違往返，且信且疑。其後謫官龍場，居夷處困，動心忍性之餘，恍若有悟。體驗探求，再更寒暑，證諸六經、《四子》，沛然若決江河而放之海也。然後歎聖人之道坦如大路，而世之儒者妄開竇徑，蹈荊棘，墮坑塹，究其為說，反出二氏之下。宜乎，世之高明之士厭此而趨彼也，此豈二氏之罪哉！間嘗以此語同志，而聞者競相非議，目以為立異好奇，雖每痛反深抑，務自搜剔斑瑕，而愈益精明，的確洞然，無復可疑。獨於朱子之說有相牴牾，恒疚於心，切疑朱子之賢，而豈其於此尚有未察？及官留都，復取朱子之書而檢求之，然後知其 歲固已大悟舊說之非，痛悔極艾，至以為自誑誑人之罪，不可勝贖。世之所傳《集注》、《或問》之類，乃其中年未定之說，自咎以為舊本之誤，思改正而未及。而其諸《語類》之屬，又其門人挾勝心以附己見，固於朱子平日之說猶有大相繆戾者。而世之學者局於見聞，不過持循講習於此，其於悟後之論，概乎其未有聞，則亦何怪乎予言之不信，而朱子之心無以自暴於後世也乎？予既自幸其說之不謬於朱子，又喜朱子之先得我心之同然，且慨夫世之學者徒守朱子中年未定之說，而不復知求其晚歲既悟之論，競相呶呶，以亂正學，不自知其已入於異端。輒采錄而裒集之，私以示夫同志，庶幾無疑於吾說，而聖學之明可冀矣！」

世宗嘉靖元年　壬午（1522年）

○五月二十日，禮部尚書楊廉進《大學衍義節略》

【出處】（明）楊廉〈進節略表奏為進呈書籍事〉：「臣自入仕以來，輒謂程頤有言：『君德成就在經筵。』當孝宗皇帝時，待罪言官，前後肆本皆以經筵為言，於內貳本皆乞講讀真德秀《大學衍義》。蓋帝王之學不出乎《大學》，而《衍義》所以填實乎《大學》者也。此書

諸經俱在，非德秀之書，實群聖賢之書。講讀《大學衍義》，即與講讀諸經子史初無以異。但取其為類簡要，易見端緒耳。當時又謂此書全在提掇卷中大意，其餘只用念過，以德秀所言即是做定講章。昔蘇軾〈進陸贄奏議〉，謂：『人臣之納忠如醫者之用藥，藥雖進於醫手，方多傳於古人。若已經效於世間，不必皆從於己出。』凡此之類，皆冒昧陳之。邇來臣又思得原本篇帙尚多，萬幾之繁，恐難周遍，於是過不自料，減三之二，名曰《大學衍義節略》，庶幾用功不為甚勞，而得效當更甚速。陛下春秋方富，有二帝三王之聖性，當傳二帝三王之道統。若此書者，道統所寓，所謂聞而知之與夫得不傳之學於遺經者，正在於此。臣老病侵，尋恭遇陛下龍飛嗣位之初，既叨乞骸之留，復濫遷官之寵。顧茲朽腐，兩被殊恩，晝思夜維，無所報稱。敢辭筆墨之勤，願效涓埃之補。竊以《大學》條目有八，而『致知』、『誠意』者為當務之急。朱熹平生精力盡在《大學》，重此二者，名為兩關。臣知陛下用功之有素，伏望聖不自聖，天縱講席，留神聽覽於焉，益致其知；邃殿深宮，注意存省於焉，益誠其意，則心之正者愈正，身之修者愈修，而帝王之道統於是乎復傳。由是家齊國治天下平，而帝王之治化於是乎復睹。若然，則書雖輯成於前代，而實有征於今日。臣雖假手於德秀，而獲納忠於聖明，固愚臣之幸，亦世道之幸也！臣干瀆宸嚴，無任戰慄，願望之至，謹以《大學衍義節略》並《表》一通連書投進，為此具本。專差辦事官閔金齎捧，謹具奏聞，伏候敕旨。右謹奏聞。嘉靖元年五月二十日南京禮部尚書臣楊廉表。」（錄自《古今圖書集成・經籍典・大學部彙考一》）

【考釋】《明史・楊廉傳》載：「楊廉，字方震，豐城人。父崇，永州知府，受業吳與弼門人胡九韶。廉承家學，早以文行稱。舉成化末年進士，改庶吉士……廉與羅欽順善，為居敬窮理之學，文必根六經，自禮樂、錢穀至星曆、算數，具識其本末。學者稱月湖先生。嘗以帝

王之道莫切於《大學》，自為給事即上言，進講宜先《大學衍義》，
至是首進《大學衍義節略》。帝優詔答之。疏論大禮，引程頤、朱熹
言為證，且言：『今異議者率祖歐陽修。然修於考之一字，雖欲加
之於濮王，未忍絕之於仁宗。今乃欲絕之於孝廟，此又修所不忍言
者。』報聞。八疏乞休，至嘉靖二年，賜敕、馳驛，給夫廩如制。家
居二年卒，年七十四。贈太子少保，諡文恪。」

世宗嘉靖二年　癸未（1523 年）

○上御文華殿，召日講臣講《孟子》

【出處】（清）孫承澤《春明夢餘錄》卷九〈文華殿〉：「嘉靖二年，
御文華殿，召講臣至，首揭《書經》『君子所其無逸章』，繼而講
〈康誥〉『惟民康乂章』、〈召誥〉『顧畏民碞章』，〈孟子〉『踐形
章』、『理義悅心章』、『被袗衣鼓琴章』、『君子反經章』。是日，上
御黼座，橫經俯詢，虛心聽納。講官劉龍進《孟子》『至誠章』，上
批曰：『龍於至誠能動，乃云邇者黃河清，是至誠之驗也，未免近
諛。但其末云謙以履盈，約以保泰，此二句卻好。』」

【考釋】《孟子》「踐形章」，出自〈盡心上〉：「形色，天性也，惟聖
人然後可以踐形。」「理義悅心章」，出自〈告子上〉：「理義之悅我
心，猶芻豢之悅我口。」「被袗衣鼓琴章」，出自〈盡心下〉：「舜之
飯糗茹草也，若將終身焉；及其為天子也，被袗衣，鼓琴，二女果，
若固有之。」「君子反經章」，出自〈盡心下〉：「君子反經而已矣，
經正則庶民興，斯無邪慝矣。」「至誠章」，出自〈離婁上〉：「思誠
者，人之道也。至誠而不動者，未之有也；不誠，未有能動者也。」

○講官倫以訓進講《論語》

【出處】（明）廖道南《殿閣詞林記》卷十五〈月講〉：「倫以訓進《論語》『陽膚為士師章』講章，上批云：『以訓講「哀矜勿喜」，云是「慈悲憐憫」，夫「慈悲」二字，是釋氏之教也。朕所傳者二帝三王之道，所習者孔孟之學也，非釋氏之教也。』」又見（清）孫承澤《春明夢餘錄》卷九、（清）秦蕙田《五禮通考》卷一七二等。

【考釋】「陽膚為士師章」，出自《論語・子張》，云：「孟氏使陽膚為士師，問與曾子，曾子曰：『上失其道，民散久矣。如得其情，則哀矜而勿喜。』」又，《廣東通志》卷四十五〈人物志二〉載：「倫以訓，字彥式，文敘次子。自幼穎悟絕人，稍長，通《六經》，子史百家無不閱覽。正德癸酉，鄉試第六人，時年十六。丁父憂。丁丑會試第一、廷試第二，授編修。予告畢婚，侍母養七年，癸未復出供職。乙酉纂修《武宗實錄》成，晉修撰，賜白金文綺。己丑壬辰，會試同考，充經筵講官。甲午，進右春坊、右諭德，主試南畿，所取多名士。丙申，出為南京國子監祭酒，毅然以斯道為己任。迎母就養宦邸，母一日忽思歸，即抗疏還粵，人多其孝。平生不植私黨，不苟取予。熟於朝廷典章，有問者條答無遺。其發為文詞，意暢神適。壬辰會試文質一策，究竟古今循環之跡，而變通以道。帝大獎異，後建崇質殿，蓋取其意云。所著詩文八十卷、《國朝彝憲》二百卷。丁內艱，服闋四年而卒，年四十八。」

世宗嘉靖三年　甲申（1524 年）

○王陽明辟稽山書院，講授《大學》

【出處】（明）王守仁《王文成全書》卷三十四〈年譜三〉：「三年甲申，先生五十三歲，在越。正月，門人日進，郡守南大吉以座主稱門

生，然性豪曠，不拘小節。先生與論學，有悟，乃告先生曰：『大吉臨政多過，先生何無一言』先生曰：『何過？』大吉歷數其事，先生曰：『吾言之矣。』大吉曰：『何？』曰：『吾不言何以知之？』曰：『良知。』先生曰：『良知非我常言而何？』大吉笑謝而去。居數日，復自數過加密，且曰：『與其過後悔改，曷若預言不犯為佳也。』先生曰：『人言不如自悔之真。』大吉笑謝而去。居數日，復自數過益密，且曰：『身過可勉，心過奈何？』先生曰：『昔鏡未開，可得藏垢；今鏡明矣，一塵之落自難住腳，此正入聖之機也，勉之！』於是闢稽山書院，聚八邑彥士，身率講習以督之，於是蕭璆、楊汝榮、楊紹芳等來自湖廣，楊仕鳴、薛宗鎧、黃夢星等來自廣東，王艮、孟源、周沖等來自直隸，何秦、黃弘綱等來自南贛，劉邦采、劉文敏等來自安福，魏良政、魏良器等來自新建，曾忭來自泰和，宮剎卑隘，至不能容，蓋環坐而聽者三百餘人。先生臨之，只發《大學》萬物同體之旨，使人各求本性，致極良知以止於至善，功夫有得，則因方設教，故人人悅其易從。」

【考釋】陽明門人錢德洪受而錄之，所成即為《大學問》，今存於《王文成全書》卷二十六，題下小注云：「吾師接初見之士，必借《學》、《庸》首章以指示聖學之全功，使知從入之路。師征思、田將發，先授《大學問》，德洪受而錄之。」

世宗嘉靖六年　丁亥（1527年）

○定講《大學衍義》儀

【出處】（明）余汝楫《禮部志稿》卷十四〈講大學衍義儀〉：「嘉靖六年定，每月初三、初八、十三、十八、二十三、二十八日，用經筵日講官二員進講，內閣學士一員侍班。講畢，賜茶賜酒飯俱如日講儀。」

【考釋】又參（清）秦蕙田《五禮通考》卷一七二。

世宗嘉靖七年　戊子（1528年）

○六月初一，湛若水表上《聖學格物通》

【出處】（明）湛若水《格物通》卷首〈表〉：「南京吏部右侍郎臣湛若水誠惶誠恐稽首頓首昧死上言：臣伏睹嘉靖四年七月初四日邸報，該司禮監官捧御筆旨意一道，命文臣將歷代鑒書中，撮其有關於帝王德政之要者撰直解講，並《周易》、《詩經》、《中庸》序次聯寫，日逐進覽。又欲將《尚書》作為文詞，或詩或賦，以成一代美事，用備開寫。臣誠歡誠忭，不揣疏愚，謹采五經、諸子、史及我聖祖聖宗格言大訓，疏解成帙，名曰《聖學格物通》，謹進上聞者。……謹以所纂撰《聖學格物通》一百卷，並〈序〉、〈纂要〉、〈目錄〉共為二十八冊，黃綾套袱封襲，謹隨表上進以聞。嘉靖七年六月初一日，南京吏部右侍郎臣湛若水謹上表。」

【考釋】《四庫全書總目》卷九十三〈子部儒家類三〉所撰〈格物通提要〉云：「明湛若水撰。若水有《二禮經傳測》，已著錄。是編乃嘉靖七年若水任南京禮部侍郎時所進。體例略仿《大學衍義》，以致知並於格物，而以格物統貫誠意、正心、修身、齊家、治國、平天下六條。凡『誠意格』十七卷，分審幾、立志、謀慮、感應、儆戒、敬天、敬祖考、畏民八子目。『正心格』三卷，無子目。『修身格』九卷，分正威儀、慎言語、進德業三子目。『齊家格』十三卷，分謹妃匹、正嫡庶、事親長、養太子、嚴內外、恤孤幼、御臣妾七子目。『治國格』十四卷，分事君、使臣、立教、興化、事長、慈幼、使眾、臨民、正朝廷、正百官、正萬民七子目。『平天下格』四十四卷，分公好惡，用人、理財三子目。而用人之中又分學校、舉措、

課功、任相、任將、六官六目。理財之中又分修虞衡、抑浮末、飭百
工、屯田、馬政、漕運、勸課、禁奪時、省國費、慎賞賜、蠲租、薄
斂、恤窮、賑濟十四目。皆雜引諸儒之言，參以明之祖訓，而各以己
意發明之，大致與丘濬《大學衍義補》相近。而濬書多徵舊事以為法
戒之資，此書多引前言以為講習之助。二書相輔而行，均於治道有裨
者也。」

○十一月二十九日，王陽明卒

【出處】（明）王守仁《王文成全書》卷三十四〈年譜三〉：「七年戊
子，先生五十七歲，在梧……十一月乙卯，先生卒於南安。是月廿五
日，逾梅嶺，至南安。登舟時，南安推官門人周積來見，先生起坐，
咳喘不已，徐言曰：『近來進學如何？』積以政對，遂問：『道體無
恙？』先生曰：『病勢危亟，所未死者元氣耳。』積退而迎醫診藥。
廿八日，泊問：『何地？』侍者曰：『青龍鋪。』明日，先生召積
入，久之，開目視曰：『吾去矣。』積泣下問何遺言，先生微哂曰：
『此心光明，亦復何言！』頃之，瞑目而逝，二十九日辰時也。」

【考釋】王陽明（1472～1529）是明代心學之集大成者，倡導「心即
理」、「致良知」，明清以來在中國乃至整個東亞都產生了廣泛的影
響。（清）黃宗羲《明儒學案》為其專列「姚江學案」。《明史‧王守
仁傳》述其生平學術云：「王守仁，字伯安，餘姚人……守仁天姿異
敏。年十七謁上饒婁諒，與論朱子格物大指。還家，日端坐，講讀五
經，不苟言笑。遊九華歸，築室陽明洞中。泛濫二氏學，數年無所
得。謫龍場，窮荒無書，日繹舊聞。忽悟格物致知，當自求諸心，不
當求諸事物，喟然曰：『道在是矣。』遂篤信不疑。其為教，專以致
良知為主。謂宋周、程二子後，惟象山陸氏簡易直捷，有以接孟氏之
傳。而朱子《集注》、《或問》之類，乃中年未定之說。學者翕然從

之，世遂有『陽明學』云。守仁既卒，桂萼奏其擅離職守。帝大怒，下廷臣議。萼等言：『守仁事不師古，言不稱師。欲立異以為高，則非朱熹格物致知之論。知眾論之不予，則為朱熹晚年定論之書。號召門徒，互相倡和。才美者樂其任意，庸鄙者借其虛聲。傳習轉訛，背謬彌甚。但討捕奮賊，擒獲叛藩，功有足錄，宜免追奪伯爵以章大信，禁邪說以正人心。』帝乃下詔停世襲，恤典俱不行。隆慶初，廷臣多頌其功。詔贈新建侯，諡文成。二年予世襲伯爵。既又有請以守仁與薛瑄、陳獻章同從祀文廟者。帝獨允禮臣議，以瑄配。及萬曆十二年，御史詹事講申前請。大學士申時行等言：『守仁言致知出《大學》，良知出《孟子》。陳獻章主靜，沿宋儒周敦頤、程顥。且孝友出處如獻章，氣節文章功業如守仁，不可謂禪，誠宜崇祀。』且言胡居仁純心篤行，眾論所歸，亦宜並祀。帝皆從之。終明之世，從祀者止守仁等四人。」

世宗嘉靖八年　己丑（1529年）

○蔡清《四書蒙引》進於朝，詔為刊布

【出處】《明史‧蔡清傳》：「（蔡）清之學，初主靜，後主虛，故以虛名齋。平生飭躬砥行，貧而樂施，為族黨依賴。以善《易》名。嘉靖八年，其子推官存遠以所著《易經、四書蒙引》進於朝，詔為刊布。」

【考釋】《四庫全書總目》卷三十六〈四書類二〉所撰《四書蒙引》提要云：「明蔡清撰。清有《易經蒙引》，已著錄。其作此書，初已有稿本而遺失，乃追憶舊文，更加綴錄。久而復得原稿，以兩本相校，重複過半，又有前後異同未歸畫一者。欲刪正而未暇，乃題為『蒙引初稿』，以明其非定說。《虛齋集》有是書〈序〉，述其始末頗

詳。嘉靖中武進莊煦參校二稿，刊削冗複，十去三四，輯成一書而
刊之。書末又別附一冊，則煦與學錄王升商榷訂定之語也。清人品端
粹，學術亦醇。此書雖為科舉而作，特以明代崇尚時文，不得不爾。
至其體認真切，闡發深至，猶有宋人講經講學之遺，未可以體近講
章，遂視為揣摩弋獲之書也。」

世宗嘉靖二十九年　庚戌（1550年）

○林希元上《大學經傳定本》、《四書存疑》於朝

【出處】《明外史・陳琛傳》：「琛同郡林希元，所著《易經四書存疑》
與《蒙引通典淺說》，並盛行於世。嘉靖二十九年，上所改《大學經
傳定本》及《存疑》於朝。世宗大怒，詔焚其書。」又，《明史・林
希元傳》：「同郡林希元，字懋貞，與琛同年進士。歷官云南僉事，
坐考察不謹罷歸。所著《存疑》等書，與琛所著《易經通典》、《四
書淺說》，並為舉業所宗。」

【考釋】（清）黃虞稷《千頃堂書目》卷二著錄林氏所著《更正大學
經傳定本》一卷，注云：「嘉靖二十八年，希元以閑住僉事，奏請刊
布所著《大學定本》及《易經四書存疑》。詔焚其書，下希元於巡
按，尋褫其職為民。」以事在「嘉靖二十八年」，與《明外史》所載
略有出入。

世宗嘉靖三十九年　庚申（1560年）

○冬十月朔日，陳士元序《論語類考》

【出處】（明）陳士元〈論語類考原序〉：「《論語》者，孔子答弟子
時人及弟子相與言而接聞於孔子之語也。《論語讖》謂子夏六十四人

撰，鄭玄謂仲弓、游、夏輩撰，而程正叔以為成於有子曾子之門人，洪景盧又謂兼成於閔子之門人云。其書初有《古》、《齊》、《魯》之異，《古論》二十一篇，《齊論》二十二篇，《魯論》二十篇。漢孝文置《論語》博士，平帝召通《論語》者駕軺詣京師，蓋慎其選而重茲科也。張禹本受《魯論》，兼講《齊論》，合而考之，刪其繁複，主《魯論》二十篇，除《齊論》〈問王〉、〈知道〉二篇，稱為《張侯論》，今所傳《論語》是已。《齊》、《古》二學遂不傳。明興，設科舉士，初試七義，《論語》居先。而世之學子幼時即承斯業，及從政為邦則目為筌蹄，不復省覽，予於是蓋病焉。昔人有言：『《論語》始於不慍，終於知命，為君子儒。洙泗為仁之方，一貫之秘，具在於此，可終身違乎？』予素檮昧，有一得輒出入口耳四寸之間，玉卮無當也。見社童暨舍子弟，即喜與談字義。越旬季，復詢之，忘矣。乃著此編貯之右塾，凡二十卷，為類十有八，目四百九十有四云。於乎《論語》八十策，較六經之策三居二，《聘禮》疏可稽也。傳錄者誤為『八十宗』，徐遵明曲為之解，為王應麟所詆誚。予茲曲解，不但『八十宗』三言耳，其不免覽者詆誚哉！嘉靖三十九年庚申冬十月朔日，陳士元序。」

【考釋】《四庫全書總目》卷三十六〈四書類二〉所撰《論語類考》提要云：「明陳士元撰。士元有《易象鉤解》，已著錄。是編皆考證《論語》名物典故，分十八門，又分子目四百九十有四。朱子以後解《四書》者，如真德秀、蔡節諸家，主於發明義理而已，金履祥始作《論語孟子集注考證》。後有杜瑛《論語孟子旁通》、薛引年《四書引證》、張存中《四書通證》、詹道傳《四書纂箋》，始考究典故，以發明經義。今杜、薛之書不傳，惟金氏、張氏、詹氏書尚傳於世。三人皆篤信朱子，然金氏於《集注》之承用舊文偶失駁正者必一一辨析，張氏、詹氏皆於舛誤之處諱而不言，其用意則小異。士元此書大致遵

履祥之例，於《集注》不為苟同。每條必先列舊說，而搜討諸書，互相參訂，皆以『元案』二字列之。凡一切杜撰浮談，如薛應旂《四書人物考》稱『有若字子有』之類，悉為糾正。較明代諸家之書，殊有根柢。特以專考《論語》，不備《四書》，故不及應旂書之盛傳，實則有過之無不及也。」

世宗嘉靖□年

○夏良勝《中庸衍義》成

【出處】《四庫全書總目》卷九十三〈儒家類三〉所撰《中庸衍義》提要云：「明夏良勝撰。良勝字於中，南城人。正德戊辰進士。官至太常寺少卿。事跡具《明史》本傳。自宋以來，取古經之義，括舉條目而推衍其說者，始葉時《禮經會元》，嗣則真德秀《大學衍義》，良勝又因德秀之例，以闡發《中庸》。其書成於嘉靖間，蓋以《大禮疏稿》事謫戍遼海時作也。自性、道、教、達道、達德、九經、三重之屬，一一援據古今，推廣演繹。至於崇神仙，好符瑞，改祖制，抑善類數端，尤究極流弊，惓惓言之，蓋皆為世宗時事而發。然務抒獻納之忱，而無一毫怨懟譏訕之意，斯所以為純臣之言也。中頗采丘濬《大學衍義》之說。考良勝於正德、嘉靖間兩以鯁直杖謫，風節凜然，為當世所重。其書雖近於濬書，至其人品，則非濬所可企及矣。」

【考釋】書成於嘉靖間，具體年份待考。夏良勝〈中庸衍義原序〉云：「臣聞言帝王之學者必本於道，言帝王之道者必達於治，然一以孔氏為宗。孔氏，道之大成也。雖厄於治而學道以圖治者，非尊孔則紬孔。道之傳得其宗者曰曾子，述《大學》，言天下之治必本道而學也。曾子之傳得其宗者曰子思，作《中庸》，言天下之學必達道而治

也。體用一原，而師門之說，家教之緒，莫有軒輊焉者，其示孔道之宗旨一也。聖遠言微，經焚而說鑿以雜。宋仁宗時，王堯臣及第，賜《中庸》篇；呂臻及第，賜《大學》篇，始掇取於戴記中。至大儒程顥及頤尊信之，簡編循次，旨趣有歸。朱熹《集說》、《章句》，別為《或問》，自謂平生心力盡在二書，而孔、曾之道益明；真德秀衍《大學》義，而程、朱之說大備。臣自知學，每惜《中庸》尚或缺義，竊有志焉。幸參仕籍近三十年，而立朝才逾一考，恒以痛戚罪遣，屏居放廢，弗之能就往者。以禮文罪案，蒙詔逮治繫獄凡三年，自計一旦奄忽，竟齎於志。省愆餘息，謬有繹思，則擁被默稿，片紙蠅書納敗絮中，既而有死語燬之。今幸生成遼海而隨行無，車邊士家亦罕得貸本，賴二三友朋腹笥維富，時就諮質，緝舊思聞，漫次成錄，曰《中庸衍義》。臣惟孔氏之道至宋而明，亦至宋而厄。厄而復明，固其理也。程頤明是道者，入『道學』之禁，至刻黨碑，及禁解，呂大防列本朝事以進，皆祖宗家法，禁始於變法故也。朱熹明是道者，入『偽學』之禁，至燬書板，及禁解，真德秀衍《大學》義以進，皆聖賢成法，禁始於嫉賢故也。嗚呼！臣不得已，而以言事君，二者備矣。人君而比類屬思，覆視於冊，有相發焉。必曰古之聖賢則然，吾弗慕聖賢而何學焉？必曰吾之祖宗則然，吾弗率祖宗而何學焉？如是而有弗即於道，弗底於治，弗尊於孔氏者，未之有也。故臣不揣荒陋，僭有是編，綱目雖具，義例罔修，摘經摘史，列傳注，論斷而折衷，以聖祖文皇之懿訓，蓋竊比於德秀之書，而附益以大防之義也。伏愧病與老乘，懼弗終業，搜剔掛漏，莫副初心。然以畎畝餘忠，兵戎偶暇，犬馬一得之愚附錄，謹藏敝篋，尚望聖恩終貸，解禁生還，將昧死以獻焉。臣良勝惶恐頓首謹序。」

又《明史・夏良勝傳》述其事跡云：「夏良勝，字於中，南城人。少為督學副使蔡清所知，曰：『子異日必為良臣，當無有勝子

者。』遂名良勝。正德二年舉鄉試第一。明年，成進士，授刑部主
事，調吏部，進考功員外郎。南巡詔下，良勝具疏，與禮部主事萬
潮、太常博士陳九川連署以進……諸疏既入，帝與諸幸臣皆大怒，遂
下良勝、潮、九川、鞏、震、鼇詔獄……良勝既歸，講授生徒。世宗
立，召復故官。尚書喬宇賢之，奏為文選郎中，公廉多所振拔。『大
禮』議起，數偕僚長力爭。及席書、張璁、桂萼、方獻夫用中旨超
擢，又執不可。由是為議禮者所切齒。以久次遷南京太常少卿，未
赴，外轉。給事中陳洸上書，傅會張璁等議，斥良勝與尚書宇等群結
朋黨，任情擠排，遂謫良勝茶陵知州。及《明倫大典》成，詔責前郎
中良勝脅持庶官，釀禍特深，黜為民。初，良勝輯其部中章奏，名曰
《銓司存稿》，凡議禮諸疏具在。為仇家所發，再下獄。論杖當贖，
特旨謫戍遼東三萬衛。逾五年，卒於戍所。穆宗立，贈太常卿。」

穆宗隆慶四年　庚午（1570年）

○殷士儋請進講《大學衍義》等，帝嘉納之

【出處】《明史·殷士儋傳》：「殷士儋，字正甫，歷城人。嘉靖二十
六年進士……隆慶元年招侍讀學士，掌翰林院事，進禮部右侍郎，未
幾改吏部。明年春，拜禮部尚書，掌詹事府事。其冬，還理部事。四
年正月朔望，日月俱食。士儋疏請布德、緩刑、納諫、節用，飭內外
臣工講求民瘼。報聞。以舊恩，進太子太保。時寒暑皆罷講，士儋請
如故事，四時無輟，並進講《祖訓》及《大學衍義》、《貞觀政要》。
帝嘉納之。」

【考釋】《古今圖書集成·經籍典·大學部彙考一》據《明外史·高
拱傳》，以事在「隆慶三年」，與《明史》有出入。

神宗萬曆二年　甲戌（1574年）

○定日講《四書》儀

【出處】（明）余汝楫《禮部志稿》卷十四：「萬曆二年……定日講儀。上御文華穿殿，止用講讀官、內閣學士、侍班，不用侍衛、侍儀、執事等官。侍班、講讀等官入見，行叩頭禮，東西分立，先讀《四書》，次讀經，或讀史，每本讀十數遍。後講官先講《四書》，次講經，或講史，務在直說大義，明白易曉。講讀後，侍書官侍上習書，畢，各官叩頭，退文華殿。賜茶文華門，賜酒飯。今不行。」

【考釋】參《明會典》卷五十〈日講常儀〉、（明）黃佐《翰林記》卷九《經筵日講》等。

神宗萬曆六年　戊寅（1578年）

○定諸王讀《大學》儀

【出處】（明）余汝楫《禮部志稿》卷十四〈諸王讀書儀〉：「萬曆六年詳定……一，王每日所讀書，《大學》一本、《書經》一本。授書務要字樣真正，講書直說大義，務要通曉。先一日進講章，三日一溫書，就溫講，仍進講章。寫字先用影本，以後寫熟，對帖自寫。」

【考釋】《明史・禮志九・嘉禮三・諸王讀書儀》載：「書堂在皇極門右廂。講官選部曹或進士改授翰林官充之。天順二年定：初入書堂，其日早，王至右順門之北書堂，面東，中坐。提督講讀並講讀官行四拜禮。內官捧書展於案上，就案左坐。講讀官進立於案右，伴讀十遍，叩頭退。每日講讀，清晨，王至書堂，講讀官行叩頭禮，伴讀十遍，出。飯後，復詣堂伴看寫字。講書畢，仍叩頭退。萬曆六年定：書堂設中座，書案在左，寫字案在右。輔臣率講讀侍書官候於門外。

王入書堂，傳令旨『先生進』。輔臣率各官入，四拜，分班侍立。講讀官以次授書各十遍訖，令旨『先生吃酒飯』。各官出，王暫入堂南間少憩。輔臣各率官入。令旨『先生進』，遂入分班侍立。待書官看寫字，講讀以次進講畢，各官一拜出。」

神宗萬曆二十年　壬辰（1592年）

○高攀龍抗疏駁張世則《大學初義》之謬

【出處】（明）高攀龍《高子遺書》卷七〈崇正學辟異說疏〉（萬曆二十年為行人上，得旨允行）：「臣惟：自古治天下者，未有不以教化為先務，而教化之汙隆，則學術之邪正為之所係，非小也。是以聖帝明王，必務表章正學，使天下曉然知所趨，截然有所守，而後上無異教，下無異習，道德可一，風俗可同，賢才出而治化昌矣。臣見四川僉事張世則一本，大略自謂：『讀《大學》古本而有悟，知程朱誤人之甚，謂朱熹之學專務尚博，不能誠意，成宋一代之風俗，議論多而成功少，天下卒於委靡而不振。』於是以所著《大學初義》上獻，欲施行天下，一改《章句》之舊。臣惟：自昔儒者說經不能無異同，而是非不容有乖謬，是非謬則萬事謬矣。以程朱大賢，謂其學曰『不能誠意』，謂其教曰『誤人之甚』，是耶？非耶？議之於私家，猶為一人之偏詖，而於聖賢無損；鳴之於大廷，則遂足以亂天下之觀聽，而於世教有害。臣有不容已於言者矣。夫自孟子歿，而孔子之學無傳千四百年，而始有宋儒周敦頤、程顥、程頤、張載、朱熹得其正傳，而絕學復續。學者始知所從入之途，其功罔極矣！然是五賢者，生於宋而宋不能用其學之萬一。前則章惇、蔡京之徒斥之為奸黨，後則韓侂冑之徒斥之為偽學，貶逐禁錮，以迄於亡。恭惟我太祖高皇帝，天縱神聖，作民君師，即位之初，首立太學，拜許存仁為祭酒，以司教

化。存仁為先儒許謙之孫，謙承朱熹正學，而存仁承上命以為教，一宗朱氏之學，令學者非五經、《四書》不讀，非濂、洛、關、閩之學不講，而天下翕然向風矣。我成祖文皇帝益張而大之，命儒臣輯《五經四書大全》，而傳注一以濂、洛、關、閩為主。自漢儒以下，取其同而刪其異，別以諸儒之書，類為《性理全書》，同頒布天下。永樂二年，饒州儒士朱友季詣闕，獻所著書，專詆毀周、程、張、朱之說，上覽而怒曰：『此儒之賊也！』特遣行人押友季還饒州，令有司聲罪杖遣，悉焚其所著書，曰：『毋誤後人！』於是邪說屏息，吾道中天矣。迨今二百餘年以來，庠序之所教，制科之所取，一稟於是。學者幼而讀之、老而不知一言為可用者固多，然而真儒如薛瑄、胡居仁、吳與弼、陳真晟、曹端、羅倫、莊㫤、章懋、張元禎、陳茂烈、蔡清、陳獻章、王守仁諸人，彬彬盛矣！至一代之風俗，上有紀綱，下重名節，當變故之秋，率多仗義死節之士；值權奸之際，不乏敢言直諫之臣。賢士大夫之公評，士庶之清議，是非井然。一有不當於人心，群起而議其後，故至於今，上下相維持，非祖宗教育之明驗與？不意今日乃有如世則，肆然斥之曰『誤人』，曰『不誠』，欲變祖宗表章之至意，率天下而盡背之也。即世則所論程朱之學，亦可謂不得其門者矣。夫程朱之學，其始終條理之全，下學上達之妙，固未易言語形容。然其大要，則不出『涵養用敬』、『進學在致知』二語。此非程朱之教也，孔子之教也，故『窮理』即『博文』之謂也，『居敬』即『約禮』之謂也；非孔子之教也，堯舜之教也，故『博文』即『惟精』之謂也，『約禮』即『惟一』之謂也。二者合一，並進而主敬為本，故理日明瑩，則心日靜虛動直，而初非溺於詞章；心益定靜，則理益資深逢原，而初不流於空寂。此聖學所以『允執其中』也。至《大學》一書，程子所揭為『初學入德之門』，而《章句》之作，則朱子所為一生竭盡精力之筆。後人學未造其域，豈容輕議？況

古書皆有錯簡，古本安可盡信？世則之言『誠意』是矣，豈諸儒獨不教人誠意乎？誠者聖人之本，學之所以成始成終，功先格致。正所以誠正也，意有不誠，心有不正，即非所以為格致也。若夫溺於記誦，徇外忘本，此俗學所以為陋，豈《大學》『格致』之教哉？夫孔子之道，至程朱而闡明殆盡，學孔子而必由程朱，正如入室而必由戶。世之學者誠能虛心涵泳，切己體察，毋務新奇，而先以一己之私意主張於前，毋務立說，而取聖賢之言，矯揉為己之用，循循焉以周、程、張、朱為《四書》之階梯，以《四書》為《五經》之階梯自得之，而道可幾矣。故善學者默而識之，不言而信，述而不作，心逸日休。況今天下不患無論說，而患無躬行。就聖賢已明之道，誠心而力行，則事半而功倍矣，何必嘵嘵焉必務自私用智，欲申其一己之說為也？世則又以宋之不振歸咎於諸儒之學，噫！是何言也！人主不能用其道，雖以孔子之聖生於魯，而不能救魯之衰微，何疑於諸儒？宋之亡也，由前而言則壞於新法，由後而言則壞於和議。今不咎王安石、呂惠卿、蔡京、章惇、黃潛善、汪伯彥、秦檜、韓侂胄之徒，而咎諸儒之學，何心哉！夫所謂『議論多而成功少』者，非言者之罪，而用言者之罪也。自古芻蕘獻說、工瞽陳規，其議論豈不至多？然而上之人善於用中，則片言可折而盈廷可廢。天下見事功之實，而不見議論之虛。上之人漫無可否，則人持所見而邪正雜陳，徒滋耳目之煩，無補經綸之實耳，豈以人人緘默而後為盛世乎？世則又謂：『本朝持衡國是者，無決斷之勇；分猷庶職者，有模棱之風。庠序無真才實學之士，朝廷鮮實心任事之臣。』此信有之，正不學之故也，奈何反以咎程朱之學也？抑臣有深憂焉：自世廟以前，雖有訓詁詞章之習，而天下多實學；自穆廟以來，率多玲瓏虛幻之談，而弊不知所終。笑宋儒之拙，而規矩繩墨脫落無存；以頓悟為工，而巧變圓融不可方物。故今高明之士，半已為佛老之徒。然猶知儒之為尊，必藉假儒文釋。援

釋入儒者，內有秉彝之良，外有惟皇之制也，而其隱衷真志，則皆借孔孟為文飾，與程朱為仇敵矣。故今日對病之藥，正在扶持程朱之學，深嚴二氏之防，而後孔孟之學明。使世則之言一倡，天下之棄其仇敵也，不啻芻狗焉，於是人人自逞其私，淫辭充塞，正路榛蕪，將二祖列宗之教蕩然掃地矣！伏願陛下皇建有極，端本化人，身體孔孟之微言，首崇程朱之正學，必親經書以窮理，必收放心以居敬，朝乾夕惕，省察克治。思天之所與人而人之所受於天，惟有仁、義、禮、智四者。人君為天之子，必克完天之賦予，而後永膺天之眷命。一念之發，一事之動，審其果合於仁，合於義，合於禮，合於智，則務擴而充之，力而行之。審其有不合者，則務遏而勿思，禁而勿行。如是日新又新，純為天德，則萬化之源清，萬幾次第畢舉，聖主之精神一奮，天下之意氣維新矣！於是體二祖之意，振正學於陵夷廢墜之餘，明詔中外，非《四書》、五經不讀，而不得浸淫於佛老之說；非濂、洛、關、閩之學不講，而不得淆亂以新奇之談。學無分門，士無異習，人心貞一，教化大同，如是而人才不出、政治不隆者，從古以來未之有也。臣入仕之初，適見世則之《疏》，不勝私憂隱慮，遂有此論辨。或曰：『四方多事，何暇為此清談？』臣謂不然，此天下之大本，古今之命脈，危微之別，毫釐千里之差，千聖兢兢於此，而可以細故視之哉？故不避僭越之嫌，迂闊之誚，冒昧上陳，伏乞聖明採擇。」

【考釋】《明史‧高攀龍傳》：「高攀龍，字存之，無錫人。少讀書，輒有志程朱之學。舉萬曆十七年進士，授行人。四川僉事張世則進所著《大學初義》，詆程朱《章句》，請頒天下。攀龍抗疏力駁其謬，其書遂不行。」

神宗萬曆四十三年　乙卯（1615年）

○仲春朔日，張南星自序《大學中庸正說》

【出處】（明）張南星〈大學中庸正說序〉：「《論語》者，編次仲尼及弟子之言也。《孟子》者，孟子之所著也。惟曾子、子思之所為書，以《大學》、《中庸》名。『大學』者，言其道之大也。『中庸』者，言其道之中正而平常也。二書之大旨具矣！初學率苦二書之難通，而尤以《中庸》為難。夫大者反易，庸者反難，二賢豈欺我哉？夫道一而已矣，言語文字則有詳略隱顯之異焉，猶厥之與其姤之與之也。且以二書之首章言之，明德則天命之性也，率之而為道，不待言矣。新民則修道之教也，慎獨所以誠意而正心也，中和在其中矣。家齊國治而天下平，即天地位萬物育也。曾有一之弗合者乎？余少時，先大夫命之習《淺說》，至於今三四十年矣，而世道大變，士皆喜為異說，欲高出前輩之上，且浸淫於佛老之說。余甚懼焉，命兒輩仍守《淺說》之學。然往時風氣渾樸，學士家於聖賢之書，僅求通曉，未甚精核，其解多在廊廡之間，鮮窺奧奧。余乃以《淺說》為主，參以近日名家之說，薈萃折衷，晝夜思索，偶有所得，亦頗有先儒之所未發者，然自謂不害其為同。他日視之，殆有可以解頤，令兒輩習之，知吾道之滋腴無窮，無庸求異為也。萬曆乙卯仲春朔日，高邑趙南星撰。」

【考釋】《四庫全書總目》卷三十六〈四書類二〉所撰《學庸正說》提要云：「明趙南星撰。南星字夢白，號儕鶴，高邑人。萬曆甲戌進士，官至吏部尚書，以忤魏忠賢削籍謫戌。崇禎初追諡忠毅。事跡具《明史》本傳。是編凡《大學》一卷、《中庸》二卷。每節衍為口義，逐句闡發，而又以不盡之意附載於後。雖體例近乎講章，然詞旨醇正，詮釋詳明。其說《大學》，不從姚江之『知本』，而仍從朱子

之『格物』，並《補傳》一章亦為訓解。其說《中庸》，不以『無聲無臭』虛論性天，而始終歸本於『慎獨』，皆確然守先儒之舊。蓋南星為一代名臣，端方勁直，其立朝不以人情恩怨為趨避，故其說經亦不以流俗好尚為是非。雖平生不以講學名，而所見篤實，過於講學者多矣，未可以其平近而忽之也。」

神宗萬曆四十五年　丁巳（1617年）

○初秋，周登建自序《論語商》

【出處】（明）周登建〈論語商原序〉：「聖賢教世之言皆權也，悟有高下，權亦隨之。因病起方，藥從病轉，如診疾者不問其病坐何家，而概以參芩甘術混而投之，藥良而病癒長矣，不乃為設方諸賢大笑乎？余幼負鈍根，長無顯學，每有疑義，僅一質之家嚴，而愚不能悉記也。傭書十年，嘗為諸弟子所難詰，幾無以答。近吏苕中，山間事簡，時與諸生互相商問。年餘之後，遂積成帙，間一檢之，平不近釋，淡不入玄，以較近來虛參超悟之指，幾為嚼蠟，業已棄置笥中。而余友鄒肇敏、卓去病強出觀之，便為訂定，西湖諸友遂乃索付之梓。夫藥有多方，水只一味，聖巧之用，存乎妙悟，此刻之行，要亦布方核種，聊集為譜，而未必非盧扁之所唾棄也。刻成，因命之『商』，並為記，此敢以質之四方君子。丁巳初秋，松陵周宗建季侯自序。」

【考釋】《四庫全書總目》卷三十六〈四書類二〉所撰〈論語商提要〉云：「明周宗建撰。宗建字季侯，吳江人。萬曆辛丑進士，官至監察御史，巡按湖廣，為魏忠賢所害。崇禎初追贈太僕寺卿，諡忠毅。事跡具《明史》本傳。此書乃其授徒湖州之時，與諸生所講論也。宗建剛方正直，屹然獨立。而其學則沿姚江之末派，乃頗近於禪。如云：

『人心之樂，井情非趣，非思非為，虛中之影，水中之相。』如斯之
類，殆似宗門語錄。然講『素絢』章謂後人求深反淺，在當時夫子、
子夏不過隨境觸悟，非子夏欲抹煞禮，亦非夫子不重禮。講『顏淵問
為邦』云夫子略指大意，非只執定數件。其言皆簡要明通，足釋訓詁
之轇轕。且其人與日月爭光，則其書亦自足不朽。小小疵瑕，不足累
之。此固不與講學之家，爭一句一字之出入也。」

神宗萬曆□年

○張居正進日講儀注，每日講讀《大學》

【出處】（清）孫承澤《春明夢餘錄》卷九〈文華殿〉：「張居正進日
講儀注，一，每日講讀《大學》、《尚書》。先讀《大學》十遍，次讀
《尚書》十遍，講官各隨進講，畢，即退。」

【考釋】《古今圖書集成‧經籍典‧大學部彙考一》繫於「萬曆□
年」，具體年份無考，所引《春明夢餘錄》文字略有出入。

熹宗天啓四年　甲子（1624年）

○八月十五日，國子祭酒唐大章奏請以《大學衍義補》日日進講

【出處】（明）唐大章《奏疏》：「南京國子監祭酒臣唐大章謹奏：為
懋修聖學，登閎聖治，酌古訓以濟時艱，維民風而靖外患，以永保治
安事。臣一介豎儒，蒙皇祖拔置詞林，隨沐三朝優養，歷官史館、宮
坊，虛縻一十八年。天啟三年十二月，內欽蒙聖恩升授今職。今於天
啟四年四月十七日竭蹶到任，於本衙門恭設香案，叩頭謝恩受事。臣
惟：太祖高皇帝定鼎金陵，首建太學，伏讀《御制大誥》諸書。凡作
人造士章程，皆聖謨睿慮，可法可傳。聖子神孫纘承勿替，至於今而

祖烈於昭，人文代起，實太祖始基之也。顧士習世風，漸不逮古，
臣大懼上違祖制，下曠官箴，負皇上委任至意。兢兢夙夜，率分教諸
臣，矢志修復成憲，日提撕諸生而磨礱之。自恩選稟增附，以至俊秀
援例列宮牆者，眾以千計，亦皆駸駸向風，漸就規矩矣。然臣所職
者大學也，古者十五而入大學，教之以窮理、正心、修己、治人之
道。其道以『明德』、『親民』、『止至善』提三綱，以『格致』、『誠
正』、『修齊』、『治平』分八條目。自天子至於庶人，皆同此學，而
天子為天地立心，為生民立命，於此學最為吃緊。稍就中得力，便可
朝施而暮及於天下，其效尤甚速而至大，故明君必以務學為急也。臣
於是書，童而習之矣，然拘局於訓詁，牽制於文辭，時外望藩籬而咀
其糟粕耳。既得諸儒所更互衍繹、羽翼聖經者，熟讀詳味，始知此學
之關於政治，如登九層之臺而無不見，如遊四辟之途而無不通，如入
五都之市而無不有。竊嘗執此學以印證今之時勢，覺救時針砭，無良
於此者。敬以管窺蠡測之一得，恭陳於君父之前，皇上試垂聽焉。宋
真德秀有言：『為人君者而不知《大學》，無以清出治之源；為人臣
者而不知《大學》，無以盡正君之法。』乃取聖經二百五言，衍為四
十三卷。八目中有格物、致知之要，有誠意、正心之要，有修身、
齊家之要，書名《大學衍義》，而治平天下之要闕焉。我朝成化間國
子監掌監事禮部右侍郎丘濬，復取真氏書而增補之，名曰《大學衍義
補》，蓋補所闕治平之要也。其目凡十有二：曰正朝廷，曰正百官，
曰固邦本，曰制國用，曰明禮樂，曰秩祭祀，曰崇教化，曰備規制，
曰慎刑憲，曰嚴武備，曰馭夷狄，曰成功化，而各一目之中又有目之
目焉。合二書而觀之，真之《衍義》主於理，其義大而簡；丘之《衍
義》主於事，其義確而詳。大約真氏書嚴於格心略於議治，丘氏書則
紀綱法度、財賦兵戎、禮樂刑政之具，犁然燦然，棋布星列，不煩擬
議，鑿鑿可行，則所以救時之弊者，丘氏之書為尤切也。孝廟嘉悅其

書，諭令刊布，今固具在御前也。皇上御經筵，儒臣首以《大學》進講，其於此書大意亦每互相發明矣。然一月之中講之日無幾，一日之中講之時無幾。皇上雖嘉納而不倦，臣下恐陳說之大煩，究且掛一漏萬，安得盡此書之用乎？請於逐日進呈，日講中采輯數條，並呈御覽。皇上深宮燕閑，不時披玩。其中有欲參訂者，進講之日詔儒臣造膝開陳，務求表裏精粗，洞然朗透而後已。復於臨御臣工之日，揭其會於心。欲措之行者，與公卿百執事質於大廷，裁以宸斷，務期設誠而力行之。凡時政之所無者，以此書補其闕；凡時勢之所窮者，以此書通其變。是皇上所根於心發於事業、本諸身徵諸庶民者，莫非此書發見流行之實，而學之功於是為大矣！在廷諸臣感皇上之好學如是，勤政如是，亦人人爭自濯磨，勉圖報效，以求不負乎聖明之主。是謂元首明、股肱良而庶事康，隆古極治之象，親見於今日矣，尚何患天下多事哉！方今危黔兇恌，川貴動搖，海內忠義之士慮，無不枕戈請纓，負慷慨澄清之志。然所為畢智慮而贊廟謨者，不曰練兵則曰集餉耳。臣於此時而獨以學之說進人，不怪以為誕，則笑以為迂。然而臣實不敢迂且誕以欺皇上也。昔孔子以兵、食、信三者言政而歸本民信，孟子以天時、地利、人和談兵而獨重人和，是皆萬世之大經大法也，豈盡塵飯土羹可為戲而不可為食者耶？大凡治不因心，終屬外假之文；事不法古，斷無倖成之理。自非人主省刑薄稅，俾深耕易耨之民興，孝悌忠信之行，安所得赴義之兵而驅之？自非人主存心於天下，加志於窮民，使民皆心君之心、急君之急，安所得樂輸之餉而用之？自非君知將，將知兵，將相和調，士卒豫附，安所得節制之師而陳之？然則議兵議餉固今日之急務，而本聖學以飭時政，使兵為有用之兵，餉為不匱之餉，尤今日議兵議餉者之急務也。往歲遼廣失事，皆由於乖氣召變，舉世莫不知之。乃至今而民懷異心，搖搖思亂，五倫不敘，六逆成風，不於此時施仁政以固民心，倡古道而維末俗，使

天下耳目不亂，法守彰明，世道將安所底止哉！臣謂皇上自為社稷
計，必先務學；而欲學古以救時，則丘氏書其確可行者也。夫真之
《大學衍義》成於宋端平中，其君理宗方急戎事而莫能讀，至我太祖
乃命大書而揭之壁間。丘之《大學衍義補》，孝宗既嘉納之，至皇上
復采擇而推行之，自是天啟之業將與，祖功宗德照映後先。昔先帝嘗
以堯舜望皇上，今乃知果真堯舜矣。臣草茅書生，不識忌諱，然一念
樸忠，勃勃欲發，讀書偶得，輒敢陳言。昔人有曝日負暄者，輒思以
獻於君，臣之謂也。伏望皇上垂日月之照以鑒葵藿，擴天地之量以納
芻蕘，察其本末而毅然行之，宗社生靈幸甚！臣愚幸甚！臣不勝惶懼
悚慄之至！為此具本，專差舍人唐順齎捧，謹具奏聞，伏候敕旨。奉
聖旨，《大學衍義補》常見有此書著進覽，該部知道。八月十五日，
南京國子監祭酒臣唐大章奉旨著進覽，欽此，欽遵較閱重鐫。」（錄
自《古今圖書集成・經籍典・大學部彙考一》）

【考釋】《江西通志》卷六十九載：「唐大章，字伯和，豐城人。萬曆
進士。由庶常進編修，歷南祭酒。會逆璫魏忠賢亂政，有請建逆祠於
國學傍者，大章發憤抗言，力持不可，議遂寢，竟以此忤璫，意奪
職。崇禎戊辰，起南禮侍，尋轉吏侍，擢禮部尚書，教習庶吉士。纂
修神宗、熹宗《實錄》，旋充經筵講官，改南禮部尚書。卒於家，享
年八十。遣官祭葬，贈太子少保。」

熹宗天啟七年　丁卯（1627年）

○初夏，章世純自序《四書留書》

【出處】（明）章世純〈四書留書原序〉：「秦漢而後，聖賢遺書存於
世者尚多，有《詩》，有《尚書》，有《易象》，有《曲禮》，有《春
秋》，有《魯論》，有《孟子》。若夫《大學》、《中庸》，舊在《記》

中，宋始別而出之，與《論》、《孟子》並，表為《四書》，見其方矣。《五經》之教，《書》記帝王之事，《禮》、《樂》詳道之度數，包於大小，《易》寄爻象為言，誅陰陽之過，《春秋》是非已然之故，以立典禮，示來者。然則皆散辭也，學者遊其中，如在大海蕩洋流遞，莫得其歸。《大學》原本帝王之治，身心以為端，具其小大遐邇之勢，言之可行，雖未見其人，可以信其為達理也。《中庸》推明聖賢之道，同貫其義，俱要於中，既得其中，以總人己情義之分，斯俱得矣。其半詳於誠，誠者中之所也，好奇趣別行以為高者，未嘗不偽妄浮薄者也。誠與中相就於其事，聖賢之事畢矣。中、正一也，《大學》嘗言正心矣。所主為言者不同，義取於心，不重於正，說之詳略，皆有歸耳。言江海者或及於魚龍，言魚龍者或及於江海，所及之辭，不足以為所主之意。《魯論》者，孔子之枝言節辭，然記之者亦門人之高等也，故能知其教之所重，而詳其本之所彙。孔子之道固有壹也，行之多端，然而非雜而不類，故其自言曰『吾道一以貫之』。『一』者何也？仁也。使天下皆主仁以從於道，則下者有以事上，上者有以屬下，同類有以接，異類有以安，歡欣和悅，天地同氣，於道足矣！夫仁豈自孔子昉哉？主以為正者，自孔子昉也，故曰：『夫子之道，忠恕而已矣。』《魯論》凡言仁者，或舉之義，或舉之禮，非指之舛也。禮、義、仁之用，言其所以能者也。顏淵問仁，子曰：『非禮勿視，非禮勿聽，非禮勿言，非禮勿動。』仲弓問仁，子曰：『出門如見大賓，使民如承大祭。』樊遲問仁，子曰：『居處恭，執事敬，與人忠。』又曰：『巧言令色鮮矣仁。』雜然言之，其歸可知矣。孟軻之學出於孔子，自得之說，時出其所不及，故其言有以大開天下之心，致其來趨而安行於所自得。其本王道歸說於仁與義，本仁義歸說於孩提赤子。舉帝王之大，聖賢之高，內之眾人之性，意義深遠，蓋欲因而致之，以放於天地民物之大，則本末兼全，

非有學問之後功，終不可以取成。然得性以為端，使人有順往之利，雖及於遠大之中，然常依性以為安而功可守，所以使學者疊疊之術也。釋老之學，皆有百年以後之利以慰人心，儒者無其說，所以為功及身世已矣。然則味短而功不長，無以作人無窮之意。孟子首明『養氣』之道，其事始於為義，其終至於動天地而感鬼神。夫氣堅者神明強，非生所可盡。然則生為上聖，沒為明神，書雖不言，可以知也。夫《大學》所稱『今古所共，無間然矣』。其他或處中以為極，或推仁以立總，或本性以為方，亦皆使人有所守以為招德之主。及其得之，盡相兼也。事不得要未有能成者也，要之所守數不可多，多則疑，彌以自亂。後之學者，或遵《魯論》之言，或行《中庸》之訓，或尊《孟子》之指，皆可以達於道。苟得於中，未嘗不仁；苟得於性，未嘗不中。所由不同，歸趣一也。書若干言，隨事出條，散在篇間，自非一類，今揭其大指可得而論者，具於此。丁卯初夏，古臨章世純大力父書。」

【考釋】《四庫全書總目》卷三十六〈四書類二〉所撰是書〈提要〉云：「明章世純撰。世純字大力，臨川人。天啟辛酉舉人，官至柳州府知府。聞流寇陷京師，悲憤而卒。《明史・文苑傳》附見《艾南英傳》中。所著總名曰《留書》，此其說《四書》者六卷。又別有《內集》一卷，乃所著子書；《散集》一卷，乃所作筆記。《明史・藝文志》總題曰《留書》，入之〈儒家類〉中。然說《四書》六卷之前，有天啟丁卯世純〈自序〉，後有世純自作〈四書留書跋〉，皆言詮釋《四書》之意，不及其他。其書分章抒論，體例類劉敞《春秋意林》。但敞不標經文，此標某章某章耳。解經家本有此體，入之子書，殊非其類。今割其《內集》、《散集》別著錄，而說《四書》者入〈經部〉，存其實也。世純與艾南英、羅萬藻、陳際泰號『臨川四家』，悉以制義名一時，而世純運思尤銳。其詁釋《四書》，往往於

文字之外標舉精義，發前人所未發。不規規於訓詁，而亦未嘗如講良知者至於滉漾以自恣。揚雄所謂『好深湛之思』者，世純有焉。」

○十月二日，御文華殿講《大學》

【出處】（清）孫承澤《春明夢餘錄》卷九〈文華殿〉：「崇禎帝以丁卯八月御極，是年十月即先開日講，十月初二日御文華殿，講《大學》一章、《尚書·堯典》一章、《帝鑒圖說》一章。退御便殿，以御書示閣臣，諸臣皆贊美。」

【考釋】《古今圖書集成·經籍典·大學部彙考一》將此事繫於「懷宗崇禎元年十月」，按崇禎元年當為「戊辰（1628）」。

懷宗崇禎三年　庚午（1630年）

○文震孟進講《論語》

【出處】《明史·文震孟傳》：「崇禎元年以侍讀召，改左中允，充日講官。三年春，輔臣定逆案者相繼去國，忠賢遺黨王永光輩日乘機報復，震孟抗疏糾之……震孟在講筵最嚴正。時大臣數逮繫，震孟講《魯論》「君使臣以禮」一章，反覆規諷，帝即降旨出尚書喬允升、侍郎胡世賞於獄。帝嘗足加於膝，適講《五子之歌》，至『為人上者，奈何不敬』，以目視帝足。帝即袖掩之，徐為引下。時稱『真講官』。」

【考釋】文震孟，據《明史》本傳，「字文起，吳縣人，待詔徵明曾孫也。祖國子博士彭，父衛輝同知元發，並有名行。震孟弱冠以《春秋》舉於鄉，十赴會試。至天啟二年，殿試第一，授修撰。」又，「君使臣以禮章」，出自《論語·八佾》：「定公問：『君使臣，臣事君，如之何？』孔子對曰：『君使臣以禮，臣事君以忠。』」

懷宗崇禎十五年　壬午（1642年）

○八月，講官丘瑜等進講《論語》

【出處】（清）孫承澤《春明夢餘錄》卷九〈文華殿〉：「壬午八月二十四日，日講詹事丘瑜進講《論語》。至『師摯之始章』，帝問『咸、英、韶、濩』，瑜對是四代樂名。上曰：『子在齊，聞〈韶〉樂。』瑜對即此〈韶〉樂。上復問『〈關雎〉之亂』亂字，瑜對是樂之卒章。上曰：『當時夫子聞〈韶〉，三月不知肉味，是何等氣象！』」

【考釋】「師摯之始章」，出自《論語·泰伯》：「子曰：『師摯之始，〈關雎〉之亂，洋洋乎盈耳哉！』」

○九月，日講講官講《論語》

【出處】（清）孫承澤《春明夢餘錄》卷九〈文華殿〉：「壬午……九月十八日，上日講講官講《論語》『子罕言利』一節……帝召輔臣前，問：『夫子論仁，如欲立欲達、克己復禮、天下歸仁及出門使民等語，言仁盡多，何云罕言？』輔臣延儒對：『此即性與天道不可得聞之意。』德璟對：『聖人未嘗不言仁，只門弟子悟者以為言，不悟者以為罕言耳。』又問：『命與仁如何分別？』德璟對：『總是一理，在天為命，在心為仁。』帝首肯『一日克己復禮，天下歸仁』便是『修己以安百姓』意思，輔臣極贊，以為聖見明徹。吳甡言：『帝王學問，只是明德新民。』德璟言：『明明德於天下，便是天下歸仁。』……次日，手諭先生等論仁諸說，深當朕心，著即撰寫進呈，以便觀覽。」

【考釋】「子罕言利」一節，出自《論語·子罕》：「子罕言利與命與仁。」一說，當斷句為「子罕言利，與命與仁」；或「子罕言利，與

命，與仁」。

○講官倪元璐進講《大學》

【出處】（清）孫承澤《春明夢餘錄》卷九〈文華殿〉：「倪元璐以大司農充講官，進講《大學》。至『生財有大道』一節，極言加派聚斂之害。上震怒，謂：『邊餉匱乏，部中未見有長策，作此面皮語！』倪徐曰：『臣儒者所陳，雖是書生本頭，然不敢懷利以事。』君上默然。次日，上謂閣臣曰：『講筵有問難而無詰責，昨日之言，朕甚悔之。』」

【考釋】「生財有大道」一節，出自《大學》：「生財有大道，生之者眾，食之者寡，為之者疾，用之者舒，則財恒足矣。仁者以財發身，不仁者以身發財。未有上好仁而下不好義者也，未有好義其事不終者也，未有府庫財非其財者也。」

卷五
清代四書學編年

太宗天聰六年　己巳（1629年）

○九月，沈文奎上疏言帝王治平之道奧在《四書》

【出處】《清史稿·沈文奎傳》：「九月，文奎復疏言：『臣自入國後，見上封事者多矣，而無勸上勤學問者。上喜閱《三國志》，此一隅之見，偏而不全。帝王治平之道，奧在《四書》，跡詳史籍。宜選筆帖式通文義者，秀才老成者，分任迻譯講解，日進《四書》二章、《通鑒》一章。上聽政之暇，日知月積，身體力行，操約而施博，行易而效捷。上無曰「此難能」，更無曰「乃公從馬上得之」，烏用此迂儒之常談，而付之一哂也……』」

【考釋】天聰，清太宗皇太極的第一個年號，使用十年（1627～1636）。沈文奎（1598～1654），《清史稿》本傳云：「浙江會稽人，少寄育外家王氏，因其姓。年二十，為明諸生，北遊遵化。天聰三年，太宗伐明，下遵化，文奎降。從貝勒豪格以歸，命值文館。漢軍旗制定，隸鑲白旗。」官至兵部尚書五十七歲卒於陝西督糧道任上。

世祖順治二年　乙酉（1645年）

○頒《科場條例》，首場《四書》三題，主朱子《集注》

【出處】《清史稿·選舉志三·文科》：「二年，頒《科場條例》。禮部

議覆，給事中龔鼎孳疏言：『故明舊制，首場試時文七篇，二場論、表各一篇，判五條，三場策五道。應如各科臣請，減時文二篇，於論、表、判外增詩，去策改奏疏。』帝不允。命仍舊例。首場《四書》三題，《五經》各四題，士子各占一經。《四書》主朱子《集注》，《易》主《程傳》、朱子《本義》，《書》主《蔡傳》，《詩》主朱子《集傳》，《春秋》主胡安國《傳》，《禮記》主陳澔《集說》。其後《春秋》不用《胡傳》，以《左傳》本事為文，參用《公羊》、《穀梁》。二場論一道，判五道，詔、誥、表內科一道，三場經史時務策五道。鄉、會試同。乾隆間，改會試三月、殿試四月，遂為永制。」

【考釋】科舉之制，清乃沿承明制，《清史稿‧選舉志一‧序》云：「古者取士之法，莫備於成周，而得人之盛，亦以成周為最。自唐以後，廢選舉之制，改用科目，歷代相沿。而明則專取《四子書》及《易》、《書》、《詩》、《春秋》、《禮記》五經命題試士，謂之制義。有清一沿明制，二百餘年，雖有以他途進者，終不得與科第出身者相比。康、乾兩朝，特開制科。博學鴻詞，號稱得人。然所試者亦僅詩、賦、策論而已。洎乎末造，世變日亟。論者謂科目人才不足應時務，毅然罷科舉，興學校。采東、西各國教育之新制，變唐宋以來選舉之成規。前後學制，判然兩事焉。」《選舉志三‧文科》又云：「有清科目取士，承明制用八股文。取《四子書》及《易》、《書》、《詩》、《春秋》、《禮記》五經命題，謂之制義。三年大比，試諸生於直省，曰鄉試，中式者為舉人。次年試舉人於京師，曰會試，中式者為貢士。天子親策於廷，曰殿試，名第分一、二、三甲。一甲三人，曰狀元、榜眼、探花，賜進士及第。二甲若干人，賜進士出身。三甲若干人，賜同進士出身。鄉試第一曰解元，會試第一曰會元，二甲第一曰傳臚。悉仍明舊稱也。」其中所謂《四子書》，亦即《四書》。

世祖順治八年　辛卯（1651年）

○曹本榮上《聖學疏》，勸學《四書》、《五經》、《通鑒》

【出處】《清史稿・曹本榮傳》：「八年，授秘書院編修。應詔，上
《聖學疏》千言，其略云：『皇上得二帝三王之統，則當以二帝三王
之學為學。誠宜開張聖聽，修德勤學，舉《四書》、《五經》及《通
鑒》中有裨身心要務治平大道者，內則深宮燕閑，朝夕討論，外則經
筵進講，敷對周詳。君德既修，祈天永命，必基於此。』有詔嘉納。」
【考釋】曹本榮事跡，《清史稿》本傳載：「曹本榮，字欣木，黃岡
人。順治六年進士，改翰林院庶吉士。布袍蔬食，以清節自勵⋯⋯十
二年，世祖甄拔詞臣品端學裕者充日講官，本榮與焉。十三年，升秘
書院侍講、左春坊左庶子兼侍讀，日侍講幄，辨論經義⋯⋯十四年八
月，充順天鄉試正考官，九月，充經筵講官，十一月，以失察同考官
作弊，部議革職，上以其侍從講幄日久，宥之。十八年，遷翰林院侍
讀學士，改國史院侍讀學士。康熙四年，以病請回籍，卒於揚州。」

世祖順治九年　壬辰（1652年）

○經筵儀先後講《四書》與《經》

【出處】《清史稿・禮志・嘉禮八・經筵儀》：「初沿明制，閣臣例不
兼經筵。順治九年，春、秋仲月一舉，始令大學士知經筵事。尚書、
左都御史、通政使、大理卿、學士侍班，翰林二人進講。豫設御案、
講官案，列講章及進講副本，左《書》右《經》，屆時，帝常服御文
華殿，記注官立柱西，東面。講官等二跪六叩，興，序立左右，侍
班官分立其後。糾儀官立東西隅。鳴贊官贊『進講』，直講官詣案前
跪，三叩，興，分就左右案。先後講《四書》與《經》，復位。帝宣

示清、漢文御論，各官跪聆畢，大學士奏辭感悅。興，降階行二跪六
叩禮。畢，帝臨文淵閣，賜坐、賜茶。禮成，還宮。賜宴本仁殿。宴
畢，謝恩。」

【考釋】據（日）今關壽麿《宋元明清儒學年表》，世祖是年還曾
「幸太學，釋典於先師孔子廟，行二跪六叩頭禮」，亦為崇儒尊孔之
表現。

○世祖首視學，祭酒講《四書》

【出處】《清史稿‧選舉志一‧學校一》：「清代臨雍視學典禮綦重。
順治九年，世祖首視學。先期行取衍聖公、《五經》博士率孔氏暨
先賢各氏族裔赴京觀禮。帝釋奠畢，詣彝倫堂御講幄。祭酒講《四
書》，司業講《經》。宣制勉太學諸生。越日，賜衍聖公冠服，國子
監官賞賚有差。各氏後裔送監讀書。嗣是歷代舉行以為常。」

【考釋】雍，指辟雍，是古代天子舉行鄉飲、大射或祭祀之禮的地
方。東漢班固《白虎通‧辟雍》云：「天子立辟雍何？所以行禮樂宣
德化也。辟者，璧也，象璧圓，又以法天，於雍水側，象教化流行
也。」

世祖順治十六年　己亥（1659年）

○六月，孫奇逢自序《四書近指》

【出處】（清）孫奇逢〈四書近指原序〉：「或問：學何為也哉？曰：
學為聖人而已。曰：聖人可學而能乎？曰：如不可學，孟子之所願學
者，豈欺人語耶？曰：夫仲尼之道，猶天之不可階而升也，烏能學？
雖然，東海、西海、南海、北海有聖人出，心理自同，亦學吾之心而
已。心以天地萬物為體，其操功卻在日用飲食之間，故曰不離日用常

行內，直造先天未畫前，盡心知性以知天，而聖人之能事畢矣。周元公曰『聖希天』，程明道曰『聖學本天』，孔子亦曰『知我者其天，天之外復何事哉』？維天之命，於穆不已。聖人以至誠配天，同一不已。誠者天之道，誠之者人之道。時習之學，殆所稱盡人以合天，則人也，而實天者乎？《魯論》所載，無言不可會通，然其教之所重而本之所彙，則『時習』一語足盡諸賢之蘊，故曾子得之而明德至善，子思得之而修道而教，孟子得之而集義養氣以塞天地，皆所謂一以貫萬者耳。不能得其一者，讀書破萬卷，究於自己身心毫無干涉，窮年矻矻，終老無聞。余嘗與及門二三子，拈『學而時習』一語，《六經》、《四書》不能滿其分量，千聖萬賢不能出其範圍，即如清任和至不一也。而所以一之者，曰皆古聖人也，微、箕、比干至不一也。而所以一之者，曰殷有三仁焉。支分派別之中，自有統宗會元之地，若其必不能一者，是其端與我異者耳，非本天之學也。夫子嘗曰不知言無以知人，孟子亦曰我知言。《魯論》二十篇，無一言不傳聖人之精神色笑而出。二千年來學聖人之學者，戴聖人之天而忘乎高，履聖人之地而忘其深，此仲尼之天地所以為大也。劉靜修著有《四書精要》，惜久失傳。鹿忠節《說約》一編，為後學開生面，與前聖結同心。予四十年領其教旨，亦嘗竊以教我子弟，我子弟恐子說之或湮也，請述之管窺之識。慚無靈緒，仍是陳言，第不敢以耄年自甘偷惰云爾。事竣，標曰《近指》，見非有高遠之言也。時順治己亥大暑前三日，孫奇逢書於兼山草堂，時年七十六歲。」

【考釋】大暑，一般在每年農曆六月。孫奇逢（1586～1675），清初大儒，《清史稿》本傳載：「孫奇逢，字啟泰，又字鍾元，容城人。少倜儻，好奇節，而內行篤修。負經世之學，欲以功業自著。年十七，舉明萬曆二十八年順天鄉試。連丁父母憂，廬墓六年，旌表孝行。與定興鹿善繼講學，一室默對，以聖賢相期……奇逢之學，原本

象山、陽明，以慎獨為宗，以體認天理為要，以日用倫常為實際。
其治身務自刻厲。人無賢愚，苟問學，必開以性之所近，使自力於
庸行。其與人無町畦，雖武夫悍卒，野夫牧豎，必以誠意接之。用
此名在天下而人無忌嫉。著《讀易大旨》五卷。奇逢學《易》於雄
縣李對，至年老，乃撮其體要以示門人。發明義理，切近人事。以
《象》、《傳》通一卦之旨，由一卦通六十四卦之義。其生平之學，主
於實用，故所言皆關法戒。又著《理學傳心纂要》八卷，錄周子、二
程子、張子、邵子、朱子、陸九淵、薛瑄、王守仁、羅洪先、顧憲成
十一人，以為直接道統之傳。康熙十四年卒，年九十二。河南北學者
祀之百泉書院。道光八年，從祀文廟。」

又，《四庫全書總目》卷三十六〈四書類二〉所撰提要云：「國
朝孫奇逢撰。奇逢有《周易大旨》，已著錄。是編於四子之書挈其要
領，統論大指，間引先儒之說以證異同，然旨意不無偶偏，如云『聖
人之訓，無非是學』，此論最確。乃兩論逐章皆牽合學字，至謂『道
千乘之國』章敬信、節愛、時使皆時習事；《大學》『聖經』章所論
本末先後，以明德須在民上明，修身須在天下、國家上修；又云『格
物無傳，是《大學》最精微處。以物不可得而名，無往非物，即無往
非格。朱子所謂窮至事物之理，乃通《大學》數章而言』云云，皆不
免高明之病。蓋奇逢之學，兼采朱、陸，而大本主於窮則勵行，出則
經世，故其說如此。雖不一一皆合於經義，而讀其書者知反身以求實
行實用，於學者亦不為無益也。」

聖祖康熙十六年　丁巳（1677年）

○納蘭容若序宋趙順孫《四書纂疏》

【出處】（清）納蘭容若〈四書纂疏序〉：「格菴趙氏《四書纂疏》共

二十六卷，前有清源洪天錫序，而陵陽牟子才又分序之。其書一以朱子為歸，不雜異論。於《大學》、《中庸》先之以《章句》，次以《或問》，間以所聞附其後，又以《語錄》暨諸儒發明大義者注其下。於《論語》、《孟子》則一本《集注》而采《或問》、《集義》、《詳說》、《語錄》所載分注焉。昔朱子之為《章句》也，《大學》則宗程子，會眾說而折其中；《中庸》則以己意分之，復取石子重《集解》，刪其繁，名以《輯略》。其為《集注》也，取二程、張、范、二呂、謝、游、楊、侯、尹十一家之說，輯為《要義》，更名之曰《精義》，載更《集義》；又本《注疏》參說，又會諸家之言為《訓蒙口義》，更名之曰《詳說》，然後約其精粹為《集注》。而於《集注》、《章句》之外，記其所辨論取舍之意，別為《或問》。若是其嚴密也。朱子自言《集注》如稱上稱來無異不高不低，又言添減一字不得。然學者非由《集義》、《詳說》、《或問》、《語錄》以觀其全，無由審《章句集注》之精粹，則是書之有功於朱子多矣。今學宮所頒《四書大全》，蓋即倪仲弘之《輯釋》。而是編之流傳者少，乃較而刊行之，俾相為表裏云。康熙丁巳，納蘭成德容若序。」（文淵閣《四庫全書》本《四書纂疏》卷首）

【考釋】納蘭性德（1655～1685），滿洲正黃旗人，字容若，號楞伽山人。原名納蘭成德，避太子「保成」名諱而改名納蘭性德。康熙十五年進士，為武英殿大學士明珠長子。著名詞人，有《側帽集》，《飲水詞》，《淥水亭雜識》等，編有《通志堂經解》。

又，《四庫全書總目》卷三十五〈四書類一〉所撰〈四書纂疏提要〉云：「宋趙順孫撰。順孫字格菴，括蒼人。考《黃溍集》有順孫《阡表》，曰：『自考亭朱子合四書而為之說，其微詞奧旨散見於門人所記錄者，莫克互見，公始采集以為《纂疏》。蓋公父少傅魏公雷，師事考亭門人滕先生璘，授以《尊所聞集》。公以得於家庭者溯求考

亭之原委，《纂疏》所由作也。」則順孫距朱子三傳矣。故是書備引
朱子之說，以翼《章句集注》。所旁引者惟黃榦、輔廣、陳淳、陳孔
碩、蔡淵、蔡沈、葉味道、胡泳、陳植、潘柄、黃士毅、真德秀、蔡
模一十三家，亦皆為朱子之學者，不旁涉也。鄧文原作胡炳文〈四書
通序〉，頗病順孫此書之冗濫，炳文亦頗摘其失。然經師所述，體例
各殊。注者詞尚簡明，疏者義存曲證。順孫書以《疏》為名，而〈自
序〉云『陪穎達、公彥後』，則固疏體矣。繁而不殺，於理亦宜。文
原殆未考孔、賈以來之舊式，故少見而多怪歟？」

聖祖康熙十七年　戊午（1678年）

○二月己未，上制《四書講疏義序》

【出處】《清史稿・聖祖本紀一》：「二月……己未，上御經筵，制
〈四書講疏義序〉。」

【考釋】〈四書講疏義序〉，文字無考。

聖祖康熙二十三年　甲子（1684年）

○夏四月乙丑，上諭張居正《四書直解》義俱精實，可為法也

【出處】《清史稿・聖祖本紀二》：「夏四月……乙丑，諭講官：『講章
以精切明晰為尚，毋取繁衍。朕閱張居正《尚書》、《四書直解》，義
俱精實，無泛設之詞，可為法也。』」《聖祖仁皇帝聖訓》卷十二所載
略同。

【考釋】張居正（1525～1582），湖廣江陵（今屬湖北）人，祖籍
安徽鳳陽。字叔大，少名張白圭，又稱張江陵，號太嶽，諡號「文
忠」。嘉靖二十六年（1547）進士，隆慶元年（1567）任吏部左侍郎

兼東閣大學士。隆慶時與高拱並為宰輔，為吏部尚書、建極殿大學
士。萬曆初年，代高拱為首輔。前後當國十年，推行「一條鞭法」，
改革賦稅制度，是中國歷史上著名的改革家。《明史》有傳。所著
《尚書直解》十三卷、《四書直解》二十六卷，（清）黃虞稷《千頃堂
書目》卷一、卷三著錄，《四書直解》小注云：「萬曆元年進呈。」

聖祖康熙二十三年　甲子（1684年）

○八月朔旦，彭定求序陸隴其《四書講義困勉錄》

【出處】（清）彭定求〈四書講義困勉錄原序〉：「稼書先生既點定
《四書大全》，輔以《蒙引》、《存疑》諸解，羽翼傳注，深切著明。
而遺篋中復有《困勉錄》前後二編，即先生自題〈大全序〉所云『萬
曆以後諸家之說則別為一冊』者也。其高弟席子漢翼昆季並梓以行，
余得受而讀之，喟然歎曰：先生一生心力，畢萃於孔、曾、思、孟
之書，而踶躬之篤行，淑世之精誠，俱見於此矣。夫聖賢立言，所
以傳心明道，顯之為日用彝倫，微之為性命神化，約以一二言而可以
振挈綱維，擴以千百言而可以兼綜條貫，故斯須去之而不得，終身由
之而不盡者，《四書》之言是也。有宋大儒蔚興，力洗漢人訓詁支離
之病，而後鄒魯墜緒揭若日星。然朱子傳注既作，微獨承其後者論
解疊陳，即以《朱子語類》所載，推廣傳注，同異不妨互存，總為聖
賢，義蘊無窮。好學者折衷以求至是，爰取於旁通曲暢，引申不已，
固非可以排決藩籬，亦非可以橫分畛域也。自夫帖括令行，濡首操觚
之士不過循章摘句，保殘守缺而止。應舉畢，而向所誦習之書棄若土
苴，即有博聞多識者出，方且浸淫泛濫，玩物貽譏，其於聖賢之所以
立言，與夫先儒表彰論辨之本意，茫乎胥失之矣！欲望道 之成，名
節之立，將何所依據也與！先生自釋褐休暇，迄夫解組歸田，晝考夕

思，其於《四書》義蘊，如食充饑，如衣禦寒，窮年矻矻，無異經生
舉業時。搜輯群書，遠宗近取，辨其醇疵，晰其深淺，既以《大全》
為經，復以是《錄》為緯，於整齊畫一之中，寓融會貫通之致。舊聞
新得，相輔彌彰，而獨名之為《困勉》，則豈徒竭蹶編摩、泥守書冊
之謂哉？孔子論列知行，自生安學利及於困勉，非必天下盡出於困勉
之一途，而孔子自言必曰憤忘食、樂忘憂。其教人也，語上語下，施
無躐等，蓋自古聖賢真實為學之心，不特已百已千者之為困勉，即生
安學利之資，其返躬克己，存理去欲，無不從功夫磨練中來。彼夫好
言頓悟，漫語現成，固不待辨而已屏絕焉。程子曰：『學只要鞭辟近
裏著己。』又曰：『人之學不進，只是不勇。』朱子亦曰：『開卷便有
與聖賢不相似處，豈可不自鞭策？』此『困勉』之說也。惟先生粹質
清明，造履嚴苦律己，服官一介不取，以貞其操，直道而事，以遂其
志，凜然樹乞墦壟斷之防，泊然守陋巷簞瓢之素，其以困勉自處，寧
為人所難，不為人所易，然後言行同符，始終合轍，因於是《錄》標
舉欲學者知所向方云爾。嗚呼！先生往矣！廉潔惠政、嘉謨讜論淪浹
人心，而猶惜其措施未究，望絕蒼生，獨是遺編什襲之藏，一朝流
衍，所謂載道之文，篤其實而藝者書之，美則愛、愛則傳焉者，其在
斯乎！余夙植淺劣，何足以知先生之萬一？而中心景仰，積有年所，
茲得席子昆季傳習拳勤，公諸來學，共識典型，因謂先生之書，藝林
固知尊而信之矣。而吾黨之見其書，當如見其人者，困勉之義，有待
於精思力踐也。故不禁娓娓言之，以就正夫有道君子。康熙歲次己卯
八月朔旦，長洲復初學人彭定求序。」

【考釋】陸隴其（1630～1692），清代理學名儒，《清史稿》本傳載：
「陸隴其，初名龍其，字稼書，浙江平湖人。康熙九年進士……著有
《困勉錄》、《松陽講義》、《三魚堂文集》。其為學專宗朱子，撰《學
術辨》。大指謂王守仁以禪而托於儒，高攀龍、顧憲成知辟守仁，而

以靜坐為主，本原之地不出守仁範圍，詆斥之甚力。」

　　又，《四書講義困勉錄》三十七卷，《四庫全書總目》卷三十六《四書類二》所撰提要云：「國朝陸隴其撰。隴其有《古文尚書》，已著錄，是書因彥陵張氏《講義》原本，刪刻精要，益以明季諸家之說，而參配以己意。凡《大學》一卷、《中庸》二卷、《論語》二十卷、《孟子》十四卷。創始於順治戊戌，草稿尚未全定而隴其歿，後其族人公穆始為繕寫編次，其門人席永恂等為之刊板。其曰《困勉錄》者，則隴其所自署也。明自萬曆以後，異學爭鳴，攻《集注》者固人自為說，即名為闡發《集注》者亦多陽儒陰釋，似是而非。隴其篤信朱子，所得於《四書》者尤深。是編薈萃群言，一一別擇，凡一切支離影響之談，刊除略盡。其羽翼朱子之功，較胡炳文諸人有過之無不及矣。」

聖祖康熙四十二年　癸未（1703 年）

○聖祖西巡，李顒奏進《四書反身錄》

【出處】《清史稿・李顒傳》：「四十二年，聖祖西巡，召顒見，時顒已衰老，遣子慎言詣行在陳情，以所著《四書反身錄》、《二曲集》奏進。上特賜御書『操志高潔』以獎之。顒謂：『孔、曾、思、孟立言垂訓，以成《四書》，蓋欲學者體諸身，見諸行。充之為天德，達之為王道，有體有用，有補於世。否則假途干進，於世無補，夫豈聖賢立言之初心，國家期望之本意耶？』居恒教人，一以反身實踐為事，門人錄之，為七卷。」

【考釋】《四書反身錄》六卷、《續錄》二卷，有康熙二十五年思硯齋刻本，收入《續修四庫全書》經部冊一六五，前有許孫荃、許三禮二〈序〉。又，李顒（1627～1705），清代關中大儒，《清史稿》本

傳云:「字中孚,盩厔(按:今陝西周至)人。又字二曲,二曲者,水曲曰盩,山曲曰厔也。布衣安貧,以理學倡導關中,關中士子多宗之……是時容城孫奇逢之學盛於北,餘姚黃宗羲之學盛於南,與顒鼎足稱三大儒。晚年寓富平,關中儒者咸稱『三李』。三李者,顒及富平李因篤、郿李柏也。」又,《四書反身錄》六卷〈續補〉一卷,《四庫總目》卷三十七〈四書類存目〉云:「國朝李顒撰。顒字中孚,盩厔人。康熙己未薦舉博學鴻詞,以年老不能赴京而罷。康熙四十二年,聖祖仁皇帝西巡,召顒入見。時顒已衰老,遣子慎言詣行在陳情,以所著《二曲集》、《反身錄》奏進。上特賜御書『操志高潔』以獎之。是書本題曰『二曲先生口授、鄠縣門人王心敬錄』。『二曲』者,顒之別號。水曲曰盩,山曲曰厔。盩厔當山水之曲,故因其地以稱之。是此書成於心敬之手,顒特口授。然核其〈序〉文年月,則是書之成顒猶及見,非身後追錄之比,實仍顒所自定也。顒之學本於姚江。書中所載,如《大學》『格物』之『物』為身心意知家國天下之物,即『物有本末』之物。又謂『明德與良知無分別。念慮微起,良知即知善與不善。知善即實行其善,知惡即實去其惡。不昧所知,心方自慊』云云,其說皆仍本王守仁。又書中所引呂原明渡橋,輿人墜水,有溺死者,原明安坐橋上,神色如常,原明自謂未嘗動心。顒稱其臨生死而不動,世間何物可以動之?夫死生不變,固足徵學者之得力。然必如顒說,則孔子之微服過宋,孟子之不立岩牆,皆為動心矣。且『廄焚』必問『傷人』,『乍見孺子入井必有怵惕惻隱之心』,與夫溺死而原明安坐不動,此乃原明平時強制其心而流為谿刻之過。顒顧稱之為不動,則於告子之不動心何異乎?是亦主持太過,而流於偏駁者矣。」

高宗乾隆元年　丙辰（1736年）

○二月戊辰，僉都御史李徽奏請訂《孝經》入《四書》遭斥

【出處】《高宗實錄》卷十二「乾隆元年二月戊辰」條：「四子之書，乃朱子所自訂，刊於臨漳。宋理宗頒行學宮，至元、明以及我朝，遵行已久。《大學》、《中庸》，程子從《禮記》摘出，朱子訂入《四書》。《孝經》單行，篇章無多，何可與《四書》並列？朱子為《孝經刊誤》，疑其非盡聖人之言，說得都不親切。吳澄亦曰，今文亦不無可疑。疑其所可疑，信其所可信，去其所可去，存其所可存，朱子意也。制科取士，第一場首試《四書》文三篇，二場用《孝經》論一篇，與《性理》互出，所以尊崇聖經，總期發明經義，文與論何擇！李徽欲請訂入《四書》，將使天下後世，謂《四書》訂於朱子，『五書』訂於李徽，殊不自量之甚！朱子熹羽翼經傳，闡發義蘊，薈萃群言，衷於至當。《四書集注章句》，親切詳明，使學者涵泳紬繹，具見聖賢立言精意。我聖祖仁皇帝，特進朱子熹入配大成殿，所以為天下萬世學者樹之標准，俾知所趨向，非以朱子熹為賢於周、程諸儒也。如李徽所言，程子顥亦宜入大成殿，周子敦頤以下，均可以次詳酌。則周子敦頤、二程子頤、張子載、邵子雍，皆宜附於十哲之列。孔子及門，如南容、有若、子賤諸賢，不亞於程、周諸子，並不亞於十哲，亦未盡入大成殿中。踵事日增，將貽後議。揆諸尊崇至聖，以師表萬世之至意，亦豈有當？至於性善之說，詳於《孟子》，皆淵源之論。李徽以人性之善為支派，謂程子顥解『繼之者善』，亦人性之支派。指此為有功性旨，是不獨有悖孟子，亦大非程子之意。敷陳舛謬，學術攸關，誠恐無知效尤，或詆毀先賢，或穿鑿經義，或托名理學，自便其私，大為世道人心之害。請嚴申飭。得旨：這所奏是。著交該部頒發天下學政，咸使遵行。」

【考釋】《清史稿·高宗本紀一》載:「二月……庚辰……申飭陳奏謬妄之謝濟世、李徽、陳世倌等。」庚辰所申飭之事,亦為李徽戊辰所奏請事。又,《高宗實錄》卷十三「乾隆元年二月庚辰」條載:「謝濟世請用其自注《學》、《庸》,易朱子《章句》,頒行天下。獨不自揣己與朱子分量,相隔如云泥,而肆口詆毀,狂悖已極。且謂明代以同鄉同姓,尊崇朱子之書,則直如爨下老婢陳說古事,雖鄉里小兒,亦將聞而失笑也。李徽欲以《孝經》與《四書》並列為五,立義支離,屬辭鄙淺。於宋、元大儒所論《孝經》源流離合,曾未寓目,即欲變亂歷代論定、列於學官、數百年不易之舊章,亦不自量之甚矣!」

○六月十六日,上諭內閣學士方苞編選《四書文》

【出處】《欽定四書文·上諭》:「乾隆元年六月十六日,總理事務王大臣奉上諭:國家以經義取士,將使士子沉潛於《四子》、五經之書,闡明義理,發其精蘊,因以覘學力之淺深,與器識之淳薄。而風會所趨,即有關於氣運,誠以人心士習之端倪,呈露者甚微,而徵應者甚巨也。顧時文之風尚屢變不一,苟非明示以准的,使海內學者於從違去取之介,曉然知所別擇,而不惑於歧趨,則大比之期,主司何所操以為繩尺,士子何所守以為矩矱?有明制義,諸體皆備,如王唐歸、胡金、陳章黃諸大家,卓然可傳。本朝文運昌明,英才輩出,劉子壯、熊伯龍以後,作者接踵,莫不根柢經史,各抒杼柚,此皆足為後學之津梁,制科之標準。自坊選冒濫,士子率多因陋就簡,剽竊陳言,雷同膚廓,間或以此幸獲科名,又輾轉流布,私相仿效,馴至先正名家之法置而不講,經史子集之書束而不觀,所係非淺鮮也。今朕欲裒集有明及本朝諸大家制義,精選數百篇,匯為一集,頒布天下。學士方苞於《四書》文義法夙嘗究心,著司選文之事,務將入選之文

發揮題義，清切之處逐一批抉，俾學者了然心目間，用為模楷。又會試、鄉試墨卷若必俟禮部刊發，勢必曠日持久，士子一時不得觀覽。可弛坊間刻文之禁，果有學問淹博識見明通者，不拘鄉會墨卷、房行試牘，准其照前選刻，但不得徇情冒濫，或狂言橫議，以釀澆風。朕實嘉惠士子，其各精勤修業，以底大成。敬體朕意，共相勗勉。欽此。」

【考釋】《清史稿・選舉志三・文科》載：「乾隆元年，高宗詔曰：『國家以經義取士，將以覘士子學力之淺深，器識之淳薄。風會所趨，有關氣運。人心士習之端倪，呈露者甚微，而徵應者甚巨。當明示以準的，使士子曉然知所別擇。』於是學士方苞奉敕選錄明清諸大家時文四十一卷，曰《欽定四書文》，頒為程式。行之既久，攻制義者，或剽竊浮詞，罔知根柢，楊述曾至請廢制義以救其弊。四十五年，會試三名鄧朝縉首藝語意粗雜，江南解元顧問四書文全用排偶，考官並獲譴。嘉慶中，士子撏撦僻書字句，為文競炫新奇，御史辛從益論其失，詔曰：『近日士子獵取詭異之詞，以艱深文其淺陋，大乖文體。考官務個別裁偽體。支離怪誕之文，不得錄取。』」

高宗乾隆四年　己未（1739年）

○四月初三日，方苞《欽定四書文》成，進表上奏

【出處】（清）方苞《方苞集集外文》卷二〈進四書文選表〉：「食禮部俸、教習庶吉士方苞謹奏：乾隆元年六月，欽奉聖諭，命臣苞精選前明及國朝制義，以為主司之繩尺，群士之矩矱。臣本無學識，又迫衰殘，恭承嘉命，為愧為恐。竊惟制義之興七百餘年，所以久而不廢者，蓋以諸經之精蘊匯涵於四子之書，俾學者童而習之，日以義理浸灌其心，庶幾學識可以漸開，而心術群歸於正也。伏讀聖諭：『國家

以經義取士，人心士習之端倪，呈露者甚微，而徵應者甚巨。故風會所趨，即有關於氣運至矣哉。」聖謨洋洋，古今教學之源流盡於是矣。臣聞言者心之聲也，古之作者，其氣格風規，莫不與其人之性質相類，而況經義之體，以代聖人賢人之言，自非明於義理，挹經史古文之精華，雖勉焉以襲其形貌，而識者能辨其偽，過時而湮沒無存矣。其間能自樹立，各名一家者，雖所得有淺有深，而其文俱存，其人之行身植志，亦可概見。使承學之士能由是而正所趨，是誠聖論所謂『有關氣運』者也。臣敬遵明旨，別裁偽體，校錄有明制義四百八十六篇、國朝制義二百九十七篇，繕寫成帙，並論次條例，恭呈御覽。伏望萬幾之暇，俯賜刪定，俾主司群士永為法程。臣無任戰汗隕越之至，謹奉表恭進以聞。乾隆四年四月初三日。」又見《欽定四書文・奏折》，文小異，無落款日期。

【考釋】《清史稿・方苞傳》載：「高宗命苞選錄有明及本朝諸大家時藝，加以批評，示學子准繩，書成，命為《欽定四書文》。苞欲仿朱子學校貢舉議立科目程式、及充教習庶吉士，奏請改定館課及散館則例，議格不行。」又，《欽定四書文》四十一卷，《四庫總目・總集類五》所撰提要云：「乾隆元年，內閣學士方苞奉敕編《明文》，凡四集：曰化治文、曰正嘉文、曰隆萬文、曰啟禎文。而國朝文別為一集，每篇皆抉其精要，評騭於後。卷首恭載諭旨，次為苞奏折，又次為凡例八則，亦苞所述，以發明持擇之旨。蓋經義始於宋，《宋文鑒》中所載張才叔〈自靖人自獻於先王〉一篇，即當時程試之作也。元延祐中，兼以經義、經疑試士。明洪武初，定科舉法，亦兼用經疑。後乃專用經義，其大旨以闡發理道為宗。厥後其法日密，其體日變，其弊亦遂日生。有明二百餘年，自洪、永以迄化、治，風氣初開，文多簡樸。逮於正、嘉，號為極盛。隆、萬以機法為貴，漸趨佻巧，至於啟、禎，警辟奇傑之氣日勝，而駁雜不醇。猖狂自恣者，亦

遂錯出於其間。於是啟橫議之風，長傾詖之習，文體蠹而士習彌壞，士習壞而國運亦隨之矣。我國家景運聿新，乃反而歸於正軌，列聖相承，又皆諄諄以士習文風勤頒諮誡。我皇上復申明清真雅正之訓。是編所錄，一一仰稟聖裁，大抵皆詞達理醇，可以傳世行遠。承學之士，於前明諸集，可以考風格之得失；於國朝之文，可以定趨向之指歸。聖人之教思無窮於是乎在，非徒示以弋取科名之具也。故時文選本，汗牛充棟，今悉斥不錄，惟恭錄是編，以為士林之標準。原本不分卷第，今約其篇帙，分為四十一卷焉。」《清史稿・藝文志四》亦有著錄。

高宗乾隆七年　壬戌（1742年）

○定會試首場試清字《四書》文

【出處】《清史稿・選舉志三・文科》：「雍正元年，詔八旗滿洲於考試漢字生員、舉人、進士外，另試翻譯。廷議三場並試，滿、漢正、副考官各二，滿同考官四。詔鄉試止試一場，或章奏一道，或《四書》、五經量出一題，省漢考官，增謄錄，餘如文場例。嗣後翻譯論旨，或於《性理精義》及《小學》，限三百字命題。乾隆三年，令於翻譯題外作清文一篇。七年，定會試首場試清字《四書》文，〈孝經〉、〈性理〉論各一篇。二場試翻譯。凡滿洲、漢軍滿、漢字貢、監生員、筆帖式，皆與鄉試。文舉人及武職能翻譯者，准與會試。」

【考釋】清字者，滿文也，是仿照蒙古文字母而創制的一種拼音文字。

高宗乾隆八年　癸亥（1743年）

○冬月，劉於義序焦袁熹《此木軒四書說》

【出處】（清）焦袁熹〈此木軒四書說原序〉：「《四書說》九卷，云間焦先生之所著也。乾隆癸亥，先生長君以庶常出宰洪洞，呈是書求為之序。余固素知先生者，受而讀之，既卒業，作而歎曰：『是又繼陸清獻而起者也！』先生於書無所不窺，而尤致力於六經、《四子》，目之所遊，心之所觸，不苟同，不苟異，有所見則筆之，積年既多，遂成卷帙。觀其所論，天人義命之間，是非疑似之際，直截簡淨，決不可以絲毫借。蓋真得程朱之心印而出之，若不經意，知先生之於道深矣，是固當與清獻之《松陽講義》並傳。而或以坊肆講章、徒資舉業者同類而等視之，則大過也。余家毘陵，去云間五百里，而近聞之也詳，故知之也稔。先生幼而嗜學，弱冠即有志聖賢之事。心師清獻而不走其門，終其身不名不字也。孝於親，友於兄弟，篤於夫婦、朋友，遇人無愚智，必以誠，不為一切世俗文飾語。以是自其鄉之賢士大夫，以至於婦人孺子、販夫賈豎、狡黠頑悍之徒，見先生則無有不斂其忮而息其詐者。嗚呼！自非有道之士，何以得此於人耶？所說經傳義，亦有微與程朱異者，而大旨所歸，則惟程朱是奉。其於經世之學靡不講究，特以祖母、母兩太夫人壽皆九十，而先生又寡兄弟，故寧以靡我身焉。迨兩太夫人即世，而先生亦已老矣，終身畎畝，泊如也。余嘗聞桐城張少宗伯之稱先生也，曰謂之君子即是君子，謂之學者即是學者，如余豈足以定先生？特恐後生末學，讀其書而不悉其人，則是書亦不能讀也。故並具簡端，以告夫世之讀是書者。先生姓焦氏，諱袁熹，字廣期，舉康熙丙子賢書。聖祖仁皇帝時，嘗奉召，以侍親不能出。居金山縣黃浦之南，故學者稱為南浦先生。乾隆八年，歲次癸亥，冬月，武進劉於義序。」

【考釋】《此木軒四書說》九卷，《四庫全書總目》卷三十六〈四書類二〉所撰提要云：「國朝焦袁熹撰。袁熹有《春秋闕如編》，已著錄。是書據其子以敬、以恕所作〈凡例〉，袁熹手定者十之六，以敬等掇拾殘稿、補綴成編者十之四，故與所作《經說》偶有重複，然較《經說》多可取。其中強傅古義者，如《大學章句》中『常目在之』，自為所在之在，乃從《尚書》訓為察。《中庸》『如鼓瑟琴』，即本詩亦但言聲和耳，乃以為琴屬陽，瑟屬陰，喻陰陽之和。《論語》『女弗能救』，自是匡救，乃引《周禮・司救》注，解為防禁。『天將以夫子為木鐸』，自取覺世之義，乃引《明堂位》『天子振木鐸』，謂夫子當有天下。『達巷黨人』本無名氏，乃因《史記》有『童子』二字，指為項橐。雖不免賢智之過，然其他皆疏理簡明，引據典確。間與《章句集注》小有出入，要能釐然有當於人心。自明以來講《四書》者，多為時文而設。袁熹是書，獨能深求於學問。原〈序〉稱其心師陸隴其，終身不名不字，而不走其門。蓋志不近名，宜其言之篤實矣。」

高宗乾隆十四年　己巳（1749年）

○仲秋幾望，江永自序《四書古人典林》

【出處】（清）江永〈四書古人典林序〉：「向刻《四書典林》三十卷，謬為當道巨公許可，序而傳之。十餘年來，四方雕板相踵，遂風行海宇，家有其書。書猥近不足當大方目，經生顧不鄙焉者，菽粟布帛資口體，金木竹箭供日用故也。《四書》古人，有典故可考者二百餘人，宜仿前體，薈萃成完書。藝林有《四書人物備考》，昉於薛方山，迭相抄錄，增損不一，事無提要，既不便學者觀考遍閱。諸本大都排纂無法，擇言不精，往往拾瓦礫而遺金玉，事詞蕃蕪，不知

荑稗。其有節目關要者，又遭刊落也。古人在《集注》當考其事者，又未經纂錄也。經傳原文，臆為改竄，文不連屬，妄為牽引，書無其語，漫爾標題，事在《四書》，猶煩贅述，此皆書體之病。至援引之疏謬，如以衛公南楚為公子荊、衛公子朝為宋朝、漆雕馮為漆雕開，而南容非南宮敬叔，左丘明非左氏，不能訂也。政逮大夫，四世專政，始季孫行父，而季悼子未嘗在位，不能考也。子貢一出而存魯亂齊，破吳霸越，出戰國策士之談，不能削也。敘顏子則及心齋坐忘，敘閔子則及為費宰問政，敘公冶長則及鳥語食羊，此可謂知擇乎？至聖孔子事跡，尤當敬謹纂述，俾歸實錄，而史傳牴牾者甚多。孟子與子思年不相接，《孔叢》有問答語。本書先遊梁後遊齊，而《史記》倒其先後。梁惠王有後元之年，《史記》失實，遂分惠王事跡於襄王，而喪地辱楚之言不相應，並孟子聘至梁亦非其年。若此類者，又皆不能考核辯正。夫抄錄故籍不自具眼，其賢於抄胥者幾何矣！茲編體裁一新，力矯前弊。事之隱僻、未經搜羅者尚有之，若其著在簡冊、昭如日星者，固可一覽了然，足資學者無窮之取材矣，爰授諸梓，以續前編。乾隆己巳仲秋幾望，婺源江永慎修氏序。」

【考釋】「仲秋幾望」，乃仲秋之前一日，即農曆八月十四日。序文乃據江永《四書古人典林》卷首所列，書凡十二卷，乾隆甲午新鐫集道堂藏板，收入《續修四庫全書》經部冊一六六。又，江永（1681～1762），清代著名經學家、音韻學家，皖派經學創始人，《清史稿》本傳述其生平學術云：「江永，字慎修，婺源人。為諸生數十年，博通古今，專心《十三經注疏》，而於《三禮》功尤深。以朱子晚年治《禮》，為《儀禮經傳通解》，書未就，黃氏、楊氏相繼纂續，亦非完書。乃廣摭博討，大綱細目，一從吉、凶、軍、嘉、賓五禮舊次，題曰《禮經綱目》，凡八十八卷。引據諸書，釐正發明，實足終朱子未竟之緒。嘗一至京師，桐城方苞、荊溪吳紱質以《禮經》疑義，皆大

折服。讀書好深思，長於比勘，明推步、鐘律、聲韻。歲實消長，前人多論之者，梅文鼎略舉授時，而亦疑之。永為之說，當以恒氣為率，隨其時之高沖以算定氣，而歲實消長勿論，其說至為精當。其論黃鐘之宮，據《管子》、《呂氏春秋》以正《淮南子》，其論古韻平、上、去三聲，皆當為十三部，入聲當為八部，而三代以上之音，始有條不紊。晚年讀書有得，隨筆撰記。謂《周易》以反對為次序，卦變當於反對取之。否反為泰，泰反為否，故『小往大來』，『大往小來』，是其例也。凡曰來、曰下、曰反，自反卦之外卦來居內卦也。曰往、曰上、曰進、曰升，自反卦之內卦往居外卦也。又謂兵、農之分，春秋時已然，不起於秦、漢。證以《管子》、《左傳》，兵常近國都，野處之農固不隸於師旅也。其於經、傳稽考精審多類此。所著有《周禮疑義舉要》七卷，《禮記訓義擇言》六卷，《深衣考誤》一卷，《律呂闡微》十卷，《律呂新論》二卷，《春秋地理考實》四卷，《鄉黨圖考》十一卷，《讀書隨筆》十二卷，《古韻標准》四卷，《四聲切韻表》四卷，《音學辨微》一卷，《河洛精蘊》九卷，《推步法解》五卷，《七政衍》、《金水二星發微》、《冬至權度》、《恒氣注曆辨》、《歲實消長辨》、《曆學補論》、《中西合法擬草》各一卷，《近思錄集注》十四卷，考訂《朱子世家》一卷。乾隆二十七年卒，年八十二。弟子甚眾，而戴震、程瑤田、金榜尤得其傳。」

高宗乾隆二十一年　丙子（1756年）

○二月甲辰，直講官伍齡安、蔣溥經筵進講《中庸》

【出處】《高宗實錄》卷五〇六「乾隆二十一年二月甲辰」條：「直講官伍齡安、蔣溥進講《中庸》『自誠明謂之性，自明誠謂之教』二句。講畢，上宣御論曰：『德無不實，而所明皆善，性而有之，聖人

也；先明乎善，而後實其德，教而入之，賢人也。誠者理之當然，明者明其所以然。性即理也，教即所以明理，一而二，二而一者也。是故誠之外無性，明之外無教。聖人渾然天理，無所用其明而明無不照，謂之「所性而有」，尚屬強名，則何藉乎教？賢人日月至焉，必待先明乎善而後實之，乃復其性。然明即明此理，實亦實此理而已，夫豈別有所謂教哉！朱子謂與「天命謂性」、「修道謂教」二字不同，予以為政無不同耳。』」

【考釋】朱熹《中庸章句》釋「天命之謂性，率性之謂道，修道之謂教云：「命，猶令也。性，即理也。天以陰陽五行化生萬物，氣以成形，而理亦賦焉，猶命令也。於是人物之生，因各得其所賦之理，以為健順五常之德，所謂性也。率，循也。道，猶路也。人物各循其性之自然，則其日用事物之間，莫不各有當行之路，是則所謂道也。修，品節之也。性道雖同，而氣稟或異，故不能無過不及之差，聖人因人物之所當行者而品節之，以為法於天下，則謂之教，若禮、樂、刑、政之屬是也。蓋人之所以為人，道之所以為道，聖人之所以為教，原其所自，無一不本於天而備於我。學者知之，則其於學知所用力而自不能已矣。故子思於此首發明之，讀者所宜深體而默識也。」

○季夏，江永《鄉黨圖考》成

【出處】（清）江永〈鄉黨圖考序〉：「國家列聖相承，尊崇經學，諸經眾說是非去取，皆有欽定。既頒《易》、《書》、《詩》、《春秋》，復纂《儀禮》、《周禮》、《禮記》，且重鑴《十三經注疏》流布海內，廣厲學宮。志古之士，饜飫其中，如酌江河，隨量有獲，可不謂厚幸歟！經籍包絡三才，制度名物特其間一支一節。四子書〈鄉黨〉一篇，稍涉制度名物，亦千百之十一，從來為制義者往往難之。有明一代流傳之文，體固淳質，實類捉襟見肘，有能舉典不忘祖者伊誰

歟？我朝經學遠軼前明，數十年前，淹通之才輩出，專家之業皆可傳遠，經學至為糾紛。著述家得其大者遺其細，如宮室、衣服、飲食、器用，皆未暇數之，況為制舉業者，志在弋獲，憚於尋源。諸經涉獵皮毛，掛一漏萬，或為〈鄉黨〉制義為寠陋，為餖飣，為紕繆，往往不免。毋謂〈鄉黨〉之文，非經學淺深之左券也。予既選擇雅一帙，欲其花蕚附根幹，復輯《鄉黨圖考》十卷，自聖跡至一名一物，必稽諸經傳，根諸注疏，討論源流，參證得失，宜作圖譜者，繪圖彰之，界畫表之。竊謂國家以經學鼓勵四方，固欲學者治經毋鹵莽毋滅裂，為〈鄉黨〉一篇尋源，亦經學之一隅耳。爰序其端，質諸世之邃於經且健於文者。乾隆二十有一年季夏月，新安江永序。」

【考釋】《鄉黨圖考》十卷，《四庫全書總目》卷三十六〈四書類二〉所撰提要云：「國朝江永撰。永有《周禮疑義舉要》，已著錄。是書取經傳中制度名物有涉於鄉黨者，分為九類：曰〈圖譜〉，曰〈聖跡〉，曰〈朝聘〉，曰〈宮室〉，曰〈衣服〉，曰〈飲食〉，曰〈器用〉，曰〈容貌〉，曰〈雜典〉，考核最為精密。其中若深衣、車制及宮室制度尤為專門，非諸家之所及。間有研究未盡者，若謂『每日常朝，王但立於寢門外，與群臣相揖而已。既畢朝，若有所議，則入內朝』，引〈左傳成公六年〉『晉人謀去故絳，韓獻子將新中軍，公揖而入，獻子從公立於寢庭』為內朝議政之證。謂『鄭注〈太僕〉燕朝王圖宗人嘉事者，特舉其一隅，非謂宗人得入，異姓之臣不得入。後儒誤會〈太僕〉注，以異姓之臣不得入路門，遂謂攝齊升堂為升路門外之堂，其實路門之外無堂』云云。今考永謂異姓之臣得入內朝，永說為是。若謂路門之外無所議，欲有所議必入內朝，則永未詳考。《魯語》曰：『天子及諸侯合民事於外朝。』注：『言與百官合考民事於外朝也。』又曰：『合神事於內朝。』注：『內朝在路門內。』是則路門以外之朝，天子諸侯於以合考民事，豈謂無所議耶？永又

謂『《禮緯》「天子外屏」乃樹屏於應門之外,「諸侯內屏」,乃樹屏
於應門之內,以內屏為在路門內者誤』云云。今考〈曲禮〉、《爾雅》
疏,俱云諸侯內屏為在路門內,且《爾雅》曰:『門屏之間謂之寧。』
此門既據路門,則屏之內外亦自據路門內外可知。〈晉語〉曰:『驪
姬之讒,爾射予於屏內。』韋昭《注》:『樹謂之屏。禮,諸侯內
屏。』亦謂路門內也。〈吳語〉:『王乃入命夫人。王背屏而立,夫人
向屏。』又曰:『王遂出,夫人送王不出屏。』韋昭《注》:『屏,寢
門內屏也。婦人禮,送迎不出門。』據此,則諸侯之屏明在寢門內
矣。《淮南子‧主術篇》:『天子外屏所以自障。』高誘《注》:『諸侯
在內,天子在外,故曰所以自障。』若諸侯亦設屏於於朝門外,其何
以別天子之自障乎?但考《大戴禮‧武王踐阼篇》:『師尚父亦端冕
奉書而入,負屏而立。王下堂,南面而立。』云下堂,則路寢也。
奉書而入,則入路門也。其內有屏,則似天子亦內屏。不知《釋名》
曰:『罘罳在門外。罘,復也。罳,思也。臣將請事,於此復重思
之。』又曰:『蕭牆在門內,蕭,肅也。將入於此,自肅敬之處也。』
《論語》孔安國《注》:「蕭牆,屏也。」則門內蕭牆亦通名屏。崔豹
《古今注》:「罘罳,屏之遺象。行至門內屏外,復應思惟。」則門內
之牆,《古今注》又名曰罘罳,天子外屏,乃《釋名》所云門外罘罳
也。《大戴禮》所云「負屏」,則又《古今注》所云門內罘罳也。《古
今注》又謂西京門闕殿舍前皆有罘罳,蓋天子非若諸侯內屏,門內
堂前,亦宜有隱蔽之處,故路門內外俱有屏。證諸《大戴禮》、《釋
名》等書,最確鑿。今永謂天子屏在應門外,則未知所據。考《三輔
黃圖》,漢未央宮擬於路寢。《五行志》未央宮東闕,所以朝諸侯之
門,則擬於路門。罘罳在東闕外,則天子外屏在路門外,漢時猶存遺
制。〈觀禮〉:『侯氏再拜稽首,出自屏南,適門西,遂入門左。』則
廟門外有屏也。《管子》:『明日皆朝於太廟之門。』則廟門外之朝寧

與路門外之朝寧同。天子廟門外之朝寧有屏，則路門外之朝寧亦當有屏，故可以廟門例路門也。鄭氏於〈覲禮〉引『天子外屏』為證，實有精義。而永必易之，仍不若依鄭之為得也。然全書數十百條，其偶爾疏漏者不過此類，亦可謂邃於三禮者矣。」

高宗乾隆二十三年　戊寅（1758年）

○春，程廷祚《論語說》改定

【出處】（清）程廷祚〈論語說序〉：「《論語》者，六經之統會，大道之權衡，所以正教學之是非，而制生人之物則於不可過者也。自堯、舜至周、孔而守一道，在昔為司徒之命，典樂之設，為三物之所賓興。其在二十篇之中，以文行忠信為四教，以《詩》、《書》、執禮為雅言，以孝弟謹信、泛愛親仁、餘力學文為弟子之職業。其道易知，其教易從，要在率天下以立人道而已矣。上智由之，從容入於聖人之域，而眾不知其所以然。其次則尊所聞，行所知，矗矗於五常百行之間，而亦不見其所不足。無高遠之論以蕩天下之心思，無疑似之說以惑天下之趨向，此我夫子之祖述憲章，依乎《中庸》，而《論語》之書所以萬世無弊者也。嗚呼！豈易言哉？適道有具，在於禮樂，求仁有方，不離眾善，三代而後，無所謂禮樂矣。希夷寂滅之教興，而眾善失其統紀矣。舍陶冶而求利其器用，假他人之鋤耰，以自耕其南畝，夫安知所為之遂盡善耶？且天以聖人為心，以眾賢能為之股肱耳。目孔門之教，列以四科，所以宏聖道之統也。後之儒者乃標一名以自異，而謂天下之材舉不足與於道，天不若是之狹，道統亦不若是之不廣也。漢人有言：『孔子沒而微言絕，七十子喪而大義乖。』良有以夫！此廷祚於說《論語》而尤兢兢也。是書創始於乾隆乙亥，改定於丁丑及戊寅之春，凡四易稿。孟秋二十三日，後學程廷祚謹書。」

【考釋】據序文，《論語說》著筆於乾隆乙亥（1755），改定於丁丑（1757）及戊寅（1758）之春，歷時三年。序文乃據程廷祚《論語說》卷首所列，該書四卷，道光丁酉年鑴東山草堂藏板，收入《續修四庫全書》經部冊153。

又，程廷祚（1691～1767），《清史稿》本傳云：「程廷祚，字啟生，上元人。初識武進惲鶴生，始聞顏、李之學。康熙庚子歲，埭南遊金陵，廷祚屢過問學。讀顏氏《存學編》，題其後云：『古之害道，出於儒之外。今之害道，出於儒之中。顏氏起於燕、趙，當四海倡和翕然同氣之日，乃能折衷至當，而有以斥其非，蓋五百年間一人而已。』故嘗謂：『為顏氏其勢難於孟子，其功倍於孟子。』於是力屏異說，以顏氏為主，而參以顧炎武、黃宗羲。故其讀書極博，而皆歸於實用。乾隆元年，舉博學鴻詞，至京師，有要人慕其名，囑密友達其意，曰：『主我，翰林可得也。』廷祚拒之，卒報罷。十六年，上特詔舉經明行修之士，廷祚又以江蘇巡撫薦，復罷歸。卒，年七十有七。著《易通》六卷、《大易擇言》三十卷、《尚書通議》三十卷、《青溪詩說》三十卷、《春秋識小錄》三卷、《禮說》二卷、《魯說》二卷。」

高宗乾隆二十五年　庚辰（1760年）

○二月壬午，直講官伍齡安、秦蕙田經筵進講《四書》

【出處】《高宗實錄》卷六〇六「乾隆二十五年二月壬午」條：「直講官伍齡安、秦蕙田進講《四書》『四時行焉，百物生焉』二句。講畢，上宣御論曰：『斯言也，蓋孔子知命、耳順以後，所以示學者真實至當之理，非因子貢以言語觀聖人，徒為是不待言而可見之語，而別有所謂妙道精義也。且四時行、百物生之中，何一非天乎？而四時

行、百物生之外，又何別有可以見天者乎？聖人視聽言動、晝作夜息之中，何一非妙道精義乎？而聖人視聽言動、晝作夜息之外，又何別有所謂妙道精義者乎？天即聖人，聖人即天，四時行、百物生即聖人之視聽言動。晝作夜息，吾故曰此孔子知命、耳順以後所以示學者真實至當之理，非因子貢以言語觀聖人，徒為是不得言而可見之語，而別有所謂妙道精義也。士希賢，賢希聖，聖希天，學者由躬行實踐，深造而自得之可矣。』」

【考釋】「四時行焉，百物生焉」，出自《論語・陽貨》，章云：「子曰：『予欲無言。』子貢曰：『子如不言，則小子何述焉？』子曰：『天何言哉？四時行焉，百物生焉，天何言哉？』」朱熹注曰：「四時行，百物生，莫非天理發見流行之實，不待言而可見。聖人一動一靜，莫非妙道精義之發，亦天而已，豈待言而顯哉？此亦開示子貢之切，惜乎其終不喻也。」

高宗乾隆三十二年　丁亥（1767年）

○盧文弨序劉光南《中庸圖說》

【出處】（清）盧文弨《抱經堂文集》卷二〈中庸圖說序〉：「文弨弱冠執經於桑弢甫先生之門，聞先生說《中庸》大義，支分節解，綱舉目張，而中間脈絡，無不通貫融洽，先生固以為所得於朱子者如是。蓋先生少師事姚江勞麟書史先生，勞先生之學，一以朱子為歸，躬行實踐，所言皆見道之言。雖生陽明之里，餘焰猶熾，而獨卓然不為異說所惑。先生信從既久，固宜其言之與朱子悉相吻合，而文弨亦幸得竊聞緒餘。於按試寶慶日，諸生循例講書，有以『君子中庸』一章進講者，與吾素所聞於吾師者，未有合也，因舉吾師之說以為諸生正告焉。既有以所著《中庸圖說》來質者，則新化生員劉光南也。其所解

平易切實，多與吾舊所聞合，而又本朱子相當相對之語以為之圖。不知者或以為穿鑿破碎，而吾獨喜其一本於自然，初非私意小智之所能為也。及入試，劉生又冠其曹，其文能以理勝，迥異乎矜才使氣以求見長者，益信其有得於儒先之旨深也。吾房師漢陽孫楚池漢先生，嘗寓書教文弨宜昌明理學，毋務華而棄實。顧所至殊不易得，既得劉生，亟舉以告。先生索其書，於今月始齎以往，使者尚未返，不知於先生意何如？適劉生遠來索序，歲云暮矣，姑且以文弨所見者塞其請。弢甫先生遠在浙江，異日將並寄是書以求正，必待兩先生許可，而後乃可為是書增重也。」

【考釋】〈中庸圖說序〉下小注云「丁亥」，按文弨生於康熙五十六年丁酉（1717），卒於嘉慶元年丙辰（1796），則「丁亥」當為乾隆三十二年。

高宗乾隆三十四年　己丑（1769年）

○杭世駿序翟灝《四書考異》

【出處】（清）杭世駿〈四書考異序〉：「前載稱漢儒各習其師所傳，音讀既殊，字形亦異，余嘗習聞其說，而疑之三：傳之有異同，以漢以前，齊、楚之語不相合也。元成以上，只《易》、《詩》、《書》三經而已。光武中興，十四博士已立，學士各佁其師說，當不宜別有異同。至熹平中，蔡邕、堂谿典等既已刊定六經，刻石太學門外，後儒晚學咸來取正，是西漢時容有異同，迄於桓、靈，不當復有鉏 也。然許慎生於其時，《說文》所引與今所傳迥異，即其所引石經，亦且兩歧。其說不可解者一也。洪氏《隸釋》所載諸碑，皆後漢時人，他經不復具論，姑舉《論語》數條。〈鄉黨〉『恂恂』，〈劉修碑〉作『遜遜』，〈祝睦碑〉又以為『逡逡』；『有恥且格』，〈費氏碑〉以為

『且佫』；『鑽之彌堅』，〈嚴發碑〉以為『鐫堅』；『涅而不淄』，〈費鳳碑〉以為『泥而不滓』。此等異字，若在石經未立以前，不知其何人傳授；若在石經既立之後，則後儒晚學仍未取正。不可解者又其一也。然猶曰漢去今遠，沿及六朝，范蔚宗、魏收、姚思廉之徒皆生經學大明之日，同文同軌，較若黑白，間引《論語》、《孟子》，往往與何晏《集解》、趙岐《章句》之書不合。或者行文取巧，不必拘定原文，然亦何苦必求異於前人而故驚俗眼？不可解者又其一也。吾友翟晴江氏，窮經矻矻，九變復貫，以《四書》為童而誦習之書，窮巷掘門之士，不知此外更有何事，刺取一聖三賢之錯見於他書者數千百條，為《四書考異》。而欲以余為警眾之丁寧，徇路之木鐸，過而請序。余以為，此非晴江氏之創例也。我皇上重刊經史，命詞苑諸臣條其別見者作為『考異』，附於諸卷之後，嘉惠承學之士厚矣，所以震聾而驚聵者至矣。固陵毛奇齡撰《仲氏易》，以異文標於每卦之後。義興任啟運與修《三禮》，取《淮南》等書之異於〈月令〉者，附見本文之下。開晴江氏之先者，大有人也。近奉諭旨，改『麋角』解為『麈角』，理解精確，萬世遵循。晴江氏應運而興，於經苑中旁見側出，推波助瀾，自隨王劭、唐陸德明而外，未見有其匹矣。余老孄頹廢，貧筍儉腹，無以益吾晴江也，姑以注疏古本較今塾板行之本，略一引申，可乎？《論語》自何晏而後，晉人解經往往與晏異趣，衛瓘讀『必有忠信如某者』句，而以『焉』字屬下句，如『焉知來者之不如今也』之例。『予所不者』，樂肇以『不』為『否屈』。孔安國以『齋必有明衣』屬上為一章，以『席不正不坐』屬下『鄉人飲酒』為一章。愚謂『齋』為『子之所慎』，應以『齋必變食』二句合上為一章，『食饐而餲』至末為一章。《中庸》『素隱』，子朱子據《漢志》改『素』為『索』；『左史倚相，能讀《八索》、《九丘》』，徐邈以『八索』為『八素』，『素』與『索』字相近，其來已久也。《孟子》

『有攸不為臣』，古本『為』作『唯』，北人『為』、『唯』為一音，而
義各別，即子朱子亦以『不為臣』解之，其誤不知始自何人也。〈萬
章〉曰：『一鄉皆稱原人焉』，趙岐《章句》云：『萬子，萬章也。子
者，男子之美稱。』則『章』明係『子』字之訛。《注疏》為頒行之
書，世所傳家塾之本，又皆家弦戶誦，錯出不齊如此。二三千年來，
載籍棼如，而欲其無少牴牾，此必不能之事。晴江氏此書之作，其
得已哉！《大學》古本，子朱子據二程夫子之說，重分章句，兼補其
闕。明儒羅汝芳、歸有光及本朝李文貞公，皆不從其言，其是非非一
二言可了，暇日與晴江氏劇辨之。乾隆三十有四年六月三日，秦亭老
民杭世駿。」

【考釋】序文乃據翟灝《四書考異》卷首所列，書凡七十二卷，道光
丁酉年鐫東山草堂藏板，收入《續修四庫全書》經部冊一六七。又，
翟灝（？～1788），清代經學家，《清史稿》本傳載：「翟灝，字大
川，亦仁和人。乾隆十九年進士，官金華、衢州府學教授。灝見聞淹
博，又能搜奇引瘠，嘗與錢塘梁玉繩論王肅撰《家語》難鄭氏，欲搜
考以證其訛，因握筆互疏所出，頃刻數十事。時方被酒，旋罷去，
未竟稿，其精力殊絕人也。著有《爾雅補郭》二卷，以《爾雅》郭
《注》未詳、未聞者百四十二科，《邢疏》補言其十，餘仍闕如，乃
參稽眾家，一一備說。又云：『古《爾雅》當有〈釋禮〉篇，與〈釋
樂〉篇相隨。〈祭名〉與〈講武〉、〈旌旗〉三章，乃〈釋禮〉之殘
缺失次者。』又著《四書考異》七十二卷，皆貫串精審，為世所推。
他著又有《家語發覆》、《通俗篇》、《湖山便覽》、《無不宜齋詩文
稿》。五十三年，卒。」

高宗乾隆三十九年　甲午（1774年）

○二月己丑，直講官永貴、王際華經筵進講《論語》

【出處】《高宗實錄》卷九五二「乾隆三十九年二月己丑」條：「直講官永貴、王際華進講《論語》『仁者先難而後獲』一句。講畢，上宣御論曰：『問仁於孔子者多矣，而所對各有不同。然聖門以顏淵為高弟，孔子所對者，則曰克己復禮。以此知克己復禮，實為仁之最切要，即所對樊遲者，亦豈外於是哉！蓋先難者何？克己也；後獲者何？復禮也。夫難莫難於克己。仁者天理也，私欲介於中，其能存天理者鮮矣。故《易》曰：「大師克相遇。」必用大師之力，而後能克其私欲，以全天理。故《易》又曰：「顏氏之子，其殆庶幾乎！有不善未嘗不知，知之未嘗復行也。不遠復，無祇悔，元吉。」皆克己復禮之謂也。董仲舒「正誼明道」之論，略為近之。而朱子舉以為不求後效，又以為警樊遲有先獲之病，未嘗申明告顏子之意。余故敘而論之。』」

【考釋】「仁者先難而後獲」，出自《論語·雍也》，章云：「樊遲問知，子曰：『務民之義，敬鬼神而遠之，可謂知矣。』問仁，曰：『仁者先難而後獲，可謂仁矣。』」朱熹注曰：「專用力於人道之所宜，而不惑於鬼神之不可知，知者之事也。先其事之所難，而後其效之所得，仁者之心也。此必因樊遲之失而告之。○程子曰：『人多信鬼神，惑也。而不信者又不能敬，能敬能遠，可謂知矣。』又曰：『先難，克己也。以所難為先，而不計所獲，仁也。』呂氏曰：『當務為急，不求所難知；力行所知，不憚所難為。』」

高宗乾隆四十二年　丁酉（1777年）

○十一月二十二日，錢坫《論語後錄》成

【出處】（清）錢坫〈論語後錄敍〉：「錢子作《論語後錄》，有七例：一，考異本。漢時有齊、魯、古三家，自《集解》行，後雜而不分，然互見於本注及《禮》、《易》、《詩》注者不少。又《史記》、《漢書》、《說文解字》引據往往不合，大抵皆三家之異，苟有所見，必備載也。二，校謬刊。今世行本為後代儒者所亂，字句多煩簡脫落，必本漢《熹平石經》、唐《開成石經》及諸書所引互校也。三，鉤佚說。《集解》所載諸家，注非全備，凡為何氏所不收而雜見他書者，及魏晉後各家義說，必具述也。四，補剩義。諸家所未及，必以已見附之也。五，正舊注。諸家有非是者必正之也。六，采通論。如閻若璩、惠棟諸君子之說，必采入也。七，存眾說。凡諸家異義不可折一，案而不斷也。凡七例，彙為五卷，五百七十餘條，以附於《集解》之後，成一家之書庶乎可。乾隆四十年十一月二十二日，錢坫記。」

【考釋】敍文乃據錢坫《論語後錄》卷首所列，該書五卷，乾隆甲辰刊於漢陰官舍，收入《續修四庫全書》經部冊一五四。又，錢坫為清代著名史學家錢大昕族子，《清史稿‧錢大昕傳》附傳云：「坫，字獻之。副榜貢生。遊京師，朱筠引為上客。以直隸州州判官於陝，與洪亮吉、孫星衍討論訓詁輿地之學，論者謂坫沉博不及大昕，而精當過之……著《史記補注》百三十卷，詳於音訓及郡縣沿革、山川所在。陝甘總督松筠重其品學，親至臥榻問疾，索未刊著述，坫取付之，曰：『三十年精力，盡於此書矣。』十一年卒，年六十六。又有《詩音表》一卷、《車制考》一卷、《論語後錄》五卷、《爾雅釋義》十卷、《釋地》以下四篇注四卷、《十經文字通正書》十四卷、《說文

斠銓》十四卷、《新斠注地理志》十六卷、《漢書十表注》十卷、《聖賢塚墓志》十二卷。」

高宗乾隆四十二年　丁酉（1777年）

○戴震《孟子字義疏證》定稿

【出處】（清）段玉裁《戴東原先生年譜》：「四十二年丁酉，五十五歲……又先生丁酉四月，有〈答彭進士紹升書〉。彭君好釋氏之學，長齋佛前，僅未削髮耳。而好談孔、孟、程、朱，以孔、孟、程、朱證釋氏之言。其見於著述也，謂孔、孟與佛無二道，謂程、朱與陸、王、釋氏無異致。同時有羅孝廉有高、汪明經縉倡和其說，先生以所作《原善》、《孟子字義疏證》示之。」又，陳國慶、劉瑩《中國學術思想編年》（明清卷）：「該書撰於乾隆三十一年（1766），後幾經修訂，於是年定稿。」

【考釋】《孟子字義疏證》之作年，學界說法不一，陳、劉二人的說法，蓋據段玉裁《戴東原先生年譜》：「三十一年丙戌，四十四歲……是年玉裁入都會試，見先生云『近日做得講理學一書』，謂《孟子字義疏證》也，玉裁未能遽請讀。先生沒後，孔戶部付刻，乃得見，近日始窺其閫奧。蓋先生《原善》三篇、《論性》二篇既成，又以宋儒言性、言理、言道、言才、言誠、言明、言權、言仁義禮智、言智仁勇，皆非六經、孔、孟之言，而以異學之言糅之。故就《孟子》字義開示，使人知『人欲淨盡，天理流行』之語病。所謂理者，必求諸人情之無憾而後即安，不得謂性為理。」然錢穆《中國近三百年學術史・戴東原》云：「東原四十四歲自言『近日做得講理學一書』，即《原善》三卷本也。明年綿莊卒，東原為《緒言》尚在後，謂《疏證》思想自綿莊處得顏、李遺說而來頗難證。」楊應

芹《東原年譜訂補》云:「『近日做得講理學一書』,梁啟超云『正是〈緒言〉耳』(見《戴東原著述書目考》)。錢穆云:『東原所告戀堂「近日做得講理學一書」者,實即《原善》三篇之擴大本,戀堂不察,未經面質,後遂誤認為東原所告乃指《字義疏證》也。』梁、錢所云,不知孰是,姑錄之待考。」(見《戴震全書》(六)附錄一,黃山書社1995年版,頁678)

高宗乾隆四十六年　辛丑(1781年)

○正月二日,盧文弨作《七經孟子考文補遺題辭》

【出處】(清)盧文弨《抱經堂文集》卷七〈七經孟子考文補遺題辭〉:「此日本國西條掌書記山井鼎之所輯,謂之《七經孟子考文》。七經者,《易》、《書》、《詩》、《左傳》、《禮記》、《論語》、《孝經》也,又益以《孟子》,皆據其國唐以來相傳之古本及宋刻本,以校明毛氏之汲古閣本。書成,當皇朝康熙五年,其國之享保十一年也。古本只有經與注,其文增損異同,往往與《釋文》、《正義》語多相合。但屢經傳寫,亦有舛訛。其助語致多,有灼然知其謬者,亦並載入,然斷非後人所能偽作也。其次第,先經,次注,次《釋文》,而《疏》居後。其條目,有考異,有補闕,有補脫,有正誤,有謹按,有留(家諱改)舊。凡明代所刻之本,彼國有之,間亦引之,而頗譏篇第行款之不與古合。其言良是,不可以其小邦遠人而概棄之也。其《尚書》經文,更多古字,別實置一冊,此皆中國舊有之本,遺亡已久,而彼國尚相傳寶守弗替,今又流入中國,讀者當倍加珍惜也。其曰『補遺』者,後來彼國東都講官物觀,承其國政府之命,而復補其所未備者也。其同校者,石之清、平義質、木晟三人也。余見唐陸龜蒙詩中有『聞日本圓載上人挾儒家書泊釋典以行,作一絕送之』,

云：『九流三藏一時傾，萬軸光淩渤澥聲。從此遺編東去後，卻應荒外有諸生。』觀此，足知其相傳唐以來本之果可信也。此書余從友人鮑以文借得之，猶以其古本、宋本之誤不能盡加別裁，而各本並誤者，雖有正誤、謹按諸條，亦復不能詳備。又其先後位置之間頗費尋檢，因欲取其是者別為一書。庚子入京師，又見吾鄉沈萩園先生所進《十三經正字》，則凡訛誤之處多所改正，其不可知者，亦著其疑。又凡所引經傳脫誤處，皆據本文正之。此出自中國儒者之手，又過其書遠甚。然所見舊本，反不逮彼國之多，故此書卒不可棄置也。余欲兩取其長，凡其未是處則刪去之，不使徒穢簡編。然今年余已六十有五矣，未知此志能竟成否？聊書於此，以見余之亦有志乎此也。乾隆辛丑正月二日，呵凍書。」

【考釋】盧氏文中「有留（家諱改）舊」，陳祖武、朱彤窗《乾嘉學術編年》注云：「文中『留舊』，自注『家諱改』，當為『存舊』。因文弨父名存心，故盧氏改『存』字為『留』。」（河北人民出版社2005年版，頁311）

○二月丙辰，上拒廷臣續編《四書文》之請

【出處】《高宗實錄》卷一一二四「乾隆四十六年二月丙辰」條：「制義以清真雅正為宗。乾隆初年，《欽定四書文》刊刻頒行，士子如果殫思講習，闡明理法，則典型俱在，一切可奉為法程。無如近日士風，專為弋取科名起見，剽竊浮詞，不復研窮經史，為切實根柢之學，以致文體日就卑靡。雖屢經降旨訓飭，而積習難回，仍不免江河日下之勢。惟在司文柄者，隨時甄別，力挽狂瀾，以期文風漸歸醇正。若多為選刻頒行，而習舉業者仍束庋高閣，不能潛心研究，雖多亦奚以為！」

【考釋】此條可與乾隆四年「四月初三日，方苞《欽定四書文》成，

進表上奏」條參看。

高宗乾隆五十年　乙巳（1785年）

○上駕臨辟雍，大學士伍彌泰、蔡新進講《四書》

【出處】《清史稿·選舉志一·學校一》:「乾隆四十八年諭曰:『稽古
國學之制，天子曰辟雍，所以行禮樂、宣德化、昭文明而流教澤，典
至 也。國學為人文薈萃之地，規制宜隆。辟雍之立，元、明以來，
典尚闕如，應增建以臻美備。』命尚書德保、尚書兼管國子監事劉
墉、侍郎德成，仿《禮經》舊制，於彝倫堂南營建。明年，落成。又
明年，高宗駕臨辟雍行講學禮。命大學士、伯伍彌泰，大學士管監事
蔡新，進講《四書》。祭酒覺羅吉善、鄒奕孝，進講《周易》。頒御
論二篇，宣示義蘊。王、公、衍聖公、大學士以下官，暨肄業觀禮諸
生，三千八十八人，圜橋聽講。」

【考釋】據《清史稿》文，辟雍落成在乾隆四十九年（甲辰，1784
年），「駕臨辟雍行講學禮」及進講事在次年，即乾隆五十年。

高宗乾隆五十三年　戊申（1788年）

○二月己亥，直講官惠齡、謝墉經筵進講《大學》

【出處】《高宗實錄》卷一二九八「乾隆五十三年二月己亥」條:「以
舉行仲春經筵，遣官告祭奉先殿、傳心殿。上御文華殿……直講官
惠齡、謝墉進講《大學》『安而後能慮，慮而後能得』二句。講畢，
上宣御論曰:『朱子解此，以為靜就心說，安就身說。夫靜就心說是
矣，安就身說，予以為就意說，非就身說也。夫不云欲正其心者，先
誠其意乎?蓋靜在心而動在意，由靜而動，則心正而意誠，意誠則安

也。由是而慮，則知致而物格，內外交養，本末兼施，胥止至善之道也。是故正心誠意，為聖經之關鍵。心靜不可見，意動有所施，施出於誠，則修身齊家治國皆由是而推，則明明德於天下矣，其所得不已多乎？」

【考釋】朱熹《大學章句》解「知止而後有定，定而後能靜，靜而後能安，安而後能慮，慮而後能得」云：「後與後同，後放此。○止者，所當止之地，即至善之所在也。知之，則志有定向。靜，謂心不妄動。安，謂所處而安。慮，謂處事精詳。得，謂得其所止。」

高宗乾隆五十四年　己酉（1789年）

○二月辛卯，直講官德明、劉躍云經筵進講《論語》

【出處】《高宗實錄》卷一三二二「乾隆五十四年二月辛卯」條：「直講官德明、劉躍云進講《論語》『子在齊聞《韶》，三月不知肉味，曰：「不圖為樂之至於斯也！」』一節。講畢，上宣御論曰：『咸池六英，有其名而無其樂。非無樂也，無其言，故不傳其樂耳。若夫舜之《韶》，則自垂千古。何以故？舜之言垂千古，則樂亦垂千古。夫子在齊，偶聞之耳。必曰在齊始有《韶》，夫子聞之之後而《韶》遂絕，是豈知樂者哉？司馬遷增之以「學之」二字，朱子亦隨而注之，則胥未知樂，且未知夫子矣。蓋言志永言，依永和聲，舜因自言其《韶》矣。然此數語，徒舉其用而未紀其實，則又繼之以教天之命之歌。皋陶颺言賡載，君臣交敬，是非《韶》乎？是非夫子所以感其誠而歎其極，不知肉味者以此乎？且夫子天縱之聖，何學而不能，而必於《韶》也，學之以三月而後能乎？蓋三月為一季，第言其久耳。而朱子且申之以九十一日知味之說，反復論辨不已。吁，其去之益遠矣！』」

【考釋】「子在齊聞《韶》」章，出自《論語・述而》。朱熹注曰：
「《史記》『三月』上有『學之』二字。不知肉味，蓋心一於是而不及
乎他也。曰：不意舜之作樂至於如此之美，則有以極其情文之備，而
不覺其歎息之深也，蓋非聖人不足以及此。○范氏曰：『《韶》盡美
又盡善，樂之無以加此也。故學之三月，不知肉味，而歎美之如此。
誠之至，感之深也。』」

高宗乾隆五十五年　庚戌（1790年）

○朝考始用覆試，試《四書》文

【出處】《清史稿・選舉志一・學校一》：「五十五年，朝考始用覆
試。學政選拔分二場，試《四書》文、經文、策論。」

【考釋】關於清代朝考之制之源流，《清史稿・選舉志一・學校一》
載：「乾隆初定朝考制，列一、二等者，揀選引見錄用。三等箚監肄
業。尋停揀選例。三年期滿，祭酒等分別等第，核實保薦，用知縣、
教職。七年，帝以拔貢六年一舉，人多缺少，妨舉人銓選之路。且生
員優者，應科舉時，自可脫穎而出，不專藉選拔為進身。改十二年一
舉。遂為永制。十六年，以天下教官多昏耄，濫竽戀棧。雖定例六年
甄別，長官每以閑曹，多方寬假。諭詳加澄汰。廷臣議，督、撫三年
澄汰教職員缺，以朝考揀選拔貢充補。未入揀選者，箚監肄業如舊。
四十一年，定朝考優等兼用七品小京官。五十五年，朝考始用覆試。
學政選拔分二場，試《四書》文、經文、策論。乾隆十七年，經文改
經解。二十三年，增五言八韻詩。會同督、撫覆試。朝考試書藝一、
詩一。副榜入監，順治二年，令順天鄉試中式副榜增、附，準作貢
監。廩生及恩、拔、歲貢，免坐監，與廷試。十五年，他貢停，惟副
榜照舊解送。康熙元年，停副貢額。十一年，以查祿奏復，舊制優貢

之選，與拔貢並重。」

高宗乾隆五十六年　辛亥（1791年）

○二月庚戌，直講官慶桂、沈初經筵進講《論語》

【出處】《高宗實錄》卷一三七二「乾隆五十六年二月庚戌」條：「直
講官慶桂、沈初進講《論語》『回也聞一以知十，賜也聞一以知二』
二句。講畢，上宣御論曰：『朱子注此，以為一與十，數之始終，一
與二，數之相對。回與賜之高下，以是而定。夫既云數矣，則自一而
數至十，回將何以歷而知至十哉？即二為一之對，則所謂始終，正相
對之二也。且善惡、高下、是非、賓主之類，其相對者不可屈指數。
是賜亦可稱盡知，且與回同矣。予以為十者上下八方也，其數既合，
其理亦備。是回之知，舉一而無不知也。夫子示曾子吾道一以貫之，
正謂此也。謂回為即始而見終，則尚有見者存焉。蓋一以貫之，無所
為知而無不知，正可為聞一知十之證。賜之聞一知二，則實自用其
知，推測存焉。此夫子之所以與其弗如回也。若以《朱注》視之，則
其所知，亦不過賜之流而已，其去一貫之道遠矣，未必似曾子之能聞
諸夫子也。』」

【考釋】「回也聞一以知十，賜也聞一以知二」，出自《論語·公冶
長》，章云：「子謂子貢曰：『女與回也孰愈？』對曰：『賜也何敢望
回！回也聞一以知十，賜也聞一以知二。』子曰：『弗如也！吾與女
弗如也！』」朱熹注曰：「一，數之始。十，數之終。二者，一之對
也。顏子明睿所照，即始而見終；子貢推測而知，因此而識彼。『無
所不悅，告往知來』，是其驗矣。」

高宗乾隆五十八年　癸丑（1793年）

○二月己巳，紀昀經筵進講《中庸》

【出處】《高宗實錄》卷一四二二「乾隆五十八年二月己巳」條：「紀昀進講《中庸》『至誠無息，不息則久』二句。講畢，上宣御論：『此應與《易・乾象》「天行健，君子以自強不息」並觀之。蓋不息即無息，而行健亦無息之行也，夫何有為於其間哉？然惟天地能之。至誠之聖，即天地之不息而行健也。其久徵以至博厚高明之用，雖由至誠以顯天地，仍即天地以印至誠，所謂一而二、二而一者也。朱子以「無虛假間斷」注之，予以為視至誠為小矣。試觀天地四時之運，有虛假乎？有間斷乎？至誠之無息，亦如是而已矣。然而至誠豈易言哉？必其致曲之功形而著，所謂無虛假也；變而化，所謂無間斷也。則朱子之言未嘗無見，但以此注無息之至誠，則尚未造至誠之域耳。』」

【考釋】朱熹《中庸章句》於「至誠無息」下注曰：「既無虛假，自無間斷。」於「不息則久，久則徵」下注曰：「久，常於中也。徵，驗於外也。」於「徵則悠遠，悠遠則博厚，博厚則高明」下注曰：「此皆以其驗於外者言之。鄭氏所謂『至誠之德，著於四方』者是也。存諸中者既久，則驗於外者益悠遠而無窮矣。悠遠，故其積也廣博而深厚；博厚，故其發也高大而光明。」

仁宗嘉慶元年　丙辰（1796年）

○正月上元日，阮元序陳鱣《論語古訓》

【出處】（清）阮元〈論語古訓序〉：「海寧陳君　，撰《論語古訓》十卷。於《集解》所載之外，搜而輯之，且據石經、皇侃《義疏》，山

井鼎、物觀諸本，訂其訛誤而附注於下。元在京師，獲見稿本，今
來浙，而是書付刻初成。元幼習是經，往往蓄疑於心而莫能釋，及取
包、鄭諸君之注而考之，頗犖然盡解。姑舉數事以明古訓之善……
學者知有古訓，進而求之，可以得經文之精微，識聖人之恉趣，所以
益身心而正性命者，非淺小矣。陳君精於六書，嘗著《說文解字正
義》，又以《說文》九千言，以聲為經，偏旁為緯，輯成一書，有功
學者益甚。元樂其《古訓》之既版行，尤望其以《說文》付梓，庶幾
為聲音訓詁之學者，事半而得功倍也。嘉慶元年正月上元日，學使者
儀徵阮元序。」

【考釋】正月上元日，即正月十五日。序文乃據陳鱣《論語古訓》卷
首所列。《論語古訓》十卷附一卷，收入《續修四庫全書》經部冊一
五四。

仁宗嘉慶三年　戊午（1798年）

○夏五月，阮元序吳昌宗《四書經注集證》

【出處】（清）阮元〈四書經注集證序〉：「宋大儒定著《四子書》，數
百年功令所垂，制藝一途，無不望的以趨。承學之士，先後從事於其
書者，層見迭出。今見於《續文獻通考》、《經義考》二書，有可指
數其目者，殆不下五六百家。其餘時師之講習，鄉塾之抄撮，尚不在
其內，可謂博矣。綜其異趣，大抵言義理者十之九，言故實者十之
一。然一義理也，而格致之說，陽明與朱子互歧；一故實也，而禘祫
之議，子邕與康成爭勝。若其他微文散義之牴牾者未易終窮，而門戶
黨援之習，浸成於學士大夫之私意，或反假《四子書》以為之端，是
韓子所譏不合不公者也。善乎！昭代大儒陸清獻公之言曰：《四書》
自經朱子訂定，便如大禹平成天地一番，後來者無容置喙。此誠足

以息囂競而正趣向矣。然言義理而極之誠正修齊治平、天人性命之
秘奧；言故實而極之典章制度、古今沿革是非之變，與夫星官卜祝、
草木蟲魚之類，無不錯出其間。是《四書》雖為童孺口傳之業，而實
統彙條貫乎六經、子、史，固宜國家著為功令，群天下後世之通人巨
儒，殫心力，事編纂，窮老盡氣，以冀幸其有一言之合者。其托業甚
大且要，寧區區資帖括者抄襲之具云乎哉！夫天下英奇蔚起，五車四
庫之書，可遍觀而盡識也；九流百家之說，可旁諮而博考也。辨貳負
貗鼠之恢奇，析琅琊汪張之淵奧，往往目不見睫。如王伯厚所記東坡
解孟莊子之孝為獻子，雖三尺童子，亦必哆口而笑之矣。然則章梳句
比，窮源引委，近於學究所云云者，自其出就外傅之初，馴而習之，
以為異日洽聞殫見之基，庸非汲引來學之盛心歟？同里汪子石潭，
緘寄蘇州吳文園先生所輯《四書經注集證》，因受而卒讀之。詳於故
實，而盡去其傅會義理、循聲模響之習。其注名物訓詁於本句之下，
並及朱子所引成語者，則本元詹氏《纂箋》之例而廣之。其博引古今
人物出處而各列其原書者，則本明薛氏《人物考》之例而變通之。大
旨一本朱子，而後來考辨之精與其沿襲之誤，確然有可依據者，間亦
采入一二，凡以期於是而已。先生竭數十年采錄別擇之勤，手輯是
書，意以砭義理空疏之失，而為談故實者息穿鑿攻擊之私。學者童而
習之，白首而昧其解者比比也，則是書之為功，豈淺鮮哉？汪子既刻
以廣其傳，並屬一言先之，故為道其原流分合之故，以不沬作者之
旨，而並以見汪子殷殷嘉惠之誠。善學者誠由此以得其大義微言之所
在，抑又不妨為筌蹄之棄矣。嘉慶三年歲次壬午，夏五月小暑後五
日，儀徵阮元序。」

【考釋】序文乃據吳昌宗《四書經注集證》卷首所列，該書十九卷，
嘉慶三年鐫江都汪氏藏板，收入《續修四庫全書》經部冊168。

仁宗嘉慶九年　甲子（1804年）

○秋九月，焦循《論語通釋》成

【出處】（清）焦循〈論語通釋自序〉：「自周、秦、漢、魏以來，未有不師孔子之人，雖農工商賈、廝養隸卒，未有不讀《論語》者。然而好惡毀譽之私，不獨農工商賈、廝養隸卒有之，而士大夫為尤甚。夫讀孔子書而從事於《論語》，自少且至於老，而好惡毀譽之私不能免，則《論語》雖讀而其旨實未嘗得。讀《論語》而未得其旨，則孔子之道不著；孔子之道所以不著者，以未嘗以孔子之言參孔子之言也。循嘗善東原戴氏作《孟子字義考證》，於理道、天命、性情之名，揭而明之如天日，而惜其於孔子一貫、仁恕之說，未及暢發。十數年來，每以孔子之言參孔子之言。且私淑孔子而得其旨者，莫如孟子，復以孟子之言參之。既佐以《易》、《詩》、《春秋》、《禮記》之書，或旁及荀卿、董仲舒、揚雄、班固之說，而知聖人之道惟在仁恕，仁恕則為聖人，不仁不恕則為異端小道。所以格物致和，誠意正心，修身齊家，治國平天下，無不以此。其道大，其事易。自小其器而從事於難，是己而非人，執一而廢百，詎孔子一貫之道哉！今年夏五月，鄭柿里舍人以書來，問未可與權。適門人論一貫，不知曾子忠恕之義，因推而說之。凡百餘日，錄而次之，得十有二篇，曰聖，曰大，曰仁，曰一貫忠恕，曰學，曰知，曰能，曰權，曰義，曰禮，曰仕，曰君子小人，統而名之曰《論語通釋》。聖人之大未敢言知，或亦自遠於異端云爾。嘉慶甲子秋九月。」

【考釋】序文乃據焦循《雕菰集》卷十六〈論語通釋自序〉。《論語通釋》一卷，木犀軒刊本，收入《續修四庫全書》經部冊一五五。

仁宗嘉慶十二年　丁卯（1807年）

○八月，洪梧序淩曙《四書典故核》

【出處】（清）洪梧〈四書典故核序〉：「予昨歲主講梅花，則欲與諸生為通經之學，首令纂《公羊通禮》、《周官六聯表說》及《論孟水地通釋》、《儀禮十七篇節目詳考》、《左傳五十凡論》、《詩經通禮》，皆日有程、月有課，灑灑乎可觀矣。淩生曙執所業進，予覽其書，於《四子書》制度典物，能博采經說傳疏及古今人論議之諦當者，皆明之於心，而後注之於手，與逐書經文疏義者迥辨，非通明各經及本書，安能如是之燭照而數計也？生之書，如旅酬則知及燕飲諸禮，如射飲則知及旅酬以至鄉黨朝位不躇，圖考端章甫、黃衣狐裘，皆自有說。『日月星辰』及『天之高也』二條，備采十三家說，於西法尤精。《孟子》之於周禮不合者，又能廣引諸家調停其說。宋儒惟陳氏《禮書》、王氏《困學紀聞》折衷該洽。我朝經學昌明，若閻氏、毛氏、惠氏，於《四書》多所考定。近時之江氏、戴氏、金氏、阮氏所著書，皆足補紫陽之不逮。曩嘗欲為《論孟箋》，如毛、鄭《詩》，固不相妨。以生心力，當可成此。吾又重生以屢空之家，無師之學，不啻昔人之牧豕聽經、偷光照字者。其學有條貫如此，則其所至固未可量也。吾鄉慎修先生，幼時家貧無書，借人《周禮注疏》一帙，由此尋誦，遂成大儒。東原先生嘗一月斷炊，注《離騷》成，乃得食。貧者士之常，生勉矣！以吾與諸生治各經之法一一為之，來者可畏，不其然乎？抑吾有進於生者，《四子書》固道之所在也，學顏子之所學，其何以博文約禮而不遠復耶？《論語》半部可致治平，亦為之而已矣。嘉慶丁卯中秋前二日，新安洪梧力疾書於講院西偏之群玉堂。」

【考釋】「中秋前二日」，當為八月十三日。序文乃據淩曙《四書典

故核》卷首所列。《四書典故核》八卷，嘉慶戊辰年鑴葑云閣藏版，收入《續修四庫全書》經部冊一六九。《續修四庫全書總目提要·經部·四書類》云是書「不分卷」，誤，書分八卷，分別為《大學》一卷、《中庸》一卷、《論語》四卷、《孟子》二卷。

又，淩曙（1775～1829），清代經學家，《清史稿》本傳云：「淩曙，字曉樓，江都人。國子監生。曙好學根性，家貧，讀《四子書》未畢，即去鄉，雜作傭保，而續學不倦。年二十為童子師，問所當治業於涇包世臣，世臣曰：『治經必守家法，專法一家，以立其基，則諸家漸通。』乃示以武進張惠言所輯《四子書》漢說數十事。曙乃稽典禮、考古訓，為《四書典故核》六卷，歙洪梧甚稱之。既治鄭氏學，得要領，又從吳沈欽韓問疑義，益貫穿精審。後聞武進劉逢祿論何氏《公羊春秋》而好之。及入都，為儀徵阮元校輯《經郛》，盡見魏晉以來諸家《春秋》說。深念《春秋》之義，存於《公羊》，而《公羊》之學，傳自董子。董子《春秋繁露》，識禮義之宗，達經權之用。行仁為本，正名為先。測陰陽五行之變，明制禮作樂之原。體大思精，推見至隱，可謂善發微言大義者。然旨奧詞蹟，未易得其會通，淺嘗之夫，橫生訾議，經心聖符，不絕如線。乃博稽旁討，承意儀志，梳其章，櫛其句，為注十七卷。又病宋元以來學者空言無補，惟實事求是，庶幾近之，而事之切實無過於禮，著《公羊禮疏》十一卷，《公羊禮說》一卷。《公羊問答》二卷。家居讀《禮》，以喪服為人倫大經，後儒舛議，是非頗謬，作《禮論》百篇，引申鄭義。阮元延曙入粵課諸子，曙書與元商榷，乃刪合三十九篇為一卷。道光九年卒，年五十五。」

○十月朔日，貴徵序淩曙《四書典故核》

【出處】（清）貴徵〈四書典故核序〉：「《四子書》列在學官，與《五

經》並重，以之發題試士，固當發明聖賢意指。然典章名物，古聖人
所以治天下之具，但言義理，不論典章，則治天下之具蕩焉泯焉。故
漢儒專從事於此，典章備而古聖人治天下之理亦備矣。宋以後專講義
理而忽於名物，於聖賢心性究極精微，然如紫陽為直接孔孟之人，
其《集注》則顯與列經相背。訓『山節藻梲』，若不知有《明堂位》諸
篇。此等雖毫釐之失，不足為先賢纇。後之學者，究不可不知。且前
乎此者，《四子》注疏，何晏已尚清談，猶賴兼取孔、包、周、馬、
鄭、王諸家，邢氏為《疏》，亦略能綜核典物。趙岐、孫奭之於《孟
子》，更涉簡漏。《大學》、《中庸》向以同編，《曲臺》鄭、孔注疏
已於諸篇備，斯典贍至此，多涉重文，不復留意。今之讀《四子書》
者，亦當以經解經，徵引訓詁，借以羽翼程朱，庶幾義理、典章兩無
遺闕。曩為諸生時，操此從事，屬稿未就，旋以薄宦輟業。今返初
服，日與桐先生相過從。春間，於講堂見有《四書考典》一書，桐生
先生曰：『此淩生曉樓所纂集也。』未幾，曉樓以此書來見，不數日
讀竟，深慚向日之有志未成，而喜吾郡讀書明經之士日益多也。曉樓
雖貧苦，而續學不倦如古人，其為文俱有經術。至此書之善，則桐生
先生言之詳矣，茲不具言，特言義理、典章不可偏廢，以間執世之輕
視掌故者之口。嘉慶十有二年，十月朔日，儀真貴徵。」
【考釋】「十月朔日」，即十月初一日。貴徵序文，乃據淩曙《四書典
故核》（《續修四庫全書》經部冊169）卷首所列。

仁宗嘉慶十三年　戊辰（1808年）

○春二月下旬，淩曙《四書典故核》刊刻

【出處】（清）淩曙〈四書典故核自敘〉：「曙幼小就塾，五載即改習
賈。性拙於治生，居市十年，不能裨其家，乃復理舊業。然苦無師友

課程，讀經五六年，稍熟其本文，始求漢宋諸儒論說，披閱之略盡。然不能貫串意旨，旁見側出以通其不備，即句讀之淺、音訓之粗，時多舛誤，無所質正。又以訓蒙就食他氏，不能懇習。至甲子之秋，曙齒且及壯，得識安吳包君慎伯，過從請益，極承勸誘，嘗言：『吾人為學自治經始，治經自三禮始。三禮書甚完具，二鄭、孔、賈發明其義甚明且密，推人情之所安，以求當於古先聖王制作之源，則莫不有合焉者。然其文深出，其說散見，非細心沉慮，則莫能總其條理，要其指歸。制義一事，於學甚微末，然能使人束其心、靜其氣、銳其思、審其識，故欲治三禮者，當先精制義之法。制義依《四子書》以立言，而四子之說有涉於制度文物者，非詳考而慎擇之，則不能以措詞。武進故編修張皋文先生，儒宗也，其事舉子業時，嘗辨《四子書》中漢說之當從者數十事，手書成帙。今以授吾子，吾子反覆之，以得讀書之法，而增擴之，則為學之術莫近於此矣。』曙謹受之，不敢忘，不敢怠。少間，時自書所得者以質於包君，其所指摘，若振槁發翳。又為論制禮之源，約謂：『禮本人情以即於安，故禮者治人之律，而《春秋》其例也。《春秋》之旨，僅存於《公羊》，得何氏闡其說，然後知禮之不可頃刻使離於吾身。故不通鄭氏書者，不知何氏之平允；不能何氏書者，不知鄭氏之精當也。武進庶常李申耆先生，吾黨之冠也。吾子能相從至常州，當介於庶常，以別其緒、疏其流，不似吾荒落，僅舉大略而已。』丙寅春，曙遂隨包君至申耆先生家，親承指授，筆記其略。歸按之於籍，始知其言之有旨，辨之非誇。紬繹既久，漸能錯綜推廣其意，乃就《四子書》之舊次，編輯為《典故核》若干卷。丁卯春，申耆先生放都過揚州，曙以稿本呈閱，重荷獎借，以為能卒編修之業。為留數日，加以刪正。是夏，曙錄出清本，以質於吾師洪桐生、貴仲符兩先生，咸蒙許可。友人時有假抄者，為出貲以板行之。曙不敢辭，故書其始末，以告觀者。嘉慶十三年，歲

在戊辰，春二月下旬，江都淩曙曉樓氏謹記。」

【考釋】〈自敘〉文字，乃據《四書典故核》（《續修四庫全書》經部冊169）卷首所列。

○十一月丁丑，上諭續選《欽定四書文》事可從緩

【出處】《仁宗實錄》卷二〇三「嘉慶十三年十一月丁丑」條：「又諭：據御史黃任萬奏，請續選《欽定四書文》，以正文體一折。制義一道，代聖賢立言，本當根柢經史，闡發義蘊，不得涉於浮華詭僻，致文體駁而不醇。溯自乾隆四年，欽定《四書文選》，凡前明大家名家，悉按其世代衰次；而於本朝文之清真雅正者，一併采列成編，選擇精嚴，理法兼備，操觚家自當奉為正鵠。乃近科以來，士子等揣摩時尚，往往摭拾《竹書》、《路史》等文字，自炫新奇，而於經史有用之書，轉未能潛心研討，揆之經義，漸失真源。今該御史奏請釐正文體，固為矯弊起見，但折內所稱欲另選近年制義以附《欽定四書文》之後，此則尚可從緩。試思近時能文之士，求其經術湛深、言皆有物者，未必能軼過前人。即廣徵博采，亦恐有名無實。是惟在典司文衡之臣，悉心甄別，一以清真雅正為宗，而於引用艱僻，以文其固陋，專尚機巧，以流入淺浮者，概摒置弗錄。則海內士子自各知所趨向，力崇實學，風會日見轉移，用副國家振興文教至意。」

【考釋】此條可與乾隆四十六年「二月丙辰，上拒廷臣續編《四書文》之請」條參看。

仁宗嘉慶十七年　壬申（1812年）

○冬至日，劉逢祿《論語述何》成

【出處】（清）劉逢祿《論語述何》篇末：「敘曰：《後漢書》稱何劭

公精研《六經》，世儒莫及，作《春秋公羊解詁》，覃思不窺十有七年。又注訓《孝經》、《論語》，皆經緯典謨，不與守文同說。梁阮孝緒《七錄》、《隋書·經籍志》不載何注《孝經》、《論語》之目，則亡佚久矣。惟虞世南《北堂書鈔》有何休《論語》一條，大類董生『正誼明道』之旨。史稱董生造次必於儒者，又稱何君進退必以禮，二君者遊於聖門，亦游、夏之徒也。《論語》總《六經》之大義，闡《春秋》之微言，固非安國、康成治古文者所能盡。何君既不為守文之學，其本依於《齊》、《魯》、《古論》，張侯所定，又不可知。若使其書尚存，張於六藝豈少也哉？今追述何氏《解詁》之義，參以董子之說，拾遺補闕，冀以存其大凡。孔、鄭諸家所著，區蓋不言。其不敢苟同者，如魯僭禘，妾母不稱夫人，當亦引而不發之旨。九京可作，其不以入室操戈為誚讓乎？嘉慶十有七年冬至日，蘭陵劉逢祿撰。」

【考釋】《論語述何》不分卷，《皇清經解》卷一二九七～一二九八卷收錄。序文又見《劉禮部集》卷二〈論語述何篇自序〉，無日期落款，文字稍有出入。

　　又，劉逢祿（1776～1829），清今文經學家，《清史稿》本傳載：「劉逢祿，字申受，武進人。祖綸，大學士，諡文定，自有傳。外王父莊存與、舅莊述祖，並以經術名世，逢祿盡傳其學。嘉慶十九年進士，選翰林院庶吉士，散館改禮部主事⋯⋯逢祿在禮部十二年，恒以經義決疑事，為眾所欽服類如此。逢祿於《易》主虞氏，於《書》匡馬、鄭、於《詩》初尚毛學，後好三家。有《易虞氏變動表》、《六爻發揮旁通表》、《卦象陰陽大義》、《虞氏易言補》各一卷。又為《易象賦》、《卦氣頌》，提其指要。《尚書今古文集解》三十卷，《書序述聞》一卷，《詩聲衍》二十七卷。所為詩、賦、連珠、論、序、碑、記之文約五十篇。道光九年卒，年五十有六。弟子

潘准、莊縉樹、趙振祈皆從學《公羊》及《禮》，有名。」

仁宗嘉慶十八年　癸酉（1813年）

○馮登府《論語異文考證》成

【出處】（清）馮登府〈論語異文考證自序〉：「《論語異文考證》十卷，余少受先太史之教，退而編次者也，成於嘉慶一十八年。後遇見甓觀，輒即疏記，屢有增益。曾就正於孫淵如前輩，謂出翟氏《考異》之上。亡友馬君珊林復為校勘，將付梓而無其貲也。癸巳夏，同年生李君昶林視學粵東，以書索觀，爰屬吳石華廣文校刊於學海堂，未竣工而學使遽歸道山。石華以其版寄歸，僅六卷耳，為補刊存之。憶余自齔齠受書，先太史即授以訓詁之學，甫冠，有志著述，而分心科舉之業，幾十餘年。通籍後，得窺中秘，幸不以案牘旬線其心志。今借一求息於此，庶幾塼一於學乎！顧齒髮漸頹，志與歲去，精神念慮已不如二十年前，倘再歷如是之年，當又歎不如今日矣。是則區區進學之心，深懼有負先人庭訓，而故交零落，不獲相與觀其成，為可憾也。道光甲午九月，小長蘆馮登府自序於四明窗。」

【考釋】序文乃據馮登府《論語異文考證》卷首所列，書凡十卷，收入《續修四庫全書》經部冊一五五，道光甲午春粵東學海堂開雕。馮登府(1783～1841)，一作登甫，字云伯，號勺園，又號柳東，浙江嘉興人，清代今文經學家。

宣宗道光元年　辛巳（1821年）

○七月既望，王引之序丁晏《論語孔注證偽》

【出處】（清）王引之〈論語孔注證偽敘〉：「昔讀淮安閻徵君《尚書

古文疏證》，歎其窮偽書之蹤跡，若然犀以燭幽怪，無所不察；其心
力之所至，若瀉水銀於地，無孔不入。自徵君以後，學識精悍能為繼
起者，蓋亦鮮矣。丁明經晏如，徵君之同里也。生徵君後百餘年，
而能紹鄉前輩之學，觸類而引申之，又相其說之所不及而補成之，
為《論語孔注證偽》一書。入都應朝考，予因得見其書，蓋其要證有
四：一曰兩漢諸儒皆不言孔某為《論語訓》；二曰《孔注》不諱漢高
祖名；三曰孔某卒於武帝元狩之末，不得至天漢後訓解《論語》；四
曰《孔注》與《書傳》、《家語》、《孔叢》說多相似，因是斷為王肅
所偽托。舉千數百年之愚惑，一朝而盡解之，其識卓矣！去年明經
索序於予，予匆遽未能執筆。今年銜命典試浙江道，出運河，舟中多
暇，乃略道梗概，以附於明經之書。夫明經年甚富，而學之精銳已如
是，況循是而日進焉！則博益博、精益精，寖與鄉前輩相頡頏，又寖
與古經師相頡頏，而又烏能測其學之所至哉！道光元年，歲在辛巳，
七月既望，高郵王引之敘。」

【考釋】「七月既望」，為七月十六日。敘文乃據丁晏《論語孔注證
偽》卷首所列，書凡二卷，收入《續修四庫全書》經部冊一五六。
又，丁晏（1794～1875），清代經學家，《清史稿》本傳載：「丁
晏，字柘堂，江蘇山陽人。阮元為漕督，以漢《易》十五家發策，
晏條對萬餘言，精奧為當世冠。道光元年舉人……晏治經學不掊擊
宋儒，嘗謂漢學、宋學之分，門戶之見也。漢儒正其詁，詁正而義以
顯。宋儒析其理，理明而詁以精，二者不可偏廢。其於《易》，述程
子之傳，撰《周易述傳》二卷；於《孝經》，集唐玄宗、宋司馬光、
范祖禹之注，撰《孝經述注》一卷。」

又，王引之（1766～1834），清代著名小學家，與其父王念孫並
稱「高郵二王」。《清史稿・王念孫傳》云：「嘗語子引之曰：『詁訓
之旨，存乎聲音，字之聲同、聲近者，經傳往往假借。學者以聲求

義，破其假借之字而讀本字，則渙然冰釋。如因假借之字強為之解，則結鞠不通矣。毛公《詩傳》多易假借之字而訓以本字，已開改讀之先。至康成箋《詩》注《禮》，屢云某讀為某，假借之例大明。後人或病康成破字者，不知古字之多假借也。」又曰：『說經者，期得經意而已，不必墨守一家。』引之因推廣庭訓，成《經義述聞》十五卷，《經傳釋辭》十卷，《周秦名字解詁》，《字典考證》。論者謂有清經術獨絕千古，高郵王氏一家之學，三世相承，與長洲惠氏相埒云。」

宣宗道光五年　乙酉（1825年）

○八月，焦循《孟子正義》刻竣

【出處】（清）焦徵〈孟子正義序〉：「先兄壬戌會試後閉門注《易》。癸酉二月，自立一簿，稽考所業，戊寅春《易學三書》成。又以古之精通《易》理，深得伏羲、文王、周公、孔子之恉者莫如孟子，生孟子後而能深知其學者莫如趙氏。惜偽疏踳駁乖謬，文義鄙俚，未能發明其萬一，思作《正義》一書。於是博采經史傳注以及本朝通人之書，凡有關於《孟子》者，一一纂出，次為長編十四帙。逐日稽考，殫精研慮，自戊寅十二月起稿，逮己卯七月撰成《孟子正義》三十卷。又復討論群書，刪煩補缺，庚辰之春，修改乃定。手寫清本，未半而病作矣，自言用思太猛，知不起，以謄校囑廷琥而歿。廷琥處苦塊中，且校且謄，急思付梓，又以病歿。徵以事身羈旅舍，謄校先兄書，未敢少怠。更深人靜，風雨淒淒，寒柝爭鳴，一燈如豆，憶及兄侄，涕泗交橫，廢書待旦，非復人境矣。一年之中，迭遭喪病，先兄著述待刻者多，寒素之家，力難猝辦。徵衰病無能，營謀事拙，謹與家人相約，各減衣食之半，日積月累，以待將來。癸未歲終，總計田

租所入，衣食之餘，約積七百餘金，急以《孟子正義》付刻，乙酉八月刻工告竣，庶使廷琥苦心，稍慰泉壤也。徵校是書，難免錯誤，有能檢出者，乞即詳指郵寄，以便改正，受惠多矣。先兄稿本，每一篇末自記課程，如注《易》時，書之成僅八閱月耳。徵為謄校，又有族孫授齡相助，曠日彌久，以至於今。先兄下世已六易寒暑矣，遷延之罪，實所難辭。其他二百餘卷，急思盡刻，所需約數千金，非蓄積二十年，又無他故，不能完全。徵雖未老，衰病日增，恐難目睹其成，然必竭力勉為，不敢少怠也。至於著書之義，末一卷已詳盡言之，茲第述所以刻書之始末去爾。道光五年乙酉中秋日弟徵謹識。」（中華書局標點本，1987年版）

【考釋】焦徵，焦循之弟。焦循（1763～1820），《清史稿》本傳云：「焦循，字里堂，甘泉人。嘉慶六年舉人，曾祖源、祖鏡、父蔥，世傳《易》學。循少穎異，八歲在阮贗堯家與賓客辨壁上『馮夷』字，曰：『此當如《楚辭》讀皮冰切，不當讀如縫。』阮奇之，妻以女。既壯，雅尚經術，與阮元齊名。元督學山東、浙江，俱招循往遊。性至孝，丁父及嫡母謝艱，哀毀如禮。一應禮部試，後以生母殷病瘉而神未健，不復北行。殷歿，循毀如初。服除，遂托足疾不入城市者十餘年。葺其老屋，曰半九書塾，復構一樓，曰雕菰樓，有湖光山色之勝，讀書著述其中。嘗歎曰：『家雖貧，幸蔬菜不乏。天之疾我，福我也。吾老於此矣。』嘉慶二十五年，卒，年五十八。」

宣宗道光二十年　庚子（1839年）

○五月二日，宋翔鳳自序《孟子趙注補正》

【出處】（清）宋翔鳳〈孟子趙注補正序〉：「余少習《孟子》，得『轉附、朝儛』之說，方從學於伯舅葆琛先生，先生極以為然。至京師，

王石渠先生聞其解『西喪地於秦七百里』而是之，又獲交臧君西成，
與論孟子年月事跡，深致往復。當歲庚午，隨侍先君子於水城通判官
廨，即欲取邠卿之注而補之。奔走四方，三十餘年，其間時時有獲。
自羈宦湘中，承乏兩邑，奉嚴促之令，馭凋劫之民，終歲受責，晨夕
鮮歡，幾同邠卿所云困苦之中，精神遐漂。又以年暮無子，恐一旦徂
謝，則平生所得將就放失，乃於簿書之暇，粗事寫定以行世焉。道光
二十年五月二日，長洲宋翔鳳記於耒陽縣舍。」

【考釋】序文乃據宋翔鳳《孟子趙注補正》卷首所列，書凡六卷，收
入《續修四庫全書》經部冊一五九。又，宋翔鳳（1779～1860），清
代今文經學家，《清史稿‧劉逢祿傳》附傳云：「宋翔鳳，字於庭，
長洲人。嘉慶五年舉人，官湖南新寧縣知縣，亦莊述祖之甥。述祖有
『劉甥可師、宋甥可友』之語，劉謂逢祿，宋謂翔鳳也。翔鳳通訓詁
名物，志在西漢家法，微言大義，得莊氏之真傳。著《論語說義》十
卷，序曰……又有《論語鄭注》十卷、《大學古義說》二卷、《孟子
趙注補正》六卷、《孟子劉熙注》一卷、《四書釋地辨證》二卷、《卦
氣解》一卷、《尚書說》一卷、《尚書譜》一卷、《爾雅釋服》一卷、
《小爾雅訓纂》六卷、《五經要義》一卷、《五經通義》一卷、《過庭
錄》十六卷。咸豐九年，重賦鹿鳴。逾年，卒，年八十二。」

○五月九日，宋翔鳳《論語說義》殺青

【出處】（清）宋翔鳳〈論語說義序〉：「《論語》說曰，子夏六十四人
共撰仲尼微言，以當素王。微言者，性與天道之言也。此二十篇尋其
條理，求其恉趣，而太平之治、素王之業備焉。自漢以來，諸家之說
時合時離，不能畫一。蒙嘗綜核古今，有《纂言》之作。其文繁多，
因別錄私說，題為《說義》。紬繹已久，有未著於子墨者。年衰事
益，悾傯鮮暇，恐並散佚，遂以此數萬言先付殺青，引而申之，或俟

異日。道光二十年五月九日，長洲宋翔鳳。」

【考釋】序文乃據宋翔鳳《論語說義》卷首所列，書十卷，收入《續修四庫全書》經部冊一五五。

穆宗同治四年　乙丑（1865年）

○秋，劉寶楠《論語正義》寫定

【出處】（清）劉恭冕〈論語正義後敘〉：「班生有言：『仲尼沒而微言絕，七十子喪而大義乖。』聖人之言，中正和易，而天下萬世莫易其理，故曰『微言』，非只謂性與天道也。『大義』者，微言之義，七十子之所述者也。今其著者，咸見《論語》。竊以先聖存時，諸賢親承指授，當已屬稿，或經先聖筆削，故言特精善。迨後追錄言行，勒為此編，作之者非一人，成之者非一時。先儒謂孔子沒後，弟子始共撰述，未盡然也。曾子、子思、孟子、荀子皆有著書，於先聖之道多所發明，而注家未之能及。至〈八佾〉、〈鄉黨〉二篇，多言禮樂制度。漢人注者，惟康成最善言禮，又其就《魯論》，兼考《齊》、《古》而為之注，知其所擇善矣。魏人《集解》，於《鄭注》多所刪佚，而《偽孔》、王肅之說反藉以存，此其失也。梁皇侃依《集解》為疏，所載魏晉諸儒講義，多涉清玄，於宮室、衣服諸禮闕而不言。宋邢昺又本皇氏，別為之疏，依文衍義，益無足取。我朝崇尚實學，經術昌明，諸家說《論語》者彬彬可觀，而於疏義之作，尚未遑也。先君子少受學於從叔端臨公，研精群籍，繼而授館郡城，多識方聞綴學之士，時於毛氏《詩》、鄭氏《禮注》皆思有所述錄（初著《毛詩詳注》、《鄭氏釋經例》，後皆輟業）。及道光戊子，先君子應省試，與儀徵劉先生文淇、江都梅先生植之、涇包先生慎言、丹徒柳先生興恩、句容陳丈立始為約，各治一經，加以疏證。先君子發策得《論

語》，自是屏棄他務，專精致思，依焦氏作《孟子正義》之法，先為
長編，得數十巨冊，次乃薈萃而折衷之，不為專己之學，亦不欲分漢
宋門戶之見。凡以發揮聖道，證明典禮，期於實事求是而已。既而作
宰畿輔，簿書繁瑣，精力亦少就衰，後所闕卷，舉畀恭冕，使續成
之。恭冕承命惶悚，謹事編纂，及咸豐乙卯秋，將卒業，而先君子病
足瘇，遂以不起，蓋知此書之將成而不及見矣。傷哉！丙辰後，邑中
時有兵警，恭冕兢兢慎持，懼有遺失，暇日亟將此稿重複審校，手自
繕錄，蓋又十年，及乙丑之秋而後寫定，述其義例，列於卷首。繼自
今但求精校，或更得未見書讀之，冀少有裨益。是則先君子之所以為
學，而恭冕之所受於先君子者，不敢違也。世有鴻博碩儒，幸不吝
言，補其罅漏，正其迷誤，跂予望之。同治五年歲次丙寅春三月，恭
冕謹識。」

【考釋】劉寶楠（1791～1855），清代經學家，《清史稿》本傳云：
「劉寶楠，字楚楨，寶應人……寶楠在官十六年，衣冠樸素如諸生
時。勤於聽訟，官文安日，審結積案千四百餘事，雞初鳴，坐堂皇，
兩造具備，當時研鞫。事無巨細，均如其意結案，悖者照例治罪。凡
涉親故族屬訟者，諭以睦姻，概令解釋。訟獄既簡，吏多去籍歸耕，
遠近翕然，著循良稱。咸豐五年卒，年六十五。寶楠於經，初治毛氏
《詩》、鄭氏《禮》，後與劉文淇及江都梅植之、涇包慎言、丹徒柳興
恩、句容陳立約各治一經。寶楠發策得《論語》，病皇、邢《疏》蕪
陋，乃搜輯漢儒舊說，益以宋人長義，及近世諸家，仿焦循《孟子
正義》例，先為長編，次乃薈萃而折衷之，著《論語正義》二十四
卷。因官事繁，未卒業，命子恭冕續成之。他著有《釋穀》四卷，於
豆、麥、麻三種多補正程氏《九穀考》之說。《漢石例》六卷，於碑
志體例考證詳博。《寶應圖經》六卷，《勝朝殉揚錄》三卷，《文安堤
工錄》六卷。」又，劉恭冕，寶楠之子，《清史稿‧劉寶楠傳》附恭

晃傳云：「恭晃，字叔俛。光緒五年舉人。守家學，通經訓，入安徽
學政朱蘭幕，為校李貽德《春秋賈服注輯述》，移補百數十事。後主
講湖北經心書院，敦品飭行，崇尚樸學。幼習《毛詩》，晚年治《公
羊春秋》，發明『新周』之義，辟何劭公之謬說，同時通儒皆韙之。
卒，年六十。著有《論語正義補》，《何休論語注訓述》，《廣經室文
鈔》。」

德宗光緒十六年　庚寅（1890年）

○十二月，潘衍桐《朱子論語集注訓詁考》成

【出處】（清）潘衍桐〈朱子論語集注訓詁考敘〉：「朱子《論語訓蒙
口義敘》云：『本之注疏，以通其訓詁。』《語類》云：『某尋常解
經，只要依訓詁說字。』又〈與呂伯恭書〉云：『不讀《說文》，訓詁
易謬。』〈答黃直卿書〉云：『近日看得後生，且是教他依本子認得訓
詁，文義分明為急。』朱子解經教人，厥初如此。世儒謂朱子不明訓
詁，謬加訛詞，與夫空疏淺率之流，空談性理，未知為學之倫類，皆
失之也。竊謂朱子生平著書致多，而《論語集注》尤為精粹，因命詁
經精舍諸生尋繹此書，詳考義所從出，遍采舊注及群經子史注，以著
來歷，明是非。朱子所自造課卷甚繁，細加搴采，撮為二卷，取其易
曉。義或簡奧，則援某生說以申明之。研經之士由是以考制度、辨名
物，窺先聖之微言，窮義理之所歸，余固日夕望之也。光緒十有六年
十二月，南海潘衍桐敘於浙江學署之敬樂齋。」

【考釋】敘文乃據潘衍桐《朱子論語集注訓詁考》卷首所列，書凡二
卷，收入《續修四庫全書》經部冊一五七，光緒十七年浙江書局刻
本。

德宗光緒二十一年　乙未（1895年）

○張之洞言廢時文非廢五經、四書

【出處】《清史稿・張之洞傳》：「二十一年，中東事棘，代劉坤一督
兩江……尋還任湖北。時國威新挫，朝士日議變法，廢時文，改試策
論。之洞言：『廢時文，非廢五經、《四書》也，故文體必正，命題
之意必嚴。否則國家重教之旨不顯，必致不讀經文，背道忘本，非細
故也。今宜首場試史論及本朝政法，二場試時務，三場以經義終焉。
各隨場去留而層遞取之，庶少流弊。』」

【考釋】張之洞（1837～1909），字孝達，號香濤，直隸南皮(今河北
南皮)人。同治二年（1863）進士，授翰林院編修。曾任湖北學政、
四川學政、山西巡府。一八八三年中法戰爭爆發，因力主抗爭任兩廣
總督，一八八九年調任湖廣總督，一九〇六年升任軍機大臣。督鄂十
七年間，推行新政，是洋務派的代表人物之一。宣統元年（1909）病
故，諡文襄。撰有《勸學篇》、《輶軒語》、《書目答問》等，遺著輯
為《張文襄公全集》。

德宗光緒二十四年　戊戌（1898年）

○五月丁巳，詔自下科始，《四書》文改試策論

【出處】《清史稿・德宗本紀二》：「五月……丁巳，詔自下科始，
鄉、會、歲、科各試，向用《四書》文者，改試策論。」又，《清史
稿・康有為傳》：「二十四年，有為立保國會於京師，尚書李端棻，
學士徐致靖、張百熙，給事中高燮曾等，先後疏薦有為才，至是始召
對。有為極陳：『四夷交侵，覆亡無日，非維新變舊，不能自強。變
法須統籌全局而行之，遍及用人行政。』上歎曰：『奈掣肘何？』有

為曰：『就皇上現有之權，行可變之事，扼要以圖，亦足救國。唯大臣守舊，當廣召小臣，破格擢用。並請下哀痛之詔，收拾人心。』上皆韙之。自辰入，至日昃始退，命在總理衙門章京上行走，特許專折言事。旋召侍讀楊銳、中書林旭、主事劉光第、知府譚嗣同參預新政。有為連條議以進，於是詔定科舉新章，罷《四書》文，改試策論，立京師大學堂、譯書局，興農學，獎新書新器，改各省書院為學校，許士民上書言事，諭變法。』

【考釋】改試《四書》文為策論，時勢之易也。此條可與世祖順治二年「頒《科場條例》，首場《四書》三題，主朱子《集注》」條參看。又，遲雲飛《清史編年》第十二卷載：「五月……初五日丁巳（6月23日），諭廢八股改試策論。據康有為記：『聞上得芝棟（宋伯魯）折，即令降旨，剛毅請下部議，上曰：「若下禮部，彼等必駁我矣。」剛又曰：「此事重大，行之數百年，不可遽廢，請上細思。」上厲聲曰：「汝欲阻撓我耶！」剛乃不敢言。及將散，剛毅又曰：「此事重大，願皇上請懿旨。」上乃不作聲。既而曰：「可請知。」故待初二日詣頤和園請太后懿旨，而至初五日乃降旨也。』諭云：『我朝沿宋明舊制，以《四書》文取士。康熙年間，曾經停止八股，改試策論，未久旋復舊制，一時文運昌明。儒生稽古窮經，類能推究本原，闡明義理，制科所得，實不乏通經致用之才。乃近來風尚日漓，文體日敝，試場獻藝，大都循題敷衍，於經義罕有發明，而譾陋空疏者，每獲濫竽充選。若不因時通變，何以勵實學而拔真才？著自下科為始，鄉、會試及生童歲科各試，向用《四書》文者，一律改試策論。其如何分場命題考試，一切詳細章程，該部即妥議具奏。此次特降諭旨，實因時文積弊太深，不得不改弦更張，以破拘墟之習。至士子為學，自當以《四子》、六經為根柢，策論與制義殊流同源，仍不外通經史以達時務，總期體用兼備，人皆勉為通儒，毋得競逞博辯，

復蹈空言，致負朝廷破格求才至意。』」（中國人民大學出版社2000
年版，頁84～85）

德宗光緒二十七年　辛丑（1902年）

○春二月，康有為《中庸注》成

【出處】康有為〈中庸注敘〉：「孔子生二千四百五十一年，康有為
避地於檳榔嶼英總督署之明夷閣，蒙難艱貞，俯地仰天，乃以其暇
繹思，故記。瞷然念孔子之教論，莫精於子思《中庸》一篇。此書
自《漢書・藝文志》既別為篇，梁武帝曾為之注，而朱子注子，輯
為《四書》，元、明至今，立於學官，益光大矣。恨大義未光，微言
不著，予小子既推知孔子改制之盛德大仁，昔講學廣州，嘗為之注，
戊戌遭沒，稿多散佚，吾既流亡，不知所屆。逡巡退思，此篇係孔子
之大道，關生民之大澤，而晦冥不發，遂慮掩先聖之隱光，而失後學
之正路，不敢自隱，因潤色夙昔所論思，寫付於世，而序之曰：『鄭
康成曰：「《中庸》者，孔子之孫子思作之，以昭明聖祖之德也。」天
下之為道術多矣，而折衷於孔子；孔子之道大矣，蕩蕩如天，民難名
之，惟聖孫子思，親傳文道，具知聖統。其云「昭明聖祖之德」，猶
述作孔子之行狀云爾。子思既趨庭捧手，兼傳有子、子游之統，備知
盛德至道之全體。原於天命，發為人道；本於至誠之人性，發為大教
之化。窮鬼神萬物之微，著三世三統之變。其粗，則在人倫言行，政
治之跡；其精，出於上天無聲無臭之表。而所以行之後世，為人不可
離者，則以其不高不卑，不偏不蔽，務因其宜，而得人道之中；不怪
不空，不滯不固，務令可行，而為人道之用。尚恐法久生弊，又預為
三重之道，因時舉措，通變宜民。惟其錯行代明，故可並行不悖，既
曲成萬物而不遺，又久歷百世而寡過。因使孔子之教，廣大配天地，

光明並日月，仁育覆後世，充全球。嗟呼！傳孔子之教者，如子思之親賢，亦可尊信矣。天下欲求大道之歸，至教之統者，亦可識所從事矣。去聖久遠，偽謬滋熾，如劉歆之派，既務攻今學，而亂改制之經，於是大義微言湮矣。宋、明以來，言者雖多，則又皆向壁虛造，僅知存誠明善之一旨，而遂割棄孔子大統之地，僻陋偏安於一隅。後進承流守舊，畫地自甘，不知孔子三重之道，通變因時，並行不悖之妙，氣弊水淺，不足以容民畜眾，則群生將困，而不得被其澤。耗矣哀哉！聖道不明，為害滋大，予因此懼。幸仲尼祖述堯舜之旨，猶存大義；子思昭明祖德之說，尚有遺言。敢據茲義，推闡明之，庶幾孔子之大道復明，而三重之聖德乃久。此區區之意，其諸後聖復起，亦不惑於予言乎？光緒二十七年辛丑春二月，康有為敘。』」

【考釋】康文珮《康南海先生年譜續編》云：「光緒二十七年辛丑（一九〇一年），先君四十四歲……二月，《中庸注》成，並為之序。」

○冬至日，康有為撰〈孟子微自序〉二篇

【出處】康有為〈孟子微自序一〉：「一王之起，必有熊羆之士、不二心之臣，為之先後疏附禦侮，而後大業成。一教主之起，亦何獨不然？必有魁壘雄邁、龍象蹴踏之元夫巨子，為之發明布濩，而後大教盛。不惟其當時，而多得之於身後。若佛教之有龍樹，基督教之有保羅是也。孔子改制創教，傳於七十子，其後學散布天下，徒侶六萬，於是儒分為八，而戰國時孟、荀尤以巨儒為二大宗。太史公編〈孔子世家〉、〈弟子列傳〉，繼以〈孟子荀卿列傳〉，誠知學派之本末矣。昔莊生稱孔子之道，原天地，本神明，育萬物，本末精粗，四通六辟，其運無乎不在。後學各得一體，寡能見天地之容，故闇而不明，鬱而不發，而大道遂為天下裂。嗟夫！蓋顏子早歿，而孔子微言大義不能盡傳矣。荀卿傳《禮》，孟子傳《詩》、《書》及《春秋》。禮

者，防檢於外、行於當時，故僅有小康據亂世之制，而大同以時未可，蓋難言之。《春秋》本仁，上本天心，下該人事，故兼據亂、升平、太平三世之制。子游受孔子大同之道，傳之子思，而孟子受業於子思之門，深得孔子《春秋》之學而神明之。故論人性，則主善而本仁，始於孝弟，終於推民物；論修學，則養氣而知言，始於資深逢源，終於塞天地；論治法，則本於不忍之仁，推心於親親、仁民、愛物，法乎堯舜之平世。蓋有本於內，專重廓充，恃源以往，浩然旁沛滿汗，若決江河波濤瀾汗。傳平世之仁道，得孔子之本者也。其視禮制之末，防檢之嚴，蓋於大道稍輕，故寡言之，蓋禮以防為主，荀子傳之，故禮經三百，威儀三千，事為之防，曲為之制。故荀子以人性為惡，而待隱括之，傳小康據亂之道，蓋得孔子之粗末者也。以傳學既殊，不能解蔽，故〈非十二子篇〉大攻孟子，所謂寡能見天地之容，而大道不能無裂也。夫天下古今，遠暨歐亞之學，得本者攻末，語粗者忘精。印度哲學之宗，歐土物質之極，蓋寡能相兼，鮮能相下者。吾國朱陸之互攻，漢宋之爭辨，亦其例也。夫本末精粗，平世、拔亂，小康、大同，皆大道所兼有，若其行之，惟其時宜。故曰萬物並育而不相背，四時錯行，日月並明，惟溥博淵泉而時出之。此天地所以為大，而孔子所以為神聖也。苟非其時而妄行之，享鐘鼓於爰居，被冕繡於猿猱，則悲憂眩視，亦未見其可也。故誠當亂世，而以大同平世之道行之，亦徒致亂而已。舉佛法之精微以語凡眾，亦必眩視茫然，不解所謂也。故佛乘有大小，根器有上下。孔子則曰：『中人以上可以語上，中人以下不可以語上也。』夫制法之本、立義之原不能告眾，故曰『民可使由之，不可使知之』也。然則，精粗本末皆不可缺，而亦不能相輕也。如東西牆之相反，而相須以成屋也；如水火、舟車、冰炭之相反，而相資以成用也。故孟、荀並尊已在戰國時，而太史公並傳，非謬傳也。宋時心學大盛，於是獨尊孟子，乃至

以上配孔子，稱孔孟焉。夫孟子不傳《易》，寡言天道之精微，於孔子天地之全，尚未幾焉。雖然，孟子乎真得孔子大道之本者也。養氣知言，故傳孔子之道，霹靂而雷聲者也。雖荀子非難之，亦齊之於聖孫子思，以為傳仲尼、子游之道。今考之《中庸》而義合，本之《禮運》而道同，證之《春秋》《公》、《穀》而說符。然則，孟子乎真傳子游、子思之道者也。直指本來，條分脈縷，欲得孔子性道之原，平世大同之義，舍孟子乎莫之求矣。顏子之道不可得傳，得見子游、子思之道，斯可矣！孟子乎真孔門之龍樹、保羅乎！若夫論者，因孟子發民貴君輕之義，舉子貢過於仲尼，則未知孟子所傳道之本末也。孟子曰：『乃所願，則學孔子也。』孟子之義，由子游、子思而傳自孔子，非孟子所創也。民貴君輕，乃孔子升平之說耳。孔子尚有『太平之道』，『群龍無首』，以為天下至治，並君而無之，豈止輕哉？大醫王藥籠中何藥不具？其開方也，但求病瘳，非其全體也。病變則方又變矣，無其病又不能授以藥也。豈有傳獨步單方，而可為聖醫乎？未知孔子太平大同之道，天地之全，而以一言為輕重去取，是猶人智井而遇燈，乃謂日月不明，不如燈也，其於觀聖也，不亦遠乎！夫天地之大，測者難以驟明也。孔子之道之大，博深高遠，當時弟子已難盡傳。子貢已謂，得見宮廟之美、百官之富者，寡矣！數千年之後學，而欲知孔子之道，其益難窺萬一，不待言也。雖然，天不可知，欲知天者，莫若假器於渾儀；孔子不可知，欲知孔子者，莫若假途於孟子。蓋孟子之言孔道，如導水之有支派脈絡也，如伐樹之有幹枝葉卉也，其本末至明，條理至詳。通乎孟子，其於孔子之道得門而入，可次第升堂而入室矣。雖未登天圍而入地隧乎，亦庶幾見百官之車服禮器焉，至易至簡，未有過之。吾以信孟子者知孔子，惜乎數千年注者雖多，未有以發明之，不揣愚謬，探原分條，引而申之，表其微言大義。不能循七篇之舊，蓋以便學者之求道也，非敢亂經也。若有得於

此，則七篇具在。學者熟讀精思，不尤居安而資深乎？孔子二千四百五十三年，光緒二十七年冬至日，南海康有為序。」

又，康有為〈孟子微自序二〉：「□□□曰：『舉中國之百億萬群書，莫如《孟子》矣。傳孔子《春秋》之奧說，明太平大同之微言，發平等同民之公理，著隸天獨立之偉義，以拯普天生民於卑下箝制之中，莫如孟子矣！探冥冥之本原於天生之性，許其為善而超擢之；著靈明之魂於萬物皆備之身，信其誠有而自樂之；秩天爵於人人自有而貴顯之，以普救生人神明於昏濁汙蔽之中，莫如孟子矣！孟子哉，其道一於仁而已！孟子深造自得於孔子仁之至理，於是開闔操縱，淺深遠近，抑揚進退，時有大聲霹靂，以震動大地，蘇援生人者，終於仁而已矣。通於仁者，本末精粗，六通四辟，無之而不可矣。吾中國之獨存此微言也，早行之乎，豈惟四萬萬神明之冑賴之，其茲大地生民賴之！吾其揚翔於太平大同之世久矣！』□□□曰：『嗟哉！吾中國幸有孟子言，吾何為猶遇茲濁亂世哉？吾民何為不能自立而遭茲壓亂哉？孟子之義，其猶晦冥霾瘞哉！夫累千年之國教，立於學官，達於童孺，誦之服之，不為不尊；挾普通試士之力，舉國百千萬億之衿縷，伏案呫唔，舐筆呻吟，思之沈沈，發之深深，不為不明。孟子之義，豈不殊尤顯微哉！乃僅知其介介之義，而不知其肫肫之仁；僅知證其直指之心，而不知推其公同之理。不窺其門，不測其涯，士盡割地，國皆失日，冥沈黑暗，邈邈數千年。嗟哉！吾昔滋懼，竊不自量，發其微言，宣其大義，擇其篇章，類而聚之，俾彰徹大明。庶幾孔子大同之仁，太平之義，光明於大地，利澤於生民，其茲孟子之志歟！孔子二千四百五十二年，即光緒二十七年冬至日，□□□序。』」

【考釋】康有為自序《孟子微》事，康文珮《康南海先生年譜續編》不載。〈孟子微自序二〉，原載一九○二年《新民叢報》第十號。既為自序，「□□□」三字蓋為「康有為」。

德宗光緒二十八年　壬寅（1902年）

○春三月十七日，康有為《論語注》成

【出處】康有為〈論語注序〉：「《論語》二十篇，記孔門師弟之言行，而曾子後學輯之。鄭玄以為仲弓、子游、子夏等撰定，則不然。夷考其書，稱諸弟子或字或名，惟曾子稱『子』，且特敘曾子啟手足事，蓋出於曾子門人弟子後學所纂輯也。夫仲弓、游、夏皆年長於曾子，而曾子最長壽，年九十餘，安有仲弓、游、夏所輯，而子曾子，且代曾門記其啟手足耶？夫孔子之後，七十弟子各述所聞以為教，枝派繁多。以荀子、韓非子所記，儒家大宗有顏氏之儒，有子思之儒，有孟氏之儒，有孫氏之儒，有仲弓之儒，有樂正氏之儒。其他澹臺率弟子三百人渡江，田子方、莊周傳子貢之學，商瞿傳《易》，公孫龍傳堅白，而儒家尚有宓子、景子、世碩、公孫尼子及難墨子之董無心等，皆為孔門之大宗。自顏子為孔子具體，子貢傳孔子性與天道，子木傳孔子陰陽，子游傳孔子大同，子思傳孔子中庸，公孫龍傳孔子堅白。子張則高才奇偉，《大戴記‧將軍文子篇》孔子以比顏子者。子弓則荀子以比仲尼者。自顏子學說無可考外，今以莊子考子貢之學，以《易》說考子木、商瞿之學，以〈禮運〉考子游之學，以《中庸》考子思之學，以《春秋》考孟子之學，以正名考公孫龍之學，以荀子考子弓之學，其精深瓌博，究極人物，本末大小精粗無乎不在，何其偉也！《論語》既輯自曾門，而曾子之學專主守約。觀其臨沒鄭重言君子之道，而乃僅在顏色容貌辭氣之粗；乃啟手足之時，亦不過戰競於守身免毀之戒。所輯曾子之言凡十八章，皆約身篤謹之言，與《戴記‧曾子》十篇相符合。宋葉水心以曾子未嘗聞孔子之大道，殆非過也。曾子之學術如此，則其門弟子之宗旨意識可推矣。故於子張學派攻之不遺，其為一家之學說，而非孔門之全，亦可識矣。夫以

孔子之道之大，孔門高弟之學術之深博如此，曾門弟子之宗旨學識狹
隘如彼，而乃操采擇輯纂之權，是猶使僬僥量龍伯之體，令鄹人數朝
廟之器也。其必謬陋粗略，不得其精盡，而遺其千萬，不待言矣！假
顏子、子貢、子木、子張、子思輯之，吾知其博大精深必不止是也。
又，假仲弓、子游、子夏輯之，吾知其微言大義之亦不止此也。佛典
有迦葉、阿難之多聞總持，故精微盡顯，而佛學大光。然龍樹以前只
傳小乘，而大乘猶隱。蓋朝夕雅言，率為中人以下而發，可人人語
之，故易傳焉。若性與天道，非常異議，則非其人不語，故其難傳，
則諸教一也。曾學既為當時大宗，《論語》只為曾門後學輯纂，但傳
守約之緒言，少掩聖仁之大道，而孔教未宏矣。故夫《論語》之學
實曾學也，不足以盡孔子之學也。蓋其當時，六經之口說猶傳，《論
語》不過附傳記之末，不足大彰孔道也。然而孔門之聖師若弟之言論
行事，藉以考其大略。司馬遷撰述〈仲尼弟子列傳〉，其所據引不能
外《論語》。凡人道所以修身待人、天下國家之義，擇精語詳，他傳
記無能比焉。其流傳，自西漢，天下世諷之甚久遠，多孔子雅言，為
六經附庸，亦相輔助焉。不幸而劉歆篡聖，作偽經以奪真經，公、穀
《春秋》，焦、京《易說》既亡，而今學遂盛，諸家遂掩滅，太平、
大同、陰陽之說皆沒於是，孔子之大道掃地盡矣。宋賢復出求道，
推求遺經，而大義微言無所得，僅獲《論語》為孔子言行所在，遂
以為孔學之全，乃大發明之，翼以《大學》、《中庸》、《孟子》，號
為《四子書》，拔在六經之上，立於學官，日以試士。蓋千年來，自
學子束髮誦讀，至於天下推施奉行，皆奉《論語》為孔教大宗正統，
以代六經，而曾子守約之儒學，於是極盛矣。聖道不泯，天既誘予
小子發明《易》、《春秋》陰陽、靈魂、太平、大同之說，而《論語》
本出今學，實多微言，所發大同神明之道，有極精奧者。又，於孔子
行事甚詳，想見肫肫之大仁，於人道之則、學道之門，中正無邪，甚

周甚備，可為世世之法。自六經微絕，微而顯，典而則，無有比者；於大道式微之後，得此遺書別擇而發明之，亦足為宗守焉。其或語上語下，因人施教，有所為言之，故問孝問仁，人人異告，深知其意而勿泥其詞，是在好學深思者矣。曾子垂教於魯，其傳當以《魯》為宗，凡二十篇。漢時常山都尉龔奮、長信少府夏侯勝、丞相韋賢及子玄成、魯扶卿太子太傅夏侯建、前將軍蕭望之並傳之，各自名家。《齊論》者，齊人所傳，多〈問王〉、〈知道〉二篇，凡二十二篇，異於《魯論》。昌邑中尉王吉、少府宋畸、琅琊王卿御史大夫貢禹、尚書令五鹿充宗、膠東庸生並傳之，惟王吉名家。《漢書·藝文志》有《魯》二十篇《傳》十九篇、《魯夏侯說》二十一篇、《魯安昌侯說》二十一篇、《魯王駿說》二十一篇、《齊說》二十九篇，說《論語》者止此而已。安昌侯張禹受《魯論》於夏侯建，又從庸生、王吉受《齊論》，擇善而從以教成帝，最後行於漢世。然《魯》、《齊》之亂，自張禹始矣。劉歆《偽古文論語》托稱出孔子壁中，又為偽托之孔安國，而馬融傳而注之，云多有兩〈子張〉篇，分〈堯曰〉以下子張問政為〈從政〉篇，凡二十一篇，篇次不與《齊》、《魯》同。桓譚《新論》謂文異者四百餘字，然則篇次文字多異，其偽托竄亂當不止此矣。自鄭玄以魯、齊《論》與《古論》合而為書，擇其善者而從之，則真偽混淆，至今已不可復識。於是曾門之真書亦為劉歆之偽學所亂，而孔子之道益雜屢矣。晉何晏並采九家，古今雜遝，益無取焉。有宋朱子，後千載而發明之，其為意至精勤，其誦於學官至久遠，蓋千年以來，實為曾、朱二聖之範圍焉。惜口說既去，無所憑藉，上蔽於守約之曾學，下蔽於雜偽之劉說，於大同神明仁命之微義，皆未有發焉。昔嘗為注經，戊戌之難而微矣。避地多暇，不揣愚昧，謬復修之。僻陋在夷，無從博徵，以包、周為今學，多采錄之以存其舊，朱子循文衍說，無須改作者，亦復錄之。鄭玄本有今學，其

合者亦多節取，後儒雅正精確者，亦皆采焉。其經文以《魯論》為
正，其引證以今學為正，正偽古之謬，發大同之漸。其諸本文字不
同，折衷於石經，其眾石經不同者，依漢無則從唐，或從多數。雖不
敢謂盡得其真，然於孔學之大、人道之切，亦庶有小補云爾。孔子生
二千四百五十三年，即光緒二十八年，癸卯春三月十七日，康有為序
於哲孟雄國之大吉嶺大吉山館。」

【考釋】〈序〉中落款言光緒二十八年干支紀年為「癸卯」，誤，當為
「壬寅」。又，康文珮《康南海先生年譜續編》云：「光緒二十八年壬
寅（一九〇二年），先君四十五歲……三月，《論語注》成，並為之
序。」

○七月，康有為《大學注》成

【出處】康有為〈大學注序〉：「善乎！莊生之言孔子也。推孔子為神
明聖王，曰『明乎本數，繫於末度，內外精粗，其運無乎不在。』重
明之而歎息曰：『嗟乎！內聖外王之道，闇而不明，鬱而不發，而道
術遂為天下裂。』夫內聖外王，條理畢具，言簡而意該者，求之孔氏
之遺書，其惟《大學》乎！以明德為始，則靈魂不昧，先不欺以修
身；以新民為終而至善為止，推絜矩以平天下，精粹微遠，深博切
明。提大道之要，鉤至德之玄，群書傳說，未有比焉。誠孔門之寶
書，學者之階准也。是篇存於《戴記》，朱子以為曾子所作，誤分經
傳。夫《詩》、《書》、《禮》、《樂》、《易》、《春秋》，孔子聖作，乃
名為經。余雖《論語》只為傳，《禮記》則為記為義，況一篇中，豈
能自為經傳乎！篇中僅一指曾子，亦無曾子所作之據。惟記皆孔門弟
子後學傳孔子之口說，孔子之微言大義實傳焉。朱子特選《中庸》與
此篇，誠為精要，惟朱子未明孔子三世之義。蓋孔子太平之道，闇而
未明、鬱而不發，蓋二千年矣。方今大地棣通，據亂之義尤非所以推

行也。不量愚薄，更為箋注，其舊文錯簡，亦竊正焉。戊戌之難，舊
注盡失，逋亡多暇，補寫舊義。僻在絕國，文獻無徵，聊復發明，庶
幾孔子內聖外王之道、太平之理，復得光於天下。學者持循，以有宗
廟百官之美富，亦庶幾門階之未失云爾。光緒二十八年七月，康有為
序於印度大吉嶺。」

【考釋】康文珮《康南海先生年譜續編》云：「七月，《大學注》成，
並為之序。」又，〈大學注序〉最早發表於《不忍》雜誌第六期
（1913年7月）。

主要參考文獻[1]

一　古籍

（宋）程顥、程頤　《二程集》　中華書局　2004年第2版

（宋）李心傳　《建炎以來繫年要錄》　文淵閣《四庫全書》本

（宋）劉時舉　《續宋編年資治通鑒》　文淵閣《四庫全書》本

（宋）熊　克　《中興小紀》　文淵閣《四庫全書》本

（宋）徐夢莘　《三朝北盟會編》　上海古籍出版社　1987年

（宋）葉隆禮　《契丹國志》　上海古籍出版社　1985年

（宋）佚　名　《續編兩朝綱目備要》　汝企和點校　中華書局
　　　　　　　1995年

（宋）佚　名　《兩朝綱目備要》，文淵閣《四庫全書》本

（宋）宇文懋昭　《大金國志校證》　中華書局　1986年

（宋）朱　熹　《四書章句集注》　中華書局　1983年

（金）劉　祁　《歸潛志》　中華書局　1983年

（元）陳　桱　《通鑒續編》　文淵閣《四庫全書》本

（元）陳　櫟　《定宇集》　文淵閣《四庫全書》本

（元）程文海　《雪樓集》　文淵閣《四庫全書》本

（元）郝　經　《陵川集》　文淵閣《四庫全書》本

---

[1] 主要參考文獻的排列標準，古籍類先按宋、金、元、明、清的時代順序先後排列，
每一時代中再按作者姓名之音序先後排列；僅有書名無作者的置後，按書名首字音
序先後排列。近現代論著，按作者姓名音序先後排列；僅有書名者，亦按書名首字
音序先後排列。

（元）胡炳文　《雲峰集》　文淵閣《四庫全書》本

（元）黃　溍　《文獻集》　文淵閣《四庫全書》本

（元）歐陽玄　《圭齋文集》　文淵閣《四庫全書》本

（元）蘇天爵　《元名臣事略》　文淵閣《四庫全書》本

（元）蘇天爵　《滋溪文稿》　文淵閣《四庫全書》本

（元）蘇天爵　《元文類》　文淵閣《四庫全書》本

（元）脫脫等　《宋史》　中華書局　1985年

（元）脫脫等　《遼史》　中華書局　1974年

（元）脫脫等　《金史》　中華書局　1975年

（元）王　惲　《秋澗集》　文淵閣《四庫全書》本

（元）許　衡　《魯齋遺書》　文淵閣《四庫全書》本

（元）虞　集　《道園學古錄》　文淵閣《四庫全書》本

（元）袁　桷　《清容居士集》　文淵閣《四庫全書》本

（元）《大元聖政國朝典章》　《續修四庫全書》本

（元）《廟學典禮》　浙江古籍出版社　1992年

（明）陳邦瞻　《宋史紀事本末》　中華書局　1977年

（明）馮從吾　《元儒考略》　文淵閣《四庫全書》本

（明）胡粹中　《元史續編》　文淵閣《四庫全書》本

（明）李東陽等　《明會典》　文淵閣《四庫全書》本

（明）宋濂等　《元史》　中華書局　1976年

（明）楊士奇等　《歷代名臣奏議》　文淵閣《四庫全書》本

（明）余汝楫　《禮部志稿》　文淵閣《四庫全書》本

（明）朱睦㮮　《授經圖義例》　文淵閣《四庫全書》本

（清）畢　沅　《續資治通鑒》　中華書局　1957年

（清）谷應泰　《明史紀事本末》　中華書局　1977年

（清）黃虞稷　《千頃堂書目》　文淵閣《四庫全書》本

（清）黃宗羲　《明儒學案》（修訂本）　中華書局　2008年第2版

（清）黃宗羲、全祖望：《宋元學案》　中華書局　1986年

（清）李有棠　《遼史紀事本末》　中華書局　1983年

（清）李有棠　《金史紀事本末》　中華書局　1980年

（清）厲　鶚　《遼史拾遺》　文淵閣《四庫全書》本

（清）納蘭性德輯　《通志堂經解》　江蘇廣陵古籍刻印社　1996
　　　年

（清）皮錫瑞　《經學歷史》　中華書局　2004年新1版

（清）錢大昕　《疑年錄》《續修四庫全書》本

（清）秦蕙田　《五禮通考》　文淵閣《四庫全書》本

（清）邵懿辰撰、邵章續錄　《增訂四庫簡明目錄標注》　上海古
　　　籍出版社　1979年

（清）孫承澤　《元朝典故編年考》　文淵閣《四庫全書》本

（清）孫承澤　《春明夢餘錄》　文淵閣《四庫全書》本

（清）汪輝祖　《元史本證》　中華書局　1984年

（清）王懋竑　《朱熹年譜》　中華書局　1998年

（清）王梓材、馮云濠　《稿本宋元學案補遺》　北京圖書館出版
　　　社　2002年

（清）吳　修　《續疑年錄》《續修四庫全書》本

（清）夏　燮　《明通鑒》　中華書局　1959年

（清）徐乾學　《讀禮通考》　文淵閣《四庫全書》本

（清）徐乾學　《資治通鑒後編》　文淵閣《四庫全書》本

（清）徐　松　《宋會要輯稿・崇儒》　苗書梅等點校　河南大學
　　　出版社　2001年

（清）永　瑢等　《四庫全書總目》　中華書局　1965年

（清）朱　軾　《史傳三編》　文淵閣《四庫全書》本

（清）朱彝尊 《經義考》 中華書局 1998年

（清）《重訂契丹國志》 文淵閣《四庫全書》本

（清）《欽定國子監志》 文淵閣《四庫全書》本

（清）《御批歷代通鑒輯覽》 文淵閣《四庫全書》本

《廣東通志》 文淵閣《四庫全書》本

《河南通志》 文淵閣《四庫全書》本

《畿輔通志》 文淵閣《四庫全書》本

《江南通志》 文淵閣《四庫全書》本

《山東通志》 文淵閣《四庫全書》本

《續通典》 文淵閣《四庫全書》本

《續通志》 文淵閣《四庫全書》本

《續文獻通考》 文淵閣《四庫全書》本

《浙江通志》 文淵閣《四庫全書》本

二　近現代論著

（日）今關壽麐 《宋元明清儒學年表》 北京圖書館出版社
　　　　2002年

陳得芝等 《元代奏議集錄》 浙江古籍出版社 1998年

陳國慶、劉瑩 《中國學術思想編年・明清卷》 陝西師範大學出
　　　　版社 2006年

陳　來 《朱熹哲學研究》 中國社會科學出版社 1988年

陳　來 《朱子書信編年考證》 上海人民出版社 1989年

陳　垣 《勵耘書屋叢刻》（上） 北京師範大學出版社 1982年

陳正夫 《許衡評傳》 南京大學出版社 1995年

陳祖武、朱彤窗 《乾嘉學術編年》 河北人民出版社，2005年

杜維明 《道學政：論儒家知識分子》 上海人民出版社，2000

年

方齡貴　《通制條格校注》　中華書局　2001年

方旭東　《吳澄評傳》　南京大學出版社　2005年

顧宏義、戴揚本　《歷代四書序跋題記資料彙編》　上海古籍出版社　2010年

侯外廬等　《宋明理學史》　人民出版社　1997年第2版

黃鴻壽　《清史紀事本末》　上海書店　1986年

蔣貴麟　《康南海先生遺著彙刊》（廿二）　臺北宏業書局　1976年

柯紹忞　《新元史》　中國書店　1988年

李似珍　《中國學術思想編年·宋元卷》　陝西師範大學出版社　2006年

梁啟超　《中國近三百年學術史》　東方出版社　1996年

梁啟超　《清代學術概論》　上海古籍出版社　1998年

劉海峰、李兵　《中國科舉史》　東方出版中心　2004年

劉浦江　《二十世紀遼金史論著目錄》　上海辭書出版社　2003年

劉　曉　《耶律楚材評傳》　南京大學出版社　2001年

陸建猷　《四書集注與南宋四書學》　陝西人民出版社　2002年

雒竹筠遺稿、李新乾編補　《元史藝文志輯本》　北京燕山出版社　1999年

潘國允、趙坤娟　《蒙元版刻綜錄》　內蒙古大學出版社　1996年

錢　穆　《中國近三百年學術史》　商務印書館　1997年新1版。

屈文軍　《遼西夏金元史十五講》　上海古籍出版社　2008年

商聚德　《劉因評傳》　南京大學出版社　1996年

束景南　《朱熹年譜長編》　華東師範大學出版社　2001年

束景南　《朱子大傳》　商務印書館　2003年

束景南　《朱熹佚文輯考》　江蘇古籍出版社　1991年

徐遠和　《理學與元代社會》　人民出版社　1992年

夏傳才　《十三經概論》　天津人民出版社　1998年

蕭啟慶　《內北國而外中國：蒙元史研究》上冊　中華書局
　　　　2007年

薛瑞兆　《金代科舉》　中國社會科學出版社　2004年

楊家駱　《遼金元藝文志》（臺北）世界書局　1977年

查洪德　《理學背景下的元代文論與詩文》　中華書局　2005年

趙　琦　《金元之際的儒士與漢文化》　人民出版社　2004年

周春健　《元代四書學研究》　華東師範大學出版社　2008年

周臘生　《遼金元狀元譜》　紫禁城出版社　2000年

朱漢民、肖永明　《宋代四書學與理學》　中華書局　2009年

朱修春　《四書學史研究》　中國人民大學博士學位論文　2003
　　　　年

《戴震全書》　黃山書社　1995年

《清史編年》（1～12卷）　中國人民大學出版社　1985～2000年

《朱子全書》　上海古籍出版社、安徽教育出版社　2002年。

後　記

在《元代四書學研究》（華東師範大學出版社2008年版）的〈導言〉中我曾提到，搜集資料過程中翻檢了清朝大型類書《古今圖書集成》，其中「四書部」、「論語部」、「孟子部」、「大學部」、「中庸部」等的「彙考一」，以時代為序拈出四書學史上的重要歷史事件，在我看來，這就是一部最為簡明的「四書學史」。也正是在那個時候，我確立了要撰著一部「歷代四書學編年」的計畫。

「編年」這種形式，可以細緻地表現某朝某代、某時某地的學術著述、學者行歷、學術事件等的基本面貌，並能夠通過由點及線、由線及面的聯繫方式，來反映某一時期特定學術形態的發展演變。毫無疑問，「學術編年」是「學術史」的著述體式之一，其突出的特點是史脈線索明晰，文獻資料豐富。相對而言，通行的「章節體」學術史固然多有對學術發展趨勢的宏觀描畫及學術表現特徵的理論總結，但要做到這點，必須要以翔實的「學術編年」為基礎，否則所論便不足憑信。

完成了《元代四書學研究》後，我於二〇〇九年以《宋元明清四書學編年》為題申報了當年的教育部青年基金項目，承蒙評委不棄，竟然得以立項，大出我之所望！

「宋元明清四書學編年」，其實就是一部「歷代四書學編年」，這是學界迄今暫闕的品類。《四書》中單書雖然各自流傳甚早，但將四部書匯集在一起，並建立起一個渾融一體的「四書學」體系，卻是在宋代才完成的事。因此，本書正編起於北宋，而將宋代之前《四書》單

書流傳情況，只據《古今圖書集成》列出要目，不作考釋，供給參考。

正編的體例，每條先列人物、著述或事件的所屬年代，包括廟號年號紀年、干支紀年、西元紀年三個項目；次列條目名，盡可能地具體到月日；次列「出處」，是立目的直接文獻依據，有時不止一處；最後列「考釋」。之所以稱「考釋」而不稱「考證」，是因為裏面既有對條目年份月日的具體考證，也有對條目內容的補充解釋，比如條目所涉學人之學行著述、所涉引文之詳細出處及相關注說等，為的是提供更豐富的訊息，讓讀者對本條目有一個更全面準確的理解。

無論「出處」還是「考釋」，都會涉及大量的古籍原文，有些有現成的點校本可以參考，有許多卻是直接從線裝書抄錄來的。雖然我是文獻學出身，標點斷句本應是行當中事，不過這幾年卻越來越覺得自己功力淺薄，處理起來捉襟見肘。每每看到被自己點錯的句子，而浹背沾衣，不勝汗顏！可工作畢竟要做，一方面自己會老老實實地邊做邊學，一方面真誠期待博雅君子不吝郢正，指我教我！

最後，謹向當年申報項目時提供支持的張豐乾君、朱修春君、張志雲君表示深深的感謝！祝願諸君事業日上，幸福，平安！

周春健

2011 年 5 月 22 於廣州祈樂苑

補記

今年暑期，承蒙臺灣中研院林慶彰先生和林月惠女士的邀請，我在文哲所訪學月餘，得到諸先生的關懷照顧。尤為感動的是，當我提到拙稿需要聯繫出版時，慶彰先生當即應允可以推薦給萬卷樓圖書公司出版。慶彰先生是著名經學史家，潛研經學三十載，著作等身，嘉惠士林無數；並且溫柔敦厚，公心大度，是一位令人敬仰的長者。在

此謹向林先生的提攜致以深深謝意！

2011 年 9 月 23 日又及

經學研究叢書・經學史研究叢刊 0501002

宋元明清四書學編年

作　　者	周春健	
執行主編	陳欣欣	
編輯助理	游依玲	

發 行 人	林慶彰	
總 經 理	梁錦興	
總 編 輯	張晏瑞	
編 輯 所	萬卷樓圖書股份有限公司	

　　臺北市羅斯福路二段 41 號 6 樓之 3
　　電話 (02)23216565
　　傳真 (02)23218698

發　　行　萬卷樓圖書股份有限公司
　　臺北市羅斯福路二段 41 號 6 樓之 3
　　電話 (02)23216565
　　傳真 (02)23218698
　　電郵 SERVICE@WANJUAN.COM.TW
香港經銷　香港聯合書刊物流有限公司
　　電話 (852)21502100
　　傳真 (852)23560735

ISBN 978-957-739-739-3
2012 年 1 月初版
定價：新臺幣 480 元

如何購買本書：

1. 劃撥購書，請透過以下郵政劃撥帳號：
　　帳號：15624015
　　戶名：萬卷樓圖書股份有限公司
2. 轉帳購書，請透過以下帳戶
　　合作金庫銀行　古亭分行
　　戶名：萬卷樓圖書股份有限公司
3. 帳號：0877717092596
4. 網路購書，請透過萬卷樓網站
　　網址 WWW.WANJUAN.COM.TW

大量購書，請直接聯繫我們，將有專人為您
服務。客服：(02)23216565 分機 610

如有缺頁、破損或裝訂錯誤，請寄回更換

國家圖書館出版品預行編目資料

宋元明清四書學編年 / 周春健著. -- 初版. --
臺北市：萬卷樓, 2012.01
　　面；　公分. -- (經學研究叢書.經學史研究
叢刊)

ISBN 978-957-739-739-3(平裝)

1.四書　2.研究考訂

121.217　　　　　　　　　　100025485